TIMOTHY CAULFIELD

JETZT ENTSPANN DICH MAL!

TIMOTHY CAULFIELD

JETZT ENTSPANN DICH MAL!

WARUM WIR GETROST AUFHÖREN KÖNNEN, ANGST VOR FALSCHEN ENTSCHEIDUNGEN ZU HABEN

mvgverlag

Bibliografische Information der Deutschen Nationalbibliothek
Die Deutsche Nationalbibliothek verzeichnet diese Publikation in der Deutschen Nationalbibliografie. Detaillierte bibliografische Daten sind im Internet über http://dnb.d-nb.de abrufbar.

Für Fragen und Anregungen:
info@mvg-verlag.de

1. Auflage 2020

© 2020 by mvg Verlag, ein Imprint der Münchner Verlagsgruppe GmbH
Nymphenburger Straße 86
D-80636 München
Tel.: 089 651285-0
Fax: 089 652096

Die englische Originalausgabe erschien 2020 bei Allen Lane unter dem Titel *Relax, Dammit!* © 2020 by Timothy Caulfield. All rights reserved. Die Übersetzung wurde durch Cooke Agency International, CookeMcDermind und Liepman AG vermittelt.

Alle Rechte, insbesondere das Recht der Vervielfältigung und Verbreitung sowie der Übersetzung, vorbehalten. Kein Teil des Werkes darf in irgendeiner Form (durch Fotokopie, Mikrofilm oder ein anderes Verfahren) ohne schriftliche Genehmigung des Verlages reproduziert oder unter Verwendung elektronischer Systeme gespeichert, verarbeitet, vervielfältigt oder verbreitet werden.

Übersetzung: Martin Bauer
Redaktion: Petra Holzmann
Umschlaggestaltung: Sonja Vallant
Umschlagabbildung: shutterstock/TY Lim
Satz: Christiane Schuster | www.kapazunder.de
Druck: CPI books GmbH, Leck
Printed in Germany

ISBN Print 978-3-7474-0227-6
ISBN E-Book (PDF) 978-3-96121-584-3
ISBN E-Book (EPUB, Mobi) 978-3-96121-585-0

Weitere Informationen zum Verlag finden Sie unter

www.mvg-verlag.de

Beachten Sie auch unsere weiteren Verlage unter www.m-vg.de

DER WISSENSCHAFT GEWIDMET.

HALTE DURCH!

INHALT

EINLEITUNG: ENTSCHEIDUNGEN, ENTSCHEIDUNGEN ... 9

I. AM MORGEN UND AM VORMITTAG — 23

6:30 UHR – AUFWACHEN! ... 23
6:31 UHR – AUF DAS HANDY SEHEN ... 30
6:35 UHR – ZÄHNE PUTZEN ... 31
6:40 UHR – AUFS HANDY SEHEN (SCHON WIEDER) ... 37
6:45 UHR – AUF DIE WAAGE STEIGEN ... 38
6:50 UHR – ANZIEHEN ... 52
6:55 UHR – KAFFEE ... 54
7:00 UHR – FRÜHSTÜCK ... 55
7:05 UHR – MILCH ... 61
7:15 UHR – VITAMINE ... 73
7:45 UHR – DIE KINDER ZUR SCHULE BRINGEN ... 74
7:50 UHR – PENDELN ... 86
8:15 UHR – PARKEN ... 95
8:30 UHR – ARBEITSBEGINN ... 99
9:30 UHR – ÖFFENTLICHE TOILETTE ... 99
9:33 UHR – HÄNDE WASCHEN ... 103
10:00 UHR – NOCH EINEN KAFFEE? ... 108
10:30 UHR – MULTITASKEN ... 108
11:00 UHR – SICH AUFS MITTAGESSEN FREUEN ... 111

II. MITTAG UND NACHMITTAG — 112

12:00 UHR – MITTAGESSEN ... 112
13:15 UHR – SCHIMPFEN ... 119
13:30 UHR – EINEN DANKESBRIEF SCHREIBEN ... 127
13:45 UHR – HINSTELLEN ... 128
14:00 UHR – NOCH EINEN KAFFEE? ... 136
14:15 UHR – SEIFE ... 141

14:17 UHR – WASSER TRINKEN	144
14:20 UHR – MEETING	147
14:30 UHR – EIN POWER-NAP	150
15:00 UHR – DIE FÜNF-SEKUNDEN-REGEL	158
15:15 UHR – E-MAILS	162
16:00 UHR – HÄNDESCHÜTTELN	174
16:00 UHR – UMARMUNGEN	178
16:30 UHR – TORSCHLUSSPANIK!	181

III. SPÄTNACHMITTAG UND ABEND — 192

17:00 UHR – SPORT	192
17:45 UHR – ZEIT MIT DEN KINDERN VERBRINGEN	194
17:45 UHR – SMARTPHONE CHECKEN	201
18:00 UHR – ABENDESSEN	206
18:15 UHR – WEIN	211
19:00 UHR – ABSPÜLEN	218
19:30 UHR – TOILETTENSITZ WIEDER HERUNTERKLAPPEN ODER NICHT?	219
19:50 UHR – 10.000 SCHRITTE?	224
20:00 UHR – BINGEWATCHING	226
22:00 UHR – AUFS HANDY SCHAUEN, SCHON WIEDER	234
22:30 UHR – HAARE WASCHEN	235
22:45 UHR – ZAHNSEIDE BENUTZEN	237
22:50 UHR – SEX	243
22:55 UHR – KUSCHELN	244
23:00 UHR – SCHLAFEN	244

DIE JETZT-ENTSPANN-DICH-MAL-REGELN	251
ÜBER DEN AUTOR	262
DANKSAGUNG	263
QUELLENNACHWEIS	266

EINLEITUNG: ENTSCHEIDUNGEN, ENTSCHEIDUNGEN

»Ihr werdet am Boden zerstört sein, wenn euer Sohn stirbt! Ihr werdet euch schrecklich fühlen!«

Mit diesem Paukenschlag beendete meine Schwägerin eine hitzige Debatte beim sonntäglichen Familienessen. Ich hatte der versammelten Großfamilie gerade verkündet, dass ich beschlossen hätte, Fallschirm springen zu gehen. 3.000 Meter, das meiste davon im freien Fall.

Alle hielten mich für verrückt. Aber das war nichts Neues. Die Vorstellung, dass ich, Onkel Tim, ungebremst der Erde entgegenrase, hatte für keine Diskussionen gesorgt. Was alle in Panik versetzt hatte, war mein Plan, meinen 14-jährigen Sohn Michael mitzunehmen.

Tag für Tag treffen wir jede Menge Entscheidungen. Einigen Schätzungen zufolge liegt die Zahl bei mehreren Tausend, allein in Sachen Ernährung treffen wir täglich Hunderte Entscheidungen. Wir beschließen, wann wir aufstehen, wie wir unsere Zähne pflegen, was wir zum Frühstück essen, wie viel Kaffee wir trinken, wie unsere Kinder zum Kindergarten kommen sollen und so weiter.

Die Struktur dieses Buches lehnt sich an die Reihenfolge der Entscheidungen an, wie wir sie an einem typischen Tag treffen, vom Aufwachen bis zum Einschlafen. Dutzende dieser Entscheidungen möchte ich dabei genauer untersuchen. Einige Fragen sind banaler oder unterhaltsamer, wie etwa, ob wir uns auf den Sitz einer öffentlichen Toilette setzen sollen? Wo wir am besten parken? Ob es wirklich eine gute Idee ist, den Kollegen zusammenzufalten? Oder ob wir nach dem Sex noch kuscheln sollen? Andere Fragen sind ernsthafterer Natur und kniffliger. Soll ich meine Kinder zur Schule fahren? Soll ich morgens auf eine Waage steigen? Soll ich mich schuldig fühlen, weil ich nicht genug Zeit mit den Kindern verbringe?

Bei einigen Themen beleuchte ich, wie die Betrachtungsweise sich im Lauf der Zeit geändert hat, und analysiere, wie gesellschaftliche

Kräfte die Diskussion und die Argumente verzerren. Andere handle ich kurz ab, indem ich allein auf die Fakten verweise. Mein Ziel ist dabei, einen nützlichen Überblick zu verschaffen, was zu einer Frage wissenschaftlich belegt ist, aber auch den Sinn dafür zu schärfen, wie kulturelle, historische und wissenschaftliche Kräfte unser Denken bezüglich vieler alltagsrelevanter Themen prägen.

Mir ist schon klar, dass sich Menschen bei ihren Entscheidungen nicht allein von wissenschaftlichen Erkenntnissen leiten lassen. Und wenn man sich die Entscheidungen ansieht, die wir so täglich treffen, kristallisiert sich eines heraus: Im Grunde liegen wir meistens ganz richtig, wir dürfen uns also entspannen. In aller Regel spielen unsere Entscheidungen nämlich eine viel weniger wichtige Rolle, als wir annehmen. In einer Welt, in der Informationen zunehmend verzerrt werden, weil jemand wirtschaftlichen, ideologischen oder ganz persönlichen Nutzen daraus zieht, kann es schwer sein, die objektive Wahrheit zu ermitteln, egal, ob es jetzt um Zahnpasta oder Toilettensitze geht. Aber es gibt diese Wahrheit, und es kann befreiend sein, sie herauszufinden.

Entscheidungen zu treffen ist anstrengend. Es erschöpft uns regelrecht. Deswegen fällt etwa die Leistung von Aktienanalysten über den Tag hinweg ab. Oft treffen wir aus geistiger Erschöpfung schlechte Entscheidungen, zum Beispiel was unsere Ernährung angeht: Je müder unser Gehirn ist, desto mehr Junkfood konsumieren wir. Geistige Erschöpfung beeinflusst, welche Medikamente Ärzte verschreiben und wie streng Richter urteilen. Und je bewusster wir uns entscheiden – je mehr Gedanken wir auf ein Thema verwenden –, desto mehr strengt es uns an.

Entscheidungsprozesse sind komplex, chaotisch und können erheblichen Stress verursachen, weil gesellschaftliche Strömungen manche Entscheidungsprozesse zunehmend mit Ängsten belegen. Doch davon sollte man sich nicht irremachen lassen, wie ich mit diesem Buch gerne deutlich machen würde. Wer es schafft, aktuelle »gesellschaftliche«

Trends, das Werbegetrommel und rein ideologische Botschaften zu ignorieren und sich nur an die Fakten hält, dem fallen viele Entscheidungen deutlich leichter.

Mit diesem Buch hoffe ich auch, unsere täglichen Entscheidungen in einen erfrischend neuen Kontext stellen zu können, sodass viele Dinge in einem neuen Licht erscheinen – auch wenn das vielleicht nichts an den eigenen Ansichten ändert. Im Kern geht es in diesem Buch um die Rechtfertigungen hinter unseren Entscheidungen und um die kulturellen, historischen und wissenschaftlichen Kräfte, die beeinflussen, wie wir sie treffen.

Klar, jeder möchte die *richtigen* Entscheidungen treffen – oder zumindest die *für ihn* richtigen. Wir kaufen bestimmte Lebensmittel, weil wir sie für gesünder oder umweltfreundlicher halten. Wir putzen unsere Zähne und benutzen Zahnseide, weil wir nicht wollen, dass uns die Zähne ausfallen. Wir sagen Nein zur vierten Tasse Kaffee, weil uns zu viel Koffein schadet. Wir fahren unsere Kinder zur Schule, weil wir uns um ihre Sicherheit sorgen. Wir setzen uns nicht auf die Brillen öffentlicher Toiletten, weil wir uns vor Keimen fürchten. Wir halten einen Power-Nap, weil es heißt, das würde unsere Produktivität steigern. Wir versuchen, nicht ständig unsere E-Mails zu checken, weil uns das angeblich stresst. Wir arbeiten im Stehen, weil Sitzen das neue Rauchen ist. Wir schlucken Vitamine, um Krankheiten vorzubeugen. Wir verschaffen unserem Ärger Luft, weil man uns sagt, es sei gut für das seelische Wohlbefinden, wenn man seine Gefühle rauslässt. Und auf die Frage, warum wir eine bestimmte Entscheidung getroffen haben, haben wir meistens eine einigermaßen stichhaltige Begründung: Wir tun etwas, weil es gesünder, sicherer oder einfach besser ist.

Aber, wie sich zeigen wird, widersprechen die Fakten vielen unserer Überzeugungen. Vom Augenblick des Erwachens bis zum Einschlafen am Abend treffen wir Dutzende Entscheidungen aufgrund mehr oder weniger falscher Informationen.

Dabei will ich ohnehin nicht behaupten, wir wären hyperrationale Wesen, die ausschließlich aufgrund harter Fakten entscheiden. Ganz im Gegenteil prägen unzählige kulturelle, soziale und psychologische Kräfte unsere Entscheidungen. Und die passenden Rechtfertigungen suchen wir uns oft erst *hinterher*. Was bedeutet: Wir entscheiden uns erst und dann konstruieren wir die Begründung, warum unsere Entscheidung die richtige war. Wir suchen uns Gründe, die den Entschluss rechtfertigen, unserer Persönlichkeit entsprechen und uns vernunftgesteuert und konsequent erscheinen lassen – selbst wenn das ursprüngliche Motiv für unsere Entscheidung ein anderes war oder wir es gar nicht kennen.

Wir tun das, um sogenannte kognitive Dissonanzen zu vermeiden. Studien haben gezeigt, dass Menschen *nach* der Entscheidung für eine neue Stelle oder für das Studium an einer bestimmten Universität diejenigen Attribute stärker gewichten, die für den neuen Arbeitgeber bzw. die gewählte Universität sprechen, als *vor* der Entscheidung. Entsprechend weniger stark gewichten sie die Attribute, die für die nicht gewählten Alternativen gesprochen hätten. Wir versuchen Entscheidungen zu treffen, die uns konsequent wirken lassen – wodurch die Entscheidungen der Vergangenheit unsere zukünftigen Entscheidungen beeinflussen. Vielleicht verschmähen wir genetisch verändertes Obst, weil wir ohnehin schon Bio-Obst kaufen und das Gefühl haben, das wäre nur konsequent und passe zu unserem Bild von uns selbst. *Hinterher* dann suchen wir eine Rechtfertigung für diese Wahl – auch wenn der eigentliche Grund war, dass wir konsequent wirken wollten. Und ist unsere Wahl erst einmal getroffen, müssen wir auch bei dieser Rechtfertigung bleiben, denn sie gehört nun zu unserem Selbstbild.

Wir *alle* machen das so. Du bist da nicht anders als ich.

Selbst wenn wir also alle Fakten kennen würden, würden wir sie bei unseren Entscheidungen nicht notwendigerweise alle beachten. Es lohnt sich unbedingt, diese gewaltige Kluft zwischen unseren Rechtfertigungen und den Erkenntnissen der Wissenschaft zu untersuchen. Denn dabei eröffnet sich uns die Gelegenheit, drei soziale Paradoxa zu erkunden, die unser Leben immer stärker durchdringen und zutiefst schädlich sind. Meiner Überzeugung nach sind diese Paradoxe geradezu zum Inbegriff unserer Zeit geworden, was kein gutes Licht auf uns wirft. Alle drei erschweren es, gute Entscheidungen zu treffen, und machen den Entscheidungsprozess unendlich viel stressiger.

Erstens gibt es das *Paradoxon der Wissens-Ära*. Wir leben in einer Welt, die in Informationen ertrinkt. Nie zuvor gab es so viel wissenschaftlich fundiertes Wissen wie heute. Schätzungen zufolge verdoppelt sich der wissenschaftliche Output alle neun Jahre. Seit 1665, als in Frankreich und Großbritannien die ersten wissenschaftlichen Zeitschriften entstanden, wurden mehr als 50 Millionen Fachartikel veröffentlicht. Und jedes Jahr kommen etwa 2,5 Millionen Artikel neu hinzu. Natürlich würden uns nur die allerwenigsten bei unseren täglichen Entscheidungen helfen, aber die Zahlen allein vermitteln schon ein Gefühl für das rasante Wachstum verfügbaren Wissens. Es gibt jede Menge Informationen da draußen. Und nie war es so leicht, auf diese Informationen zuzugreifen. Man sollte also denken, dass die Menschheit sich in zunehmendem Ausmaß wohlinformiert und auf Grundlage von Fakten entscheidet.

Gleichzeitig erstarken aber soziale Kräfte, die dieses Wissen unterwandern. Wir befinden uns in der Ära von Fake News, Verschwörungstheorien, alternativen Fakten und sozialen Echokammern. Nur zu oft werden Informationen verzerrt, hochgejazzt, falsch dargestellt oder offenkundig falsch interpretiert. Deswegen führen all diese jederzeit verfügbaren Informationen oft nicht zu fundierteren Entscheidungen. Der Blick darauf, was die Wissenschaft zu einer bestimmten Frage sagt bzw. nicht sagt, eröffnet die Einsicht dafür, wie und warum Information verzerrt wird. Und diese Analyse wird dir hoffentlich dabei helfen, zu erkennen, was man beachten und was man ignorieren sollte.

Zweitens gibt es das *Paradoxon der Risikominimierung*. Bei vielen Entscheidungen geht es uns vornehmlich darum, Schaden zu vermeiden oder Risiken zu minimieren. Noch bei den scheinbar harmlosesten Fragen – etwa, wann wir zu Bett gehen, was wir essen, wie wir zur Arbeit kommen oder sogar, wie wir unsere Hände waschen sollen – spielen oft Risikoerwägungen eine Rolle. Und die Werbebranche weiß das. Denn mit nichts lassen sich Produkte und Ideen besser vermarkten als mit dem Schüren von Ängsten, insbesondere auf dem Feld der Gesundheit. Die billionenschwere Wellnessindustrie erfindet Gründe zur Sorge – etwa vor Toxinen – und verkauft uns dann eine Lösung für diese Angst, die sie selbst erzeugt hat.

Ganze Branchen haben sich auf die Fahnen geschrieben, unsere Kinder zu beschützen. Da gibt es Überwachungsgeräte, die Entführungen verhindern sollen, und Produkte, die Kinder vor all den chemischen Stoffen schützen sollen, die, so behauptet zumindest die Werbung, ihre Gesundheit gefährden. Jessica Albas Marke »The Honest« mit einem Marktwert von mehr als einer Milliarde Dollar scheint auf der Erkenntnis gegründet, dass sich Angst (inklusive elterliche Schuldgefühle) verkauft: Das Unternehmen bietet Dinge wie Windeln (selbstverständlich aus natürlichen Materialien), Vitamine (bio und genetisch nicht modifiziert, klar) und Hygieneprodukte (natürlich hypoallergen) an, mit dem erklärten Ziel, uns »Seelenfrieden« zu verschaffen, denn oberste Priorität des Unternehmens sei, »dich und deine geliebten Menschen zu schützen«.

Und natürlich gilt es, Gefahrenstoffe in unserer Umgebung zu meiden. Aber schließlich bevölkern wir keine dystopische Mad-Max-Welt voller flächendeckend giftiger Chemikalien, die die Haut verätzen und das Erbgut verändern. Tatsächlich lebt man heute in den meisten Ländern sicherer und gesünder als je zuvor. Fast in jeder Hinsicht sind die Zeiten heute objektiv oft besser als zuvor. So gingen in den Vereinigten Staaten die Gewaltverbrechen und Eigentumsdelikte über die letzten 25 Jahre stetig und erheblich zurück. Trotzdem glaubten 2017 volle 70

Prozent der Amerikaner irrigerweise, die Kriminalität steige an. Gerade einmal 19 Prozent der Befragten lagen richtig.

Auch der Drogenmissbrauch durch Teenager geht zurück. Komasaufen und Rauchen sind heutzutage viel weniger üblich als noch vor Jahrzehnten. Weniger Kinder verunglücken im Straßenverkehr, obwohl mehr Menschen und Autos unterwegs sind als je zuvor. (Im Jahr 2017 fuhren die Amerikaner eine Rekordstrecke von etwa fünf Billionen Meilen.) Heutzutage ist es für ein Kind ungefährlicher, eine Straße zu überqueren, als es in der Kindheit der Eltern war. Daten der amerikanischen Behörde für Verkehrssicherheit zeigen, dass die Zahl tödlicher Verkehrsunfälle, bei denen Kinder von Autos überfahren wurden, seit 1993 von mehr als 800 auf heute weniger als 250 gesunken ist.

Ähnliches gilt für viele Krankheiten. Immer weniger Menschen sterben an übertragbaren Krankheiten, vor allem dank Impfungen – einer Erfindung, die jährlich Millionen Leben rettet. Obwohl Krebs die zweithäufigste Todesursache bleibt (nach Herzerkrankungen), verbessert sich die Lage auch hier. 2018 berichtete das amerikanische Krebsinstitut, dass die Mortalität durch Krebs zwischen 1990 und 2014 um ein Viertel abgenommen habe.

Aber die Nordamerikaner sind in ihrem Irrglauben nicht allein. Weltweit glauben die meisten Menschen, dass Armut und Kindersterblichkeit zunehmen, obwohl beides über die letzten Jahrzehnte stark zurückgegangen ist. Und die Verbesserung beschleunigt sich sogar. Seit 1960 ist die Anzahl gestorbener Kinder von jährlich 20 Millionen auf sechs Millionen gesunken. Weltweit ist die Lebenserwartung seit dem Jahr 2000 um fünfeinhalb Jahre gestiegen. Es wäre sehr wichtig, diese Fortschritte anzuerkennen –, aber die meisten von uns sind blind dafür. Einer im Jahr 2015 durchgeführten Umfrage zufolge glaubten nur sechs Prozent der Amerikaner, die Welt würde ein besserer Ort. Doch unter dem Strich leben wir in einer Ära historisch niedriger Risiken für Leib und Leben, und dennoch versuchen wir auf Teufel komm raus, immer noch mehr Risiken zu vermeiden – eingebildete wie reale.

Natürlich sollten wir unentwegt danach streben, die Welt zu verbessern und etwa unsere Viertel lebenswerter zu gestalten, die Straßen sicherer zu machen, den Zugang zu gesunden Lebensmitteln zu verbessern und die Sauberkeit von Luft und Wasser zu steigern. Ja, die Menschheit steht vor gewaltigen Herausforderungen wie Klimawandel, Artenschwund, Fettleibigkeit, multiresistenten Keimen und Kriegen in aller Welt, um nur ein paar zu nennen. Auch unsere Gesellschaft darf gerne toleranter und diverser werden. Ich behaupte also keineswegs, alles sei zum Besten bestellt. Aber wir dürfen auch die Gesamtperspektive nicht aus den Augen verlieren. Doch genau das tun die meisten.

Es gibt viele Gründe, warum wir überall Risiken sehen. Nicht zuletzt sind wir genetisch darauf programmiert, Risiken zu erkennen und zu vermeiden. Aber unsere Angst sollte nicht unsere Entscheidungen dominieren. Tatsächlich weist einiges darauf hin, dass unsere Risiko-Besessenheit uns *weniger* gesund und *weniger* glücklich macht. Forscher fanden sogar heraus, dass Ängste um die eigene Gesundheit das Risiko für Herzerkrankungen erheblich steigern.

Viele Entscheidungen, die wir treffen, um gesünder zu werden oder Risiken zu vermeiden, bewirken genau das Gegenteil. Ich finde das einen der verblüffendsten Widersprüche unserer Zeit. Manche Praktiken sind richtiggehend absurd, etwa intravenöse Vitamin-Infusionen oder Darmspülungen. Auch wenn sie von alternativen Heilern und prominenten Gesundheitsgurus als tolle Methode gepriesen werden, unsere Körper zu entgiften und gesünder zu machen, ändert das nichts an der Tatsache, dass die Methoden erstens gefährlich sind und zweitens keinen nachweisbaren Nutzen bringen. Neben diesen absurden Beispielen gibt es aber ganz viele Dinge, die die meisten von uns tun – etwa, um ihren Nachtschlaf oder ihre Ernährung zu verbessern oder um sich und ihre Lieben sicher an ihr Ziel zu bringen –, die gar nicht dazu taugen, unsere Sicherheit zu erhöhen, wie wir es glauben.

Das dritte und letzte Paradoxon, das uns Entscheidungen erschwert und viel Stress verursacht, ist das *Vollkommenheitsparadox*. Wir fühlen uns unter immer stärkerem Druck, besser zu werden. Unser Ziel ist Perfektion – bei Aussehen, Jobs, Beziehungen, Erziehung, geistiger Gesundheit, Sexualleben und, und, und. Diese Besessenheit ist eine Perversion des ursprünglichen amerikanischen Traums vom Recht auf Leben, Freiheit und dem Streben nach Glück. Mehr noch, wir betrachten es nicht nur als Recht, sondern nachgerade als unsere Pflicht, nach Vervollkommnung zu streben. Aktuelle Forschungsergebnisse, darunter eine Studie aus dem Jahr 2017, für die 40.000 Studenten befragt wurden, zeigen, dass sowohl perfektionistische Einstellungen als auch der soziale Druck, sich zu perfektionieren, über die letzten Jahrzehnte erheblich zugenommen haben. Das Paradox besteht darin, dass weder das Streben nach Selbstoptimierung noch das Erreichen von an Perfektion orientierten Zielen uns glücklicher macht, zumindest nicht dauerhaft. Ganz im Gegenteil, beides macht uns krank, an Körper und Geist.

Viele der uns eingeredeten Ziele, etwa bezüglich unseres Aussehens, unserer Beziehungen oder unserer Karrieren, sind völlig illusorisch. Wir hetzen einer Vollkommenheit nach, die gar nicht existiert und folglich schlicht unerreichbar ist. Nur ein Beispiel: Neue Apps erlauben dem Nutzer, seine Bilder von sich zu verändern und zu perfektionieren, damit er perfekt in den sozialen Medien aussieht. Das führte zu vollkommen unrealistischen Schönheitsstandards. Promis und Models wirken dank Photoshop schon seit Ewigkeiten perfekt. Aber jetzt kann jeder an seinem Aussehen herumdoktern. Verschlimmert wird das Ganze dadurch, dass die sozialen Medien in Verbindung mit Smartphones es erlauben, sich unablässig mit anderen zu vergleichen. Und dieser ständige Vergleich macht viele von uns traurig, beklommen und unzufrieden.

Warum spielt das Vollkommenheitsparadox aber nun für dieses Buch eine Rolle? – Wir treffen jeden Tag unzählige Entscheidungen, die uns einem bestimmten Ideal näherbringen sollen. Einen Teil des sozialen Drucks zur Selbstoptimierung erzeugen Unternehmen, die uns nur ihre Ware verkaufen wollen. Doch das Streben nach Vollkommenheit ist erstens ohnehin oft müßig und zweitens treffen wir unsere Entscheidungen – etwa darüber, welche Nahrungsergänzungsmittel wir schlucken oder welche Selbsthilfemethode wir anwenden – nicht auf der Grundlage von Fakten. Und so vergeuden wir nur unsere Zeit, unsere Energie und (meist) unser Geld.

Joanne, meine Frau, war gar nicht glücklich. »Von mir aus kannst du Fallschirm springen gehen, aber musst du Michael mitnehmen?«

Jeder, dem ich von meinem Fallschirm-Plan erzählte, pflichtete Joanne bei. Allgemein wurde befunden, es sei Wahnsinn, meinen Sohn in die Sache hineinzuziehen, unverantwortlich und schlicht falsch. Doch Michael konnte es kaum erwarten. Er suchte den besten örtlichen Anbieter für todesverachtende Sprünge heraus und löcherte mich unentwegt, ich solle doch endlich einen Termin buchen. »Für dieses Wochenende ist ziemlich gutes Wetter vorhergesagt, Papa. Wir sollten besser reservieren«, sagte er mehrmals täglich.

Ich will jetzt nicht behaupten, es sei eine *gute* Idee, Fallschirmspringen zu gehen. Ehrlich gesagt, hatte ich die Hosen richtig voll. Die Vorstellung, mich aus einem Flugzeug zu stürzen – noch dazu in Gesellschaft meines Jüngsten –, ängstigte mich zu Tode. Ich hasse es, in Kleinflugzeugen zu fliegen, da wird mir schnell schlecht. Und ein besonders mutiger Mensch bin ich sowieso nicht. Ich bin der Typ, der beim Anblick eines Schwarzbären davonrennt wie der Blitz und seine hübsche junge Braut ihrem Schicksal überlässt. Genau das machte ich am Anfang unserer Ehe, als Joanne und ich einem Schwarzbären über den Weg liefen. Aber genau aus diesen Gründen beschloss ich, Fallschirmspringen zu gehen. Trotz meiner Angst wusste ich, dass es relativ sicher ist. Fallschirmspringen ist das perfekte Beispiel für angsteinflößende Dinge, die nicht annähernd so gefährlich sind, wie wir glauben. – Wie sicher es ist? Dem amerikanischen Fallschirmspringerverband zufolge finden jährlich drei Millionen Sprünge statt. Dabei sterben jedes Jahr etwa 20 Menschen. Das ergibt ein Risiko von 0,007 tödlichen Unfällen pro tausend Sprünge. Das ist ein sehr, sehr kleines Risiko. Tatsächlich ist die Autofahrt zum Flugfeld (wie auch jede Fahrt zu einem Laden um die Ecke) das Gefährlichste an der ganzen Angelegenheit. Bei Tandemsprüngen, bei denen man an einen Experten geschnallt wird, ist das Risiko noch einmal kleiner. Und genau so etwas planten Michael und ich ja auch. Der britische Fallschirmspringerverband erklärt: »Die Häufigkeit tödlicher Unfälle bei allen Tandemsprüngen seit 1988 liegt bei etwa 0,14 pro 100.000 Sprünge.« Anders ausgedrückt, stirbt alle 703.000 Tandemsprünge ein Mensch. Das ist ein sehr, sehr, *sehr* niedriges Risiko. In Großbritannien hat es die letzten 20 Jahre überhaupt keine tödlichen Unfälle bei Tandemsprüngen mehr gegeben. Selbst die Verletzungsgefahr ist bemerkenswert niedrig; sie liegt bei einem Unfall pro 1.100 Sprünge – und dabei wird vom kleinen Kratzer über Verstauchungen bis zu Brüchen alles gezählt.

Michael ist Wettkampfturner. Er wirbelt um die Reckstange, macht Kreuzstütz an den Ringen und dann einen Salto zum Abgang, springt Flickflack und Salti am Boden. Glaubt man den Zahlen, ist seine Chance, sich bei der Ausübung seines Sports ernsthaft zu verletzen, mehr als zehnmal so hoch wie die, sich beim Fallschirmspringen auch nur einen Kratzer zu holen. Doch nicht einer derjenigen, die mich für meinen Fallschirmsprung-Plan kritisierten, warnte mich vor dem Turnen. Einige der Warnungen hörte ich von Eltern, deren Kinder Hockey spielen – einen Sport, der mir erheblich gefährlicher erscheint als Fallschirmspringen oder Turnen. Einer Studie zufolge kommt es in 1.000 Hockeypartien zu annähernd 19 Verletzungen (wobei nur ernsthaftere Blessuren wie Gehirnerschütterungen und Bänderverletzungen gezählt werden).

Noch einmal: Ich möchte nicht behaupten, es sei eine schlechtere Entscheidung, Auto zu fahren, Hockey zu spielen oder zu turnen, als aus einem Flugzeug zu springen, aber man sieht schon, dass wir Risiken auf seltsame und komplexe Weise betrachten und gewichten, insbesondere, wenn es um unsere Kinder geht.

Übrigens ist die Gefahr, von einem Bären getötet zu werden, auch ziemlich vernachlässigbar – meine unwürdige Flucht, bei der ich sogar meine Frau geopfert hätte, war also ebenfalls irrational. Zwischen 1900 und 2009 kamen in Nordamerika 63 Menschen beim Angriff eines Bären ums Leben. Betrachtet man die Abermillionen Menschen, die sich über diesen Zeitraum im Habitat von Bären aufgehalten haben, sieht man, wie winzig das Risiko tatsächlich ist. Passiert aber tatsächlich einmal etwas, sorgt das für Riesen-Schlagzeilen und reißerische Fernsehberichte. Noch Tage und Wochen später erfahren wir ellenlang vom Leben und Weben des Getöteten, und wie seine Familie damit umgeht. Kein Wunder, dass einem das Risiko da durchaus erheblich scheint. Und wenn man dann mit seiner besseren Hälfte durch den Wald marschiert, ist die Angst vor einem blutigen Zwischenfall dann immer sehr präsent.

Gedankengänge dieser Art sorgen dafür, dass wir viel zu großes Augenmerk auf vernachlässigbare Risiken für Leib und Leben legen. Ereignisse, die sich uns besonders einprägen oder die eine starke emotionale Reaktion hervorrufen, halten wir für viel wahrscheinlicher, als sie in Wirklichkeit sind. Ohne Schwierigkeiten können wir uns einen wilden Bären vorstellen, der einen Wandersmann verstümmelt, oder einen Fallschirmspringer, der ungebremst auf die Erde knallt. Gar nicht gut vorstellen können wir uns indes den (bestens belegten) Schaden, den wir uns antun, weil wir zu wenig Obst und Gemüse essen oder zu wenig schlafen. Wir fürchten uns also vor dem Bären, machen uns aber keine Sorgen, dass wir vielleicht zu wenig Karotten essen oder zu wenig Schlaf bekommen könnten. Verantwortlich dafür sind zwei kognitive Verzerrungen mit den sperrigen Namen »Verfügbarkeitsheuristik« und »Affektheuristik«. Dabei handelt es sich um fest verdrahtete Abkürzungen in unserem Denken; sie sorgen – zusammen mit einigen weiteren Faktoren – dafür, dass wir im Umgang mit Risiken nur mäßig vernünftige Entscheidungen treffen. Aufgrund dieser beiden Heuristiken halten viele Menschen beispielsweise Fallschirmspringen für eine schlechte Idee: Denn es handelt sich um eine »extreme Betätigung«, bei der man sich ein grässliches Ende leicht ausmalen kann. Platsch.

Unglücklicherweise leben wir umgeben von Medien, die, wie die Forschung immer wieder zeigt, bestimmte Risiken aufbläht und Ängste schürt. Und es wird immer schlimmer. 2018 zeigte eine Studie der Universität Warwick, dass Berichte über Gefahren – etwa über den Ausbruch einer Seuche, Terrorismus oder Naturkatastrophen – immer schlimmer, unzutreffender und reißerischer werden, je mehr wir sie teilen. Man darf sich das als perverse und pervertierende Flüsterpost vorstellen. Der Erstautor der Studie, Professor Thomas Hills, erzählte mir: »Menschen picken sich aus Informationen die furchterregenden Teile heraus, um sie dann weiterzuerzählen. Weil alle das so halten, wird jedes Ereignis auf das reduziert, was uns Angst macht. Das scheinbare Risiko wird dadurch verstärkt.«

Professor Hills, der auch darüber forscht, wie Informationen in Entscheidungsprozesse einfließen, sagte mir, die heutige Welt werde deshalb als Risikogesellschaft bezeichnet, »denn für uns scheint nur noch zu zählen, dass man Risiken vermeidet ... Dadurch wird Risiko der entscheidende Grund, warum wir Dinge tun oder lassen, eine objektive Abwägung von Für und Wider findet kaum oder nur noch beschränkt statt.«

Das Risiko spielt also eine erhebliche Rolle, doch viele weitere soziale Kräfte beeinflussen ebenfalls, welche Informationen in unsere Entscheidungsfindung einfließen. Aktuelle Forschungen zeigen, dass sich Unwahrheiten in den sozialen Medien »signifikant schneller, weiter, tiefer und breiter verbreiten als die Wahrheit«. Wahrscheinlich, weil Lügen einfach interessanter sind als die Wahrheit. Gemeinsam machen es kognitive Verzerrungen und die weite Verbreitung irreführender Informationen nahezu unmöglich herauszukitzeln, was wirklich die beste faktenbasierte Entscheidung wäre.

Angesichts unserer heutigen Medienlandschaft ist es nur zu einfach, vom Wirbelwind der Falschinformation erfasst zu werden. Nur zu leicht schleichen sich Fehleinschätzungen von Risiken, Pseudowissenschaften, Verschwörungstheorien und Gesundheitsmythen in unser Entscheidungskalkül. Doch nicht verzweifeln – für viele unserer täglichen Entscheidungen gibt uns die Wissenschaft eine klare Handreichung. Solange wir wissen, worauf wir achten müssen, können wir durchaus faktenbasierte Entscheidungen treffen.

Die Maschine war winzig und alt, eine Cessna aus den 1950ern. Außerdem war sie extrem laut. Die hinteren Sitze waren ausgebaut worden, Michael und ich saßen zusammengedrängt direkt hinter dem Piloten auf dem Boden. Es war so wenig Platz, dass ich weder aufstehen noch meine Beine ausstrecken konnte. In meinem Hinterkopf köchelte Platzangst.

Während des Steigflugs auf die vorgeschriebene Höhe ächzte und zitterte die Maschine. Wir fühlten uns wie in einem fliegenden Rasenmäher. Ich fürchtete, eine ganz schlechte Entscheidung getroffen zu haben.

Als wir 12.000 Fuß erreicht hatten, drosselte der Pilot den Motor und warf die Tür auf. Der Wind brüllte ohrenbetäubend. Michael und ich sahen einander an. »Heilige Sch ...«, murmelte er reflexhaft, mit einem breiten Grinsen im Gesicht.

Michael und sein Tandem-Master schoben sich langsam Richtung Tür. Michael hängte die Beine aus dem Flugzeug, und bevor ich mich versah, war er schon weg. Mein Magen drehte sich um, als ich meinen Sohn in die Tiefe stürzen sah. Im Nu war er zu einem winzigen Punkt geschrumpft.

Was zum Teufel hatte ich mir nur gedacht?

Dann war ich dran. Ohne weiter nachzudenken – das hätte nur dazu geführt, dass ich im letzten Moment doch noch kneife –, stellte ich meine Füße auf das kleine Trittbrett außerhalb der Maschine. Der Wind heulte vorbei. Ich schnappte nach Luft.

Dann stürzten wir aus dem Flugzeug.

»Ahhhhhhh«, schrie ich hemmungslos. »Geil! Geeeeeeeeil!«

I. AM MORGEN UND AM VORMITTAG

6:30 UHR – AUFWACHEN!

Wahrscheinlich gehört für viele das tägliche Aufstehen zu den schwierigsten Dingen überhaupt – außer man ist einer dieser Menschen, die morgens unerträglich munter aus dem Bett springen. Aber wann *sollten* wir denn aufstehen? Fängt der frühe Vogel wirklich den Wurm?

Mein Vater konnte den Gedanken nicht ertragen, dass seine Kinder den Tag verschlafen. Selbst wenn es gar keinen Grund für mich gab aufzustehen – Schule, Arbeit, Hausarbeit –, rauschte er frühmorgens in mein Zimmer, tippte mich arrhythmisch mit dem Finger auf die Schulter und erklärte: »Du verschwendest den besten Teil des Tages.« Oder er verlangte, ich solle aufstehen »und etwas Nützliches tun«. Diese abgedroschenen Phrasen machten unser morgendliches Ritual bloß noch schlimmer. Bis heute zucke ich zusammen, wenn mich jemand auf diese bestimmte arrhythmische Art antippt.

Gibt es überhaupt irgendwelche Belege dafür, dass mein Vater mit seinen Appellen recht gehabt haben könnte?

»In meinen Augen kommt es beim Aufstehen hauptsächlich auf Regelmäßigkeit an«, erläuterte Professor Satchidananda Panda. »Genau genommen, beginnt der Tag beim Zubettgehen am Vorabend.«

Professor Panda forscht am Salk-Institut für biologische Studien in Kalifornien und ist ein anerkannter Experte für den zirkadianen Rhythmus des Menschen, jener Systemuhr in uns, die Körperfunktionen zu synchronisieren hilft. Er hat den Einfluss des täglichen Rhythmus' auf Zellen, Fliegen, Mäuse und Menschen untersucht. »Wir sollten versuchen, jeden Abend ungefähr zur gleichen Zeit zu

Bett zu gehen«, riet er. »Und wir sollten ungefähr immer zur gleichen Zeit aufwachen.«

Es war Abend, als er mir diese Ratschläge gab. Er hielt ein Glas Wein in der Hand und lächelte breit, sodass eine Spur Ironie in dem Rat mitschwang. Wir hatten beide Vorträge bei einer wissenschaftlichen Konferenz in Santa Barbara gehalten und gönnten uns in jenem Augenblick ein wenig Entspannung. Früher am Tag hatte Professor Panda seine überzeugenden Forschungsergebnisse präsentiert, wonach es unser Wohlergehen erheblich beeinträchtigen kann, wenn wir unseren zirkadianen Rhythmus ignorieren. »Natürlich kann es sehr schwer sein, konsequent zur gleichen Zeit zu Bett zu gehen«, gab er zu und erhob sein Glas.

Etliche Studien untermauern Professor Pandas Einschätzung, wie wichtig regelmäßiger Schlaf ist. Hauptsächlich forscht er an Studenten, einer Gruppe, die nicht gerade für regelmäßige Schlafgewohnheiten bekannt ist. Eine 2017 an Bachelorstudenten durchgeführte Studie zeigte, dass diejenigen mit unregelmäßigeren Schlafenszeiten akademisch schlechter abschnitten. Eine weitere Studie aus dem gleichen Jahr, an der mehr als einhundert Bachelorstudenten teilnahmen, zeigte einen Zusammenhang zwischen geregeltem Schlaf und allgemeinem Wohlbefinden. Wer regelmäßig zur gleichen Zeit zu Bett geht, schläft – wenig überraschend – in der Regel länger und besser. Das gilt nicht nur für chronisch erschöpfte Studenten. Eine australische Studie an 300 älteren Menschen – einer Altersgruppe, die oft nur schlecht schläft – ergab 2018, dass feste Zubettgehzeiten durchaus helfen, die empfohlene Schlafmenge zu bekommen. Für Erwachsene rechnet man mit sieben Stunden täglich (wobei es erhebliche persönliche Unterschiede gibt). Oft stehen unregelmäßige Schlafmuster auch mit schlechten Ernährungsgewohnheiten und Übergewicht in Zusammenhang.

Hatte mein Vater also recht? Hat seine Anstupserei mir dabei geholfen, einen regelmäßigen Schlafrhythmus einzuhalten?

Na ja, nicht wirklich.

Studien haben gezeigt, dass »Lerchen« mit ihrem Leben zufriedener sind, akademisch erfolgreicher und im Beruf produktiver. Nicht umsonst gilt frühes Aufstehen als Erfolgsrezept. Sieger gammeln nicht im Bett herum. Ehrgeizige Manager ebenso wenig. Tim Cook, der CEO von Apple, steht angeblich jeden Tag um 3:45 Uhr auf. Als First Lady ließ sich Michelle Obama um 4:30 Uhr wecken. Der Quarterback Tim Brady beginnt täglich um 5:30 Uhr mit dem Videostudium. Und der Schauspieler Dwayne »The Rock« Johnson drückt schon um 4:00 Uhr morgens im Fitnessraum absurde Mengen Eisen.

Doch aus Gesundheits- und Produktivitätsperspektive ist das, der allgemeinen Auffassung zum Trotz, kein guter Tagesrhythmus – zumindest nicht für einen großen Teil der Bevölkerung. Es klafft eine bemerkenswerte Lücke zwischen der »Volksweisheit« und den wissenschaftlichen Erkenntnissen zum Thema Schlaf. Einige Wissenschaftler meinen sogar, die gesamte Gesellschaft habe ihre Uhren falsch gestellt. Dr. Paul Kelley, der an der britischen Open University zu den Themen Schlaf, zirkadianer Rhythmus und Neurowissenschaft des Gedächtnisses forscht, fordert andere Anfangszeiten für Arbeit und Schule. Denn der natürliche biologische Rhythmus unseres Körpers, so Dr. Kelley, passe nicht zu den aktuellen Büro- und Schulzeiten. Angesichts der Tatsache, dass manche von uns Lerchen sind und andere Nachteulen, glaubt Dr. Kelley, dass ein Arbeitsbeginn um zehn Uhr die Produktivität *steigern* könnte, auch wenn das vielen von uns verdammt spät vorkäme. Zu frühes Aufstehen – Kelley zufolge für die allermeisten von uns die absolute Norm – beeinträchtigt unsere Gehirnfunktionen. Übermüdete Menschen sind weniger kreativ und begehen mit größerer Wahrscheinlichkeit Fehler. Übermüdung trägt vermutlich auch zu Stimmungsproblemen, Gewichtszunahme und einer allgemein verringerten Lebenszufriedenheit bei. In manchen Berufen erhöht sie die Unfallgefahr am Arbeitsplatz.

»Ich selbst bin ein absoluter Morgenmensch«, verriet mir Dr. Kelley. »Ich liebe den Tagesanbruch. Das Licht. Die Stille. Dafür bin ich um acht Uhr abends total kaputt. Natürlich sehe ich das Paradox, dass ich für eine gesellschaftliche Veränderung trommle, obwohl ich von der aktuellen Situation profitiere. Doch angesichts der Fakten halte ich es für das Richtige.«

Der Umstand, dass Morgenmenschen wie Dr. Kelley tüchtiger *scheinen*, ist vermutlich nur die Folge davon, dass die Struktur unserer Gesellschaft Lerchen enorm entgegenkommt. Das Vorurteil, der frühe Vogel sei besser dran, ist tief verwurzelt. Frühes Aufstehen gilt annähernd universell als tugendhafte, fast schon noble Tat. Steht man hingegen später auf, als allgemein für angemessen gehalten wird, gilt man als faul und träge. (Studien zufolge wachen US-Amerikaner durchschnittlich um 6:37 Uhr auf, wobei weltweit große Unterschiede existieren. So wachen Slowenen um 6:02 Uhr auf, Kanadier um 6:50 Uhr und Argentinier um 8:44 Uhr.) Man denke nur an all die Zitate und Aphorismen, die das frühe Aufstehen preisen. Thomas Jefferson sagte: »Die Sonne hat mich die letzten 50 Jahre nicht im Bett erwischt.« Aristoteles riet: »Es ist gut, vor Tagesanbruch aufzustehen, denn diese Gewohnheit fördert Gesundheit, Reichtum und Weisheit.« Und Benjamin Franklins Sinnspruch dazu kennt in Amerika jedes Kind: »Früh zu Bett zu gehen und früh aufzustehen macht den Menschen gesund, reich und klug.«

Doch gibt es umgekehrt eine einzige Hymne auf ein weiteres Viertelstündchen im Bett? Vielleicht sollten wir ein paar dichten. Wie wäre es mit: »Wer lange schläft, gewinnt zuletzt!« Oder mit: »Später Morgen hat Kreativität im Mund!« Oder mit: »Vergiss die Uhr und werde Sieger!«

Dr. Kelley erzählte mir, dass im Großteil der Welt Nachteulen systematisch benachteiligt werden. Das verschafft vielen Menschen mit einer genetischen Vorliebe für späte Nachtstunden einen erheblichen Startnachteil. »Lange galt die Auffassung, dass frühe Anfangsstunden jedem zupasskämen«, erklärte Dr. Kelley mit offenkundiger Missbilligung. »Das stimmt einfach nicht! Diese Fixierung auf den frühen Morgen kann ganz reale negative Folgen haben.«

Ob man also gern früh aufsteht oder nicht – der eigene Chronotyp –, ist weitgehend genetisch bestimmt. Eine Analyse genetischer Daten aus dem Jahr 2017, in die auch Zwillingsstudien einflossen, kam zu dem Ergebnis, dass genetische Faktoren bis zu 50 Prozent zum Chronotypen beitragen. Bei Scans zeigten sich strukturelle Unterschiede in den Gehirnen der zwei Chronotypen. Man darf daraus schließen, dass einem mehr oder weniger angeboren ist, zu welcher Zeit man am besten aufstehen sollte. Sich auf eine ganz andere Zeit umzustellen – damit man vielleicht doch noch ein Morgenmensch wird –, ist erstens schwierig und zweitens gar nicht ratsam. Ein wenig lässt sich der Chronotyp allerdings anpassen, um etwa eine Stunde. Das verriet mir mein Freund und Kollege Dr. Charles Samuels, der medizinische Direktor des Zentrums für Schlaf und menschliche Leistungsfähigkeit an der Universität Calgary. Dafür müsse man aber einige Strategien konsequent anwenden – und vor allem auf Regelmäßigkeit achten.

Obwohl es kein Charakterfehler ist, eine Nachteule zu sein, zeigte 2018 eine Studie mit 400.000 Personen, dass »Nachteulen ein leicht erhöhtes Sterblichkeitsrisiko hatten«. Allerdings könnte der Grund dafür wiederum darin liegen, dass die zeitlichen Abläufe moderner Gesellschaften auf Morgenmenschen zugeschnitten sind. 2018 ging eine Studie der Frage nach, wie viel genetische Ausstattung respektive Lebensstil zu den erhöhten Gesundheitsrisiken von Nachteulen beitrugen. Den Forschern zufolge waren die Risiken nicht auf die biologische Neigung zurückzuführen, lange wach zu bleiben, sondern allein auf Verhaltensweisen, die oft mit langem Aufbleiben einhergehen (wie nächtliches Essen, schlechter Schlaf und Bewegungsmangel). Das ist eine gute Nachricht, denn diese Verhaltensweisen lassen sich ändern – umso leichter, je mehr die Gesellschaft Änderungen zulässt und den verschiedenen Chronotypen ein wenig mehr Flexibilität einräumt.

Warum und wie der Chronotyp unsere Gesundheit beeinflusst, ist ein komplexes Puzzle, an dem die Wissenschaft noch eifrig forscht. Für unseren Alltag spielt lediglich der wissenschaftliche Konsens eine Rolle, dass unser Chronotyp Gesundheit und Wohlbefinden beeinflusst.

Bestens belegt ist auch der Umstand, dass die biologischen Uhren von Teenagern überhaupt nicht zu ihren aktuellen Stundenplänen passen. Eine 2017 veröffentlichte Studie verfolgte mehr als 30.000 Schüler über zwei Jahre hinweg und fand heraus: Je später ihr Unterricht begann, desto bessere Noten schrieben die Schüler, desto weniger Stunden schwänzten sie und desto mehr Schüler machten ihren Highschool-Abschluss. Dr. Kelley zufolge lassen die Daten vermuten, dass ein späterer Unterrichtsbeginn die schulischen Leistungen um bis zu zehn Prozent verbessern würde. Und es hätte noch weitere soziale Vorteile, wenn wir Teenager länger schlafen ließen. 2013 zeigten Gehirnscans im Rahmen einer Studie, dass Schlafmangel – unter dem etwa 80 Prozent aller Teenager leiden – die Hemmschwelle für riskantes Verhalten senkt (und die ist bei Heranwachsenden ohnehin schon niedrig genug). Deswegen plädieren viele Wissenschaftler wie auch Dr. Kelley für einen späteren Unterrichtsbeginn in Schulen. Angesichts der deutlicher werdenden Hinweise aus der Wissenschaft beginnen einige Behörden umzudenken. Eine Studie der RAND Corporation errechnete 2017, ein späterer Unterrichtsbeginn würde der US-amerikanischen Wirtschaft innerhalb eines Jahrzehnts einen Vorteil von 83 Milliarden Dollar bringen, in erster Linie aufgrund besserer akademischer Leistungen, die sich der RAND Corporation zufolge später in höherer Produktivität ausdrücken würde, und zweitens aufgrund einer verringerten Zahl von Verkehrsunfällen, die von übermüdeten Heranwachsenden und Erwachsenen verursacht würden. Ich wünschte, ich könnte mit diesen Daten in die 1980er zurückreisen und sie meinem Schulter-tippenden Vater in die Hand drücken.

Während der Diskurs um spätere Unterrichtszeiten und eine Flexibilisierung der Arbeitszeiten gerade erst losgeht, liegt auf der Hand, was wir aus der aktuellen Forschung lernen können: Erstens: Erkenne deinen Chronotyp! Passe zweitens deinen Tagesablauf möglichst an ihn an und halte dich drittens möglichst konsequent an Schlafenszeiten!

Und wie findet man nun seinen Chronotypen heraus? Wahrscheinlich weißt du längst, ob du eine Eule oder eine Lerche bist. Frage dich einfach: »Bin ich ein Morgenmensch?« Wissenschaftler gehen diese Frage natürlich systematischer an. 2018 ermittelte eine Studie den Chronotyp einer halben Million Briten. Danach waren 27 Prozent der Bevölkerung ausgesprochene Morgenmenschen, 35,5 Prozent eher Morgenmenschen, 28,5 Prozent eher Nachtmenschen und neun Prozent entschiedene Nachtmenschen. Verwendet wurde dafür der wohlbekannte MEQ (Morningness-Eveningness Questionnaire), den jeder online ausfüllen kann (ist im Internet leicht zu finden). Dieser Fragebogen zum Chronotyp wurde 1976 entwickelt, als Forscher sich fragten, wo die Menschen auf dem Kontinuum möglicher Chronotypen liegen würden. Letztlich geht es dabei um die Frage, zu welcher Tageszeit man sich persönlich auf dem Leistungshöhepunkt fühlt. (Dem Test zufolge bin ich ein »moderater Morgenmensch«, was meiner Ansicht nach perfekt hinkommt.)

Ich weiß, ich weiß. »Lebe nach deinem persönlichen Chronotyp« ist das ultimative Beispiel für »leichter gesagt als getan«. Viele Menschen verrichten Schichtarbeit, andere müssen um sieben oder acht Uhr am Arbeitsplatz sein. Andere stehen früh auf, weil die Kinder ein Frühstück brauchen. Doch auch wenn wir unseren Tagesrhythmus nicht hundertprozentig an unseren Chronotypen anpassen können, sollten wir doch wissen, welcher Typ wir sind.

Dann muss sich niemand mehr gezwungen fühlen, dem Früher-Vogel-Stereotyp zu entsprechen. Du bist nicht der »Rock« (falls doch, möchte ich dir sagen, Furious 7 hat mir super gefallen!). Alle Menschen sind unterschiedlich. Tue dein Bestes, innerhalb des Korsetts, das die Realitäten des Lebens dir aufzwängen. Finde einen Rhythmus, der zu dir passt. Und bleibe möglichst konsequent dabei. Das ist vielleicht noch wichtiger. Suche dir einen Rhythmus, den du durchhalten kannst. Und bleib dann dabei, aber nicht auf Teufel komm raus. Entspann dich, verdammt!

Dr. Panda meinte: »Klar ist es gut, regelmäßige Schlaf- und Wachzeiten einzuhalten. Andererseits ist es aber auch wichtig, genug Schlaf zu bekommen.« Mache also ein Nickerchen, wenn du tagsüber müde wirst! Plane genug Spielraum dafür in deinen Tagesablauf ein. Tatsächlich hilft langes Ausschlafen am Wochenende einem erschöpften Körper offenbar bei der Erholung. Allerdings sollte man das nur gelegentlich machen und nicht zu exzessiv betreiben – Regelmäßigkeit bleibt das Zauberwort in Sachen gesunder und erholsamer Schlaf. Du solltest langes Ausschlafen am Wochenende also nicht zum Teil deiner langfristigen Schlaf-Strategie machen.

Aber, wie schon Dr. Samuels betonte: Das Wichtigste ist, seinen eigenen Rhythmus zu finden. Als ich ihn zu all den Schlaf-Tipps befragte, die so herumschwirren, meinte er: »Lass dich nicht irremachen. Was für jemand anderen hinhaut, funktioniert nicht zwingend für dich. Übernimm nicht einfach einen Rhythmus, beispielsweise den von Tom Brady. Das könnte kontraproduktiv sein. Es gibt keine allein seligmachende Schlafgewohnheit.«

Entspann dich also, was deine Weckzeit angeht. Du musst nicht mit Tim Cook um 3:45 Uhr aufstehen!

6:31 UHR – AUF DAS HANDY SEHEN

Lass es!

2015 ergab eine Studie, dass die meisten US-Amerikaner nach dem Aufwachen als Erstes an ihr Handy denken. Nicht an Kaffee, ans Anziehen oder gar an ihren Partner. Kein Wunder also, dass 61 Prozent von uns innerhalb der ersten fünf Minuten nach dem Erwachen auf ihr

Handy schauen. Etwa die Hälfte von uns tut das direkt nach dem Aufwachen. Unter Millenials liegt der Anteil sogar bei 66 Prozent. Dieses Verhalten ist aus zwei Gründen problematisch.

Erstens kann es passieren, dass du im halbwachen Zustand etwas per E-Mail, Tweet, WhatsApp oder auf Facebook in die Welt raushaust, das du später bitter bereust. Unmittelbar nach dem Erwachen befindest du dich noch im Halbschlaf, dein Verstand arbeitet noch nicht auf vollen Touren. Und ausgerechnet jene höheren Gehirnfunktionen, die dich vor Peinlichkeiten bewahren, fahren als Letzte hoch.

Und zweitens ist der Blick auf das Handy wahrscheinlich keine gute Art, seinen Tag zu beginnen. Ein zwanghaftes Checken des Handys steht mit Angstzuständen und Stress in Verbindung. Lass dir also ein wenig Zeit, bevor du ins Meer der E-Mails, Direct Messages, Facebook-Posts und Textnachrichten tauchst.

Diese Entscheidung triffst du am besten schon am Vorabend – indem du das Handy nicht ins Schlafzimmer mitnimmst. Das ist vermutlich die sicherste Art, schlaftrunkene E-Mail-Peinlichkeiten und »covfefe«-Twitter-Katastrophen zu vermeiden.

6:35 UHR – ZÄHNE PUTZEN

Schon die alten Ägypter benutzten Zahnpasta – vor etwa 7.000 Jahren. Wahrscheinlich trugen sie sie mit einem Zweig oder dem Finger auf. Zahnbürsten gibt es seit etwa 5.000 Jahren. Die ersten Bürsten mit Borsten (vom Schweinehals) entstanden um das Jahr 1600 in China. Seit 1780 werden Zahnbürsten, die den heutigen ähneln, industriell hergestellt. Obwohl die meisten Nordamerikaner erst nach dem Zweiten Weltkrieg anfingen, sich regelmäßig die Zähne zu putzen – zurückkehrende Soldaten hatten diese Angewohnheit aus Europa mitgebracht –, ist Zahngesundheit heute ein Multi-Milliarden-Geschäft geworden.

Da gibt es High-Tech-Zahnbürsten, eine überwältigende Auswahl an Zahnpastas, Zahnseiden, Mundspülungen und Zahnaufhellern neben einem ganzen Berg ausgeklügelter Reinigungsgerätschaften. Doch trotz dieser langen Geschichte und des starken sozialen Drucks, seine Zähne gut zu pflegen, ist bei den meisten unserer Gepflogenheiten nicht wissenschaftlich belegt, dass sie der Zahngesundheit wirklich dienen. Tatsächlich gibt es kaum belastbare Forschungsergebnisse dazu, was wir da in unseren Mündern anstellen. Natürlich kann schlechter Atem unser Sozialleben ernsthaft schädigen. Aber worauf sollten wir bei unserer Morgenroutine eigentlich wirklich achten?

Später im Buch, im Kapitel »Am Abend«, gehe ich noch ausführlicher auf die Wissenschaft rund um die Mundhygiene ein, weil die meisten Experten raten, dass man sich hauptsächlich am Abend um seine Zähne kümmern sollte. Aber der morgendliche Halt im Bad bietet die perfekte Gelegenheit, kurz auf die wachsenden Sorgen um Fluoride und die Anreicherung des Trinkwassers mit Fluoriden einzugehen.

Denn an diesem Komplex zeigt sich exemplarisch, wie Angst und gezielte Fehlinformation uns beeinflussen. Einige Städte und Gemeinden entwickelter Länder haben schon aufgehört, ihrem Trinkwasser Fluorid beizusetzen, etwa Calgary (Kanada). Eine 2015 im *Canadian Journal of Public Health* veröffentlichte Studie berichtet, der »Widerstand gegen die Anreicherung des Trinkwassers mit Fluorid erlebt eine kräftige Renaissance«. Promis wie Dr. Oz verleihen den Fluoridgegnern eine Stimme. Und auf Fake-News-Webseiten ist Fluoridierung ein heißes Thema. NaturalNews, eine der berüchtigtsten Seiten für die Verbreitung von Gesundheits-Nonsens, titelte frech (und nicht wahrheitsgemäß): »Hunderte mutige Zahnärzte sprechen sich gegen die Fluoridierung von Trinkwasser aus.« Die Anzahl der Gruppen von Fluoridierungsgegnern wächst, und entsprechend eifrig werden – wissenschaftlich nicht schlüssig belegte – Theorien weiterverbreitet, wonach Fluorid im Trinkwasser den IQ von Kindern senke und verschiedene Krebsarten fördere.

Wie so oft, begann die öffentliche Debatte um die Fluoridierung unseres Trinkwassers mit einigen absurden Verschwörungstheorien. Wenn man »Fluorid im Trinkwasser« googelt, staunt man, dass mal die Nazis, mal die Kommunisten und / oder die Illuminaten dahinterstecken sollen. Eine gängige Theorie lautet, die Regierung versetze das Trinkwasser mit Fluorid, um die Bevölkerung willenlos zu machen. Eine haarsträubende Theorie, möchte man meinen, aber einer Studie zufolge glaubten 2013 neun Prozent aller Amerikaner fest daran, weitere 17 Prozent waren sich da nicht sicher. Das sind ziemlich schockierende Zahlen. Mehr als ein Viertel der Bevölkerung hält es für denkbar, dass die Regierung die gesamte Bevölkerung über Jahrzehnte geistig betäubt hat.

Ein anderes Fluorid-Mem handelt davon, dass Hitler und Stalin mit der Fluoridierung begonnen hätten, um die Insassen von Konzentrationslagern ruhig zu stellen. Diese Behauptung ist völlig absurd, sowohl historisch als auch biochemisch Humbug, und wird wahrscheinlich nur von einer Minderheit der Leute geglaubt, die sich wegen Fluorid im Trinkwasser sorgen. Und doch: Studien haben gezeigt, dass allein das Vorhandensein von Verschwörungstheorien, und seien sie noch so bizarr, die öffentliche Wahrnehmung verzerrt.

Sorgen um unsere Gesundheit beruhen gelegentlich allein auf solchen Verschwörungstheorien. Im Fall der Fluoridierung kam zuerst das unzutreffende Gerücht auf, Fluorid im Trinkwasser schade der Gesundheit. Und ist die Sorge erst einmal geweckt, wird sie mit akzeptableren und intuitiv ansprechenden Argumenten unterfüttert. Im Fall der Fluoridierung wird etwa unterstellt, die Industrie habe das Forschungsergebnis, wonach Fluorid unschädlich sei, unangemessen beeinflusst. Oder es wird beklagt, die Regierung verletze Bürgerrechte, indem sie das Trinkwasser einfach mit Fluorid versetzt. Diese beiden Aspekte sind durchaus bedenkenswert, obwohl sie letztlich mehr ideologisch begründet als mit richtigen Informationen belegt sind.

Gerade weil die Verschwörungstheorien zur Fluoridierung so bizarr sind – Hitler, chemische Stoffe, die uns willenlos machen, und eine gewaltige Vertuschung durch die Regierung –, bleiben sie im Gedächtnis haften. Selbst wenn man den Unfug nicht glaubt, fachen diese Verschwörungstheorien allein durch ihre Existenz die allgemeine Sorge über Fluoride an und sorgen dafür, dass die Diskussion darum nie versandet. Wie bereits angemerkt, ist es wissenschaftlich bestens belegt, dass man sich umso leichter an etwas erinnert, je öfter man es hört und je plausibler es klingt. Die Hitler- und Gehirnkontroll-Mythen glauben vielleicht nur die wenigsten, aber dieses ganze »Rauschen« rund um die Fluoridierung veranlasst Menschen vielleicht, eine fluoridfreie Zahnpasta zu kaufen. Außerdem scheint das Rauschen die öffentliche Wahrnehmung von Nutzen und Risiko zu beeinflussen. 2015 befragten die amerikanischen Centers for Disease Control and Prevention (CDC; das amerikanische Zentrum für Seuchenkontrolle und -prävention) die Bevölkerung, und eine relativ große Minderheit von 27 Prozent hielt die Fluoridierung des Trinkwassers für potenziell schädlich, nur 55 Prozent fanden sie unbedenklich.

Aber *sollten* wir uns Sorgen um Fluorid im Trinkwasser machen? Gibt es tatsächlich eine weitreichende Verschwörung, um die Bevölkerung mit Fluorid ruhig zu stellen? Zwar wird weiter an der Frage geforscht, und wir sollten regelmäßig überprüfen, was die Wissenschaft zu Nutzen und Risiken von Maßnahmen zu sagen hat, aber bisher sprechen die Ergebnisse eine eindeutige Sprache. Die kanadische Regierung betonte 2016 in einem Positionspapier: »Die Fluoridierung des Trinkwassers bleibt eine unbedenkliche und kosteneffektive Maßnahme zur Förderung der allgemeinen Gesundheit; sie ist ein wichtiges Werkzeug zum Schutz der Gesundheit und des Wohlbefindens aller Kanadier.«

Eine 2018 durchgeführte Studie der US-amerikanischen National Institutes of Health (Gesundheitsbehörden) an 7.000 Kindern zwischen zwei und acht Jahren sowie an 12.000 älteren Kindern bestätigte die erheblichen Vorteile der Fluoridierung für die Gesundheit insbesondere von Kindern. Ein Übermaß an Fluorid kann zwar negative Effekte haben, etwa weiße Verfärbungen an den Zähnen, doch die dem Trinkwasser zugesetzte Menge liege weit unterhalb dieser kritischen Menge. Umgekehrt wäre der Schaden ganz erheblich, der durch einen Stopp der Fluoridierung entstünde. In Gemeinden und Städten wie Calgary, wo die Fluoridierung ausgesetzt wurde, kommt es zu erheblich mehr Karies. Angesichts dieser Daten kann es kaum überraschen, dass die CDC die Fluoridierung des Trinkwassers zu den zehn erfolgreichsten Maßnahmen aller Zeiten zur Förderung der öffentlichen Gesundheit zählt.

Auf die Frage nach der Fluoridierung hat die Wissenschaft eine eindeutige Antwort: Ihr Nutzen ist bestens bewiesen, mögliche Schäden sind zu vernachlässigen. Wenn deine Gemeinde ihrem Trinkwasser Fluorid zusetzt, sei dankbar und entspann dich.

Aber kommen wir zurück auf das morgendliche Zähneputzen. Solltest du fluoridhaltige Zahnpasta verwenden? Wieder lautet die eindeutige Antwort: Ja. Eine Metaanalyse von mehr als 70 klinischen Versuchen an mehr als 70.000 Kindern bestätigte »den Nutzen von fluoridhaltiger Zahnpasta für die Prävention von Karies bei Kindern und Heranwachsenden«.

Aus medizinischer Sicht ist Fluorid sogar das *einzig* Nützliche in Zahnpasta. Das führte mir Dr. Grant Ritchie vor Augen, ein Zahnarzt, Sachbuch-Autor und lautstarker Trommler für wissenschaftlich fundiertere Mundhygiene-Maßnahmen. Er ist, natürlich, ein großer Fan des Zähneputzens. »Das Wichtigste ist die mechanische Entfernung der Plaque durch die Borsten«, erklärte Dr. Ritchie. »Der Hauptvorteil der Zahnpasta besteht darin, dass sie Fluorid an die Zähne bringt.«

Nichtsdestotrotz gibt es etliche fluoridfreie »Bio-Zahnpastas« auf dem Markt, die vielleicht dazu beitragen, dass dein Atem irgendwie ökologischer riecht, ansonsten aber vermutlich total nutzlos sind. Tatsächlich konnte ich keine einzige Studie finden, die ihren Gebrauch empfehlen konnte. Eine Untersuchung zu Aktivkohle-Zahnpasta vermerkte, dass zu ihr überhaupt nicht seriös geforscht wurde. Robert Weyant, ein Professor für öffentliche Zahngesundheit an der Universität Pittsburgh, bestätigt meine Einschätzung. »Man darf da nicht in die Bio-Falle tappen«, sagte er. »Diese Bio-Produkte – wobei nie definiert ist, inwiefern sie ›bio‹ sein sollen –, sind ein Beispiel dafür, wie Marketing über die Wissenschaft triumphiert. Es gibt keine Hinweise darauf, dass sie wirken. Ich halte sie für total nutzlos.«

Dr. Weyant glaubt, dass in der Öffentlichkeit viele falsche Vorstellungen über Zahngesundheit kursieren. Natürlich ist Zahnpflege wichtig, aber wie so oft genügt es, sich auf das Wesentliche zu konzentrieren. »Ernähre dich gesund, rauche nicht und putz dir zweimal täglich die Zähne mit fluoridhaltiger Zahnpasta«, sagte er. »Alles Weitere spielt eine untergeordnete Rolle. Wenn dein Trinkwasser mit Fluorid versetzt wird, ist das ein zusätzlicher Bonus.«

(Falls du dich fragst, welche Art Zahnbürste du hernehmen solltest: Weiche Borsten sind offenbar ein wenig sicherer – das heißt, sie verursachen weniger Verletzungen –, und es gibt gewisse Hinweise, dass elektrische Zahnbürsten tendenziell dazu beitragen, Parodontose zu verhindern. Aber klare Belege gibt es dafür nicht. 2014 ergab eine Studie, dass das »Borstendesign nur geringen Einfluss auf die Fähigkeit einer Zahnbürste hat, Plaque zu entfernen.«)

Ich möchte auch betonen, dass das morgendliche Zähneputzen nicht irgendwie besonders wirksam ist. Dank der Wissenschaft weiß man, dass zweimaliges Putzen am Tag genügt, hauptsächlich weil – ich wiederhole mich da – dabei Fluorid an die Zähne gelangt. Es nutzt nichts weiter, noch öfter zu putzen. Die meisten Experten sind sich auch einig darin, dass das abendliche Zähneputzen besonders wichtig ist, direkt vor dem Zubettgehen. »Das liegt hauptsächlich daran, dass das Fluorid danach im Mund bleibt und dort die ganze Nacht wirken kann«, erklärte Dr. Weyant. Du *musst* also morgens gar nicht putzen, wobei frischerer Atem nach dem Putzen durchaus ein schöner Nebeneffekt des morgendlichen Schrubbelns ist. Wenn du mit mir zusammenarbeitest, bitte putz dir also morgens die Zähne!

6:40 UHR – AUFS HANDY SEHEN (SCHON WIEDER)

Lass es. Wahrscheinlich machst du es trotzdem. Aber du solltest es lassen.

Ich finde es erstaunlich, wie schnell Smartphones das menschliche Dasein revolutioniert haben. Das erste iPhone von Apple kam 2007 heraus, und seitdem haben Smartphones auf verblüffende Weise verändert, wie wir mit der Welt interagieren. Einigen Schätzungen zufolge checken Menschen im Durchschnitt mehr als 100-mal täglich ihre Handys, blicken also etwa alle zehn Minuten darauf. Und wir berühren unser Handy – in dem Sinne, dass wir etwas darauf tun, mehr als 2.500-mal täglich. Verrückt! 2018 ermittelte eine Studie, dass Menschen *sogar im Urlaub* 80-mal täglich auf ihr Handy schauten. Durchschnittlich glotzen wir vier Stunden am Tag auf diese Geräte. Das sind 120 Stunden im Monat, was einem zeitraubenden Nebenjob entspricht. Etwa jeder zweite von uns sieht auf sein Handy und überprüft typischerweise den Nachrichten-Eingang, noch bevor er überhaupt aus dem Bett steigt.

Die meisten meiner Leser werden also ihr Handy zwischen dem Erwachen und dem Frühstück mindestens zweimal checken (vielleicht sogar zehnmal). Wahrscheinlich macht der eine oder andere das sogar auf der Toilette. Glaubt man einer Marktforschungsstudie aus dem Jahr 2016, schauen 75 Prozent aller Menschen auf ihr Smartphone, während sie auf der Toilette sitzen, und etwa 40 Prozent lesen und schreiben dabei Nachrichten. (Halte dir das vor Augen, wenn du das nächste Mal eine frühmorgendliche E-Mail von einem Kollegen bekommst!) So erklärt sich vielleicht auch, warum 19 Prozent von uns schon mal das Handy in die Toilettenschüssel gefallen ist. Nicht zuletzt deswegen sind einer Studie von 2019 zufolge 95 Prozent aller Handys mit verschiedenen Bakterienarten kontaminiert. (Denk daran, wenn dich das nächste Mal jemand bittet, ein Foto von ihm zu schießen!)

Obwohl so ziemlich jeder es macht, gibt es gute Gründe, warum wir nicht dauernd auf unsere Handys blicken sollten. Ich werde später in unserem hypothetischen Tagesablauf noch ausführlicher darauf eingehen. Aber jetzt leg das verdammte Ding weg!

6:45 UHR – AUF DIE WAAGE STEIGEN

Viele Leute lassen sich von ihrem Gewicht stressen. Und zwar sehr. 2014 ergab eine Umfrage, dass 21 Prozent der Frauen sich ständig um ihr Gewicht sorgen und 34 Prozent gelegentlich. Im gleichen Jahr erklärten bei einer anderen Umfrage drei Viertel der befragten Erwachsenen, »sie könnten mal abnehmen«. Dieses Phänomen beschränkt sich nicht auf Nordamerika. Eine französische Studie ergab, dass sich 45 Prozent aller Europäer Sorgen um ihren Hüftumfang machten.

All dieser Stress rund um unseren Speck hat zu unzähligen – meist gescheiterten – Diäten geführt und eine 220-Milliarden-Dollar-Industrie hervorgebracht. Geschätzt macht jede Frau bis zu ihrem 45. Geburtstag durchschnittlich 61 Abmagerungskuren. Inzwischen springen auch immer mehr Männer auf diesen Zug. Bei der oben erwähnten Umfrage erklärten auch 63 Prozent der Männer, »sie könnten mal abnehmen«. Kein Wunder also, dass die Werbung der Abnehm-Industrie zunehmend auch auf Männer abzielt (und ihnen nach Kräften ein schlechtes Gewissen wegen ihrer Extrapfunde einredet). In der Werbung von Weight Watchers und anderen Unternehmen der Branche sind immer mehr Männer zu sehen, darunter ehemalige Football-Stars, damit auch die bisher eher unbekümmerte Hälfte der Bevölkerung anfängt, Diätprodukte zu kaufen.

Der soziale Druck, der zu unserer Besessenheit mit dem Körpergewicht führt, kommt aus vielen Richtungen. Da sind die unrealistischen Berichte in den Medien (»Du brauchst ein attraktives Sixpack für die Badesaison!«), die Kampagnen der Diätindustrie (»Dieses Produkt verschafft dir ein attraktives Sixpack für die Badesaison!«), der ständige Vergleich mit anderen in den sozialen Medien (»Schau dir dieses prächtige Sixpack an!«) und der echte Wunsch, gesünder zu leben (wozu Sixpacks aber nicht notwendigerweise gehören). Egal, wo unser Bedürfnis nun herrührt, es verursacht heutzutage jede Menge Angst und Stress.

Also, solltest du nun auf die Waage steigen? Hilft sie dir im Kampf um deinen Bauchumfang oder stresst dich nur, was du da siehst? Ist das eine gute Art, den Tag zu beginnen?

Über diese simple Frage ist sowohl gesellschaftlich als auch akademisch eine heiße Debatte entbrannt. Typisch dafür waren die Reaktionen, als die Carleton University in Ottawa beschloss, die Waagen aus ihren Fitnessräumen zu entfernen. »Unserer Ansicht nach hat die Fixierung auf das Körpergewicht keine positiven Auswirkungen auf Gesundheit und Wohlbefinden«, erklärte der Leiter des Gesundheits- und Fitnessprogramms der Universität seine umstrittene Maßnahme. Er argumentierte, der Waagen-Verzicht »liegt ganz im aktuellen Fitness- und gesellschaftlichen Trend«, denn das Körpergewicht »ist kein guter Parameter für den Gesundheitszustand«. Die Maßnahme löste sofort heftige Reaktionen aus, sogar weltweit. Die britische *Daily Mail* etwa schrieb in ihrer Schlagzeile (unzutreffenderweise), dass die Universität die Waagen entfernt hätte, »weil sie ›Essstörungen verursachen‹«.

Ich selbst bekam in der Waagen-Diskussion auch mein Fett weg. Als ich über eine Studie twitterte, die der Frage nachging, wie oft man auf die Waage steigen sollte, erntete ich Kommentare wie »Am besten nie!«,

»Waagen messen keine Gesundheit!« und »Selbstwertgefühl lässt sich nicht in Zahlen ausdrücken!« Diese weit verbreiteten Gefühle wurzeln in der Vorstellung, dass das Selbstwertgefühl leidet, wenn man auf die Waage steigt, man sich seines Körpers schämt und sich zu sehr auf sein Gewicht konzentriert statt auf seine Gesundheit. Und intuitiv leuchten diese Argumente gegen regelmäßiges Wiegen durchaus ein. Ein 2017 erschienener Artikel in der *Cosmopolitan* ist dafür typisch. Die Überschrift verrät schon alles: »Ich warf meine Waage raus und bin jetzt glücklicher als je zuvor.« Unzählige Artikel des gleichen Tenors gehören mittlerweile zu unserer Popkultur. Google nur mal »Waage weg«, und du bekommst mehr als 13 Millionen Treffer, die meisten davon Blogeinträge und Medienartikel zum Thema positives Körpergefühl nach dem impliziten Motto »Du bist mehr als eine Zahl«. Diese Botschaft ist in der Popkultur momentan allgegenwärtig. Berühmt wurde Kate Winslets Auftritt in der *Tonight Show* von Jimmy Fallon, bei dem sie verriet, sie habe sich seit zwölf Jahren nicht mehr gewogen. »Super Tipp, das ist ein toller Entschluss«, riet die Oscar-Gewinnerin.

Viele Menschen aus dem Gesundheitswesen schlagen in die gleiche Kerbe. So erklärte eine zugelassene Ernährungswissenschaftlerin 2018 in einer CBC-Sendung, wir alle sollten unsere Waagen »rauswerfen«. (Wahrscheinlich machen Badezimmerwaagen inzwischen einen guten Teil der nordamerikanischen Müllberge aus!) Warum? Weil, so die Ernährungswissenschaftlerin, das Wiegen nichts helfe, »die Waage aber sehr viel Macht hat und enorm beeinflusst, wie Menschen sich wahrnehmen. Sie lassen zu, dass eine einzige Zahl ihren Selbstwert bestimmt.«

Doch was sagt die Wissenschaft?

Tatsächlich weist alles darauf hin, dass regelmäßiges Wiegen den meisten Menschen dabei helfen kann, ihr Gewicht zu halten oder zu senken. 2015 ergab eine systematische Übersicht der Literatur, dass »regelmäßiges Wiegen mit Gewichtsabnahme in Zusammenhang steht«. Die Autoren einer weiteren Übersichtsstudie gingen noch weiter und schrieben: »Wiegen wirkt sich positiv auf das Gewicht aus, insbesondere, wenn es täglich oder wöchentlich passiert.« Eine weitere Studie verfolgte 3.000 Teilnehmer über zwei Jahre hinweg und kam zu dem Schluss, dass »häufigeres Wiegen mit größerer Gewichtsabnahme oder mit geringerer -zunahme in Verbindung stand«. Ein sechsmonatiger Versuch, bei dem sich die Hälfte der Teilnehmer täglich wiegen sollte, kam 2015 zu einem ähnlichen Ergebnis: Das häufige Wiegen sorgte dafür, dass »die Menschen sich gewichtsbewusster verhielten und mehr Gewicht verloren«. Mehrere Studien mit jungen Erwachsenen und Studenten kamen sämtlich zum gleichen Schluss: Wiegen hilft.

Nun haben solche Studien zugegebenermaßen nur beschränkte Aussagekraft. Manche stellten nur einen Zusammenhang fest (vielleicht tun sich Menschen, die sich gerne wiegen, einfach leichter mit dem Abnehmen?), stärker kontrollierte Studien führten zu weniger beeindruckenden Ergebnissen. Trotzdem ist die Datenlage im Ganzen verdammt schlüssig und überzeugend. Wenn du also planst, abzunehmen oder nur dein Gewicht zu halten (und das sollten die meisten von uns), dann wäre es eine gute Idee, einigermaßen häufig auf eine Waage zu steigen. 2007 fassten Professor Butryn und Kollegen von der Drexel University die Ergebnisse ihrer Studien zusammen: »Konsequentes Wiegen kann Individuen dabei helfen, verlorenes Gewicht zu halten, indem es Gewichtszunahmen sofort sichtbar macht, bevor sie eskalieren. Das ermöglicht Menschen, sofort gegenzusteuern.«

Okay, regelmäßiges Wiegen kann also helfen, das Gewicht zu halten, aber mit welchen Kosten ist es verbunden? Welche psychologischen und sozialen Folgen hat es? Wenn das tägliche Wiegen uns alle runterzieht, lohnt es sich dann überhaupt? Das scheint der Knackpunkt, wie die Debatte um die Waagen an der Carleton University zeigte. Und ich kann das nachvollziehen. Angesichts einer Alltagskultur, die unrealistische Schlankheitsideale propagiert, und einer wachsenden Anzahl von Menschen, die mit einem negativen Körperbild ringen, besteht sicher

Anlass, eine Strategie kritisch zu hinterfragen, die uns alle mit unserem Körpergewicht konfrontiert. Tag. Für. Tag.

Nun lässt es sich aber wissenschaftlich testen, ob regelmäßiges Wiegen uns wirklich unglücklich macht bzw. sogar ernsthafte psychologische oder gesundheitliche Probleme verursachen könnte. Und genau das haben Forscher getan. Ihre Ergebnisse? Allen mahnenden Stimmen der Popkultur zum Trotz lassen sich kaum Hinweise darauf finden, dass Wiegen langfristigen psychologischen Stress oder Probleme mit dem Körperbild verursachen könnte, zumindest nicht bei Erwachsenen.

Es mag etwas Befreiendes haben, seine Waage aus dem Badfenster zu werfen, ganz im Sinne dieses Buchs – lass dich von ihr nicht stressen! Aber leider passt dieses hübsche Bild nicht zu der wissenschaftlichen Realität (die ebenso unbedingt zu diesem Buch gehört). Vielleicht wirfst du da ein nützliches Werkzeug aus dem Fenster, das – dem größten Teil der Forschung zufolge – keinen wesentlichen psychologischen Schaden anrichtet. Eine Metaanalyse etwa betrachtete 2016 sämtliche verfügbaren Daten und kam zu dem Schluss, dass Wiegen in aller Regel keine psychologischen Schäden verursacht. 2014 kam eine klinische Studie zum gleichen Ergebnis: »Wiegen steht nicht in Verbindung mit negativen psychologischen Folgen.« Außerdem sei es »für übergewichtige Erwachsene eine effektive und gefahrlose Strategie zur Gewichtskontrolle«.

Deutlich mehr Vorsicht scheint allerdings bei Heranwachsenden, insbesondere bei Teenagern, geboten. Es gibt Hinweise auf einen Zusammenhang zwischen häufigem Wiegen und einer problematischen Unzufriedenheit mit dem eigenen Körper, wahrscheinlich, weil es sich, so die Autoren einer Studie von 2011, um eine Teilpopulation handelt, die »oft den gerade gängigen Schlankheits- und Schönheitsidealen hinterherläuft«. Doch selbst für junge Erwachsene kann regelmäßiges Wiegen ein nützliches Instrument sein – solange man die Gefahr von Problemen mit dem Körperbild im Auge behält. 2015 kam eine Studie, die die Abnehmgewohnheiten von annähernd 600 jungen Erwachsenen untersuchte, zu dem Schluss, dass »häufiges Wiegen mit gesunden

Gewichtsmanagementstrategien korreliert war, nicht aber mit bedenklichen Praktiken oder depressiven Symptomen«.

Dieses kleine Ding im Bad hat also einen nachgewiesenen Nutzen und nach dem Stand der Wissenschaft keine schädlichen Auswirkungen auf Erwachsene. Warum ist es dann so umstritten?

Der Wunsch, sich zu wiegen, ist ein relativ neues Phänomen. Fast die gesamte Menschheitsgeschichte hindurch wusste niemand, wie viel er wog. Oder auch nur, wie viel er denn wiegen *sollte*. Die meisten Menschen freuten sich schon, wenn sie nicht verhungerten.

Die älteste bekannte Wiegevorrichtung – eine acht Zentimeter große Balkenwaage aus Kalkstein, stammt aus Ägypten und ist 7.000 Jahre alt. Kleine Steingewichte aus dem Jahr 2400 v. Chr. wurden im pakistanischen Teil des Industals entdeckt. Diese einfachen Gerätschaften wurden vermutlich von Händlern benutzt, um Gold, Korn und andere Güter zu wiegen. Ich glaube, man darf zu Recht annehmen, dass Menschen diese frühen Techniken nicht dafür einsetzten, um ihr eigenes Gewicht zu kontrollieren.

Erst der italienische Mediziner und Professor Santorio Santorio (1561–1636) sammelte als einer der Ersten systematisch Daten über menschliches Körpergewicht. Er war ein Kollege Galileo Galileis und gilt als Vater der Physiologie. Um den menschlichen Stoffwechsel besser zu verstehen, maß er penibel alles, was mit seinem eigenen Stoffwechsel zusammenhing: feste und flüssige Nahrung, Urin, Stuhl und Körpergewicht. Im Grunde maß Santorio alles, was in seinen Körper hineinging und was herauskam. Dafür benutzte er einen »Wiegestuhl«, eine ausgeklügelte Apparatur mit einem Waagebalken und einem Gegengewicht. Er maß sein Gewicht vor verschiedenen Tätigkeiten, währenddessen und danach: während er aß, ausschied, Geschlechtsverkehr hatte usw. (Falls du dich jetzt fragst, ich habe leider keine Zahlen, wie oft Santorio in dieser eher unerotischen Maschine Sex hatte.) Er zeichnete diese Daten über 30 Jahre hinweg auf. Ein echter Zahlenmensch.

Die ersten Personenwaagen für den allgemeinen Gebrauch kamen erst Mitte des 19. Jahrhunderts auf. Es handelte sich um klobige, münzbetriebene Maschinen, die oft an öffentlichen Orten wie Eisenbahnstationen aufgestellt waren. Noch gehörte es nicht zum Alltag, sich zu wiegen, und diese Maschinen wurden eher zur Unterhaltung angepriesen (Schätze dein Gewicht!), nicht als unerlässliches Gerät, um gesund zu bleiben. Rasch erfreuten sie sich großer Beliebtheit, und bald standen über ganz Nordamerika verteilt Hunderttausende münzbetriebene Waagen. Um die Leute bei der Stange zu halten, verfielen die Betreiber in den 1930er-Jahren darauf, das Gewicht des Kunden auf einem Zettel auszugeben, zusammen mit einem Horoskop oder dem Bildchen eines Filmstars. (So besessen wie wir heute von unserem Gewicht sind, wirkt der damalige Marketingtrick mit dem Horoskop – Gewicht und Schicksal untrennbar miteinander verknüpft – schon wie eine dunkle Vorahnung.)

Die ersten Waagen, die für den Gebrauch im eigenen Badezimmer bestimmt waren, wurden in den 1940ern erschwinglich; das Marketing dafür konzentrierte sich auf Gesundheitsaspekte, nicht auf das Aussehen. Etwa um die gleiche Zeit wurde der Brauch, sich regelmäßig zu wiegen, Teil der Alltagskultur. »Es ist eine nationale Pflicht, fit zu bleiben. Überprüfe dein Gewicht täglich«, forderte eine britische Anzeige für Personenwaagen während des Zweiten Weltkrieges.

Seitdem hält sich die Idee der regelmäßigen Gewichtskontrolle, durchaus unterstützt und gefördert von den Gesundheitsbehörden. Das heißt, bis die Popkultur vor Kurzem mit der Forderung anfing, die verdammten Dinger wegzuwerfen. Beispielsweise stand in den Richtlinien der amerikanischen CDC für das nationale Programm zur Bekämpfung von Diabetes noch 1996 die Empfehlung: »Wiegen Sie sich regelmäßig.« (Interessanterweise verwendet die Version von 2018 etwas verschämter nur noch Diagramme und Bilder, die andeuten, dass man sein Gewicht im Auge behalten sollte.) In Großbritannien empfiehlt der National Health Service »regelmäßiges Wiegen, damit man jede Gewichtsveränderung im Auge behält«.

Und während ich dies hier schreibe, trommelt meine örtliche Gesundheitsbehörde in einer Krebsvorsorgekampagne dafür, »ein gesundes Gewicht zu halten«. Begleitet wurde diese Initiative von einer Nachricht auf Twitter, die das Bild einer Waage zeigte, begleitet von der rhetorischen Frage: »Wussten Sie, dass wir in Alberta jedes Jahr 673 Fälle von Krebs verhindern können, indem wir alle ein gesundes Gewicht halten? Erfahren Sie mehr.« Die implizite Aufforderung war klar: Steige regelmäßig auf die Waage.

Roberta Bivins zufolge, einer Medizinhistorikerin an der Universität Warwick, vertreten die meisten Gesundheitsbehörden weiterhin den Standpunkt: »Warum sollte man so ein nützliches Werkzeug wegwerfen?«

Professor Bivins gehört zu den wenigen Wissenschaftlern, die sich der historischen Entwicklung unseres Verhältnisses zur Badezimmerwaage widmen. Sie erklärt, der Gesundheitsaspekt habe immer eine große Rolle im Marketing für diese Geräte gespielt, allerdings habe sich die Betonung in den 1960ern verschoben: »Waagen wurden ab dann häufiger als etwas verkauft, das mit gutem Aussehen und Sex zu tun hatte. Das Gesundheitsnarrativ ist weiterhin da, muss sich aber den Platz mit anderen Aspekten teilen.«

»Die moderne Art ist, sich täglich zu wiegen«, erklärte die Werbung für eine Badezimmerwaage in den 1960ern. »Jede Frau möchte eine schlanke Figur, und es gibt keine bessere oder einfachere Methode, sein Gewicht zu überprüfen, als durch regelmäßige Verwendung einer ›Mayfair‹-Personenwaage.«

Diese Fokussierung auf das Aussehen erklärt möglicherweise, warum viele Menschen heute Waagen als Feinde betrachten, die unser Wohlbefinden untergraben. Im Verlauf der letzten hundert Jahre wurde Gewichtskontrolle zunächst als patriotische Tugend gepriesen, dann als unverzichtbar für die persönliche Gesundheit, und schließlich zunehmend als Methode, sein Aussehen zu verbessern. Inzwischen hat die auf dem Display dieses kleinen Geräts angezeigte Zahl eine große soziale Bedeutung erlangt (sei das nun gerechtfertigt oder nicht). Und wenn das Aussehen zum primären Ziel wird – statt der Gesundheit –, dann führt der Schritt auf die Waage eher zu Enttäuschung, Angst und Frust. Zumal die Forschung immer wieder zum gleichen Ergebnis kommt, dass nämlich dauerhafter Gewichtsverlust außerordentlich selten vorkommt. (Eine weitere Werbung für Badezimmerwaagen in den 1960ern spielte auf diesen Umstand an, indem sie versprach, die witzig designten Geräte würden »die schlimme Nachricht mit einem Lächeln überbringen«.) Studien haben ergeben, dass Menschen, die hauptsächlich wegen ihres Aussehens Diät halten und Sport treiben – ein dominantes Thema der Abnehmindustrie –, schlechtere Erfolgsaussichten und eher eine negative Einstellung ihrem Körper gegenüber haben.

Meiner Ansicht nach ist das tägliche Wiegen – verständlicherweise – in ein Spannungsfeld geraten: zwischen den Versuch, ein gesundes Gewicht zu halten, und der Sorge, Menschen ein verzerrtes Körperbild täglich unter die Nase zu reiben. Kein Wunder, dass Menschen glauben, zu häufiges Wiegen führe nur zu einem ungesunden Verhältnis zum eigenen Körper, insbesondere, wenn es einem vornehmlich auf das Aussehen ankommt. Intuitiv fühlt es sich falsch an, gleich morgens auf die Waage zu steigen und sich die Laune verderben zu lassen. Kein Wunder, dass so viele Promis erklären, sie hätten das verdammte Ding hinausgeworfen.

Gewichtsabnahme ist inzwischen ein seltsam heikles Thema geworden. Einerseits kämpfen Gesellschaften weltweit damit, dass sie immer dicker werden. Mehr als ein Drittel der Weltbevölkerung ist übergewichtig oder sogar fettleibig. Heute leiden erheblich mehr Menschen an Übergewicht als an Unterernährung. Und obwohl die Politik immer stärker gegensteuert, verschlimmert sich die Lage. Eine 2015 in *The Lancet* veröffentlichte Studie erklärte: »Bisher konnte kein Land den Trend zum Übergewicht umkehren.« 2017 prophezeite ein OECD-Bericht, dass bis 2030 volle 50 Prozent der US-amerikanischen Bevölkerung fettleibig sein werden. Schon heute verursacht Fettleibigkeit weltweit wirtschaftliche Kosten von zwei Billionen Dollar jährlich. Sie ist ein ernsthaftes Problem für die öffentliche Gesundheit, die eine entschlossene Reaktion der Politik erfordert. Aufgrund dessen rückt das Thema Körpergewicht zunehmend ins öffentliche Interesse. Aber hilft das tägliche Wiegen nun dabei? Ja, das ist inzwischen gut belegt.

Die Gründe für das Übergewichts-Problem sind irre komplex. Dutzende biologische, verhaltensbezogene, wirtschaftliche und soziale Faktoren spielen dabei zusammen. Während die Forscher noch versuchen, die genauen kausalen Pfade aufzuspüren, wissen wir aber schon eines: Es hilft nicht, mit dem Finger auf Betroffene zu zeigen und ihnen die Schuld an allem zu geben. Dicke Menschen zu diskriminieren oder zu stigmatisieren, scheint sozial immer akzeptabler zu werden, obwohl es paradoxerweise das Risiko krankhafter Fettleibigkeit sogar noch erhöht. Wir müssen also sehr vorsichtig dabei sein, wenn wir von Gewichtsabnahme-Strategien reden. Könnte ein Aufruf, sich öfter zu wiegen, die Diskriminierung gegen Übergewichtige sogar noch verstärken?

Über dieses Dilemma sprach ich mit Rebecca Puhl, der stellvertretenden Direktorin des Rudd Center for Food Policy and Obesity an der University of Connecticut. Klar, einerseits müssen Gesellschaften das Problem wachsender Bauchumfänge dringend angehen, andererseits möchte man niemandem ein negatives Körperbild einreden oder gar die Diskriminierung gegen Übergewichtige noch verstärken. Soll man den Menschen nun also raten, regelmäßig auf die Waage zu steigen? »Die Forschungsergebnisse sind da eindeutig«, antwortete Professor Puhl. »Wir wissen, dass Stigmatisierung ungesund ist. Sie ist ein Feind der öffentlichen Gesundheit. Und sie steht in Verbindung mit Gewichtszunahme.« Professor Puhl hat etliche empirische Studien zu diesem Thema durchgeführt und gilt als eine der weltweit führenden Kapazitäten für Diskriminierung aufgrund des Gewichts.

Sie räumt ein, dass für viele von uns die Waage ein nützliches Instrument sein kann und dass Menschen, die sich regelmäßig wiegen,

»es tendenziell besser schaffen, ihr Gewicht zu halten«. Andererseits fürchtet sie, dass eine Konzentration auf diesen Ansatz dem einzelnen Individuum zu viel Verantwortung aufbürden würde. Könnte dieser dann zu einer »Selbst-schuld«-Mentalität führen und damit die Stigmatisierung Übergewichtiger nur noch verstärken? »Sich den Wert auf einer Skala anzeigen zu lassen ändert die Rahmenbedingungen nicht«, sagt Puhl. »Dadurch entsteht noch kein gesünderes Umfeld.«

Das ist ein wichtiger Punkt. Wenn wir uns auf persönliche Gewichtskontrolle fixieren, fördern wir vielleicht die Überzeugung, Übergewichtige seien Versager und schadeten der Gemeinschaft. Angesichts der Komplexität des Problems kann das einen spürbaren Effekt haben. Professor Puhl verweist auf Studien, wonach übergewichtige Frauen sich mitunter derart davor fürchteten, beim Arzt auf die Waage steigen zu müssen, dass sie lieber auf notwendige Arztbesuche verzichten. Und das ist natürlich fatal.

Gleichzeitig dürfen wir die Folgen ungesunder Gewichtszunahme nicht unterschätzen. In diesem Kontext scheint der Vorteil des Wiegens klar, insbesondere wenn man bedenkt, dass viele Menschen gar nicht wissen, wie viel sie wiegen. Menschen sind allgemein gar nicht gut darin, ihr Gewicht zu schätzen. 2014 zeigte eine Studie, dass Fehleinschätzungen des eigenen Gewichts extrem weit verbreitet sind. 48,9 Prozent der Teilnehmer unterschätzten ihr Gewicht, während nur 6,8 Prozent es überschätzten. Noch schlechter schätzen Eltern das Gewicht ihrer Kinder ein: 2017 ergab eine Studie, dass erstaunliche 96 Prozent aller Eltern das Gewicht ihrer übergewichtigen Kinder unterschätzten.

Zu all dem kommt noch, dass sich in Zeiten steigender Durchschnittsgewichte die subjektiven Maßstäbe für ein »gesundes« Gewicht verschieben. Laut einer Studie, die 2015 vom University College London an mehr als 5.000 Teenagern durchgeführt wurde, empfanden fast die Hälfte aller übergewichtigen oder fettleibigen Jungs und ein Drittel der übergewichtigen oder fettleibigen Mädchen »ihr Gewicht als gerade richtig«. (Dafür fanden sich, und das ist beruhigend, nur sieben Prozent aller normalgewichtigen Kinder zu dick.) Die Autoren der Studie warnten, »dieser Mangel an Bewusstsein für das eigene Übergewicht könnte Grund zur Beunruhigung sein«.

Eine Verschiebung der Maßstäbe lässt sich auch bei Erwachsenen beobachten. Noch vor wenigen Jahrzehnten wussten die meisten Erwachsenen sehr wohl, wenn sie übergewichtig beziehungsweise fettleibig waren. 1990 hatten 56 Prozent aller Amerikaner Übergewicht und 48 Prozent erklärten, sie wögen zu viel. Heute wiegen mehr als 70 Prozent der Amerikaner zu viel, aber nur 36 Prozent finden, sie seien zu dick. (Offenbar fasten unzählige Menschen also für ihr Aussehen und nicht, weil sie sich für zu dick halten.)

Diese Fehleinschätzung beruht vermutlich zumindest teilweise darauf, dass wir uns an immer größere Körperumfänge gewöhnt haben. Was Menschen für ein Idealgewicht halten, hat sich erheblich nach oben verschoben, wahrscheinlich weil eine gesellschaftliche Anpassung der Wahrnehmung stattgefunden hat. Professor Bivins spricht in diesem Zusammenhang davon, dass »die Messlatte für Normalgewicht höher gelegt wurde«. Anders ausgedrückt: Wir bekommen weniger Hinweise, dass wir selbst zunehmen, weil fast alle in unserer Umgebung auch dicker werden.

Als praktisches Beispiel dafür, wie sich das kulturell auswirkt, führt Professor Bivins die Entwicklung der Kleidergrößen in Nordamerika an. Während es früher einen allgemein akzeptierten Industriestandard für Damengrößen gab, obliegt es den Herstellern seit Anfang der 1980ern selbst, Größen festzulegen. Natürlich beeinflussten Marktkräfte diese Entscheidungen, und die Ära der »Vanity-Kleidergrößen« begann. Hersteller verlegten sich massenweise darauf, mit »schmeichelhaften« Kleidergrößen Kundinnen zu gewinnen. Ein Kleid der heutigen Größe 8 wäre noch 1958 eine Größe 16 gewesen. Dieser Marketingtrick funktioniert prima, das ist auch wissenschaftlich belegt. Denn er gibt uns – wenig überraschend – ein gutes Gefühl. 2012 kam eine Studie zu dem Schluss, Vanity-Größen wirkten deswegen so attraktiv, weil »es der Kundin ein gutes Körpergefühl vermittelt, wenn sie in eine Jeans passt, auf deren Etikett eine zu kleine Größe steht«. Aber die Branche darf nicht übertreiben. Ist die Untertreibung zu schamlos, könnte die Kundschaft ablehnend reagieren, was dem Ziel des Vanity Sizing entgegenliefe. Und so sorgen die Marktkräfte dafür, dass die Größen sich unmerklich verändern. Laut Professor Bivins geschieht das genau in dem Maß, dass kulturelle Hinweise für Übergewicht verschwinden. Keine Jeansmarke will diejenige sein, die man auf ewig mit dem Tag verbindet, an dem man sich sagte: »Verdammt, ich habe aber zugelegt!«

In einer Welt verwirrender Nachrichten und Marketingtricks zeigt uns der tägliche Schritt auf die Waage objektiv, welchen Schwankungen unser Gewicht unterliegt. Meiner Ansicht kommt es dabei darauf an, dass man der Zahl, die sich da zwischen den Füßen zeigt, keine weitere Bedeutung beimisst. Man sollte nur die Schwankungen messen – eine Methode, die dabei hilft, sein Gewicht zu halten. Punkt. Man sollte sich da nicht mit anderen oder einer abstrakten sozialen Norm vergleichen. Das eigene Gewicht ist, wie das popkulturelle Klischee so gerne verkündet, keine Maßzahl für die eigene Attraktivität (zu Recht, wie sich gezeigt hat), für den Wert als Person oder auch nur den Gesundheitszustand. Übergewicht ist zwar mit gewissen Gesundheitsrisiken verbunden, trotzdem ist ein stämmigerer Mensch nicht notwendigerweise ungesund. Der Body-Mass-Index ist keine exakte Maßzahl für den eigenen Gesundheitszustand.

Ich weiß, es ist nicht leicht, das Nimm-ab-Geflüster auszublenden, das unsere Gesellschaft uns unablässig zuraunt. Jedes Mal, wenn ich von einer Dienstreise zurückkehre, auf der ich mich ein paar Tage nicht wiegen konnte, fürchte ich mich vor dem ersten Gang zur Waage. Und es nervt mich, wenn ich ein paar Pfund zugenommen habe, obwohl ich genau weiß, dass diese Reaktion irrational und wenig hilfreich ist. Paradoxerweise macht gerade das häufige Wiegen es für mich psychologisch einfacher. Wir sollten uns tatsächlich auch deswegen häufig wiegen, weil unser Gewicht unablässig schwankt, selbst innerhalb eines Tages. Steigt man nur alle paar Monate mal auf die Waage, bekommt man kein akkurates Bild von der Richtung, in die sich das eigene Gewicht bewegt.

Um diesen Punkt zu verdeutlichen, zog ich mich ein ganzes Wochenende lang jede Stunde aus und wog mich. Und was kam heraus? Erstens, dass es spaßigere Wochenendunternehmungen gibt. Zweitens schwankte mein Gewicht im Tagesablauf erheblich. Um neun Uhr wog ich 80,5 Kilo, um elf Uhr 81,5, um 15 Uhr 81,9. Und um 23 Uhr wog ich noch mehr. Am nächsten Tag wiederholte sich das Muster. Die Schwankungen waren erheblich, als würde ich unbemerkt Donuts und Eiscreme über meine Haut aufnehmen. Ich hatte ehrlich keine Ahnung, woher die Extrapfunde kamen.

Wenn ich mich regelmäßig wiege – mindestens zweimal wöchentlich, aber nicht öfter als einmal täglich –, dämpft dieses Ritual den gefürchteten psychologischen Schlag auf den Latz und lässt mich die natürliche Schwankung meines Gewichts besser würdigen. Dadurch wird die Waage zu einem einfachen, nützlichen Gerät zur Kontrolle.

Und was schließen wir nun daraus? Ich kann die Sorgen um Stigmatisierung wegen des Gewichts nachvollziehen und sehe auch, welchen psychologischen Schmerz häufiges Wiegen auslösen kann. Andererseits sollten wir uns bei unseren Entscheidungen so weit wie möglich von Fakten leiten lassen. Wir sollten uns von unbewiesenen Befürchtungen nicht davon abhalten lassen, ein nützliches Instrument zur Gewichtskontrolle zu verwenden. Dabei gilt es allerdings, darauf zu achten, dass wir die Zahl auf der Waage nicht mit Erfolg, Misserfolg oder unserem Gesundheitszustand gleichsetzen (auch wenn sie natürlich für unsere Gesundheit schon eine Rolle spielt).

Also, solltest du dich nun wiegen? Wenn du glaubst, es könnte dir dabei helfen, ein gesundes Gewicht zu halten (wie auch immer du das definierst), und es dich nicht verrückt macht (den Forschungsergebnissen zufolge liegt die Wahrscheinlichkeit dafür nicht hoch), dann ja: Steig auf die Waage. Betrachte sie als Instrument, aber als nichts weiter.

6:50 UHR – ANZIEHEN

Vor langer, langer Zeit hatte ich mal ein Paar maßgeschneiderte Lederhosen. Und ich trug sie. In der Öffentlichkeit. Mehr noch, ich trug sie auf der Bühne. Sie waren hauteng. Wie gesagt, sie waren maßgeschneidert.

Ich war einmal Frontman einer New-Wave-Band, genau in jener Nanosekunde der Geschichte, in der es nicht sagenhaft peinlich war. Einstimmig beschlossen wir, uns maßgeschneiderte Lederhosen zuzulegen; wir hielten das für ein sehr new-waviges Outfit. Jeder nahm eine andere Farbe. Im Ernst. Das haben wir gemacht.

Kurz nach unserem ersten Vollleder-Gig schwärmte ein weiblicher Fan, sie hätte unseren Auftritt toll gefunden. Ich fühlte mich ziemlich rockstar-mäßig. Aber als sie schon am Gehen war, deutete sie auf meinen Schritt und sagte: »Übrigens darfst du da keine Unterhosen drunter anziehen, vor allem keinen Slip.«

Nach diesem ungebetenen Ratschlag mussten wir uns dringend beraten. Nachdem wir die Hintern der anderen in verschiedenen Lichtverhältnissen sorgsam geprüft hatten, sahen wir ein, dass sie recht gehabt hatte. Die Unterwäsche musste weg. Sie zeichnete sich zu deutlich ab, das sah bescheuert aus. Also traten wir in Zukunft unten ohne auf.

Nun schrieb ich eben, die Hosen seien aus »Leder« gemacht gewesen, in Wirklichkeit aber bestanden sie aus Kunstleder. Genau betrachtet, trugen wir hautenge Müllsäcke. Auf der Bühne war es heiß. Ich sprang herum und schwitzte wie ein Schwein. Wir waren fünf junge Männer, die ihre Kleidung nur selten wuschen. Den Rest könnt ihr euch zusammenreimen. Wenn ich zum Pinkeln den Reißverschluss aufzog, dampfte es von dort wie von einem Komposthaufen. Schließlich beendete unser Beleuchter den Lederwahnsinn: »Entweder die verdammten Hosen verschwinden oder ich!«

Warum erzähle ich diese Geschichte? Unterhosen sind eine tolle Sache für jeden, der es gern bequem und hygienisch hat. Ich rate also, welche zu tragen. Seit unserem Lederhosen-Fiasko ziehe ich immer welche an. Doch laut Umfragen laufen bis zu 25 Prozent von uns gelegentlich unten ohne herum und satte sieben Prozent leben grundsätzlich unterhosenlos. Gesundheitsrisiken sind damit nicht verbunden, aber igitt. Wenn du so durch den Tag schwingen willst, bitte sehr. Aber bitte wasche deine Hosen, bevor du dich neben mich ins Flugzeug setzt. Ehrlich gesagt bleibt Männern nur die Wahl zwischen Slips und Boxershorts.

Zur oft hitzig geführten Debatte um Slip oder Boxer kann die Wissenschaft leider nur wenig beitragen. Möglicherweise besteht ein Zusammenhang zwischen eng anliegenden Unterhosen (also Slips) und einer höheren Temperatur des Hodens, was wiederum die Anzahl der Spermien senken könnte. Eine 2018 durchgeführte Studie an männlichen Patienten von Fruchtbarkeitskliniken ergab, dass Männer, die nach eigenen Angaben Boxershorts trugen, eine höhere Spermienkonzentration aufwiesen. Andere Studien kamen zu weniger pessimistischen Ergebnissen, sie konnten keinen Zusammenhang zwischen der Unterwäsche-Wahl und der Zeit feststellen, bis eine gewollte Schwangerschaft eintrat. Also: Solange dir der Sinn nicht nach Fortpflanzung steht, darfst du untenrum anziehen, was du magst. Wenn ihr euch allerdings ein Kind wünscht, helfen Boxershorts vielleicht ein wenig nach. Die Datenlage ist zwar nicht eindeutig, aber schaden können sie nicht.

Und was ist mit den Frauen? Um diese Frage zu klären, erkundigte ich mich bei meiner guten Freundin Dr. Jennifer Gunter. Sie ist eine renommierte Gynäkologin und die Autorin der *Vagina-Bibel*. Ihr Rat: Ignoriere die ganze Debatte. »Frauen sollten die Unterwäsche tragen, die sie mögen und bequem finden«, riet Gunter. »Die verbreitete Ansicht, ein Stückchen Stoff könnte da unten Unheil anrichten, trifft einfach nicht zu. So empfindlich sind Vulva und Vagina nicht.« Auch in Sachen Damenunterwäsche gibt es – angesichts der Aufmerksamkeit, die das Thema erregt – erstaunlich wenig Forschung. Einigen Studien zufolge könnte Baumwolle das Risiko mancher Infektionen (insbesondere mit Hefepilzen) verringern. Dr. Gunter findet allerdings, deswegen sollte man sich keinen Kopf machen. »Unterwäsche wirkt sich nicht auf die Vagina aus, die liegt innen«, erklärt sie.

Nun beeinflussen natürlich nicht nur Kriterien wie Tragekomfort, Hygiene und Gesundheit unsere Unterwäsche-Entscheidungen. Uns interessiert ja auch, was unsere Partner gern an uns sehen würden. Nur raten wir oft falsch. Frauen sähen ihre Männer deutlich lieber in Boxershorts. Nur 35 Prozent der Frauen fänden eng anliegende Slips attraktiver, die aber 57 Prozent der Männer am liebsten tragen.

Über die Attraktivität von hautengen Lederimitathosen liegen mir keine Forschungsergebnisse vor.

6:55 UHR – KAFFEE

Trink nur! Kaffee dehydriert nicht. (Er wirkt zwar harntreibend, enthält aber mehr Flüssigkeit, als ausgeschieden wird, er führt dem Körper also unter dem Strich Wasser zu.) Er verursacht auch keine adrenale Ermüdung (vor allem deswegen, weil es so etwas überhaupt nicht gibt). Und Krebs erzeugt er auch nicht, allen anders lautenden Schlagzeilen zum Trotz. (Kaffee ist ebenso sehr ein Karzinogen wie einige Mineralöle es sind – nur gefährlich für Laborratten, denen massive Dosen eingeflößt werden, und selbst dann nur möglicherweise.) Und er behindert auch Kinder nicht in ihrem Wachstum – diesen Mythos verbreitete Ende des 19. Jahrhunderts der Frühstücksflocken-Hersteller C.W. Post, um seinen Ersatzkaffee Postum besser zu verkaufen.

Dieses Thema ist gründlichst erforscht worden, und man kann mit großer Sicherheit davon ausgehen, dass Kaffee einigermaßen gesund ist. Dass er schadet, lässt sich fast sicher ausschließen. Tatsächlich *senkt* Kaffeegenuss offenbar das Krebsrisiko und bietet eine Reihe weiterer gesundheitlicher Vorzüge. (Wobei zu bedenken ist, dass die Forschung oft nur Korrelationen aufzeigen kann, keine Kausalität. Wir sollten die Ergebnisse also nicht überinterpretieren. Erst die jüngere Forschung dröselt allmählich auf, wie Kaffee im Körper wirkt und warum er gut für die Gesundheit ist. Diese Ergebnisse sind zwar noch nicht definitiv, erhöhen aber die Wahrscheinlichkeit, dass das »Kaffee ist gesund«-Narrativ auch stimmt.)

Diese Ergebnisse überraschen die meisten wahrscheinlich nicht. Trotzdem verdammen einige alternative Heiler und prominente Wellness-Gurus (damit meine ich dich, Gwyneth!) Kaffee als schädliche Droge, die es zu vermeiden gilt. Wissenschaftlich lässt sich das nicht belegen.

(Ich hasse Tee, deswegen gehe ich hier nicht aufs Teetrinken ein. Alles spricht aber dafür, dass auch Tee okay ist.)

7:00 UHR – FRÜHSTÜCK

Den Spruch, das Frühstück sei die wichtigste Mahlzeit des Tages, kennt jeder. Demnach sollten wir unseren Tag mit einem gesunden, kräftigenden Essen beginnen. Diese Phrase wird derart oft wiedergekäut, dass man sie meiner Ansicht nach zu den Ernährungs-Binsenweisheiten zählen darf.

Ich liebe mein Frühstück so sehr, dass ich eine ganze Latte von Ritualen eingeführt habe, damit morgens nur ja nichts schiefgeht. Schon am Vorabend lege ich alle Zutaten für mein Müsli bereit und stelle sicher, dass Joghurt, Beeren und Nüsse genau im richtigen Verhältnis stehen. Wenn eines der Kinder mir da was durcheinanderbringt, ärgert mich das über die Maßen. Gott gnade dem Frechdachs, der mir die Heidelbeeren wegfuttert!

Aber ich habe nicht immer ans Frühstück geglaubt. Zu Unizeiten sparte ich mir meinen Hunger für ein deftiges, spätes Mittagessen auf. Dann verschlang ich das billigste und kalorienreichste Essen, das ich finden konnte – üblicherweise einen Chickenburger mit Fritten und Bratensoße. Zugegeben, ich hätte mich damals gesünder ernähren können. Aber wer hat das bessere Timing: der faule Student oder der verbissene Gesundheitsfanatiker?

Unser Frühstückskult ist ein relativ neues Phänomen. Den allergrößten Teil der Menschheitsgeschichte haben wir nach dem Aufstehen einfach das gegessen, was gerade zur Hand war – allerdings nur, wenn wir Hunger hatten (was wohl meistens der Fall war). Erst im späten 19. Jahrhundert nahm der – von Einzelpersonen wie John Harvey Kellogg gepushte – Kult um ein gesundes Frühstück fast schon religiöse Züge an. Wer solide frühstückte, galt als fleißig, effizient und moralisch überlegen. Leute wie Kellogg verkündeten, brave Leute masturbierten nicht (Kellogg betrachtete das als absolut böse) und frühstückten vernünftig.

Und so trugen Werbung, Moralpredigten und eine kulturelle Eigendynamik zur Aufwertung des Frühstücks bei. Auch in der Ernährungsgemeinde sprangen viele auf den Zug auf und erklärten ein solides Frühstück zur zentralen Komponente eines gesunden Lebensstils. Im Zweiten Weltkrieg zeigte ein Plakat zur Förderung der öffentlichen Gesundheit Daffy Duck, der von einer Nietpistole durchgeschüttelt wird; die Überschrift lautete: »Du kannst nicht frühstücken wie ein Vögelchen und dann arbeiten wie ein Pferd!«

Aber in dieser Sache irrt der Volksglaube, zumindest teilweise. Die Daten geben einfach nicht her, dass das Frühstück irgendwie besonders wertvoll wäre. Es gibt auch keinerlei Beweise, die die Krönung zur »wichtigsten Mahlzeit des Tages« rechtfertigen würden. Extrem dünn ist die Datenlage auch, wenn es ums Abnehmen geht. Für eine 2014 im *American Journal of Clinical Nutrition* veröffentlichte Studie wurden 300 Teilnehmer zufällig in Gruppen eingeteilt, die frühstückten bzw. das Frühstück ausfallen ließen. Das Ergebnis? Es machte keinen Unterschied. Die Autoren kamen zu dem Schluss, dass es »im Gegensatz zur allgemein anerkannten Ansicht bei frei lebenden Erwachsenen, die abzunehmen versuchten, keinen wahrnehmbaren Effekt« hatte, ob jemand frühstückte oder nicht. 2016 kam eine kanadische Studie an mehr als 12.000 Probanden zu einem ähnlichen Schluss: »Die Einnahme eines Frühstücks hatte keinen konsistenten Einfluss auf Unterschiede im BMI oder die Prävalenz von Übergewicht/Adipositas.« Und 2019 ergab eine amerikanische Studie, die den Effekt eines Frühstücksangebots an öffentlichen Schulen untersuchte, dass »die Initiative die unbeabsichtigte Nebenwirkung hatte, inzidente und prävalente Adipositas zu fördern«.

Allerdings gibt es Hinweise auf einen positiven Zusammenhang zwischen der Einnahme eines Frühstücks und anderen gesundheitlichen Vorteilen. 2017 kam eine umfassende Übersichtsstudie der *American Heart Association* zu dem Schluss, dass »frühstücken zwar nicht beim Abnehmen hilft«, aber tendenziell »gesündere Essgewohnheiten fördert, die zu leichten Verbesserungen im kardiometrischen Risikoprofil führen« –, das heißt zu einer Verringerung des Risikos für Typ-2-Diabetes, Herzerkrankungen und Schlaganfälle. Die Forschung fand auch einen Zusammenhang zwischen der Einnahme eines Frühstücks und der Konzentrationsfähigkeit von Schülern sowie ihren Noten. 2013 fasste eine Literaturübersicht zusammen, es gebe »gewisse Hinweise«, dass ein gesundes Frühstück zu besseren schulischen Leistungen führe. Aber wie so oft bei Studien dieser Art mussten die Autoren anmerken, dass der Zusammenhang »teilweise auch auf Störfaktoren wie sozioökonomischen Status und auf methodologische Schwächen wie die subjektive Natur der Beobachtungen« zurückzuführen sei.

Ist nun am Mantra von der »wichtigsten Mahlzeit des Tages« *irgendetwas* dran? Diese Frage stellte ich Professor James Betts, der an der Universität Bath auf den Gebieten Ernährung und Stoffwechsel forscht. »Ich halte schon von dieser Frage nicht viel«, antwortet er unverblümt. »Selbst wenn das Frühstück die unwichtigste Mahlzeit des Tages wäre, müssen wir uns doch noch immer fragen, ob man es auslassen darf.«

Professor Betts hat zum Timing der Nährstoffaufnahme zahllose Forschungsprojekte und klinische Studien durchgeführt, und seine Erfahrung macht ihn sehr vorsichtig, wenn es darum geht, irgendwelche Mahlzeiten besonders hervorzuheben. Mit großer Umsicht erklärte er, was die Forschung hergibt, auf ein einfaches Ja oder Nein ließ er sich aber nicht festlegen. Aber Wunder, so viel steht fest, vollbringt das Frühstück in seinen Augen nicht. Er erklärte mir: »Was Gewichtsabnahme und Allgemeinzustand angeht, gibt es aktuell keine konsistenten oder überzeugende Belege dafür, dass ein Frühstück oder der Verzicht darauf einen positiven oder negativen Effekt hätte.«

Professor David Allison, ein anerkannter Ernährungs- und Adipositas-Forscher an der Universität Indiana, stimmte dem zu: »Ob das Frühstück die ›wichtigste Mahlzeit des Tages‹ ist, hängt nicht zuletzt davon ab, wie man ›wichtigste‹ definiert. ›Wichtigste‹ für wen? Oder wofür? Vielleicht hilft das Frühstück ja manchen Menschen, sich tagsüber fitter zu fühlen oder ihren Morgen mehr zu genießen. Abgesehen davon liegen die generellen Vorzüge eines Frühstücks nicht auf der Hand.«

Professor Allison erläuterte, einige Studien hätten angedeutet, morgens mehr Kalorien zu sich zu nehmen, könne zu einem gesünderen Stoffwechsel führen. Die Datenlage sei aber alles andere als eindeutig. »Viele halten das Frühstück für die zentrale Mahlzeit des Tages, um kognitive Aufmerksamkeit und Gewichtskontrolle zu fördern«, verriet er mir. »Doch ob das stimmt, ist nicht klar. Randomisierte kontrollierte Versuche zu beiden Aspekten ergaben keine konsistenten Vorteile.«

Die Frühstücks-Literatur ist also alles andere als eindeutig. Eine 2013 veröffentlichte Studie des Nutrition Obesity Research Center an der Universität von Alabama in Birmingham kritisierte, ein Großteil der Literatur »habe unnötigerweise einen Zusammenhang zwischen ausgelassenem Frühstück und Übergewicht hergestellt, ohne auf eine kausale Beziehung einzugehen«. Anders formuliert: Die veröffentlichten Forschungsergebnisse vermitteln den Eindruck, als verursache das Auslassen des Frühstücks Übergewicht, obwohl nur eine Korrelation festgestellt wurde. Vielleicht sind Menschen, die frühstücken, ohnehin schon schlanker und leben gesünder als Nicht-Frühstücker.

Einige Wissenschaftler auf dem Gebiet halten diese Art von Korrelationsstudien für nahezu nutzlos. »Eigentlich sind solche Studien schlimmer als gar keine Forschung«, schimpfte Professor Vinay Prasad. Er bezog sich dabei auf eine weitere 2019 veröffentlichte Korrelationsstudie, derzufolge die Einnahme eines Frühstücks und bessere kardiovaskuläre Gesundheit korrelierten. »Solche Studien bringen keinen Erkenntnisgewinn; sie spiegeln nur die vorgefassten Meinungen wider, von denen wir ausgegangen waren«, erklärte er mir. Laut Professor Prasad, der an der Oregon Health and Science University zu Onkologie und öffentlicher Gesundheit forscht, liegt das teilweise daran, dass viele dieser Studien auf Angaben der Probanden beruhen (die oft unzuverlässig sind) und einer »massiven Auswahlverzerrung in Hinblick auf ›signifikante‹ Ergebnisse unterliegen, die vorgefasste Ansichten bestätigen«. Vor allem aber hält er unsere Ernährungsgewohnheiten für »intrinsisch mit unserer Persönlichkeit verbunden, unserem sozialen Umfeld und unserem sozioökonomischen Status«, sodass es nahezu unmöglich sei, echte kausale Beziehungen zu beweisen. Liegt es jetzt am Frühstück, einer anderen Verhaltensweise oder einem Umweltfaktor, dass jemand gesund ist oder nicht?

Professor Prasad ist, wie ich, weder ein Frühstücks-Befürworter noch ein -Gegner. (»Ich liebe Frühstück«, verriet er mir, »wenn damit Kaffee gemeint ist.«) Er findet allerdings, der Wert des Frühstücks werde »massiv übertrieben« und fürchtet, dass dieser Hype uns den Blick trübt. »Es ist ein sinnloses Unterfangen, Mahlzeiten nach Wichtigkeit einstufen zu wollen. Das ist, als wolle man sagen, welches das wichtigste Urinieren am Tag ist.« (Das wäre das Urinieren am Morgen, aber ich verstehe, was er meint.)

Auch Professor Betts findet, dass sowohl die Medien als auch die wissenschaftliche Literatur zu oft Kausalitäten implizieren, wo keine nachgewiesen wurden. »Journalisten oder die Presseabteilungen der Forschungsinstitute jazzen Ergebnisse gern hoch oder stellen sie verzerrt dar«, betont er. Was dann für Schlagzeilen sorgt, die fälschlicherweise eine Kausalität unterstellen. »Wer das Frühstück auslässt, wird fett«, »Das Überspringen des Frühstücks führt zu Übergewicht« und »Das Frühstück ist der Schlüssel zum Abnehmen« – so lauten einige Zeitungsschlagzeilen zu einer kleinen, unveröffentlichten Korrelationsstudie, die nichts herausfand, was derartig eindeutige Formulierungen gerechtfertigt hätte.

Bei allen Aspekten rund um Mahlzeiten und Ernährung spielt unsere Kultur eine wichtige Rolle. Selbst schrullige Fanatiker wie Kellogg beeinflussen unsere Einstellungen bis heute. »Menschen haben festgefügte Ansichten über Essen und Frühstück, die sie oft eifrig und mit moralisierendem Unterton vertreten«, erzählte mir Professor Allison. »Möglicherweise assoziieren Frühstücks-Befürworter die morgendliche Mahlzeit mit Rechtschaffenheit, diszipliniertem Leben und frühem Aufstehen.« Seiner Ansicht nach brauchen wir aber »mehr strenge, randomisierte und kontrollierte Studien zu den Auswirkungen des Frühstücks«.

Die Behauptung, das Frühstück spiele eine wichtige Rolle, *fühlt* sich einfach richtig an. Und weil es so leicht ist, in die klassische Korrelationsfalle zu tappen, fällt es nicht weiter schwer, maßgebliche Stimmen zu finden, die diese auf Intuition basierende Schlussfolgerung bestätigen. Das ist ein gutes Beispiel dafür, dass wir uns bei jeder Entscheidung genau ansehen sollten, auf welcher Art faktischer Grundlage sie beruht. Nicht vergessen: Nur weil etwas intuitiv einleuchtet, muss es noch lange nicht wahr sein!

Trotzdem glaube ich, dass mein studentisches Ich sich nicht besonders gesund ernährt hat. Für die meisten Menschen ist ein gesundes Frühstück tatsächlich eine gute Sache, insbesondere, wie Professor Betts in seinen Arbeiten vermerkt, wenn man körperlich anstrengende Arbeit leistet. Die bisherigen Forschungsergebnisse sind zwar nicht immer methodologisch robust, deuten aber doch meistens in die gleiche Richtung: zugunsten eines Frühstücks.

Wenn es dir morgens noch nicht schmeckt oder andere Ernährungsgewohnheiten dir eher entgegenkommen, prima. Auch hier gilt: Entspann dich und tue, was für dich am besten ist.

7:05 UHR – MILCH

Früher, als die Menschen noch keine Kühlschränke hatten, ließen sich die meisten ihre Milch täglich vom Milchmann liefern. Eine Auswahl an Milchsorten gab es nicht. Der Milchmann stellte einfach die bestellte Anzahl Milchflaschen vor die Tür. In der Regel handelte es sich um Vollmilch, meist von der örtlichen Molkerei. Aber während der 1960er- und 1970er-Jahre wurde es allmählich günstiger, die Milch im Lebensmittelladen zu kaufen, und die Ära des Milchmanns ging zu Ende. Gleichzeitig verbreiterte sich die Angebotspalette. Fettreduzierte Milch, die anfänglich kommerziell floppte, wurde als billige und gesunde Alternative angepriesen. In einem Artikel der *New York Times* aus dem Jahr 1942 hieß es, sie »hilft, den Krieg zu gewinnen«, da sie in

Pulverform einfach zu den in Übersee stationierten Soldaten geschickt werden konnte. Jahrzehnte später bewarb die Molkereiindustrie fettfreie Milch als Schlankmacher, eine Strategie, die von der allgemein um sich greifenden Dämonisierung von Fett unterstützt wurde. In den 1980ern befürworteten zahlreiche Behörden, darunter auch das US-Landwirtschaftsministerium, fettreduzierte Milch ganz offiziell als die gesündere Wahl.

Doch was *ist* nun die beste Wahl? Heutzutage gibt es so viele Milch- und milchähnliche Produkte. Welche Milch sollte man zum Frühstück trinken? Vollmilch? Fettreduzierte? Mandelmilch? Kakao? Oder gar Rohmilch?

Doch beginnen wir mit der grundsätzlicheren Frage, ob Milch überhaupt gesund ist.

»›Eiter‹ klingt am schlimmsten«, erklärte meine Frau Joanne spontan. »Ekelhaft.« Dabei ist sie Hausärztin. »Ekelhaft« ist ihr tägliches Geschäft.

»Ja, das ist wirklich abstoßend«, pflichtete ihr mein Sohn Adam bei. »Ganz oben auf der Liste.«

Angewidert verzog meine Tochter Jane ihr Gesicht. »Warum hast du das Wort überhaupt erwähnt? Es ist schlimm!«

»Tatsächlich ist ›moist‹ (feucht) das schlimmste Wort der englischen Sprache«, warf mein Sohn Michael seelenruhig dazwischen. »Aber ›Eiter‹ ist schon krass.«

Diese Familiendebatte über die ekligsten Wörter der Welt war von einem Blogpost über Milch angestoßen worden. »Weißes Gift: Milchhorror« hieß ein leidenschaftlicher Beitrag zum Thema *eklige* Milch. Der Autor beginnt damit, dass »Eiter, Blut, Antibiotika und Karzinogene in der Milch sowie die chronische Müdigkeit, Blutarmut, das Asthma und die Autoimmunkrankheiten, die vom Milchkonsum verursacht werden, niemandem guttun.« Das ist starker Tobak. Aber *Eiter?*

Solch extreme Milch-Ablehnung lässt sich überall finden. Anti-Milch-Dokus wie *Got the Facts on Milk?* und Anti-Milch-Bücher wie

Milk: The Deadly Poison tun so, als verursache Milchkonsum unter anderem Krebs und Herzerkrankungen. Viele Promis haben öffentlich ihre Verachtung für Milchprodukte aller Art erklärt, darunter Tom Brady, Jessica Alba und etliche Mitglieder der Kardashian-Truppe. Sie behaupten, Milch schade uns und unserem Hüftumfang. (Und obwohl die Kardashians Kuhmilch ablehnen, denkt sich Kim nichts dabei, die Muttermilch ihrer Schwester zu trinken, um schönere Haut zu bekommen.) Es kursieren etliche Mythen, wie zum Beispiel, dass Milchtrinken die Schleimbildung bei Erkältungen fördert. (Ein völlig haltloser Irrglaube aus dem Mittelalter.)

Kein Wunder also, dass die Menschen immer weniger Milch trinken. Eine von der kanadischen Regierung in Auftrag gegebene Studie befand 2017, »die Kanadier tendieren bei Milchprodukten weg von herkömmlicher Milch und weiter verarbeiteten oder sehr fetthaltigen Produkten hin zu fettärmeren Produkten und Milch-Alternativen«. In meiner Heimatprovinz Alberta sank der Milchkonsum zwischen 1996 und 2015 um 21 Prozent. In den USA ging der Verbrauch zwischen 1970 und 2012 um 33 Prozent zurück. Für diesen Trend gibt es verschiedene Gründe, darunter demografische Veränderungen und der zunehmende Trend zu veganer Ernährung. Auch andere Gesundheitstrends machen sich bemerkbar, ebenso das um sich greifende Gefühl, Milch sei nicht gesund.

Wie bei vielen Glaubensfragen rund um Gesundheit und Ernährung spielen auch beim Anti-Milch-Trend politische Aspekte eine Rolle. Viele Menschen glauben, die Milchindustrie habe einen unangemessenen Einfluss auf die bisherige Gesundheitspolitik der Regierungen ausgeübt. Und tatsächlich gibt es Anzeichen dafür, dass die Branche nicht nur ernährungspolitische Ratschläge – wie etwa den, viel Milch zu trinken –, sondern auch Forschungsergebnisse beeinflusst hat. Inzwischen sorgen sich auch viele Verbraucher um das Wohl der Tiere. Angesichts dessen versteht man nur zu gut, warum eine Anti-Milch-Haltung sich richtig *anfühlen* kann. Sie erscheint als noble, ideologisch korrekte Einstellung. Aber unser Ärger über die Bauernlobby und unsere Sorge um das Tierwohl sollten uns nicht den Blick darauf verstellen, was die Wissenschaft über Milch zu sagen hat.

Also, spricht nun aus wissenschaftlicher Sicht etwas gegen Milch?

Zumindest in Kanada muss sich niemand um Antibiotika in der Milch sorgen. Milchbauern lassen kranke Kühe zwar natürlich mit Antibiotika behandeln, doch in der Zeit, in der diese Kühe Medikamente bekommen, muss ihre Milch weggeschüttet werden. Oft – nach Ansicht vieler Kritiker zu oft – werden auch Antibiotika zur Prävention eingesetzt, während der Zeit, in der die Kühe keine Milch geben (»Dry cow therapy«). Doch egal wie und warum die Mittel gegeben werden, sie müssen das System der Kuh wieder vollständig verlassen haben, bevor ihre Milch wieder in die Molkerei gehen darf. Der Bauer muss die Milch testen, um sicherzugehen, dass keine Antibiotika-Spuren mehr darin vorhanden sind. Werden irgendwelche Antibiotika in der angelieferten Milch nachgewiesen, wird die ganze Ladung weggeschüttet, und dem Bauern droht eine Strafe. In Kanada ist auch die Verwendung von Wachstumshormonen in der Milchwirtschaft illegal.

2015 veröffentlichte die amerikanische FDA (Food and Drug Administration) die Ergebnisse einer Untersuchung von Milch auf Medikamentenrückstände. Von 1.912 Proben wiesen nur 15 nachweisbare Rückstände auf. Medikamentenrückstände in Milch sind demnach ein seltenes Phänomen. Die Studie der FDA zeigt also, dass unsere Milch sicher ist.

Zunehmende Resistenzen gegen Antibiotika werfen gewaltige Probleme auf. Und wir müssen sicherlich mehr unternehmen, um den Verbrauch von Antibiotika in der Landwirtschaft zu senken. Aber das ist ein anderes Problem; an dieser Stelle soll es um die Sorge um Antibiotika in unserer Milch gehen.

Die Angstmacherei rund um Eiter und Blut ist zumindest extrem übertrieben. Die Milchindustrie ist hochgradig reguliert und wird regelmäßig von unabhängigen Inspektoren kontrolliert. Ja, es können sich wenige Tierzellen in der Milch befinden (ebenso wie sich in der Muttermilch Körperzellen finden). Diese Zellen sind typischerweise Leukozyten (weiße Blutkörperchen). Alles, was mit lebenden Organismen zu tun hat, enthält Zellen. Aber es handelt sich nicht um Eiter oder Blut, wie die Anti-Milch-Aktivisten behaupten. Es ist nicht so, als würden Klumpen roter oder weißer Blutzellen in Milchprodukten herumschwimmen und sie so unhygienisch oder gar gefährlich machen. Machen wir uns nichts vor: Diese Begriffe werden wegen ihrer visuellen und rhetorischen Kraft verwendet – wie sich in unserer Familiendebatte zeigte –, weniger als ernsthaftes Argument gegen Milch. Wenn du nicht gerade Veganer bist, nimmst du bei praktisch jeder Mahlzeit Tierzellen zu dir.

Und wie steht es jetzt um die gesundheitlichen Vor- bzw. Nachteile des Milchkonsums? An dieser Stelle wird es kompliziert. Viele Studien befürworten den Konsum von Milch. So kam etwa 2016 eine dänische Übersichtsstudie zu dem Schluss, die Beweislage »spricht für den Konsum von Milch und Milchprodukten«. Dieser, so die Studie »schützt möglicherweise gegen die meisten prävalenten chronischen Erkrankungen«. Eine große multinationale Studie, 2018 in *The Lancet* veröffentlicht, verfolgte mehr als 130.000 Menschen über neun Jahre hinweg, und ihr Ergebnis war, dass ein moderater Genuss von Milchprodukten »mit einem geringeren Risiko der Mortalität oder größerer kardiovaskulärer Krankheitsereignisse in einer diversen multinationalen Kohorte in Verbindung steht«. Andere Studien fanden weniger eindeutige Ergebnisse, etwa eine Übersicht über 21 Studien von 2016, die »keine Hinweise auf einen Zusammenhang zwischen Milchkonsum bei Erwachsenen und einem verringerten oder erhöhten Risiko hinsichtlich allgemeiner Mortalität, koronarer Herzerkrankungen und Schlaganfällen«. Anders formuliert: Es hatte sich gezeigt, dass Milch weder besonders gut noch schlecht für uns ist. (Allerdings vermerken die Autoren, dass aufgrund des Publikationsbias' – der Tendenz, dass eher positive Ergebnisse veröffentlicht werden, insbesondere, wenn die Industrie als Geldgeber auftrat – ein gewisser Grad an Unsicherheit bleibe.)

Nachdem ich mich durch alle Studien, akademischen Kommentare und unabhängigen Ernährungsempfehlungen gewühlt hatte, die ich in die Finger bekam, zeichneten sich ein paar allgemeine Tendenzen ab. Milch ist kein Superfood. Wahrscheinlich wurde ihr Nutzen über Jahrzehnte hinweg aufgebauscht. Dahinter stecken teilweise der Druck der Industrie, teilweise geschicktes Marketing. Milch ist aber auch kein Gift. Und es ist eine gute Quelle für viele Nährstoffe.

Trotz der widerstreitenden Stimmen in Popkultur und Wissenschaft lief doch vieles, was ich von Ernährungsexperten hörte, so ziemlich auf das Gleiche hinaus.

Ich bat Professor Rhonda Bell von der Universität Alberta, eine anerkannte Expertin auf dem Gebiet menschlicher Ernährung, um einen einzigen Satz zum Thema Milch. Einen einzigen. Sie leitete ihn mit einer abwägenden, zwei Absätze langen Vorrede ein, in der sie die Literatur analysierte, fasste dann aber meiner Bitte gemäß ihre Ansicht in einem nun wirklich knappen Satz zusammen: »Milch ist ziemlich gut.«

Dr. Jayne Thirsk, die oberste Ernährungsberaterin Kanadas, stimmt dem zu. Sie bezeichnet Kuhmilch als »gute Quelle einer ganzen Latte von wichtigen Nährstoffen, darunter standardisierten Mengen von Vitamin D«. Ihrer Ansicht nach würden Milchprodukte »zu Unrecht verteufelt«.

Dr. Daniel Flanders, ein Kinderarzt, der sich auf Ernährung und Übergewicht spezialisiert hat, pflichtet dem bei: Milchprodukte seien »nährstoffreiche Ernährungsoptionen und eine gute Quelle für Kalzium, Vitamin D, Fett und Protein«. Allerdings betont auch er, dass »Milchprodukte weder unverzichtbar sind noch Wunder bewirken«. Unter dem Strich »sollten Menschen ganz unbesorgt Milchprodukte zu einem Teil ihrer ausgewogenen Ernährung machen«.

Der britische Gesundheitsdienst NHS fasst die Lage knapp so zusammen: »Milch und Milchprodukte wie Käse und Joghurt sind hervorragende Protein- und Kalziumquellen und können Teil einer gesunden, ausgewogenen Ernährung sein.«

Milch sollte also nicht als Wunderstoff betrachtet werden, den jeder braucht. Wenn man sie verträgt (ein erheblicher Anteil der Bevölkerung ist laktoseintolerant), gibt es aus medizinischer Sicht keinen Grund, warum man darauf verzichten sollte.

Allerdings gibt es eine Milch-Art, die man vermeiden sollte – obwohl sie ziemlich im Trend liegt. Ich rede hier vom zunehmenden Hype rund um Rohmilch, also unpasteurisierte Milch.

Die Food-Bloggerin Vani Hari, auch bekannt als Food Babe, schreibt, in Sachen Milch halte sie, »Rohmilch von Kühen, die zu hundert Prozent Grünfutter bekommen haben, für die erste Wahl«. Und Gwyneth Paltrow findet, jeder sollte auf ein Detox mit roher Ziegenmilch gehen, um den Körper von Parasiten zu befreien, die wir – Gwyneths »Forscherteam« zufolge – alle haben. Ach so?

Auch dank solcher Unterstützung durch Promis, die Rohmilch als Wunder wirkendes Superfood hinstellen, wächst der Markt für Rohmilch. Heute gibt es in aller Welt Gruppen, die für Rohmilch trommeln und eine Deregulierung der Milchindustrie fordern. Und sie finden Gehör. Rohmilch wird immer beliebter. In den Vereinigten Staaten erlauben immer mehr örtliche Behörden den Verkauf unpasteurisierter Milch. Das Argument der Befürworter von Rohmilch lautet – in der Formulierung von Food Babe –, dass »Rohmilchprodukte ›lebendig‹ sind und all ihre Probiotika, Vitamine und Enzyme intakt sind«. Mit anderen Worten: Rohmilchprodukte sind gesünder, weil der Mensch nicht an ihnen herumgepfuscht hat.

(Erstaunlich, wie eine Kultur gleichzeitig zwei so gegensätzliche Haltungen zu Milch einnehmen kann. Die einen sehen Milch als Superfood und Gesundheitselixir, die anderen als eitertriefendes Gift, das unbedingt vermieden werden muss. Die eine Seite betont die »natürlichen« Vorzüge der Milch, samt aller biologischen Unreinheiten. Die andere Seite betrachtet genau diese Aspekte als schädlich.)

Obwohl die Argumente für Rohmilch intuitiv ansprechend klingen, gehen sie spektakulär an den Fakten vorbei. 2017 ergab eine erschreckende Studie der CDC, dass zwar nur 1,6 Prozent aller Amerikaner Rohmilch trinken, diese aber 96 Prozent aller mit Milch verbundenen Krankheiten bekommen. Anders formuliert: In den Vereinigten Staaten verursacht Rohmilch 840-mal öfter Erkrankungen und führt zu 45-mal mehr Krankenhausaufenthalten als pasteurisierte Milch. In den Gebieten, wo der Verkauf von Rohmilch erlaubt ist, treten mehr Erkrankungen nach Milchkonsum auf als in Gebieten, wo er verboten ist. Die Ernährungs- und Landwirtschaftsorganisation der Vereinten Nationen, der britische NHS, die oberste kanadische Gesundheitsbehörde und die amerikanische CDC, um nur ein paar zu nennen, warnen alle vor dem Konsum von Rohmilch. Die CDC etwa warnt, dass nicht pasteurisierte Milch einen Menschen sehr krank machen oder sogar umbringen könnte. Ja, bei diesem Ernährungstrend riskiert man tatsächlich sein Leben. 2017 starben zwei New Yorker, nachdem sie einen Rohmilchkäse aus einer Kleinkäserei im Hinterland verzehrt hatten.

Genau deswegen verbieten oder regulieren Behörden in aller Welt den Verkauf von Rohmilch und schreiben vor, dass alle kommerziell vertriebenen Molkereiprodukte pasteurisiert werden müssen. Louis Pasteur, der berühmte französische Mikrobiologe, führte seine ersten Entkeimungstests im Jahr 1862 durch. Schon 1895 begann die Pasteurisierung für den Massenmarkt und verringerte das Risiko, das mit dem Konsum von Milch verbunden war, dramatisch. Milchprodukte konnten jetzt gefahrlos gelagert und transportiert werden. Auch wenn Pasteurisierung oft als komplexer, hochgradig industrialisierter Prozess dargestellt wird, erhitzt man dabei letztlich nur die Milch, um schädliche Bakterien abzutöten. Nichts deutet darauf hin, dass dabei der Nährwert der Milch auf irgendeine Weise erheblich leiden würde. In manchen Ländern wird Milch sogar standardmäßig ultrahocherhitzt, sodass sie sich selbst ohne Kühlung monatelang hält. In Frankreich beispielsweise wird 95 Prozent der Milch ultrahocherhitzt.

Wie bereits ausgeführt, halten Rohmilch-Fans nicht-pasteurisierte Milch für erheblich gesünder. Gern wird behauptet, Rohmilch helfe, Allergien und Asthma zu vermeiden. Der Theorie zufolge kurbeln die »gesunden« Bakterien in nicht behandelter Milch das Immunsystem an. Rohmilch-Befürworter verweisen dabei auf Beobachtungsstudien, wonach Kinder, die Rohmilch tranken, seltener unter Asthma und Allergien litten. Die Ergebnisse dieser Studien sind aber alles andere als eindeutig. Es ist unklar, ob dieser Effekt nun von den Bakterien in der Milch verursacht wurde oder von irgendeinem anderen Produkt, einer anderen Substanz oder einer anderen Verhaltensweise. Rohmilchkonsum könnte schlicht mit einem anderen Verhalten korreliert sein, das das Risiko für Allergien und Asthma senkt. (Wieder dieses Dilemma um Korrelation und Kausalität!) Ohnehin sind die Belege nur schwach. Eine 2015 von der neuseeländischen Regierung in Auftrag gegebene Übersicht über den Stand der Forschung vermerkte: »Die Hinweise sind zu schwach für die Empfehlung, dass von allergischen Erkrankungen bedrohte Kinder Rohmilch trinken sollten.« Insbesondere deshalb, weil »der Konsum von Rohmilch für diese Altersgruppe besonders riskant ist, weil sie anfälliger für Infektionen ist«. Zum gleichen Schluss kam 2015 auch eine kritische Würdigung der Literatur durch die University of Wisconsin in Madison: »Rohmilch ist inhärent unsicher; ihr Konsum ist mit einem erheblichen Risiko verbunden, sich eine Lebensmittelvergiftung einzufangen. Es gibt keine Hinweise darauf, dass Rohmilch irgendwelche inhärenten gesundheitlichen oder ernährungsmäßigen Vorteile hätte.«

Doch selbst wenn Rohmilch die Vorzüge hätte, die Fans ihr zuschreiben – wie gesagt, die Faktenlage spricht dagegen –, wäre ihr Extranutzen für unsere Gesundheit winzig bis vernachlässigbar klein, sodass sich damit niemals eine generelle Abkehr vom Pasteurisieren rechtfertigen ließe.

Bringen ein bisschen mehr Vitamine, Mineralien und Enzyme wirklich einen entscheidenden Vorteil? Die Antwort lautet: Nein.

Aber wissenschaftliche Erkenntnisse interessieren die Rohmilchbewegung auch gar nicht. Das Trinken und Anpreisen von Rohmilch ist inzwischen zum politischen Statement geworden. Rohmilchkonsum ist ebenso sehr ein ästhetischer Akt – ein modisches Statement – wie eine Ernährungsentscheidung. Rohmilch ist zur Galionsfigur des Nahrungsmittel-Libertarismus geworden. Natürliche Lebensmittel, in deren Herstellung sich keine Behörde eingemischt hat, gelten dieser Bewegung als inhärent besser, ganz unabhängig von tatsächlich belegten Risiken und Vorteilen. Rohmilch zu trinken symbolisiert in diesem Zusammenhang Entscheidungsfreiheit statt staatliche Einmischung. Es ist ein kleiner Akt der Rebellion.

Diese Darstellungsweise hat sich als äußerst effektiv erwiesen. Wie sich gezeigt hat, kommen Argumente, die die Entscheidungsfreiheit betonen (»Food Freedom«), in der Öffentlichkeit besser an als Begründungen, die auf die öffentliche Gesundheit abzielen. Gerade bei Menschen, die sich mit dem Thema nicht auskennen, verfängt die Forderung, dass Menschen das Recht haben sollten, sich frei zu entscheiden, besser als Argumente zu möglichen Gesundheitsgefahren für das Volk.

Die Rohmilchdebatte zeigt, wie eine kleine, aber lautstarke Gruppe mit politischer Agenda Fehlinformationen verbreiten kann, die dann die Entscheidungen von vielen Verbrauchern beeinflussen. Rohmilch wird immer beliebter, und das liegt wahrscheinlich an unhaltbaren Behauptungen, sie sei gesünder, und dem konzeptuell inkohärenten Narrativ, wonach alles Natürliche auch besser sei. Dann wird noch das Banner der Wahlfreiheit gehisst, und schon bekommt eine Idee viel stärkeren Rückhalt in der Gesellschaft, als wissenschaftliche Erkenntnisse – oder nur der gesunde Menschenverstand – es erklären können. Die Methode, wissenschaftlich nicht belegte Behauptungen mit einer attraktiven ideologischen Haltung zu verbrämen, funktioniert unfehlbar, wenn es gilt,

Unfug in den öffentlichen Diskurs einzuschmuggeln. (Hier ein Beispiel für diese Denkweise, das ich fast jeden Tag erlebe: Die großen Pharmakonzerne sind böse, folglich müssen pseudowissenschaftliche alternative Heilmittel wie homöopathische Tropfen helfen. Wer ihre Wirksamkeit anzweifelt, steht auf seiten der Pharmakonzerne.)

Und obwohl das Trinken von Rohmilch mit gewissen Gefahren verbunden ist, dürfen wir das Risiko für den einzelnen Konsumenten nicht übertreiben. Die CDC-Studie macht klar, dass auf die Gesamtbevölkerung gerechnet der Konsum von Rohmilch deutlich riskanter ist als der von pasteurisierter Milch. Aus Sichtweise des einzelnen Verbrauchers ist die Wahrscheinlichkeit, nach dem Genuss unbehandelter Milchprodukte ernsthaft zu erkranken, relativ klein. (Wahrscheinlich liegen die Risiken für Kinder und Menschen mit beeinträchtigtem Immunsystem höher.) Wenn dir also jemand Rohmilchkäse anbietet, probiere ihn unbedingt. Klar ist ein Risiko damit verbunden, aber das sollte dir nicht den Genuss vermiesen.

Wie lautet nun das Fazit? Der Entscheidung, ob man Rohmilch trinken sollte, liegt eine einfache Abwägung von Nutzen und Risiko zugrunde. Rohmilch hat keine deutlichen gesundheitlichen Vorteile, ist aber mit einer empirisch nachgewiesenen Gefahr verbunden. Klar, du könntest – wie die Landbevölkerung früher – ein ganzes Leben lang Rohmilch trinken und nie krank werden. Eine kluge Entscheidung wäre das trotzdem nicht. Du kannst ja auch jahrelang ohne Sicherheitsgurt in der Gegend herumfahren, vielleicht sogar ein ganzes Leben lang, ohne dass es dir je schadet. Trotzdem ist die Vorschrift, Sicherheitsgurte anzulegen, gesamtgesellschaftlich sinnvoll. Die CDC schätzt, dass Gurte allein in den Vereinigten Staaten seit 1975 255.000 Leben gerettet haben. Folglich ist es auch eine weise Entscheidung, sich immer anzuschnallen.

Die Übersichtsstudie für die neuseeländische Regierung fasst die Diskussion schön zusammen: »Die angeblichen gesundheitlichen Vorzüge von Rohmilch gegenüber pasteurisierter Milch sind größtenteils wissenschaftlich nicht belegt, dadurch wird das Risiko-Nutzen-Verhältnis für dieses Nahrungsmittel sehr hoch, insbesondere für verletzliche Gruppen.«

Lass dich also in deiner Milch-Wahl nicht von Ideologien beeinflussen! Tatsache ist: Pasteurisieren rettet Leben.

Bevor wir die Frage nach der morgendlichen Milch abschließen, möchte ich nur ein paar kurze Worte zu halbfetter und fettfreier Milch verlieren. Nachdem die Wissenschaft jahrzehntelang für fettreduzierte Produkte plädiert hat, sieht sie die Sache mit dem Fettgehalt inzwischen entspannter. Dazu beigetragen haben Hinweise, dass Milchfette möglicherweise unschädlich für uns sind. Oder sogar Vorteile bringen. Eine 2013 im *Scandinavian Journal of Primary Health Care* veröffentlichte Studie stellte fest, dass der Konsum von Milchfett mit einem *verringerten* Risiko für extremes Übergewicht einherging und der Konsum von fettreduzierten Milchprodukten mit einem *erhöhten* Risiko. Und 2013 befand eine Übersichtsstudie zum aktuellen Stand der Forschung, es gebe keine Hinweise darauf, dass fettfreie Milch gesünder sei. Drei Jahre später kam eine ähnliche Studie zu dem Schluss: »Es gibt kein sichtbares Risiko potenziell schädlicher Auswirkungen durch den Konsum von Milchprodukten, unabhängig von ihrem Fettgehalt, auf eine breite Palette kardiometabolischer Variablen, darunter Lipidparameter, Blutdruck, Entzündungen, Insulinresistenz und vaskuläre Funktion.«

Wir sollten vorsichtig sein, diese Ergebnisse nicht überzuinterpretieren – viele von ihnen stammen nur aus Beobachtungsstudien. Aber in der Gesamtsicht ergibt sich eine überzeugende Faktenlage. Demnach sollten wir uns in Sachen Milchfettgehalt entspannen und allein unseren Geschmacksknospen folgen. Trink, was dir am besten schmeckt, das passt schon.

7:15 UHR – VITAMINE

VITAMINE – EIN HAIKU

VITAMIN – ES WERT?
EINE INDUSTRIE SAGT: JA.
FAKTEN SAGEN: NEIN.

KANN NICHT SCHADEN, JA?
ACH, DIE PILLEN WIRKEN NICHT.
ISS AUSGEWOGEN!

HÖRE AUF FAKTEN,
DIE WOLLN NUR AN DEIN GELD RAN.
SCHAU, TEURE PISSE!

Zugegebenermaßen ist ein Haiku keine sehr befriedigende Art, ein komplexes Thema zu durchdringen, aber ich fand, es sei einen Versuch wert. In einzelnen Teilbereichen zum Thema Vitamine findet zwar noch interessante Forschung und eine akademische Debatte statt, etwa um Vitamin D, doch insgesamt fehlt jeglicher Beweis für die Nützlichkeit von Vitaminpräparaten und Nahrungsergänzungsmitteln. Darüber hinaus haben Studien gezeigt, dass Ergänzungsmittel oft kontaminiert sind oder die angepriesenen Stoffe gar nicht enthalten. Trotzdem hat sich diese weitgehend wissenschaftsfreie Branche einen Milliardenmarkt gesichert.

Also: Spar dir Vitaminpillen und andere Nahrungsergänzungsmittel. Wenn du nicht gerade ein ärztlich diagnostiziertes – und nicht von einem alternativen Heiler behauptetes – Defizit hast, solltest du versuchen, alle benötigten Vitamine mit deiner Nahrung aufzunehmen.

7:45 UHR – DIE KINDER ZUR SCHULE BRINGEN

Auf meinem Weg zur Arbeit radle ich an unserer Grundschule vorbei. Es handelt sich um eine klassische nordamerikanische Vorstadtschule: ein einstöckiger Kasten mit Flachdach und angehängtem Turnsaal an einer Ecke. Alle meine vier Kinder gingen dort hin. Und einige Jahrzehnte zuvor gingen meine Frau und ihre Geschwister dort hin. Natürlich hat sich viel verändert, seit meine Frau in dieser Schule durch die Gänge lief. Der Pausenhof ist flippiger als in den 1970ern, es gibt Computer, Smartboards (was auch immer das ist) und Sorgen um WLAN-Funkwellen.

Aber wahrscheinlich am stärksten verändert hat sich der morgendliche Verkehr. Wenn ich kurz vor Schulbeginn dort vorbeikomme, muss ich mich durch ein Gewimmel von SUVs schlängeln, die ranfahren, losfahren oder unvermittelt wenden.

Es ist nicht leicht zu verstehen, warum immer mehr Eltern ihre Kinder zur Schule fahren. Einer Studie von 2017 zufolge war Bequemlichkeit der Hauptgrund. Die Eltern sagten, das Fahren spare Zeit. Das lag aber allein daran, dass ein Großteil der Eltern sich nicht traute, ihre Kinder alleine zur Schule zu schicken. Das Hinfahren spart also nur Zeit, weil die wahrgenommene Alternative wäre, die Kinder zu Fuß hinzubringen. Die Entfernung zur Schule spielte bei diesen Überlegungen übrigens kaum eine Rolle, wie die Studie feststellte – obwohl man ja denken würde, bei weiteren Entfernungen lohne sich das Fahren eher. Die Forscher stellten fest: »Bei der Entscheidung, ob man das Auto nimmt, spielt die Entfernung keine Rolle, was mit anderen Forschungsergebnissen übereinstimmt, denen zufolge Eltern ihre Kinder ganz unabhängig von der Entfernung mit dem Auto zur Schule bringen.«

Doch warum entschließen wir uns überhaupt, die Kinder zur Schule zu fahren? – Aus Angst, hauptsächlich vor dem Verkehr und bösen Fremden. Schauen wir uns diese beiden Beweggründe einmal genauer an, angefangen mit den »bösen Fremden«.

2009 stellte eine Studie fest, dass für Eltern, die ihre Kinder aus Sicherheitsgründen zur Schule fuhren, die Angst vor Fremden die bei Weitem größte Rolle spielte. Diese Eltern »sahen ihre Kinder viel mehr durch Fremde gefährdet als durch den Verkehr; 75 Prozent von ihnen erlaubten ihren Kindern nicht, ohne Begleitung eines Erwachsenen zur Schule zu gehen«. Für eine andere Studie wurden 2010 Dutzende kanadische Eltern befragt, warum sie ihre Kinder zur Schule fuhren. Auch hier war die Angst vor Fremden ein großes Thema. Eltern äußerten die Angst, dass ihr Kind »auf dem Schulweg von einem Fremden angesprochen werden könnte«, »von seltsamen Typen« oder »von einem Verrückten gepackt und ins Auto gezerrt« werden könnte. Eine 2015 vom Pew Research Center in Washington D.C. durchgeführte Studie ergab, dass Sorge vor Entführungen die drittgrößte Angst von Eltern hinsichtlich ihrer Kinder ist (nach Mobbing und der Sorge um ihre geistige Gesundheit).

Tatsächlich aber ist das Risiko, dass ein Kind entführt wird, erstaunlich gering. 2011 ermittelte eine kanadische Studie, dass von 46.718 als vermisst gemeldeten Kindern nur 25 von einem Fremden entführt worden waren. Und diese Studie klassifizierte nahe Freunde der Familie und enge Verwandte, die nicht unter demselben Dach wohnten, ebenfalls als Fremde ein – was bedeutet, dass die meisten »Entführer« gar keine Fremden waren. Das Gleiche ergab eine Untersuchung im Jahr 2003: Bei 90 Vorfällen, die Behörden als »Entführung durch Fremde« einstuften, war der Erwachsene lediglich in zwei Fällen kein Verwandter oder enger Freund der Familie. 2015 erklärte ein Positionspapier von 19 akademischen Experten zum Thema Spielen im Freien, die Wahrscheinlichkeit, dass ein Kind von einem Fremden entführt wird, liege bei 1 : 14 Millionen. Sie ist also verschwindend gering und läuft, was die täglichen Risiken betrifft, absolut unter »kommt eigentlich nie vor«.

Aber die meisten Menschen können mit derartig winzigen Wahrscheinlichkeiten nicht umgehen. Was uns wieder zum Generalthema dieses Buches zurückbringt, dass wir nämlich ziemlich schlecht darin sind, Risiken einzuschätzen. Ich möchte die Unwahrscheinlichkeit des Entführungs-Szenarios mal anders formulieren:

Angenommen, du *wolltest* aus irgendeinem verdrehten Grund, dass jemand dein Kind entführt. Um sicherzugehen, dass das passiert, müsstest du (einer Berechnung des Autors Warwick Cairns zufolge) dein Kind 200.000 Jahre alleine auf der Straße lassen. Und höchstwahrscheinlich würde dein Kind auch dann innerhalb der nächsten 24 Stunden wieder auftauchen. Solltest du dir wünschen, dass dein Kind entführt und ermordet wird (ja, ich weiß, das ist ein makabres Gedankenexperiment), müsstest du es mehrere Millionen Jahre alleine auf der Straße lassen.

Mariana Brussoni, eine Mitautorin des oben zitierten Positionspapiers, ist Professor für Public Health und eine Expertin für Spielen im Freien und für die Sicherheit von Kindern. Ihre Forschungsergebnisse zeigen deutlich, wie sehr es die Entwicklung und die Gesundheit von Kindern fördert, wenn sie ohne elterliche Überwachung draußen spielen können, also auf Bäume klettern, schaukeln, die Natur erkunden und, ja, zur Schule gehen. Ihre systematische Zusammenfassung aller verfügbaren Daten kam 2015 zu dem Schluss: Wir müssen »riskantes Spielen im Freien« unterstützen und fördern »zum Wohle der kindlichen Entwicklung«.

Ich traf Professor Brussoni in London. Sie befand sich gerade auf einer Art Mini-Tour um die Welt, bei der sie die verschiedensten Forschungsinstitute besuchte, um sich über die neuesten Erkenntnisse zum Nutzen von selbstständigem, unüberwachtem Spiel zu informieren. Ich fragte sie, was ihrer Ansicht nach Eltern hauptsächlich zögern ließ, ihre Kinder allein zur Schule gehen zu lassen.

»Die Gründe sind komplex«, räumte Professor Brussoni ein. Faktoren wie Bequemlichkeit und Zeitnot spielten durchaus eine Rolle, aber ihrer Erfahrung nach »steht die Angst vor dem ›Mann mit dem weißen

Lieferwagen‹ an erster Stelle«. Sofort ergänzte sie aber, dass Eltern dieses Risiko nicht rational einschätzten. »Das hängt auch mit allgemeineren gesellschaftlichen Ansichten zur Unabhängigkeit von Kindern zusammen«, erklärte sie. Allen Statistiken zum Trotz »glauben Eltern, dass Entführungen häufig vorkommen«. Etliche kulturelle Kräfte trügen zu dieser verzerrten Sichtweise dar, meinte sie.

Die Angst vor Fremden wird von reißerischen Berichterstattungen über Entführungen geschürt – und zwar hauptsächlich über Fälle, wie eine Studie 2011 zeigte, in der weiße Mädchen »von männlichen Fremden aus ihren Mittel- bis Oberklasse-Häusern entführt wurden«. Diese Medienberichte erzählen Geschichten von intakten Familien, bösen Fremden und dem Zusammenhalt unter Nachbarn. Dieses Narrativ, in das auch Klassen- und Rassen-Aspekte einfließen, beschwört ein lebendiges Bild herauf, sodass sich jeder die Gefahr lebhaft vorstellen kann. Folglich wirkt die Gefahr ganz real und unmittelbar. Beliebte Fernsehserien wie *Bones – Die Knochenjägerin*, *Criminal Minds*, *CSI* oder *Law & Order* verstärken nur noch den Eindruck, es wimmele auf dieser Welt nur so von kannibalistischen Serienmördern.

Inzwischen mehren sich die wissenschaftlichen Belege dafür, dass der Konsum solcher Serien tatsächlich beeinflusst, wie die Bevölkerung die herrschende Kriminalität und das Justizsystem einschätzt. Insgesamt fördert er die Angst in der Bevölkerung. Ein Forschungsprojekt an der Universität von Pennsylvania belegte, dass die Darstellung von Verbrechen im Fernsehen die öffentliche Angst vor Kriminalität steigerte – ganz unabhängig von den tatsächlichen Fallzahlen, die damals, als die besorgten Eltern von heute selbst noch Kinder waren, deutlich höher lagen.

Hitzige Diskussionen in den sozialen Medien und die breite Publikation von Amber Alerts, jenen Suchmeldungen, die das rasche Wiederauffinden entführter Kinder ermöglichen sollen, verstärken den Eindruck noch, dass Entführungen durch Fremde ein erhebliches Problem darstellen. Dieses System zur Verbreitung von Vermisstenmeldungen ist benannt nach Amber Hagerman, einem neunjährigen Mädchen, das in Texas entführt und ermordet wurde. Trotz dieser tragischen Hintergrundgeschichte – die jedem Amber Alert zusätzliches Drama verleiht –, kamen gleich mehrere Studien zu dem Ergebnis, dass diese Suchaufrufe nichts bringen. Amber Alerts hätten zwar zu einigen spektakulären Erfolgen geführt, resümierten Timothy Griffin und Monica Miller 2007 in ihrer Studie, insgesamt hätten sie aber wenig dazu beigetragen, entführte Kinder wiederzufinden. Die Autoren nennen das System »Verbrechensbekämpfungs-Theater« und halten es für eine sozial konstruierte Lösung zu einem sozial konstruierten Problem.

Nun könnte man argumentieren (wie die Befürworter es tun), Amber Alerts hätten sich schon gelohnt, wenn sie nur ein einziges Kind retteten. Als Vater kann ich diese Sichtweise durchaus verstehen. In seltenen Fällen helfen Amber Alerts vielleicht, den Aufenthaltsort von Kindern zu ermitteln, die von Familienangehörigen entführt wurden – der bei Weitem häufigste Fall. Allerdings spielten die Alerts einer Studie von 2016 zufolge auch dabei üblicherweise keine unmittelbare Rolle. Gleichzeitig müssen wir sehen, dass das System durchaus eine Kehrseite hat. Denn es trägt dazu bei, überzogene Ängste vor Entführungen zu schüren und zu rechtfertigen. Und das führt, wie wir sehen werden, zu einer ganzen Palette negativer gesellschaftlicher Folgen.

Ich möchte an dieser Stelle innehalten, um zwei Punkte zu betonen. Erstens kann ich die Sorge um den »Mann im weißen Lieferwagen« durchaus nachfühlen. Die Sorge, das eigene Kind könnte entführt und ermordet werden, ist eine mächtige, möglicherweise von der Evolution geförderte Ur-Angst. Einige Forscher glauben, unsere gegenwärtige Angst vor gesichtslosen Fremden sei eine moderne Verkörperung des mythischen »schwarzen Manns«. In einer Welt ungreifbarer Gefahren symbolisiert der im Schatten lauernde unheimliche Fremde eine ganze Reihe frei schwebender Ängste. Zweitens ist diese Angst aber, wie dargelegt, nicht rational. Natürlich verstehe ich, dass Eltern nicht kühl statistische Wahrscheinlichkeiten abwägen. Schließlich sind wir keine

Roboter. Übrigens weist einiges darauf hin, dass viele Eltern sehr wohl erkennen, wie sehr sie die Gefährdung überschätzen, es aber trotzdem nicht schaffen, ihre Kinder frei spielen und herumlaufen zu lassen. Ängste, nicht Tatsachen, bestimmen das Handeln.

Wie fast alle Eltern kenne auch ich diese Augenblicke entsetzlicher Panik, nachdem man sein Kind aus den Augen verloren hat. Vor einigen Jahren kam uns unser Jüngster, Michael, in der touristenüberlaufenen Burg Edinburgh abhanden. Nun könnte man an schlimmeren Orten verloren gehen. Aber der damals fünfjährige Michael schien plötzlich vom Erdboden verschluckt zu sein. Puff! Sofort überfielen mich die schlimmsten Ängste. Entführt. Missbraucht. Für immer verschwunden. Nach panischer Suche, in die wir auch das Personal der Burg einbezogen, fanden wir Michael seelenruhig an der Infotheke sitzend. Auch wenn wir bis heute nicht wissen, wie er dorthin kam (selbst die Theorie, dass ein mittelalterlicher Geist sich einen Scherz mit uns erlaubt hat, ist noch nicht zu den Akten gelegt), ging es ihm gut. Und wären wir damals in der Lage gewesen, kühl nachzudenken, hätten wir erkannt, dass der Vorfall so enden würde. Doch Angst ist nicht rational, gerade wenn es um unsere Kinder geht.

Einmal vergaß ich auch eine meiner Töchter – damals ganz neu geboren – in einem abgesperrten Treppenhaus. Aber das ist eine andere Geschichte.

Bei der Angst vor Fremden scheint eine sich selbst verstärkende kulturelle Rückkopplung abzulaufen. Professor Brussoni nennt das »Kohorten-Effekt«: Verzerrende Darstellungen schüren Ängste und bringen immer mehr Eltern dazu, ihre Kinder zur Schule zu fahren, bis das irgendwann als soziale Norm betrachtet wird. Dann gelten plötzlich Eltern, die ihre Kinder *nicht* bringen, als unnormal, als nachlässig.

Gemäß dieser sozialen Norm war Leonore Skenazy eine echte Rabenmutter. Sie erhielt sogar den Titel »Amerikas schlimmste Mutter«. Alles begann im Jahr 2008 mit der Entscheidung, ihren damals neunjährigen Sohn allein mit der New Yorker U-Bahn von der Innenstadt nach Hause fahren zu lassen. Als sie das auch noch in einem Zeitungsartikel erzählte, wurde sie mit Vorwürfen geradezu überschüttet.

»Das war echt skurril«, erzählte Skenazy mir. Noch ein Jahrzehnt später brachte sie das auf die Palme. »Ich schrieb den Artikel und zwei Tage später fragten die *Today Show*, *Fox News* und der öffentliche Rundfunksender NPR an, ob ich mich öffentlich rechtfertigen wolle. Obwohl ihr Sohn unversehrt heimgekommen war und auf seiner Reise von Bloomingdale's nach Hause sogar Selbstbewusstsein getankt hatte, brach die Öffentlichkeit den Stab über sie. »Ich wurde angegiftet: ›Wie kannst du es wagen, die Sicherheit deines Kindes so aufs Spiel zu setzen?‹«, erzählte sie mir. »Die pure Hysterie. Angst, Tod, Sorge, Furcht. Ich lasse mir doch von Hysterie nicht diktieren, was ich tun soll.«

Andere Eltern wurden nicht nur aggressiv angegangen. Im Jahr 2016 musste in Winnipeg eine Frau beim Jugendamt vorsprechen, weil sie ihre Kinder unbeaufsichtigt im eigenen Garten spielen ließ. In South Carolina wurde eine Mutter verhaftet, weil sie ihr neunjähriges Kind allein im Park direkt gegenüber von ihrem Arbeitsplatz spielen ließ. In Florida wurden Eltern wegen Vernachlässigung angezeigt, nachdem ihr elfjähriger Sohn 90 Minuten allein in ihrem Vorgarten gespielt hatte. 2017 verbot das Familienministerium British Columbias einem Vater, seine Kinder mit öffentlichen Verkehrsmitteln zur Schule zu schicken.

Nicht zuletzt aufgrund solcher Fälle gilt es inzwischen als Erziehungsnorm, dass Kinder praktisch immer unter Aufsicht stehen müssen. Und wenn man seine Kinder nicht ständig überwacht, sie also selbstständig spielen oder alleine zur Schule gehen lässt, verhält man sich moralisch inakzeptabel. Eine Studie von 2016 zufolge verurteilen Menschen Eltern harscher, die ihre Kinder *absichtlich* unbeaufsichtigt lassen (etwa, weil sie arbeiten müssen, oder, noch schlimmer, sich ausruhen wollen). Interessanterweise, so die Forscher, »hielten die Befragten die Gefahr, in der das Kind schwebte, für umso größer, je weniger moralisch akzeptabel der Grund eines Elternteils war, warum er ein Kind unbeaufsichtigt ließ«. – Arbeit, Entspannung oder, huch, eine Affäre.

Daran sieht man, welch gewaltige Macht kulturelle Normen über unsere Erziehungsmethoden haben. Wir fahren unsere Kinder nicht nur aus irrationaler Angst vor Entführungen zur Schule, sondern (möglicherweise unbewusst) aus der ganz konkreten Sorge, sonst von anderen verurteilt zu werden. »Auf diesem Gebiet bekommen Eltern schnell Vorwürfe zu hören«, verriet mir Professor Brussoni. »Du bist für alles verantwortlich, was deinen Kindern passiert. Alles fällt auf die Eltern zurück, insbesondere auf die Mütter. Und in den sozialen Medien wird heftig gelästert. Als Eltern werden wir ständig beurteilt.«

Leonore Skenazy, die öffentlich verdammt und beschimpft wurde, kann das nur bestätigen. Sie glaubt, inzwischen sei alles noch viel schlimmer geworden. Sie verweist auf die Technik, die es erlaubt, Kinder jederzeit zu überwachen. Heute bieten etliche Firmen Geräte an, mit denen Eltern in ständigem Kontakt zu ihren Kindern bleiben können – was den gesellschaftlichen Druck nur noch steigert, die Kinder auch *tatsächlich* immer zu überwachen.

Die Werbung dieser Branche – die Skenazy den »Industriellen Kindersicherheits-Komplex« nennt – wirkt als weitere kulturelle Kraft, die elterliche Sorgen anfacht. Um nur ein Beispiel zu nennen: Die Website von GPSprotectyourkids.com (die Internet-Adresse verrät schon alles) behauptet, GPS-Tracker für Kinder seien ein Muss. Denn »die heutige Welt stellt Kinder vor viele Herausforderungen«, die »Bedrohung durch Entführungen, sexuelle Übergriffe, Schulmassaker und Mobbing ist ganz real«. Die Webseite behauptet auch, 76 Prozent aller »entführten Kinder werden innerhalb von 180 Minuten ermordet«, was völliger Humbug ist. Und die Schlussfolgerung lautet natürlich, dass man als Elternteil jederzeit auf der Hut sein müsse. Das Böse lauert überall. Man muss jederzeit bereit sein einzugreifen!

Doch egal, was die Werbung oder unsere Ängste uns einflüstern: Der Mythos vom bösen Fremden ist nichts weiter als heiße Luft. Das zeigen die Zahlen meiner Ansicht nach eindeutig. Aber wie steht es um die Bedrohung durch Autoverkehr?

Leider verunglücken Kinder, die zu Fuß zur Schule gehen, wirklich manchmal. Exakte Zahlen sind kaum zu bekommen, aber in meiner Heimatstadt Edmonton – einer Großstadt mit mehr als einer Million Einwohner – verletzten sich 2016 zwei Fußgänger in Schulzonen bei Verkehrsunfällen. 2014 zeigte eine Studie, dass es in der Dreimillionenstadt Toronto innerhalb von zehn Jahren 30 Verkehrsunfälle mit Kindern in Schulzonen gegeben hatte, bei denen es zu ernsthaften Verletzungen kam. Es gab ein Todesopfer. Diese tragischen Ereignisse passieren also, aber insgesamt doch relativ selten. Tatsächlich ist es nachgewiesenermaßen sicherer, sein Kind in die Schule gehen zu lassen, als es zu fahren. George Mammen, ein Wissenschaftler an der Universität Toronto, erklärt: »Die Zahlen zeigen, dass Kinder mit größerer Wahrscheinlichkeit Verletzungen davontragen, wenn sie mit dem Auto zur Schule gefahren werden, als wenn sie zu Fuß gehen.«

Autofahren gehört unzweifelhaft zu den gefährlichsten Dingen, die Menschen tun. In den Vereinigten Staaten sterben jährlich 35.000 Menschen bei Autounfällen, und für 5- bis 24-Jährige – die Altersgruppe, in der Kinder zur Schule bzw. Uni laufen würden – sind Autounfälle die mit Abstand häufigste Ursache für tödliche Verletzungen. Zugegeben liegt das teilweise daran, dass es insgesamt mehr Menschen gibt und diese Menschen mehr Kilometer fahren als je zuvor, was natürlich die absoluten Unfallzahlen in die Höhe treibt. Doch selbst wenn man Todesfälle pro zurückgelegtem Kilometer rechnet, ist Autofahren keine signifikant sicherere Fortbewegungsart als Gehen.

Der Knackpunkt hier ist: Es gibt keinerlei Hinweise darauf, dass es inhärent sicherer wäre, seine Kinder in die Schule zu fahren. (Wenn Sicherheit für dich an oberster Stelle steht, solltest du dir überlegen, deine Kinder mit einem Linienflug zur Schule zu fliegen, da kommerzielles Fliegen die wohl sicherste Fortbewegungsart ist.

Doch dann müsstet ihr jeden Morgen durch die Sicherheitskontrollen. Auch nicht lustig.)

Wie bei der Angst vor Entführungen wirkt auch hier ein starker Rückkopplungseffekt. Je mehr Kinder zur Schule gefahren werden, desto mehr sorgen sich die restlichen Eltern wegen des Verkehrs und nehmen vielleicht irrigerweise an, Gehen sei unsicherer geworden. Also fahren auch sie ihre Kinder künftig zur Schule – wodurch sich das Verkehrsproblem noch verschärft. Und so weiter und so fort.

Längst stellt der Verkehr in der Nähe von Schulen ein echtes Problem dar. Das zeigen etliche Studien. Verstopfte Straßen sind unsicher, und bestimmte Fahrweisen tragen zusätzlich zur Staubildung bei. 2016 untersuchte eine Studie der Universität Toronto den Verkehr rund um 118 Schulen und beobachtete vor 88 Prozent der Schulen gefährliche Fahrmanöver beim Absetzen der Kinder. Mehr noch: Geschätzt jede dritte Kollision geschieht innerhalb von 300 Metern rund um die Schulen. Auch wenn sich morgens die Autos besorgter Eltern vor den Schulen stauen, ist Gehen weiterhin die vernünftigere und, insgesamt betrachtet, sicherere Wahl.

Unter dem Strich bleibt also die Erkenntnis, dass es rein statistisch gesehen keinen Grund gibt, sein Kind nicht zu Fuß zur Schule gehen zu lassen. Natürlich müssen Eltern Faktoren wie Entfernung, Alter, die Selbstständigkeit des Kindes und die Art des Verkehrs auf dem Schulweg berücksichtigen. Aber der Standard sollte sein, dass Kinder selbstständig und aus eigener Kraft zur Schule gelangen. Wir sollten immer auch die Folgen für unsere Nachbarschaft bedenken, wenn unsere Kinder nicht zu Fuß gehen. So sinkt beispielsweise der politische Druck, für Fußgängersicherheit zu sorgen, wenn sowieso keine Kinder mehr zu Fuß unterwegs sind. 2014 analysierte eine Studie die Daten von Schulwegunfällen über zehn Jahre hinweg. Wie andere Untersuchungen kam auch sie zu dem Schluss, dass Unfälle relativ selten vorkamen, und folgerte daraus, Hausärzte »sollten Eltern dazu ermuntern, Kinder zu Fuß in die Schule zu schicken, zum Wohl ihrer Gesundheit«.

Außerdem stellten die Forscher fest, dass die bauliche Umgebung – insbesondere Kreuzungen – die signifikanteste Variable für Unfallzahlen war. Das sind gute Neuigkeiten: Gehen ist nicht nur sicher, es lässt sich durch bauliche Maßnahmen auch noch sicherer machen. Damit die Städte und Gemeinden in die Puschen kommen, braucht es aber den Druck von Eltern – der nicht da ist, wenn kein Kind zu Fuß in die Schule geht.

Mehr Kinder auf dem Schulweg würden auch dazu beitragen, die Angst vor Fremden zu mildern. 2015 untersuchte eine australische Studie, wie sich die Angst vor Entführungen sauf die Entscheidungen von Eltern auswirkte, ihre Kinder zur Schule zu fahren. Auch dieser Studie zufolge spielte die bauliche Umgebung eine Schlüsselrolle: Je fußgängerfreundlicher ein Viertel war, desto mehr Kinder gingen zu Fuß – und desto weniger fürchteten sich Eltern vor Fremden. Sicherheit in der Menge spielt in den Augen von Eltern eine wichtige Rolle.

Dazu kommen noch die bestens dokumentierten und erheblichen Vorteile des Gehens. Körperliche Bewegung tut immer gut. Die meisten Kinder in Nordamerika bewegen sich nicht genug. Und die meisten Eltern unterschätzen, wie viel mehr Bewegung ihre Kinder eigentlich bräuchten. In Kanada finden 88 Prozent der Eltern, ihre Kinder bewegten sich genug, obwohl in Wirklichkeit gerade einmal sieben Prozent der Kinder genug Bewegung bekommen. Wenn Kinder verstärkt zur Schule gehen oder radeln würden, wäre das sicher ein Schritt in die richtige Richtung.

Eine 2018 in Schweden durchgeführte Studie fand neben dem offensichtlichen Vorteil, dass Kinder mehr Bewegung bekommen, einen weiteren Vorteil des Zur-Schule-Gehens: Wenn Kinder nicht im Schlepptau ihrer Eltern unterwegs sind, entwickeln sie ihre sozialen Fähigkeiten weiter. Der Autor der Studie schreibt: Kinder, die zur Schule gefahren werden, »verpassen natürliche Gelegenheiten, ihre Nachbarschaft zu erkunden und eigenständig mit Freunden zu interagieren.

Infolgedessen bleiben sie unselbstständiger und fühlen sich in ihrer unmittelbaren Umgebung weniger behütet.«

Dieser Studie zufolge schrieben Kinder, die zu Fuß zur Schule gingen, auch bessere Noten – ein Ergebnis, das von anderen Forschungsergebnissen gestützt wird. Eine 2012 in Dänemark durchgeführte Studie an 20.000 Schülern etwa fand heraus, dass körperliche Bewegung auf dem Schulweg die Konzentration steigerte, und zwar den ganzen Vormittag. Sie förderte teilweise auch die geistige Ausgeglichenheit, weil sie Stress abbaute und Ängste verringerte.

Paradoxerweise bereiten wir Kinder auch möglicherweise besser darauf vor, sich im Verkehr zurechtzufinden, wenn wir sie schon früh zu Fuß gehen oder Rad fahren lassen. Eine spanische Studie an knapp 800 Kindern zwischen sechs und zwölf Jahren ergab, dass Kinder, die selbstständig und aus eigener Kraft unterwegs waren, Gefahren besser erkannten als Kinder, die zur Schule gebracht wurden. Anders ausgedrückt: Das Zur-Schule-Bringen hat einen *negativen* Effekt auf die Fähigkeit der Kinder, mit Gefahren umzugehen.

Angesichts dieser Umstände verwundert es nicht, dass mittlerweile einige Städte und Gemeinden versuchen, Eltern aktiv davon abzuhalten, ihre Kinder zur Schule zu bringen. In Großbritannien brummen einige Schuldistrikte Eltern, die vor Schulen herumhängen, sogar Geldstrafen auf. Noch weiter geht ein 2018 in Utah verabschiedetes Gesetz, das Eltern, die ihre Kinder selbstständig spielen lassen, von jeder Haftung ausschließt. (Leonore Skenazy war eine treibende Kraft dahinter.) Außerdem soll das Vorhaben, bekannt geworden unter dem Schlagwort »Freiland-Haltung«, Eltern gezielt dazu ermuntern, ihre Kinder alleine zur Schule gehen zu lassen. Sicherheit und Wohl der Kinder müssen natürlich an erster Stelle stehen, darin sind wir uns alle einig. Doch Initiativen wie die oben genannten tragen möglicherweise zu einer Neukalibrierung dessen bei, was wir für das »Beste« halten.

Risiken durchziehen unsere heutige Welt. Aber wir dürfen nicht zulassen, dass Gefahren aufgebauscht werden, bis unsere Entscheidungen davon verzerrt werden. Vergessen wir nicht, dass es in der menschlichen Geschichte niemals sicherer war als heute! Um Leonore Skenazy zu paraphrasieren: Lassen wir nicht zu, dass Angst, Sorge und Furcht benutzt werden, um unser Leben aus den Angeln zu heben.

Letztlich hat eine Kombination aus irrationalen Ängsten, kognitiven Verzerrungen, medialen Übertreibungen, Marketing-Kampagnen und durch soziale Medien verstärkter sozialer Druck dafür gesorgt, dass das Zur-Schule-Bringen immer mehr als die vernünftige Option gilt. Stemme dich dagegen!

Eltern müssen Folgendes bedenken: Für selbstständiges Gehen zur Schule sprechen handfeste gesundheitliche, soziale, psychologische, ökologische und schulische Gründe. Und für das Bringen? Weitgehend haltlose und völlig übertriebene Sorgen um Entführungen und Verbrechen, die von den Zahlen her einfach nicht gerechtfertigt sind. Die richtige Entscheidung liegt auf der Hand (sofern die Umstände es zulassen): Entspann dich, verdammt, und lass dein Kind seinen Spaziergang genießen.

7:50 UHR – PENDELN

Du ahnst wahrscheinlich schon, was jetzt kommt. Fangen wir also mit dem Fazit an: Versuche, mit eigener Körperkraft zum Arbeitsplatz zu kommen, wenn sich das praktisch irgendwie einrichten lässt! Der Nutzen liegt auf der Hand und ist bestens dokumentiert. Einer Studie zufolge haben Menschen, die mit dem Fahrrad zur Arbeit fahren, eine um 30 Prozent niedrigere Mortalität. Eine britische Studie mit mehr als 250.000 Teilnehmern ergab, dass Fahrradfahren zur Arbeit mit einem geringeren Risiko für Krebs- oder Herzerkrankungen einherging. Eine 2018 durchgeführte Studie eines Teams aus Cambridge kam zu einem ähnlichen Ergebnis. Ihr zufolge hatten aktive Pendler ein »um 30 Prozent reduziertes Risiko, an Herzerkrankungen oder Schlaganfällen zu sterben«, und eine geringere allgemeine Mortalität. Außerdem, so stellten mehrere Studien fest, kann Radfahren oder das Gehen zur Arbeit erhebliche emotionale Vorteile bringen. Eine Studie an fast 18.000 Pendlern ergab, dass Fahrradfahren zur Arbeit einen signifikanten positiven Effekt auf das seelische Wohlbefinden hatte. Es kann Stress abbauen, die Konzentration steigern und die Laune bessern.

Derlei Dinge lassen sich zugegebenermaßen nur schlecht »sauber« untersuchen, und ein guter Anteil der Ergebnisse ist korrelativer Natur (so könnten Menschen, die sich am Morgen aufs Fahrrad schwingen, einfach fröhlichere Gemüter sein). Nichtsdestotrotz ist die Beweislage gut und verbessert sich kontinuierlich: Unsere Art, zu pendeln, kann sich auf unsere Gesundheit und unsere Zufriedenheit auswirken. Aber wie stark? Eine von Medien durchgeführte Studie in Großbritannien ergab, dass Menschen einen kurzen, angenehmen Arbeitsweg höher einstuften als Sex. (Und beim Pendeln gilt, anders als beim Sex: je kürzer, desto besser.)

Mir ist schon klar, dass viele Menschen pendeln müssen, auch wenn es ihre Seele zermürbt, ein Auto erfordert und viel Zeit frisst. Oft kommt Gehen oder Radfahren schlicht nicht infrage, etwa wegen der Entfernung oder weil man tagsüber für den Beruf oder für familiäre Pflichten das Auto braucht. In den Vereinigten Staaten pendeln 76,3 Prozent der Bürger alleine mit dem Auto zur Arbeit, keine vier Prozent gehen zu Fuß oder nehmen das Rad. Im sonnigen, warmen San Diego rafft sich weniger als ein Prozent auf, um zu gehen oder Rad zu fahren. Man sollte diese Zahlen mal mit dem kalten, verregneten Kopenhagen vergleichen, wo rund 40 Prozent der Bevölkerung zur Arbeit radeln. Es gibt also sicher noch Steigerungsmöglichkeiten bei uns.

Selbstverständlich spielen neben der Entfernung noch andere Faktoren eine Rolle bei der Entscheidung, nicht zu Fuß zu gehen oder zu radeln, und viele davon können wir kaum selbst bestimmen, etwa die bauliche Umgebung. (Fahrradfreundliche Städte wie Kopenhagen machen das Radfahren leichter, und das kann zu einem kulturellen Umdenken führen, wie Menschen über Verkehr denken.) Dennoch entscheiden sich viele von uns bewusst fürs Autofahren – obwohl eine andere Art zu pendeln gesünder und effizienter wäre.

Was bringt Menschen dazu, ins Auto zu steigen? – Angst, Trägheit und Zeitdruck.

Studien haben gezeigt, dass viele Menschen Fahrräder grundsätzlich für unsichere Verkehrsmittel halten. Das mag auch daran liegen, dass Fahrradunfälle oft in den Medien breitgetreten werden – was uns wiederum dazu verleitet, die Gefahr, Fahrrad zu fahren, zu überschätzen. (Auch hier schlägt wieder die Verfügbarkeitsheuristik zu.) Eine Analyse der Berichterstattung in den britischen Medien ergab, dass der Umfang von Berichten über tödliche Fahrradunfälle zwischen 1992 und 2012 um das 13-Fache zunahm, völlig überproportional etwa zu den Berichten über Motorradunfälle. Die Autoren dieser Studie denken, dieses Ausmaß an Medienberichten habe eine negative Feedback-Schleife in Gang gesetzt, die das Interesse am Fahrradfahren senkte. Einer Studie von 2014 zufolge hielten es 64 Prozent der befragten Briten für zu unsicher, auf öffentlichen Straßen mit dem Rad zu fahren. Nur 19 Prozent waren anderer Ansicht.

Ist Fahrradfahren wirklich so gefährlich? Das Risiko, dabei zu sterben – der ultimative Preis – ist ungefähr der gleiche, wie wenn man die Strecke zu Fuß gehen oder mit dem Auto fahren würde. Eine 2016 im *Financial Times Magazine* veröffentlichte Analyse kam zu dem Schluss, das Risiko tödlicher Unfälle sei in Städten für Fußgänger höher als für Radfahrer. Aber klar, Radfahren ist mit Risiken verbunden. Unfälle passieren. Doch Radfahren ist nicht erheblich riskanter als die Benutzung anderer Verkehrsmittel. (Ausnahmen sind motorisierte Zweiräder: Motorradfahren ist wahnsinnig gefährlich.)

Von der University of British Columbia erstellte Statistiken schlüsseln die Zahlen anders auf: Beim Autofahren kommt es alle 10.417.000 Personenfahrten zum Tod des Fahrers oder eines Insassen, beim Gehen alle 6.803.000 Gänge und beim Fahrradfahren alle 7.246.000 Fahrten. Die drei Fortbewegungsarten sind also ähnlich riskant, insbesondere, wenn man die insgesamt sehr geringe Lebensgefahr betrachtet. Die Rate (für die Insassen) tödlicher Autofahrten liegt bei 0,0000001. Steigt man auf ein Fahrrad, liegt die Rate bei 0,00000014.

Doch wir treffen unsere Entscheidungen, wie wir pendeln, ja nicht nach der nackten Wahrscheinlichkeit, mit dem Fahrrad zu verunglücken. Jede Fortbewegungsart, auch das Gehen, ist mit Risiken verbunden. Solange man im Bett liegen bleibt, stirbt man höchstwahrscheinlich nicht bei einem Verkehrsunfall. Aber als dauerhafte Strategie ist das ja auch nicht überzeugend. Die Frage, die sich eigentlich stellt, lautet also: Was ist *insgesamt* die beste Art, irgendwohin zu kommen? Dafür brauchen wir eine Analyse der Risiken und des Nutzens für unsere Gesundheit (andere Aspekte wie etwa Umweltschutz klammern wir hier mal aus). Können die wohlbekannten und bestens belegten gesundheitlichen und psychologischen Vorteile körperlich aktiven Pendelns das erhöhte Unfallrisiko aufwiegen?

Die Antwort lautet eindeutig: Ja. Ich konnte nicht eine Studie und oder Grundsatzerklärung finden, die etwas anderes vermuten ließe. So schloss eine systematische Aufarbeitung aller relevanten Daten im Jahr 2015: »Die Vorteile körperlicher Aktivität gleichen das erhöhte Unfallrisiko mehr als aus.« 2010 befand eine Analyse, dass die gesundheitlichen Vorteile des Radfahrens »erheblich größer waren als die Risiken«.

Ja, wir müssen das Radfahren sicherer machen – auch, indem wir die bauliche Umgebung in unseren Städten verändern –, aber Radfahren ist schon heute fast immer eine gesunde und logische Wahl.

Eine weitere Angst, die Pendler vom Radfahren abhält: Sie fürchten Missbilligung durch Autofahrer. Studien zufolge glauben viele Nordamerikaner, dass ihre Mitmenschen Radfahrer hassen. Pendler lassen das Rad also auch deswegen zu Hause, weil sie fürchten, Autofahrer zu nerven. Und leider liegen sie damit nicht völlig falsch. Etliche Studien haben bestätigt, dass Autofahrer Radfahrer für eine Pest halten. Diese Abneigung erhöht nicht nur die Chance, dass sich Autofahrer Radlern gegenüber aggressiv verhalten, sie verringert auch die Chance, dass die Fahrer Radler auch tatsächlich auf der Straße *wahrnehmen* – was wiederum nicht zur Verbesserung des Verhältnisses beiträgt und letztlich nur das Urteil bestätigt, dass Radler nerven!

Aus meiner persönlichen Erfahrung verstehe ich die Sorge von Radfahrern vollends. Ich selbst pendle seit mehr als 25 Jahren mit dem Rad. In dieser Zeit wurde ich Hunderte Male angeblafft, ich solle mich von der verdammten Straße verp... Oft sah ich in den Augen der Autofahrer eine rasende, irrationale Wut. Es war, als hätte ich eine moralisch verdammenswerte Tat begangen, die den Fahrer zutiefst verletzte. Einmal radelte ich im Univiertel in einer ruhigen Nebenstraße gemütlich den Fahrradweg entlang, als ein Fahrer sogar extra anhielt, um mich anzubrüllen, ich solle auf den verdammten Bürgersteig ausweichen. Ich hatte ihn nicht behindert, geschnitten oder auch nur ein Stoppschild überfahren. Ihm passte nur nicht, dass ich auch auf der Straße fuhr. In dem Augenblick, als wir diesen Meinungsaustausch hatten, standen mein Fahrrad und ich direkt auf einem großen, signalfarbenen Fahrradsymbol, das auf die Fahrbahn gemalt war, um die Fahrradspur anzuzeigen. Da ich fürchtete, dieser Typ könnte aus seiner Karre springen und mich mit meinem Hipster-Singlespeed-Fahrrad erschlagen, deutete ich nur auf das Symbol. Er brüllte »Fi... dich!«, zeigte mir beide Mittelfinger, brüllte noch mal »Fi... dich!«und raste davon.

Der Hass auf Fahrradfahrer speist sich aus mehreren Faktoren, und einer der wichtigsten ist die Überzeugung, Radler würden sich nicht an die Verkehrsregeln halten. Das scheint Autofahrer fürchterlich auf die Palme zu bringen, auch wenn sie durch diese Übertretungen nur selten behindert werden. Darüber hinaus zeigen Untersuchungen, dass die meisten Radfahrer sehr wohl die Regeln befolgen – öfter zumindest als Autofahrer. Für eine Studie des Center for Urban Transportation Research der University of South Florida im Jahr 2017 wurde das Verkehrsverhalten von Radfahrern mit Kameras, GPS-Sendern und Näherungssensoren aufgezeichnet. Dabei ergab sich, dass »die allgemeinen Verkehrsregeln zu 88,1 Prozent befolgt wurden« – womit Radfahrer sich etwas strikter an die Regeln hielten als Autofahrer (85,8 Prozent). Australische Forscher überwachten eine Kreuzung über sechs Monate hinweg mit einer versteckten Kamera. Von den 4.225 beobachteten Radfahrern verstießen nur 6,9 Prozent gegen Verkehrsregeln, die meisten, indem sie bei Rot ohne anzuhalten links abbogen (in Australien herrscht Linksverkehr; in Europa würde die Aktion also einem Abbiegen nach rechts entsprechen), wenn die Straße frei war. Außerdem zeigte 2017 eine Studie der Universität Colorado, dass Radfahrer die Regeln hauptsächlich (in 70 Prozent der Fälle) übertraten, um ihr persönliches Risiko zu senken, während die meisten Autofahrer (77 Prozent) Regeln brachen, um Zeit zu sparen. Bei den allermeisten Unfällen tragen Autofahrer die Schuld – einer Studie zufolge in 60 bis 70 Prozent der Fälle die Alleinschuld, während in nur 17 bis 20 Prozent der Fälle der Radfahrer allein schuldig ist.

Viele Leser werden diese Statistiken kaum glauben können. Wer kennt sie nicht, diese verrückten Radl-Rambos, die von Bordsteinen springen, Unheil anrichten und fahren wie die Verrückten. Und tatsächlich stellte eine in Kanada durchgeführte Studie 2018 fest, dass die meisten Menschen Radfahrer für die Spannungen zwischen den Verkehrsteilnehmern und für die Unfälle verantwortlich machen – obwohl die Zahlen doch das glatte Gegenteil belegen. Wahrscheinlich sind hier schlicht unsere kognitiven Verzerrungen am Werk. Die krassen Radl-Rambos brennen sich uns ins Gehirn – insbesondere, wenn wir ohnehin schon eine Abneigung gegen Radfahrer hegen, die wir nur zu gern bestätigt sehen –, während wir all die braven Radfahrer vergessen oder gar nicht wahrnehmen. Meiner Ansicht nach halten viele Autofahrer

Radler für Schmarotzer (die Straße ist für Autos da!), die ihre zweirädrige Mobilität missbrauchen. Tom Stafford, der an der Universität Sheffield auf dem Gebiet der Kognitionswissenschaften forscht, glaubt, wir seien wahrscheinlich so verdrahtet, dass Menschen uns wütend machen, die den Moralkodex des Verkehrsflusses zu verletzen scheinen (egal, ob das nun stimmt oder nicht). Menschen sind soziale Wesen, und Fortbewegung ist ein sozialer Akt, der Kooperation erfordert. Wenn nun also ein Radfahrer auf seiner eigenen Spur am Stau vorbeizischt, reagieren wir damit unterbewusst wütend, nicht anerkennend (»Mann, der hat es gut! Ganz schön clever!«).

Aber sollten wir uns von der fehlinformierten, instinktiven Wut vom Radeln abschrecken lassen? Nein! Und auch nicht ignorieren!

Womit wir zum Abschreckungseffekt der Kleidung kommen. In Nordamerika gilt Fahrradfahren als Sport. Deshalb zwängen sich Pendler in Trikots und Radlerhosen und sprinten dann oft in die Arbeit, als nähmen sie an einem Rennen teil. Folglich nimmt die Öffentlichkeit Fahrradpendler entweder als nicht mehr ganz junge Trottel wahr, die ihre Wohlstandsbäuche in wenig schmeichelhafte Lycra-Trikots pressen, oder als hartgesottene Tour-de-France-Aspiranten.

Dieses Vorurteil richtet großen Schaden an. Es fördert den Irrglauben, man müsse seine Arbeitskleidung extra mitnehmen und nach dem Ankommen erst mal duschen. Und wenn man den Look von Radkleidung hasst – und, seien wir doch ehrlich, nur ein kleiner Prozentsatz der Menschheit sieht in Lycra-Anzügen auch nur annehmbar aus –, kann die Vorstellung, man müsste sich dieser Radlerschar anschließen, einigermaßen abschreckend wirken.

Dieses Vorurteil verleitet Menschen auch zur irrigen Annahme, sie müssten irgendwie fit sein, um Rad zu fahren. Aber das stimmt nicht. Die allerwenigsten Pendler bräuchten spezielle Radkleidung und müssten im Büro erst mal duschen. Spring einfach auf dein Rad und lege los. Und vergiss nicht: Du fährst kein Rennen. Lass dir von den schwitzenden, keuchenden Pseudo-Profis nichts anderes einreden. Schau dir Bilder von radfahrenden Pendlern in Dänemark, Belgien oder den Niederlanden an. Da siehst du Schwärme von Radfahrern in Alltagskleidung, in Jeans oder Anzügen, manche sogar in High Heels.

Einmal lebte ich eine Zeit lang als Gastprofessor im wunderschönen Leuven (Belgien). Meine Kollegen, jung und alt, nahmen für fast alle Wege das Rad: zur Arbeit, ins Restaurant, zu Konferenzen. Und trugen dabei das, was für den Tag angemessen war. Einmal traf ich eine ältere Professorin in der Innenstadt auf einen Kaffee. Sie kam auf ihrem Rad und wirkte energiegeladen und sehr professionell in ihrem Businesskostüm. In ihrem Frontkorb lagen ihre Aktentasche und ein Lunchpaket.

»Wie weit weg wohnen Sie denn?«, fragte ich und erwartete, sie würde sagen, um die Ecke.

»Ach, ganz in der Nähe«, antwortete sie, »etwa fünf Kilometer von hier.«

Wir fühlen uns ständig gehetzt. Kein Wunder also, dass wir glauben, es fehle uns schlicht die Zeit, um zur Arbeit zu radeln. Doch auch hier stimmen Wahrnehmung und Realität nicht überein.

Im Rahmen einer 2018 durchgeführten Studie fragten Mitarbeiter der Pennsylvania State University Hunderte Menschen, wie lange es ihrer Ansicht nach dauern würde, zu einer Reihe von Orten zu gehen oder zu radeln. Mit ihren Einschätzungen lagen sie fast durchwegs daneben, meistens wurde die erforderliche Zeit überschätzt. Satte 93 Prozent unterschätzten, wie schnell man mit dem Fahrrad von A nach B gelangt. Professor Melissa Bopp, eine Mitautorin der Studie, fasste zusammen: »Gehen oder Radfahren hat viele Vorteile, aber nur wenige Leute machen es. Viele glauben, es wäre zu weit und würde zu lang dauern, obwohl das gar nicht stimmt.«

Der durchschnittliche Kanadier braucht mit dem Auto 25 bis 30 Minuten zur Arbeit (was weltweit übrigens zu den schlechtesten Werten gehört). Die Medianentfernung (50 Prozent der Pendler haben es weiter, 50 Prozent weniger weit) beträgt allerdings nur 7,7 Kilometer – eine Strecke, die man mit dem Rad selbst bei mäßigem Tempo locker in einer halben Stunde schafft. Mehr als die Hälfte aller Pendler sparen also gar keine Zeit, indem sie das Auto nehmen (insbesondere, wenn man einrechnet, wie lange man für das Parken des Autos und den Weg vom Parkplatz zum Gebäudeeingang braucht). Gerade an Orten mit Stauproblemen spart man mit dem Fahrradfahren wahrscheinlich sogar Zeit.

Anhand von Google Maps ermittelte ich, wie lange man mit dem Fahrrad in verschiedenen Städten für sieben Kilometer brauchen würde. Von der Harvard Law School zum Boston Common sind es etwa sieben Kilometer, für die ich laut Google Maps mit dem Fahrrad 31 Minuten brauchen würde. In Toronto dauert es 31 Minuten, die 7,8 Kilometer zwischen CN Tower und Eglinton Avenue zu radeln. Vom Battery Park zum Times Square in New York sind es 7,9 Kilometer, zu radeln in 28 Minuten. Und in meiner Heimatstadt Edmonton – einer tellerflachen Präriestadt – kommt man in 30 Minuten ewig weit.

Ich wohne 6,5 Kilometer von meinem Arbeitsplatz entfernt, die zu pendelnde Strecke liegt also leicht unter dem Durchschnitt. Bei gemütlicher Fahrt brauche ich mit dem Rad im Sommer 20 Minuten und im Winter etwa 25. Und ich genieße meinen Weg zur Arbeit – womit ich die große Ausnahme darstelle. Die meisten Menschen nämlich hassen das Pendeln. Inbrünstig. 2014 befragte der Nobelpreisträger Daniel Kahnemann mehr als 900 Texanerinnen und erhielt von ihnen oft die Antwort, das morgendliche Pendeln sei der Tiefpunkt des ganzen Tages. Allerdings geht es nicht jedem so. 2005 ergab eine Umfrage der nationalen Statistikbehörde Kanadas, dass für drei Prozent das morgendliche Pendeln den Höhepunkt des Tages darstellte. Was waren das für schrullige Typen? Hauptsächlich Radfahrer. Tatsächlich erklärten 19 Prozent aller Fahrradpendler, dass das Pendeln für sie die »schönste Aktivität des ganzen Tages« sei.

Natürlich kann nicht jeder zur Arbeit gehen oder radeln. Und vielleicht gehörst du ja zu den wenigen Menschen, die gern Auto fahren. Vielleicht wohnst du weit von deinem Arbeitsplatz entfernt, brauchst dein Auto beruflich oder nach der Arbeit. Vielleicht sind auch die Straßen, die du nehmen müsstest, zu gefährlich zum Radfahren. All das sind gute Gründe. Lass dich aber nicht von Fehlinformationen oder irrigen Annahmen zu einer schlechten Entscheidung verführen. Aktives Pendeln fördert deine Gesundheit und Zufriedenheit. Die Umwelt schont es auch, und es trägt dazu bei, die Straßen ein wenig zu entlasten. Oft sparst du mit aktivem Pendeln sogar Zeit und Geld. Für mich liegt die Entscheidung auf der Hand.

Wenn ich heute höre, »Verpi… dich von der Straße«, dann lächle und winke ich einfach. Gottlob bin ich nicht derjenige, der in einem Auto feststeckt.

8:15 UHR – PARKEN

Angenommen, du fährst trotzdem mit dem Auto, weil es einfach nicht anders geht. Am Ziel angekommen, steht dir mit das Nervigste bevor, was die Menschheit kennt: die Parkplatzsuche.

Einer britischen Umfrage von 2017 zufolge fühlt sich die Mehrheit aller Autofahrer regelmäßig von der Notwendigkeit gestresst, einen Parkplatz zu finden. Zwei Drittel der Befragten haben schon Familienausflüge abgesagt, weil es ihnen davor graute, am Ziel einen Parkplatz suchen zu müssen. Und 40 Prozent haben deswegen Termine verpasst. In den Vereinigten Staaten erklärte ein Drittel aller befragten (männlichen) Autofahrer, sie wären innerhalb des letzten Jahres wegen eines Parkplatzes mit einem anderen Fahrer in Streit geraten.

Es ist übrigens kein Wunder, dass Menschen die Parkplatzsuche so hassen. Sie kostet enorm Zeit und Nervenkraft. Sie ödet an und regt uns gleichzeitig fürchterlich auf, wie Abspülen bei vorgehaltener Pistole. Zählt man die Zeit zusammen, die man mit Parkplatzsuchen verschwendet, kommt man auf Dutzende vergeudete Stunden im Jahr. In New York City sucht der durchschnittliche Autobesitzer satte 107 Stunden jährlich (das sind viereinhalb Tage!) nach Parkraum. 2017 schätzte eine ökonomische Analyse, dass die bei der Parkplatzsuche verschwendete Zeit die amerikanische Wirtschaft jährlich mehr als 71 Milliarden Dollar kostete.

Und der Kampf um freie Parkplätze bringt das Schlechteste in uns zum Vorschein. 1997 ergab eine Studie, dass ausparkende Fahrer sich vor dem Losfahren mehr Zeit nahmen, wenn ein anderer Fahrer schon auf den frei werdenden Platz wartete. Die Forscher sprachen von »Revierverteidigung« und implizierten damit, dass der wartende Fahrer Aggressionen in uns weckt – auch wenn es dafür keinen vernünftigen Grund gibt und die Trödelei uns selbst ja auch Zeit kostet.

Und obwohl wir offenbar so verdrahtet sind, dass wir uns beim Parken wie Idioten benehmen, erwarten wir von allen anderen gesittetes Benehmen. Und regen uns dann fürchterlich auf, wenn sie gegen die ungeschriebene Parkplatz-Etikette verstoßen. Einmal fuhr ich kurz vor Ladenschluss mit Michael zur Shopping Mall. Der riesige Parkplatz lag fast verlassen da. Da wir in Eile waren, parkte ich schlampig. Beim Aussteigen sah ich, dass unser VW schräg über einer der Begrenzungslinien stand.

»Ich stelle das Auto noch anständig ab«, sagte ich.

»Ach was, der Parkplatz ist doch fast leer«, antwortete Michael und ging schon Richtung Eingang.

»Wetten, dass nachher ein Zettel an der Windschutzscheibe hängt?«, prophezeite ich.

Als wir zwanzig Minuten später aus dem Laden kamen, steckte eine Nachricht unter dem Scheibenwischer. Sie lautete: »Die Menschen dieser Welt möchten, dass du das Parken lernst. Du schaffst das. Es ist nicht schwer. [Unterschrieben] Jedermann.«

Die stresserzeugende Realität, dass es in den meisten Städten schlicht nicht genug Parkplätze gibt, können wir nicht ändern – wohl aber unser Parkverhalten. Der einfache Akt des Parkens nämlich ist ein wunderbares Beispiel dafür, wie kognitive Verzerrungen und überholte Gewohnheiten uns immer wieder die gleiche Fehlentscheidung treffen lassen – obwohl wir uns damit den Tag ein wenig vergällen und im Laufe der Zeit erhebliche soziale Kosten verursachen.

Menschen verbringen (verschwenden) viel Zeit mit der Suche nach dem perfekten Parkplatz. Dazu verleitet uns, zumindest teilweise, die Erinnerung an dieses eine Mal, als wir einen tollen Parkplatz fanden. Diese angenehme Erfahrung versuchen wir zu wiederholen. Die *Seinfeld*-Figur George Costanza ging sogar so weit und verglich das Finden eines guten Parkplatzes mit Sex. »Parken in dieser Stadt ist wie Sex«, sagt George. »Warum sollte ich dafür bezahlen, wo ich es doch vielleicht umsonst kriege, wenn ich mir ein wenig Mühe gebe?«

Andrew Velkey, ein Psychologieprofessor an der Christopher Newport University in Virginia, glaubt ebenfalls an die Theorie vom letzten tollen Parkplatz und den Kern von George Costanzas Spruch. Professor Velkey, der das Parkverhalten untersuchte, indem er, nun ja, ausführlich beobachtete, wie Menschen sich beim Parken verhalten, erzählte mir, dass Autofahrer sich lebhafter an die seltenen Gelegenheiten erinnerten, bei denen »sie einen tollen Parkplatz fanden«. Und folglich fühlen sie sich angesichts schwieriger Park-Umstände jedes Mal verpflichtet, sich Mühe zu geben. »Weniger gut erinnern sie sich an die häufigeren Fälle, in denen sie nur durchschnittliche Parkplätze fanden«, fuhr Velkey fort. »Infolgedessen überschätzen sie die Wahrscheinlichkeit, einen tollen Platz zu finden.«

Einen tollen Parkplatz zu ergattern, fühlt sich wie eine Leistung an, als hätte man ein Tor im heiß umkämpften Sport des Parkens erzielt. Professor Velkey beschreibt: »Man hat das befriedigende Gefühl, man hätte etwas errungen, fast so eine Art Sieg, weil man weiß, dass man sich in Konkurrenz zu anderen befindet: ›Ich habe den Platz und du nicht.‹«

Professor Velkey erkannte, dass Menschen auf diesem Gebiet nicht aus ihren Erfahrungen lernen. »Die erfahrenen Parkplatzsucher machen die gleichen Fehler wie die Anfänger«, verriet er mir. »Menschen betrachten das Parken nicht als Gelegenheit, bewusst zu üben. Und folglich werden sie auch nicht besser darin.«

Zusammengefasst: Du bist keine Art allmächtiges Park-Genie. Gib dir keine Mühe. Du befindest dich in keinem Wettbewerb!

Die beste Strategie besteht tatsächlich darin, sein inneres Drängen zu ignorieren. Menschen, die nach tollen Parkplätzen jagen, erreichen ihr Ziel im Schnitt später als Autofahrer, die einfach den erstbesten Parkplatz nehmen. Eine 1998 veröffentliche Studie versuchte, die beste Parkstrategie anhand mathematischer Modelle zu ermitteln. Dabei stellte sich heraus, dass man schneller zum Ziel gelangte, wenn man auf einem Großparkplatz einfach den erstbesten freien Platz nahm, direkt nach der Einfahrt (und damit meist am weitesten vom Ziel entfernt), anstatt aggressiver vorzugehen, erst mal vor zu fahren und einen Platz möglichst nahe am Eingang zu suchen. In der Regel gleicht der Zeitverlust durch die längere Suche den Zeitgewinn durch den kürzeren Fußweg nicht aus. Und man vergällt sich den Tag ein wenig.

Obwohl sich diese Art Modelle üblicherweise auf Großparkplätze beziehen, gilt für das Laternenparken die gleiche Logik: Nimm den ersten freien Parkplatz, den du findest, auch wenn er weiter von deinem Ziel entfernt ist. Außerdem: Warum solltest du den anschließenden Spaziergang nicht genießen?

Das Fazit lautet also: Benimm dich beim Parken nicht wie ein Idiot, toleriere das idiotische Verhalten der anderen Fahrer (vergiss nicht, dass sie wahrscheinlich dich als Idioten betrachten) und nimm einfach den ersten freien Platz.

8:30 UHR – ARBEITSBEGINN

Erledige zuerst die anstrengenden, wichtigen, Kreativität erfordernden Aufgaben. Lass dich nicht in einen E-Mail-Strudel ziehen. Bleibe stark.

Immer wieder belegen Studien, dass wir zu bestimmten Tageszeiten leistungsfähiger sind also zu anderen. Für die meisten von uns ist das der Morgen. 2016 analysierte eine Studie der Universität Chicago die Daten von fast zwei Millionen Schülern von der sechsten bis zur elften Klasse daraufhin, welchen Einfluss die Tageszeit auf ihre Leistung hatte. Wie sich dabei zeigte, lernten Schüler morgens mehr als später am Tag. Ihre Notendurchschnitte stiegen signifikant, wenn sie morgens Mathe- und Englisch-Unterricht hatten.

9:30 UHR – ÖFFENTLICHE TOILETTE

Ich bin ein bisschen neurotisch, was Bakterien angeht, weshalb diese Angelegenheit eine ganz persönliche ist. Sollte die Sportart, zur Toilette zu gehen, ohne etwas zu berühren, jemals olympisch werden, schätze ich meine Chancen gut ein, es in die Nationalmannschaft zu schaffen. Aus Angst vor Mikroben arbeitete ich mich tief in die Forschung zur Keimverteilung in Toilettenkabinen ein – ja, auch dazu gibt es Studien –, um künftig die besten Entscheidungen in Sachen Toilettensitz zu treffen. Und was ergab nun meine Recherche? In Sachen Mikroben ist die erstbeste Kabine vermutlich die beste Wahl. Keimneurotiker aufgepasst: *Vermeide die mittlerste Kabine!*

Übrigens bin nicht nur ich in Toilettenfragen neurotisch. Einer Studie aus dem Jahr 1991 zufolge hocken sich bemerkenswerte 85 Prozent aller Frauen so über öffentliche Toiletten, dass sie den Sitz nicht berühren. (Angesichts der Tatsache, dass Frauen deutlich mehr Zeit auf der Toilette verbringen – ja, auch diese Daten gibt es – reden wir hier von jeder Menge blaseninduziertem isometrischen Muskeltraining. Leben Frauen vielleicht deswegen länger?) Weitere zwölf Prozent der Frauen decken den Sitz mit Papier ab, und nur zwei Prozent setzen sich auf die Brille selbst. Das nenne ich mal eine weit verbreitete Angst vor dem (fast) Unvermeidlichen. Diese Angst verursacht nicht nur Umstände (es kann schwierig sein, die biologische Notwendigkeit und die Verfügbarkeit makellos sauberer Toilettenanlagen perfekt aufeinander abzustimmen), sie kann auch gesundheitliche Folgen haben. Eine 2017 in Schweden durchgeführte Studie an 173 Studentinnen etwa ergab: »Unregelmäßiges oder seltenes Urinieren aufgrund des Versuchs, öffentliche Toiletten zu vermeiden, kann in den Harnwegen eine Reihe Probleme verursachen.«

Viele Faktoren tragen dazu bei, dass öffentliche Toiletten gemieden werden, doch die hauptsächlichen Bedenken gelten offenbar Keimen. Doch fürchten wir uns zu Recht vor Mikroben auf Toilettensitzen? Sollte man so eine Abdeckung für Toilettenbrillen hernehmen, um wenigstens nicht direkt auf all den fiesen Keimen zu sitzen, die in Toiletten hausen?

Zugegeben, öffentliche Toiletten wirken oft genug ziemlich versifft, aber ernsthafte Ansteckungsrisiken gehen von ihnen in aller Regel nicht aus. Man kann sich auf Toilettensitzen keine sexuell übertragbaren Krankheiten holen – auch wenn meine neunmalklugen Klassenkameraden in der Mittelstufe damals das Gegenteil behauptet hatten. Tatsächlich sind die allermeisten Mikroorganismen völlig harmlos und überleben auf Badezimmer-Oberflächen nicht lange. Damit es tatsächlich zu einer Ansteckung kommt, müssten vermutlich die perfekten Bedingungen zusammenkommen: Man setzt sich sofort nach einer infizierten Person auf den Sitz und hat eine offene Wunde, die direkt mit den Krankheitserregern in Kontakt kommt. Doch selbst in diesem Szenario wäre die Ansteckungsgefahr noch sehr gering. William Shaffner, Professor für präventive Medizin an der Vanderbilt University, sagt rigoros: »Toilettensitze sind kein Vehikel für die Übertragung ansteckender Keime – du kannst dir dort nichts holen.«

Professor Brett Finlay stimmt dem zu. Er ist ein Kollege von mir, ein anerkannter Forscher zu Mikroben und Immunologie und Autor des keimfreundlichen Buchs *Dreck ist gesund!* »Toilettensitze sind gar nicht so dreckig, weil sie aus Hartplastik bestehen«, verriet er mir. »Ironischerweise sieht es in Waschbecken schlimmer aus, weil sie nass sind und sich dort Biofilme bilden«, also Bakterienkolonien. »Allgemein«, erklärte mir Professor Finlay, »sitzen auf harten, trockenen Oberflächen nicht viele Keime, auf weichen, nassen Oberflächen schon.«

Immer wieder zeigen Untersuchungen, dass auf Alltagsgegenständen wie Handys, Fernbedienungen, Fitnessgeräten, Schneidebrettern und dem Wasserhahn der Spüle mehr Keime herumschwirren als auf den Sitzen öffentlicher Toiletten. Du kannst dich also beruhigt auf die Toilettenbrille setzen.

Toilettensitz-Abdeckungen sind sowieso nutzlos. Erstens sind sie porös, sodass winzige Bakterien und Viren mühelos durch das Papier zur Epidermis deines Hinterns gelangen können (was aber wie oben erläutert nichts ausmacht). Und zweitens helfen sie kaum gegen den wirklich problematischen Aspekt beim Stuhlgang: das Sprühwasser beim Spülen, also das Phänomen »der Aerosolisierung von Fäkalien während des Spülvorgangs«, wie eine Studie es 2018 formulierte. Für diese Studie wurde exakt gemessen, wie weit Bakterien bei jedem Spülvorgang durch die Luft geschleudert wurden. Das Ergebnis? Verdammt weit, insbesondere, wenn die Spülung stark ist, wie es in öffentlichen Toiletten oft der Fall ist, und kleine Bakterien im Spiel sind. 2013 kam eine Übersichtsstudie zu dem Schluss, dass »während des Spülens potenziell gefährliche Aerosole in erheblichen Mengen entstehen können« und dass »die Aerosolisierung durch mehrmaliges Spülen nur wiederholt wird, sodass auch nachfolgende Toilettenbenutzer betroffen sind«.

Das klingt ziemlich fies. Trotzdem sollten wir unsere Fäkal-Ängste auch hier im Zaum halten. Ja, in Ausnahmefällen könnte durch aggressives Spülen ein schädlicher Krankheitserreger übertragen werden, aber aus individueller Risikobetrachtung liegt die Wahrscheinlichkeit, durch Toiletten-Bakterien zu Schaden zu kommen, reichlich niedrig. Wie Professor Finlay mir gegenüber betonte: »Enterale Pathogene werden in aller Regel über den fäkal-oralen Weg aufgenommen.« Anders ausgedrückt: Du solltest nicht die Mikrobenwolke nach dem Spülen fürchten, sondern deine eigenen ungewaschenen Hände!

Nehmen wir uns jetzt, da deine Ängste hoffentlich ausgeräumt wurden, einen Augenblick, um das Wasserklosett zu feiern. Kaum eine andere Erfindung der Menschheit hat so viel zur öffentlichen Gesundheit und zur Lebensqualität beigetragen. 2007 kürten die Leser des *British Medical Journal* Fortschritte in der Sanitärversorgung – sauberes Leitungswasser und Toiletten – zum größten medizinischen Fortschritt aller Zeiten. Nicht Stammzellenforschung, Gentechnik, Betäubungsmittel, Transplantationen oder sogar Antibiotika, sondern Wasserklosetts und Trinkwasserversorgung. Halte dir das vor Augen, wenn das nächste Mal die Natur ruft. Du sitzt auf einer Vorrichtung, die unzählige Millionen Leben gerettet hat. Leider hat ein erheblicher Teil der Weltbevölkerung bis heute keinen Zugang zu Toiletten, geschweige denn Wassertoiletten. Im Jahr 2017 berichtete die WHO, dass fast 900 Millionen Menschen ihren Darm in freier Natur entleeren müssen. Und diese Zahl steigt aufgrund des Bevölkerungswachstums tendenziell sogar noch an.

Eine letzte Bemerkung zum Thema Toilettensitz: ein Aspekt der Toilettenerfahrung, den Frauen weniger fürchten müssen als Männer: Spucke. Denn so mancher Mann (und ziemlich jeder, der sich neben mich an ein Urinal stellt) hat die lächerliche, ekelhafte und offenbar urzeitliche Angewohnheit, vor dem Pinkeln zu spucken. Folglich sind Toilettensitze auf Herrentoiletten nicht nur mit Urintröpfchen, sondern auch noch mit Spucke versaut. Was zum Teufel geht hier vor?

Leider gibt es zu diesem Punkt wenig empirische Arbeit; einige Wissenschaftler spekulierten, Männer würden vielleicht auf diese Weise ihr Revier markieren. (Wobei ich nicht verstehe, warum jemand die Toilette in einem Sportstadion, einer Bar oder einem Kino als sein Revier markieren sollte.) Männer bilden nicht mehr Speichel als Frauen. Also bitte, Männer dieser Welt, zielt in Zukunft bitte besser oder überwindet irgendwie den primitiven Drang, an öffentlichen Orten Sanitärporzellan zu markieren.

Nun ist das Risiko, sich durch Speichel eine ernsthafte Krankheit zu holen, ziemlich niedrig. Dennoch besteht eine gewisse Sorge, dass Spucken, ähnlich wie die Tröpfchenwolke beim Spülen, die Wahrscheinlichkeit erhöhen könnte, durch die Luft übertragene Erreger wie das Norovirus (verantwortlich für »Magen-Darm«) weiterzuverbreiten. Tatsächlich versuchte der britische NHS während einer besonders schlimmen Grippesaison, Fußballprofis dazu zu bringen, weniger zu spucken. »Wenn sie in der Nähe anderer spucken«, so ein Sprecher der Behörde, »könnte das das Übertragungsrisiko sicher erhöhen.« Ich schätze mal, dieser Aufruf hat das Herumgespucke der Fußballer um keinen Deut verringert.

9:33 UHR – HÄNDE WASCHEN

Wasche. Deine. Hände. Um Himmels willen, bitte wasche dir die Pfoten! Wie oft musste ich schon mitansehen, wie Männer die Tür ihrer Toilettenkabine aufreißen und stracks die Toilettenanlage verlassen, den Hosenstall zuziehend, den Gürtel schließend und das Hemd einsteckend. Wenn ich einen Taser hätte – zapp!

Sich die Hände zu waschen, ist keine Tätigkeit, die viel Gehirnschmalz erfordert. Mach es einfach. Selbst wenn du deiner Ansicht nach Toilettenpapier mit klinischer Präzision verwendest, kann die oben erwähnte Aerosol-Wolke nach dem Spülen Krankheitserreger über deinen Körper verteilen. Du magst ja deine Hände für makellos sauber halten, trotzdem befinden sich wahrscheinlich noch schädliche Keime darauf. Ein einziges Gramm menschlicher Fäkalien kann eine Billion Keime enthalten. Deshalb ist, wie die CDC (Centers for Disease Control and Prevention) verkündet, Händewaschen »einer der wichtigsten Schritte, die wir unternehmen können, um selbst gesund zu bleiben und keine Keime weiterzuverbreiten«.

Das mag jetzt klingen, als würde ich nun der »Fürchtet euch nicht vor Keimen«-Message des vorhergehenden Abschnitts widersprechen. Aber während Toilettensitze relativ harmlos sind, werden viele Krankheitserreger tatsächlich über die Hände übertragen – oft, weil wir uns ganz unwillkürlich an Lippen, Augen und/oder Nase fassen. Außerdem ist es wissenschaftlich belegt, dass Händewaschen hilft, ganz besonders, wenn es gründlich erfolgt. Eine 2014 an Grundschülern durchgeführte Studie ergab, dass die Zahl der Krankheitstage wegen Magen-Darm-Erkrankungen um 36 Prozent zurückging, nachdem man den Kindern beigebracht hatte, sich die Hände zu waschen. Gründliches Händewaschen verringert die Ansteckungsgefahr für eine endlose Latte an Krankheiten – von der gewöhnlichen Erkältung bis hin zu lebensbedrohlichen Erkrankungen.

Angesichts der Effektivität des Händewaschens finde ich es frustrierend, dass noch immer so viele Menschen sich nicht die Hände waschen – obwohl fast jeder Händewaschen für eine gute Sache hält. Einer 2015 in den USA durchgeführten Studie zufolge finden 92 Prozent der Amerikaner es wichtig, sich nach dem Toilettenbesuch die Hände zu waschen. Aber nur 66 Prozent geben an, das auch tatsächlich zu machen. Schlimmer noch: 70 Prozent räumen ein, dass sie dabei keine Seife benutzen. Die objektiv – durch Beobachtung – ermittelten Zahlen ergeben ein noch düstereres Bild als die Selbstauskünfte: Männer waschen sich seltener die Hände als Frauen, und viel weniger gründlich. Insgesamt machen wir alle es aber ziemlich schlecht. 2013 wurden für eine Studie 3.749 Menschen beobachtet, und nur fünf Prozent davon wuschen ihre Hände anständig.

Wenn Menschen alleine sind, waschen sie sich mit erheblich geringerer Wahrscheinlichkeit die Hände. Ein bisschen gesellschaftlicher Druck scheint unsere Hygienegewohnheiten in die richtige Richtung zu stupsen. 2014 wurde im Rahmen einer Studie der Stanford University mit Videokameras aufgezeichnet, wie sich (in der Stadt lebende) Schüler in Kenia die Hände wuschen. War jemand anders anwesend, wuschen sich 71 Prozent die Hände. Waren sie jedoch allein, wuschen sich nur 48 Prozent der Schüler die Hände. Eine weitere Studie, 2009 von der London School of Hygiene and Tropical Medicine durchgeführt, ergab, dass man Menschen am ehesten dazu brachte, sich die Hände zu waschen, indem man ihr Schamgefühl ansprach. Insbesondere stellte sich heraus, dass ein über den Waschbecken angebrachtes Schild »Wäscht die Person neben dir sich die Hände mit Seife?« deutlich besser wirkte als nörglerisch klingende Slogans wie »Sei kein Blödmann – nimm Seife!«

Und wie wäscht man sich nun korrekt die Hände? Nein, sie kurz ins Wasser zu halten und danach an der Hose abzutrocknen, reicht nicht. Idealerweise solltest du deine Hände 15 bis 20 Sekunden lang mit Wasser und Seife waschen. Das ist die Zeit, die man braucht, um zweimal »Happy Birthday« zu singen. (Du darfst ruhig nur in Gedanken singen.) Wasche beide Seiten der Hände und die Zonen zwischen den Fingern. Du musst nicht schrubben, wie es Chirurgen alter Schule taten, aber ein bisschen Bemühung schadet nicht.

Und wie sieht es mit dem Abtrocknen aus? Moderne Hightech-Heißlufthandtrockner erobern öffentliche Toiletten in aller Welt. Ich vermute mal, die Umstellung geschah aus Kostengründen (sie sind billiger als Papierhandtücher), Umweltschutzerwägungen (weniger Papierhandtücher, die recycelt werden müssen) und dem Wunsch, die Menschen anzuregen, sich öfter die Hände zu waschen. Die Handtrockner-Branche wächst schnell, bis 2024 sollen die Umsätze 1,6 Milliarden Dollar pro Jahr erreichen. Ein Branchenbericht legt nahe, dass dieses Wachstum »von verstärkten Anstrengungen durch Regierungen getrieben werde, Hygiene und Sauberkeit zu fördern«.

Doch aus Hygienegesichtspunkten sind Heißlufthandtrockner nicht die beste Alternative, wie die Forschung wiederholt gezeigt hat. Eine Übersichtsstudie kam 2012 zu dem Schluss, dass Papierhandtücher besser seien als elektrische Handtrockner und folglich »an Orten, wo Hygiene eine große Rolle spielt, wie in Krankenhäusern und Kliniken« ausschließlich Papierhandtücher verfügbar sein sollten. Für einen Keim-Phobiker wie mich schreit dieses Fazit: *Verwende keine elektrischen Handtrockner!*

Und die Handtrocknergeschichte wird noch schlimmer. 2018 fand eine Studie heraus, dass elektrische Handtrockner Fäkalpartikel-Schleudern sind. Sie saugen keimbelastete Partikel aus dem Raum an und blasen sie auf deine Hände. Die Forscher stellten fest, dass dabei »viele Bakterienarten, darunter mögliche Krankheitserreger, und Sporen auf Hände gelangen«. Diese Geräte tragen auch dazu bei, Keime im ganzen Gebäude zu verteilen.

Okay, an dieser Stelle ist ein Realitätscheck fällig, was die Risiken angeht. Die allermeisten von Handtrocknern herumgeschleuderten Keime sind absolut harmlos. Da das Ziel des Händewaschens nun aber ist, Keime zu *entfernen*, scheint die Verwendung von elektrischen Handtrocknern kontraproduktiv. Wahrscheinlich sollten wir besser Papierhandtücher benutzen.

Als ich meinen Freunden erzählte, dass dieses Buch auch einen Abschnitt über Händewaschen enthalten würde, gestanden mir einige, am liebsten trockneten sie ihre Hände an ihren Hosen. Oft hörte ich:»Ich wische mir die Hände einfach an den Hosen trocken. Macht das nicht jeder?« Und zugegebenermaßen mache ich es auch oft, selbst wenn es andere Möglichkeiten gäbe. Schließlich sind die Hosen immer zur Hand.

Aber ist das auch eine gute Idee? Ich konnte keine Literatur zu dieser Methode auf die Schnelle finden. Aber auf einer Hose können böse Keime sitzen. Allgemeinere wissenschaftliche Untersuchungen zur Rolle von Kleidung bei der Übertragung von ansteckenden Krankheiten, etwa in Krankenhäusern, leiden an einer schlechten Datenlage. Generell ist es biologisch natürlich möglich, dass Keime von der Kleidung übertragen werden, daher gibt es auch die »nackt unterhalb der Ellenbogen«-Politik vieler Krankenhäuser in aller Welt. Aber Haut-Mikroorganismen, die man generell auf den Hosen finden wird, sind in aller Regel nicht für den gefährlich, von dem diese Zellen stammen (also von einem selbst).

2011 führte Rachel McQueen an der Universität Alberta ein interessantes Schmodder-Jeans-Experiment durch. Professor McQueen bat einen ihrer Studenten, 15 Monate lang die gleiche Jeans zu tragen, ohne sie je zu waschen. (Es würde mich interessieren, was die Ethikkommission zu diesem Forschungsprojekt sagte!) Wie sich herausstellte, tummelten sich auf der ungewaschenen Jeans ebenso viele Keime wie auf einer Jeans, die nur ein paar Wochen lang nicht gewaschen worden war. Diese Keime waren auch nicht besonders fies, sondern nur die üblichen meist harmlosen Haut-Mikroorganismen.

Wohlgemerkt soll das keine Aufforderung sein, seine Jeans nicht mehr zu waschen (auch wenn das bei Fans von Raw Denim gerade voll im Trend liegt). Aber solange man seine Hände regelmäßig mit Seife und Wasser wäscht, deutet nichts darauf hin, dass ein gelegentliches Trockenwischen der Hände an der Hose schaden könnte. Allerdings sitzen auf einer dreckigen Jeans vielleicht auch fiese Keime, gerade wenn man keine Unterhosen trägt (du erinnerst dich an den Abschnitt »Anziehen« weiter oben?), denn, wie Professor McQueen es ausdrückt, »Hosen stehen in engem Kontakt zu den anogenitalen Regionen«.

10:00 UHR – NOCH EINEN KAFFEE?

Ja!

10:30 UHR – MULTITASKEN

Einmal lud mich ein Lokalradio als Studiogast zum Thema »Multitasking« ein. Sollten wir es tun? *Können* wir es überhaupt? Vor mir sprach eine Personalvermittlerin. Ihre Aufgabe bestand darin, Menschen neue Jobs zu verschaffen. Sie redete nicht lang um den heißen Brei herum: »Die wichtigste Fähigkeit, die Arbeitgeber heute verlangen, ist die Fähigkeit zum Multitasking«, verkündete sie den Zuhörern. »Arbeitgeber erwarten, dass ihre Leute viele Dinge gleichzeitig erledigen können. So ist die Welt, in der wir leben!«

Da hat sie leider recht. Einer Studie zufolge werden Büroangestellte alle drei Minuten und fünf Sekunden in ihrer Arbeit unterbrochen – allerdings ist die Hälfte aller Unterbrechungen selbst gewählt. Die meisten Menschen schaffen es nämlich nicht, sich auf eine Aufgabe zu konzentrieren. Wir klicken auf die aktuellste Schlagzeile, die gerade auf unserem Bildschirm aufgeploppt ist. Wir schauen auf Twitter vorbei. Wir sehen nach, was Kim Kardashian auf Instagram treibt. Wir sind eine Gesellschaft von geradezu lachhaft abgelenkten Menschen!

Zu den Themen »Ablenkung am Arbeitsplatz« und »Multitasking« gibt es eine Menge interessanter Forschung. Studien zufolge surfen wir – an Computer und Handy – täglich fünf bis acht Stunden im Internet. Ein großer Prozentsatz der Menschen verbringt mehr Zeit an Telefon und Computer als im Bett. Die Welt ist immer mehr darauf ausgelegt, uns abzulenken. Sie scheint geradezu nach Multitasking zu schreien. Da wirken die Kräfte des freien Marktes. Die aktuellsten

Schlagzeilen schleichen sich auf unsere Computer-Bildschirme. Jedes »Pling« verkündet eine neue Textnachricht oder ein Facebook-Update. Und es ist lachhaft einfach, sich in den Strudel des Online-Surfens ziehen zu lassen. Du hast einen Einfall, suchst was dazu im Internet, und ehe du dich versiehst, springst du von Website zu Website.

Ich bin Autor. Ich setze mich oft hin und sage mir: »Ich gebe mir jetzt eine halbe Stunde, in der ich weder meine E-Mails checke noch meinen Twitter-Account. Ich surfe gar nicht.« Das fällt mir schwer. Gehe ich erst einmal online, verfliegen die Stunden. Aber die Verlockung ist groß, vor allem, wenn es gerade nicht recht läuft und es mich juckt, etwas online zu recherchieren.

Diese ständigen Ablenkungen fordern ihren Preis. Studien ergeben durch die Bank, dass Multitasking und Unterbrechungen *verringern*, wie viel wir schaffen. Unser Gehirn kann einfach nur ein gewisses Maß an Informationen verarbeiten; Multitasking aber ist wie ein geistiges Leck: Je schneller wir hin- und herspringen, desto ineffizienter arbeiten wir. Wird man aus einer Aufgabe herausgerissen, braucht man oft eine erhebliche Zeit, bis man wieder hineinfindet. Einer Studie zufolge dauert es durchschnittlich 23 Minuten, bis man nach einer Unterbrechung wirklich wieder an einer Aufgabe arbeitet. Außerdem erhöht Multitasking den Stress am Arbeitsplatz und kostet die US-Wirtschaft mehr als 650 Milliarden Dollar. 2015 ergab eine Umfrage, dass Unterbrechungen Angestellten jeden Tag etwa drei Stunden Arbeitszeit raubten.

Insgesamt scheint also alles gegen Multitasking zu sprechen.

Einer Untersuchung zufolge schafft es nur ein sehr kleiner Teil der Bevölkerung, etwa 2,5 Prozent, einigermaßen effizient zu multitasken. Anders als bei den restlichen 97,5 Prozent – also fast allen – sinkt bei diesen »Super-Taskern« die Leistung (zumindest in kontrollierten Experimenten) nicht erheblich ab, sobald sie zwei Sachen gleichzeitig erledigen sollen. Glaubst du, du gehörst zu dieser kleinen Gruppe? Dann täuschst du dich fast garantiert. 2013 ergab eine Studie an der Universität Utah, dass oft gerade die Menschen, die sich für gut im Multitasken halten, besonders schlecht darin sind. Sie lassen sich leicht ablenken und können sich nicht konzentrieren, was vermutlich der Grund ist, warum sie überhaupt multitasken. Der Autor, Professor David Sanbonmatsu, wurde folgendermaßen zitiert: »Menschen multitasken nicht, weil sie gut darin wären, sondern weil sie sich leicht ablenken lassen.« Die Neigung zum Multitasking sei »negativ korreliert mit der tatsächlichen Multitasking-Fähigkeit«. Und in einem klassischen Beispiel für das Jeder-hält-sich-für-besser-als-der-Durchschnitt-Phänomen hielten sich 70 Prozent aller Bachelor-Studenten in der Studie für überdurchschnittlich gute Multitasker – was natürlich statistisch unmöglich ist.

Ein weiterer Mythos des Digitalzeitalters lautet, dass junge Leute (die »Jugend von heute«, wie sie im Buche steht) besser multitasken und einen unablässigen Strom an Informationen verarbeiten können, einfach weil sie es von Geburt an nicht anders kannten. Doch die Vorstellung vom digital native, dem »digitalen Ureinwohner«, ist schlicht falsch. 2017 resümierte eine Zusammenfassung der aktuellen Literatur: »So etwas wie Digital Natives, die allein deswegen geschickt mit Informationen jonglieren, weil sie die nicht-digitale Welt gar nicht mehr kennen, gibt es nicht.« Die jüngere Generation multitaskt genau so schlecht wie die ältere.

Nie war es schwieriger, sich zu konzentrieren. Ich schachere richtiggehend mit mir selbst: Sobald ich diese Aufgabe abgeschlossen habe, darf ich auf einen Espresso gehen. Ein simpler Trick, der aber funktioniert. Erst eine Aufgabe beenden, dann darf man Pause machen oder sich der nächsten zuwenden.

11:00 UHR – SICH AUFS MITTAGESSEN FREUEN

Der Morgen lief prima. Du bist früh aufgestanden und gut rausgekommen, weil du eben ein Morgenmensch bist. Du hast gesund und Rohmilch-frei gefrühstückt. Du hast die Kinder zur Schule geschickt und bist in die Arbeit geradelt. Im Büro hast du die großen, kniffligen Aufgaben zuerst angepackt und alle E-Mails, Breaking News und Mitteilungen der sozialen Medien ignoriert. Schon in einer Stunde gehst du Mittagessen, hurra!

Weißt du, dass das Wissen, dass ein Termin bevorsteht, und sei es ein angenehmer, die Arbeitsproduktivität beeinträchtigen kann? Eine zeitlich begrenzte Phase – wie die restliche Zeit bis zu einem geplanten Termin – fühlt sich kürzer an als die gleiche Zeitspanne ohne Begrenzung, und wir schaffen auch tatsächlich weniger Arbeit in dieser »begrenzten« Zeit. Anders ausgedrückt: Es kann dich Produktivität *kosten*, wenn du deinen Tag klar strukturierst. Professor Selin Malkoc von der Ohio State University mutmaßt, das liege wohl daran, dass unsere Aufmerksamkeit schon zu dem Termin vorauswandert. Wir bereiten uns geistig bereits auf das nächste Ereignis vor, wodurch wir weniger Zeit zu haben glauben, als uns tatsächlich bleibt. Professor Malkoc und ihre Kollegen stellten fest, dass allein der Gedanke an ein künftiges Ereignis uns schon weniger arbeiten lässt.

Und wie entgehst du nun diesem terminbedingten Leistungsloch? Erstens könntest du dir vorsagen, dass die Zeit nur wegen des Termins nicht schneller läuft. Und zweitens solltest du versuchen, Termine und Aufgaben straff hintereinander zu takten. So minimierst du die Teile deines Arbeitstages, die von diesem Phänomen betroffen sein könnten. Mithilfe dieser eng getakteten Phasen machst du den restlichen Arbeitstag frei für unbegrenzte, produktivere Phasen.

II. MITTAG UND NACHMITTAG

12:00 UHR – MITTAGESSEN

Einmal hatte ich einen beruflichen Termin in New York und lechzte mittags nach einem überteuerten doppelten Espresso mit süßem Gebäck, vorzugsweise einem riesigen Chocolate Chip-Cookie. (Ja, ich weiß, das ist ein spektakulär ungesundes Mittagessen. Tja.) Auf dem Smartphone suchte ich nach cool aussehenden Cafés in der Nähe. Mein Favorit hatte die erwünschte NYC-Atmosphäre: alte Lampen, hippes, minimalistisches Mobiliar, desinteressiertes Personal und eine Espressomaschine im Flugzeugträger-Format. Was es dort aber nicht gab, war Gluten. Das angebotene Gebäck sah köstlich aus, war aber sämtlich glutenfrei. Ich hatte allerdings keine Lust, auf Gluten zu verzichten. Also weiter zum nächsten Café.

Auch das hatte das erhoffte Du-blechst-einen-Haufen-Geld-für-unseren-Kaffee-Interieur. Aber es war ebenfalls fast vollständig glutenfrei. Verzweifelt stürzte ich mich dort auf das einzige Angebot mit Gluten, ein einfaches Croissant. Beim Bezahlen fragte ich die Frau an der Theke, warum es kein Gluten gab.

»Ist einfach gesünder«, antwortete sie knapp, ohne auch nur aufzublicken. Sie hielt die Antwort für offensichtlich.

Ich wollte gerade zu einem Vortrag ansetzen, wie verblüffend fehlgeleitet diese Aussage sei und dass dieser Irrglaube zu einem allgemeineren sozialen Trend gehöre, der, von Marketing-Kampagnen und einem unablässigen Strom popkultureller Falschdarstellungen befeuert, die Fähigkeit der Öffentlichkeit untergrub, gesunde Ernährungsentscheidungen zu treffen …, aber ich spürte, dass es für diese Frau nicht gerade die erste Priorität darstellte, sich meine Essens-Philosophie anzuhören.

»Klar«, erwiderte ich.

Gottlob schmeckte das Croissant hervorragend.

In vielerlei Hinsicht gehört die Entscheidung, was wir essen, zu den schwierigsten des ganzen Tages. Und die Verwirrung wächst. Tag für Tag hören wir widersprüchliche Nachrichten darüber, was gesund ist und was nicht. Und alle paar Monate taucht ganz unvermittelt ein neuer, komplett ausgeformter Ernährungstrend auf, demzufolge wir weniger bzw. mehr Fett essen sollten, mehr bzw. weniger Kohlehydrate, weniger bzw. mehr Protein. Wir sollen fasten oder weiden oder entsaften. Wir sollen Superfoods essen oder nur dies oder jenes bestimmte Lebensmittel. Und wir sollen Zucker vermeiden, hoch-glykämisches Zeug, und, natürlich, Gluten.

Im Grunde ändert sich die öffentliche Meinung derart schnell, dass man als Autor kaum mehr hinterherkommt, auf all die neuen Ernährungs- und Diätmoden einzugehen. Bis dieses Buch erscheint, befinden wir uns vielleicht gerade mitten in einer Dauernd-nur-Zucker-Welle. (Das mag jetzt absurd klingen, aber man denke nur kurz zurück, wie sich unsere Ansichten Fett gegenüber um 180 Grad gedreht haben!)

Der Trend hin zu glutenfreier Ernährung ist ein Beispiel dafür, wie wir mit unseren Entscheidungen mitunter völlig auf den Holzweg geraten – und leider auch dort bleiben. Ich habe schon 2013 über dieses Thema geschrieben, als sich, dank einiger Promis, die Marotte, auf Gluten zu verzichten, schon fest etabliert hatte. In meinem kurzen Artikel im *Toronto Star* hinterfragte ich den Ernährungsratschlag der Sängerin Miley Cyrus, die behauptete, der Verzicht auf Gluten mache schlanker und gesünder. Damals glaubte ich, diese Modeerscheinung würde schnell vorüberziehen. Aber jetzt, etliche Jahre später, finde ich nirgendwo mehr einen Schokokeks mit Gluten. Wie sind wir nur in diesen weizenlosen Zustand geraten?

Wenn du unter Zöliakie leidest – einer ernsten Autoimmunkrankheit, die etwa ein Prozent der Bevölkerung betrifft – musst du auf Gluten verzichten. Ein paar weitere Prozent der Bevölkerung leiden unter Glutensensitivität (korrekt: »Nicht-Zöliakie-nicht-Weizenallergie-Weizensensitivität«), wobei diese Diagnose wissenschaftlich umstritten ist; auf diesem Gebiet wird aktuell noch geforscht. Glaubt man aber den Marketingzahlen, versucht ein volles Drittel aller Nordamerikaner, ohne Gluten auszukommen. Schon 2017 hatten einer Analyse der Branche zufolge 27 Prozent aller US-Bürger in den vergangenen drei Monaten glutenfreie Produkte gekauft. Das kanadische Ministerium für Landwirtschaft und Ernährung geht davon aus, dass etwa zehn Millionen Kanadier versuchen, auf Gluten zu verzichten. Das sind gewaltige Zahlen.

Noch interessanter ist, *warum* Verbraucher auf Gluten verzichten. Die oben zitierte US-amerikanische Studie von 2017 ermittelte als mit Abstand wichtigste Motive: Die Menschen wollten a) etwas Neues ausprobieren, b) gesünder leben und c) abnehmen. Andere Studien zeigen, dass die überwältigende Mehrheit aller Menschen, die glutenfrei leben, keinerlei Anzeichen für eine Glutenintoleranz oder nur Glutensensitivität haben. Eine 2018 durchgeführte Befragung von jungen Erwachsenen ergab, dass viele von ihnen glutenfreie Nahrungsmittel wegen ihrer angeblichen Gesundheitsvorteile schätzten. (Die gleichen Menschen bevorzugten tendenziell auch biologisch erzeugte, gentechnikfreie und unverarbeitete Nahrungsmittel.) Einer weiteren Studie zufolge betrachteten die Menschen glutenfreie Lebensmittel als »gesünder, kalorienärmer und naturbelassener«. Es scheint, als umgebe Glutenfreiheit ein »Halo-Effekt« – was glutenfrei ist, gilt inhärent als gesund, obwohl das überhaupt nicht der Realität entspricht.

In welchem Ausmaß dieser Irrglaube inzwischen unsere Kultur durchdringt, zeigte schon 2015 eine Studie an mehr als 900 (nicht an Zöliakie leidenden) Spitzensportlern. Von dieser Kohorte, zu der

Weltmeister und Medaillengewinner bei Olympischen Spielen gehörten, lebten bemerkenswerte 41 Prozent glutenfrei, im Glauben, das sei gesünder und steigere ihre Leistung.

In Wirklichkeit aber gibt es absolut keine Hinweise darauf, dass eine glutenfreie Ernährung der Gesundheit irgendwie zuträglich wäre. Es gab nie den geringsten Beleg für diese Behauptung. Ebenso an den Haaren herbeigezogen ist die Behauptung, dass glutenfreie Lebensmittel beim Abnehmen helfen würden. Beides ist schlicht Quatsch. Tatsächlich kann eine glutenfreie Ernährung sogar schaden. So zeigte 2017 eine Kohortenstudie mit über 100.000 Teilnehmern, dass »der Verzicht auf Gluten zu einem verringerten Konsum von zuträglichem Vollkorn führen kann, wodurch das kardiovaskuläre Risiko potenziell ansteigt«. Entsprechend, so die Autoren, »sollten Menschen ohne Zöliakie nicht darin bestärkt werden, sich glutenfrei zu ernähren«. Wer auf Vollkornprodukte verzichtet, erhöht nicht nur sein Risiko für kardiovaskuläre Erkrankungen, sondern außerdem möglicherweise auch das für kolorektale Tumore und andere Krebsarten. Solange du keinen klinisch diagnostizierten Grund dafür hast, auf Gluten zu verzichten, ist eine glutenfreie Ernährung unter dem Strich die schlechtere Option.

Außerdem enthalten glutenfreie Produkte oft ungesunde Zutaten. Um nur ein Beispiel zu nennen: Eine 2018 in der Fachzeitschrift *Pediatrics* veröffentlichte Studie untersuchte die Eigenschaften glutenfreier Produkte speziell für Kinder. Sie kam zu dem Schluss, dass diese Produkte »aus ernährungswissenschaftlicher Sicht nicht besser waren als andere auf Kinder zugeschnittene Produkte, allerdings wegen ihres Zuckeranteils Anlass zur Sorge gaben«. Professor Charlene Elliott, die Autorin dieser Studie, konstatierte: »Der Gesundheits-Haloeffekt, der GF-(glutenfreie-)Produkte umgibt, ist ungerechtfertigt. Eltern, die von äquivalenten Produkten auf GF-Produkte umsteigen (weil sie die für gesünder halten), begehen einen Fehler.«

Vergessen wir dabei nicht, dass glutenfreie Nahrungsmittel oft deutlich teurer sind als ihre glutenhaltigen Pendants. Einer Studie zufolge kosteten glutenfreie Produkte 242 Prozent mehr als vergleichbare Erzeugnisse.

Und, nur falls du dich fragen solltest: Nein, es gibt keinerlei Hinweise darauf, dass eine glutenfreie Ernährung die sportliche Leistungsfähigkeit erhöht (solange man nicht an Zöliakie leidet).

Zu guter Letzt gibt es auch keinerlei Belege für die Annahme, glutenfreie Produkte würden beim Abnehmen helfen. Im Gegenteil zeigen die Daten, dass eine glutenfreie Ernährung tendenziell zu *Gewichtszunahme* führt. So ergab eine Studie der Universität Chicago 2019, dass der Body-Mass-Index von Jugendlichen, die sich glutenfrei ernährten, anstieg. Die Autoren spekulierten, ob das möglicherweise zum Teil »am stark zunehmenden Angebot an industriell verarbeiteten glutenfreien Produkten liegt«.

Obwohl die Daten eindeutig belegen, dass glutenfreie Produkte keine Vorteile haben, wächst der Markt für sie immer weiter. Zwar bestimmt das Thema den öffentlichen Diskurs weniger als noch vor ein paar Jahren – die aktuellen Stars sind Keto-Diäten und Intervallfasten –, doch glutenfreie Produkte sind nach wie vor ein Riesengeschäft. Der weltweite Umsatz von glutenfreien Produkten soll von 4,26 Milliarden Dollar im Jahr 2016 auf geschätzt 7,38 Milliarden im Jahr 2021 steigen. Den Trend ausnutzend, werfen Unternehmen immer mehr glutenfreie Produkte auf den Markt, darunter glutenfreie Tiernahrung, glutenfreies Shampoo und glutenfreies Wasser. (Kein Witz. Eine Website wirbt, das Wasser sei »glutenfrei, gentechnikfrei, garantiert koscher, halal und bio.« Was sonst? Es ist halt Wasser. H_2O.)

Professor Elliott verriet mir: »Ich glaube, der Glutenfrei-Trend, wie zuvor auch der Fettfrei-Trend erregt so viel Aufmerksamkeit, weil er Konsumenten eine einfache Lösung anbietet, sich angeblich gesund zu ernähren.« Die zur Spitzenforscherin gekürte Elliott hat einen Lehrstuhl an der Universität Calgary und ist Expertin für Nahrungsmittel-Marketing. Sie ärgert, dass seriöse Forschungsergebnisse oft im Marketing- und Werbegetöse untergehen. »Diät-Bibeln und Empfehlungen in den sozialen Medien wiederholen mantraartig, der Verzicht auf Gluten sei der Königsweg zu Gewichtsverlust, Gesundheit und grenzenloser Energie. Der Gesundheits-Haloeffekt wirkt ungeheuer stark und lässt sich kaum entzaubern«, erklärte sie.

Eine bemerkenswerte Situation! Glutenfreie Ernährung ist erwiesenermaßen nicht gesünder, hilft nicht beim Abnehmen, erhöht nicht die körperliche Leistungsfähigkeit, ist teurer und kann sogar schädlich sein (immer vorausgesetzt, man hat keine klinisch diagnostizierte Glutenunverträglichkeit.) Trotz alledem halten viele Menschen sie für irgendwie gesünder – und von dieser Wahrnehmung lebt eine ganze Branche.

(Es bleibt anzumerken, dass der Trend zu glutenfreier Ernährung einerseits ein Segen für Zöliakie-Patienten ist, weil er das Angebot an für sie verträglichen Nahrungsmitteln deutlich anwachsen ließ. Andererseits, ergab eine Studie 2018, sei das Wachstum ein »zweischneidiges Schwert« für die Community der Betroffenen, weil »gleichzeitig auch das Verständnis dafür verloren geht, eine wie ernsthafte Krankheit Zöliakie ist, seit immer mehr Nicht-Betroffene sich glutenfrei ernähren.«)

Für unsere Zwecke ist die Geschichte von der glutenfreien Ernährung ein gutes Beispiel dafür, wie ein popkultureller Trend zu einem tiefverwurzelten Irrglauben in der Bevölkerung führen kann, den die Industrie dann weiter bestärkt, um Produkte zu verkaufen, die diese unhaltbaren Ansichten noch weiter in der Öffentlichkeit verbreiten. Wirkt der Haloeffekt erst einmal, ist er kaum mehr auszuknipsen.

Alan Levinovitz ist Professor an der James Madison University und Autor des Buchs *The Gluten Lie: And Other Myths About What You Eat*. Ich fragte ihn, warum sich der Nimbus, der Glutenfreiheit umgibt, so hartnäckig hält. »Menschen neigen dazu, Einzelfälle zu generalisieren«, spekulierte er. »Und weil Gluten für wenige Menschen ein massives Problem darstellt, liegt der Gedanke nahe, dass es per se schlecht ist. In Ernährungsfragen neigen Menschen besonders zu solchen Generalisierungen, weil Essen ein extrem persönliches Ritual ist, über das wir uns als Person definieren und unsere Zugehörigkeit zu unserem Umfeld zeigen – und weil Gesundheit auch davon abhängt, dass man gesund isst.«

Professor Levinovitz berührt mit den Stichworten persönliche Identität und Zugehörigkeit zwei ganz wichtige Punkte. Glutenfreie Ernährung wird inzwischen gleichgesetzt mit bewusster, gesunder Ernährung (gentechnikfrei, bio, vor Ort erzeugt und glutenfrei), die zunehmend auch als Ausdruck des Charakters gesehen wird. Natürlich sind die hippen New Yorker Cafés genau deswegen auf den Trend aufgesprungen. Er passt zum Image, das sie zu projizieren versuchen. Und ist etwas erst einmal zum Teil der eigenen Identität geworden, lässt man sich – siehe auch das Beispiel mit der Rohmilch – kaum mehr davon abbringen.

Auch der Glutentrend ist also ein Beispiel dafür, dass man sich in seiner Ernährung nicht vom »Rauschen« an Fehlinformationen beeinflussen lassen sollte. Mir ist schon klar, dass Ernährungsentscheidungen sehr komplex sind. Und heutzutage fällt es schwerer denn je, guten Rat von Blödsinn zu unterscheiden – zumal die Wissenschaft auch ständig ihre Meinung ändert, was nun gesund ist und was nicht. Die Öffentlichkeit findet dieses Hin und Her verwirrend und frustrierend. 2017 hörten einer Studie zufolge fast 80 Prozent der Verbraucher regelmäßig widersprüchliche Ernährungsratschläge, 56 Prozent gaben an, dass sie das an ihrer Nahrungsmittelwahl zweifeln ließ. Der Eindruck, dass die Wissenschaft selbst herumeiert, untergräbt natürlich das Vertrauen in sie. In dieser Atmosphäre allgemeiner Verunsicherung haben es unsinnige Trends wie der Verzicht auf Gluten leichter, sich durchzusetzen.

Die gute Nachricht lautet: Du darfst im Großen und Ganzen alles an Ernährungstipps ignorieren, was popkulturell so zirkuliert. Das mag jetzt zu harsch klingen, aber es gibt wirklich keine Ernährung, die Wunder bewirkt. Kannst du einen einzigen Ernährungstrend nennen, der sich langfristig gehalten hat? Und auch wenn es ein ständiges Hin und Her bei den Ratschlägen zur Ernährung zu geben scheint, sind die Grundlagen einer gesunden Ernährung seit Langem bekannt und unumstritten: Iss Obst und Gemüse, Vollkornprodukte und gesunde Proteine. Iss nach Möglichkeit vollwertige Kost, denk immer daran, dass es keine magischen Superfoods gibt, und versuche, nicht zu viele industriell verarbeite Nahrungsmittel zu konsumieren. Kurz: Iss echte Nahrungsmittel – aber nicht zu viel davon.

13:15 UHR – SCHIMPFEN

Schimpfen ist tief in unserer Kultur verankert. Es gilt als kathartisch, als emotionale Befreiung. Lass es raus! Friss nichts in dich rein, sonst gärt es nur weiter und wächst sich irgendwann zu einem Riesenproblem aus!

Einige der berühmtesten Filmszenen beruhen auf der dramatischen Schlagkraft eines richtigen Wutausbruchs. »Ihr könnt mich alle am Arsch lecken, ich lass mir das nicht mehr länger gefallen«, sind die berühmten Worte, oscarreif gebrüllt, von Peter Finch im Film *Network* aus dem Jahr 1976. Jack Nicholsons »Sie können die Wahrheit nicht vertragen« ist meiner Ansicht nach das Einzige, was von *Eine Frage der Ehre* (1992) bleibt. (Ich erinnere mich noch schwach, dass Demi Moore erst an den anwaltlichen Fähigkeiten von Tom Cruise zweifelt, dann aber doch nicht.) Und so ziemlich jeder Psychologe, Psychiater, Therapeut, Eheberater und verständnisvolle Freund in Film und Fernsehen rät dem Helden, er solle sich seiner Wut stellen und einen kathartischen Schritt Richtung emotionaler Auflösung machen (mit anderen Worten: seinem Ärger lautstark Luft machen).

Herumgebrüllt wird vermutlich, seit es Humanoide gibt, die andere auf die Palme bringen. (Ich bin mir ziemlich sicher, dass es in der »Dämmerung der Menschheit«-Szene am Anfang von Stanley

Kubricks *2001 – Odyssee im Weltraum* eigentlich um den Ursprung des Schimpfens geht, widergespiegelt später in der mörderischen Tirade des Computers HAL.) Heute bieten die sozialen Medien unbegrenzte Möglichkeiten, auf anderen herumzuhacken. Wutgetöse hat Hochkonjunktur. Heute können wir vor Tausenden vom Leder ziehen (oder, wenn man ein Promi ist, vor Millionen), direkt bei den digitalen Vertretungen der Gebilde, die uns wütend machen – Fluglinien, Versicherungen, Regierung (Schluss mit den Chemtrails!) usw. Das Internet ermöglicht uns, unserem Ärger auf neue und kreative Weise Luft zu machen, mit Fotos, Videos und kurzen Wutausbrüchen.

Ryan Martin, Psychologieprofessor an der Universität Wisconsin und ein Experte für Aggressionsbewältigung, schreibt, 46 Prozent aller Twitter-Nutzer würden zugeben, die Plattform zu nutzen, um Ärger loszuwerden. Und offenbar schauen wir alle gerne zu, wie zwei Seiten sich kräftig in die Haare kriegen. Tatsächlich belegen die Daten eindeutig, dass negative Posts sich in den sozialen Medien schneller und weiter verbreiten als positive. Eine chinesische Studie mit dem deprimierenden Titel »Wut ist einflussreicher als Freude« analysierte 2014 mehr als 70 Millionen Tweets und fand heraus, dass sich Wut tatsächlich schneller verbreitete als andere Emotionen. Es sollte also nicht verwundern, dass ganze Karrieren nach der Formel »öffentlich herumstänkern« funktionieren. Sie half Präsident Trump ins Amt, und Tiraden in den öffentlichen Medien sind ein Charakteristikum seiner Präsidentschaft.

Wenn du also nach dem Mittagessen an den Schreibtisch zurückkommst und dort eine Gruppen-E-Mail eines nervigen Kollegen siehst – desjenigen, der gerne subtil durchblicken lässt, dass er dich für inkompetent hält –, reagierst du dann mit einer Tirade? Vielleicht siehst du ja auch einen besonders abstoßenden Post in den sozialen Medien? Solltest du öffentlich deine Wut rauslassen? Fühlst du dich danach besser? – Die Antwort lautet fast immer: Nein.

Den Mythos von der Katharsis verdanken wir hauptsächlich Sigmund Freud. Im Zentrum seines heute fast vollständig diskreditierten psychoanalytischen Glaubenssystems stand die Vorstellung, es sei für unser psychisches Wohlergehen förderlich oder sogar unerlässlich, dass wir unseren Ärger rauslassen. Freud betrachtete *Katharsis* (griechisch für: Reinigung, Säuberung) als eine Art, Stress abzubauen und unbewusste Konflikte zu lösen. Obwohl ihm der Verdienst gebührt, die wissenschaftliche Erforschung des Geistes mit angestoßen zu haben, belegte er seine Äußerungen doch nur selten bis nie mit empirischen Beweisen. Trotzdem üben seine Ideen bis heute gewaltigen Einfluss auf unsere Kultur aus. (Dank Freud wird eine Zigarre nie wieder nur eine Zigarre sein.) Fast jede Theorie, die behauptet, unterdrückte Gefühle könnten unsere körperliche oder seelische Gesundheit beeinträchtigen, entspringt direkt oder teilweise Freuds Arbeiten über die Katharsis und das Unterbewusste.

Auch in vielen Religionen spielt die Katharsis eine wichtige Rolle. Als nicht praktizierende Katholiken haben wir in der Familie nicht viel Erfahrung mit dem Beichten (okay, genau null), aber wir haben viel davon gehört. »Na ja, eine Tirade lässt du Gott gegenüber nicht direkt ab, aber du lässt eindeutig was raus«, sagte mein Bruder Case in einem Gespräch zu diesem Thema. Dank Elementen wie Vergebung und Reue wird aus dem Ritual viel mehr als nur eine Tirade. Religiöse Kommentatoren sagen aber, dass Praktiken wie das Beichten durchaus mit der Idee der Katharsis zusammenhängen. Ein 2009 im *Canadian Family Physician* veröffentlichter Artikel, geschrieben von einem Arzt und einem Priester, spekulierte über den therapeutischen Nutzen des Beichtens. »Ohne überhaupt auf den theologischen Aspekt der Beichte einzugehen, liegt ihre kathartische Natur auf der Hand. Der Gläubige legt, ohne dabei unterbrochen zu werden, seine Beichte ab, bis er mit seiner Liste fertig ist.«

Von allen Therapien, die auf Katharsis abzielen, ist die Urschrei-Therapie wahrscheinlich die bekannteste. Dazu gehört das Brüllen aus voller Lunge, das Herausschreien extremer Emotionen und das Einschlagen auf Dinge. Bekannt machte diese Therapie der Psychologe Arthur Janov 1970 mit seinem Bestseller *Der Urschrei*. Viele Promis, darunter John Lennon, waren leidenschaftliche Anhänger der Methode. Es heißt, Lennons erstes Soloalbum, *Plastic Ono Band*, sei von seinen Erfahrungen mit der Urschrei-Therapie inspiriert. Und tatsächlich ist darauf immer wieder hemmungsloses Geschrei zu hören. Lennons geschriene Zeilen »Mama don't go« und »Daddy come home« gegen Ende des erstens Tracks »Mother« klingen eindeutig nach Katharsis und Urschrei.

Auch in jüngerer Zeit gilt es als gesundheitsschädlich, Wut oder Gefühle in sich aufzustauen. Diese könnten sich in einem konkreten körperlichen Leiden niederschlagen, etwa einem Tumor. Viele Alternativmediziner hängen der Vorstellung an, aufgestaute »toxische Gefühle« verursachten Krankheiten. Auf der Website eines Zentrums für Heilung und spirituelle Achtsamkeit steht: »Krebs entsteht durch die Unterdrückung toxischer Gefühle, insbesondere Wut, Hass, Ärger und Trauer.« Eine andere Website zitiert einen zertifizierten Hypnotiseur und psychospirituellen Therapeuten (man kann sich darin zertifizieren lassen?), dem zufolge aufgestauter Ärger (»emotionale Blockaden«) sich in unserem zellulären Gedächtnis niederschlägt und eine ganze Reihe gesundheitlicher Probleme verursachen kann.

Und immer mehr Menschen glauben solchen pseudowissenschaftlichen Humbug. 2018 ergab eine Studie, dass 43 Prozent der Befragten glaubten, Stress verursache Krebs. Das war, wie die Autoren schreiben, der am weitesten verbreitete »mythische Krebsauslöser«. Eine 2015 in Korea durchgeführte Studie kam zu einem ähnlichen Ergebnis: »Der wichtigste Krebsauslöser war nach Ansicht der Menschen Stress.«

Chronischer Stress, wie er etwa durch Armut, ständige Konflikte, fehlende Sicherheit usw. ausgelöst wird, ist tatsächlich mit einer ganzen Reihe von gesundheitlichen Problemen verknüpft. So schwächt er etwa das Immunsystem. Stress ist gefährlich, keine Frage. Aber »die Hinweise darauf, dass er Krebs erzeugt, sind nur schwach«, wie das National Cancer Institute feststellt. Eine Übersichtsstudie, in die Daten von mehr als 100.000 Menschen einflossen, fand 2013 keinen Zusammenhang zwischen Stress und kolorektalem Krebs, Lungen-, Brust- oder Prostatakrebs. Die wenigen Studien, die eine Korrelation feststellten, umfassten in der Regel nur wenige Patienten und verließen sich auf die Erinnerungen der Teilnehmer hinsichtlich ihres Stressniveaus – was keine verlässliche Forschungsmethode darstellt.

Wichtiger aber für die Entscheidung, ob man jetzt seinem Ärger Luft machen soll oder nicht: Es gibt keinerlei wissenschaftlichen Beleg dafür, dass das Rauslassen von angestauter Wut tatsächlich das emotionale oder körperliche Wohlergehen fördert. Die Vorstellung eines reinigenden Gewitters spricht uns zwar intuitiv an, aber es ist keine gesunde Art der Stressbewältigung, eine wütende E-Mail rauszuhauen, einen bösen Tweet zu schreiben, einen vernichtenden Kommentar auf Facebook oder ein gemeines Bild auf Instagram zu posten. Im Gegenteil macht man damit alles nur schlimmer.

Das wissen wir seit Jahrzehnten. Betrachten wir zum Beispiel eine Studie von 2002 mit dem Titel: »Löschen Wutausbrüche das Feuer oder fachen sie es an?« Diese Studie, deren Ergebnisse seitdem vielfach reproduziert wurden, ergab, dass verschiedene Strategien zum Ablassen von Wut (etwa das Einschlagen auf einen Punchingball oder lautes Anhupen der schuldigen Person) alle nicht halfen. Ganz im Gegenteil schloss der Autor, der Sozialpsychologe Brad Bushman, »half Nichtstun besser.« Dieses Ergebnis, so Professor Bushman, »widerspricht der Katharsis-Theorie eindeutig.« Kurz: Tiraden ersticken die Wut nicht, bauen keinen Stress ab und sorgen nicht dafür, dass der Schimpfende sich emotional stabiler fühlt. Tatsächlich bewirken sie *das Gegenteil*. Sie machen die Betroffenen nur noch *aggressiver*. 2011 sagte Professor Bushman: »Seinem Ärger Luft zu verschaffen, ähnelt dem Versuch, Feuer zu bekämpfen, indem man Benzin drauf schüttet. Man facht die

Flammen nur noch weiter an, indem man aggressive Gedanken im Gedächtnis präsent hält und Wutgefühle am Leben erhält.«

In jüngerer Zeit sind Wissenschaftler dem Phänomen der Internet-Pöbeleien nachgegangen. 2013 etwa fand eine Studie heraus, dass das Lesen und Schreiben von Tiraden im Internet – insbesondere auf Seiten, die sich darauf spezialisiert haben, sogenannten Hass-Seiten – mit einer Verschlechterung der Laune einherging. Die Forscher stellten fest, dass sich die Schimpfenden kurzfristig besser fühlten. Sie erfuhren also eine sofortige psychologische Belohnung für ihr Verhalten, erst hinterher fühlten sie sich mies. Professor Martin, der Erstautor der Studie, verriet mir: »Der Großteil der Daten lässt vermuten, dass solche Tiraden später nur zu größeren Problemen führen. Wut kann ein gesundes Gefühl sein, insbesondere wenn man sie auf effektive Weise ausdrückt, aber Wutausbrüche eignen sich dafür offenbar nicht.«

Tiraden sind das Junkfood unserer emotionalen Reaktionen. Ein köstlicher McMecker verschafft uns sofortige Befriedigung, aber schon kurze Zeit später bedauern wir unser Verhalten, vielleicht wird uns davon sogar ein wenig übel. Einer Studie zufolge haben 57 Prozent aller Amerikaner schon mal etwas gepostet, das sie hinterher bereuten. Und, wenig überraschend, viele dieser bedauerlichen Posts entstanden in der Hitze des Gefechts. Eine andere Studie stellte fest, dass viele Online-User ein »Soziale-Medien-Kater« überkam, der sie beleidigende Posts wieder löschen ließ.

Wie Junkfood sind auch Schimpftiraden schlecht für die Gesundheit. Eine Reihe von Studien, geleitet von Elizabeth Mostofsky an der Harvard School of Public Health, untersuchte den Zusammenhang zwischen dem Ausdruck von Gefühlen und der kardiovaskulären Gesundheit. Einer dieser Studien zufolge, 2013 veröffentlicht, stieg das Risiko eines akuten myokardialen Infarkts (alias Herzinfarkt) »nach Wutausbrüchen auf mehr als das Doppelte; je größer die Wut, desto höher das relative Risiko«. – Denke das nächste Mal daran, wenn dir jemand rät, deine Wut rauszulassen!

Schimpftiraden tun also unserem seelischen und körperlichen Wohlbefinden nicht gut, vermutlich schaden sie sogar. Aber vergessen wir nicht, dass Tiraden, speziell online, noch andere Folgen haben.

Ich bin in den sozialen Medien ziemlich aktiv. Meine Follower-Zahlen können zwar nicht mit denen von Promis mithalten, aber es folgen mir genug Menschen, dass ich auch Beschimpfungen auf mich ziehe. Ich wurde schon nerviger Dummkopf genannt, bigotter Ignorant, toxische Kreatur, Panikmacher, Marionette der Mainstream-Medizin, seelenloser Bastard und verdammter Idiot (Letzteres unzählige Male). Einmal beschimpfte jemand mich auf Twitter sogar als Fot... Schon oft wurde mir vorgeworfen, ich betreibe nur das Geschäft der Pharmariesen – weil ich alternative Therapien kritisiere, deren Nutzen nicht belegt ist – und hätte sowieso nur einen winzigen Penis. Letztere Spekulation wurde geäußert, nachdem ich Homöopathie in einem Artikel als völlig unbewiesenen Quatsch dargestellt hatte. (Da Anhänger der homöopathischen Lehre aber denken, weniger sei mehr und damit mächtiger, war das vielleicht sogar ein Kompliment? Danke?)

Worauf ich hinauswill: Ich hebe sie alle auf. Ich mache Collagen mit den Beleidigungen, ich teile sie online und verwende sie in meinen Vorträgen, um zu illustrieren, was die Leute bei bestimmten Themen aufregt. (Die Namen der Verfasser lasse ich meist weg.) Screenshots sind einfach. Nach einer Weile löschen viele Grantler ihre bösen Kommentare wieder. Aber ich kriege fast alle, bevor sie gelöscht werden.

Wir sollten also davon ausgehen, dass jede Beschimpfung, die einmal gepostet, gemailt oder auf andere Art öffentlich gemacht wurde, auf ewig weiterlebt. Denn das tut sie, selbst wenn man sie wieder löscht.

Angesichts dessen, dass der Nutzen des Herummeckerns und allgemeiner das Konzept der Katharsis wissenschaftlich nie belegt wurden, muss schon erstaunen, was für einen bemerkenswerten kulturellen Boom beides erlebt. Während man von der Urschrei-Therapie kaum mehr etwas hört, scheint der Glaube an das Konzept der Katharsis ungebrochen. Was ist da los?

Es gibt mehrere Gründe für die anhaltende Anziehungskraft – darunter die popkulturelle Akzeptanz und der Umstand, dass man sich nach einer Tirade kurzfristig besser fühlt. Aber meiner Ansicht nach steht dahinter die kollektive Vermutung, dass das Konzept der Katharsis schon zutrifft. Die Theorie ist elegant, harmoniert mit unserer Sicht, wie die Welt läuft, und verlockt mit überzeugenden Metaphern – das ungesunde Gären aufgestauter Wut –, die den intuitiven Reiz der Idee noch verstärken.

»Die Theorie wirkt halt hübsch und elegant«, antwortete Professor Martin auf meine Frage, warum der Mythos von der Katharsis nicht totzukriegen ist. »Die Vorstellung, wir seien menschliche Dampfkochtöpfe, in denen sich Druck anstaut, bis wir explodieren – außer wir lassen ihn ein wenig ab –, klingt plausibel. In Wirklichkeit ist das Konzept aber schlicht falsch.«

Auch dies sollte uns wieder als Mahnung dienen, dass etwas, nur weil es sich richtig (und gut) anfühlt, noch lange nicht notwendigerweise funktioniert. Aber was sollte man nun tun, wenn Wut in einem hochsteigt und man das Gefühl hat, man müsste etwas tun?

Erstens sollte man erst mal ein bisschen abwarten, bevor man handelt. Man sollte versuchen, sich zu beruhigen. Wahrscheinlich klingt die Wut allmählich ab und man kann die Angelegenheit dann allmählich wieder objektiver betrachten. Man sollte in seiner Wut keinen Tweet ablassen!

Zweitens, und das ist noch wichtiger, sollte man sich konstruktive Arten ausdenken, seine Verärgerung zu nutzen. »Aus unerfindlichen Gründen scheinen die Leute überzeugt, dass es nur die Optionen rauslassen oder reinfressen gibt«, sagte Professor Martin mir. »Aber das stimmt nicht. Als menschliche Wesen können wir unsere Wut auf unendlich vielfältige Weise ausdrücken – wir können einen Leserbrief schreiben, unseren Standpunkt höflich klarmachen, Sport treiben, ein Bild malen, Tagebuch schreiben, Musik komponieren, dichten, demonstrieren usw.« Oft genug muss man seine Wut ja ohnehin runterschlucken. Den Chef anzublaffen, ist wahrscheinlich nicht die beste Art, mit Konflikten am Arbeitsplatz umzugehen. »Wir sollten uns vor Augen halten, dass Emotionen uns vor etwas warnen«, fuhr Professor Martin fort. »Angst verrät uns, dass wir uns in Gefahr befinden, Trauer sagt uns, dass wir etwas verloren haben, und Wut verrät, dass uns Unrecht getan wurde. Was wir dagegen unternehmen, ist unsere Entscheidung. Und es gibt eine ganze Palette von gesunden Dingen, die wir unternehmen können.«

Erst einmal aber Finger weg von der Tastatur.

13:30 UHR – EINEN DANKESBRIEF SCHREIBEN

Wie wäre es, wenn du, statt in der Gegend herumzumeckern, einen Vorwand suchen würdest, um dich bei jemandem zu bedanken? Einer Studie von 2018 zufolge unterschätzen Menschen, wie positiv ein Empfänger auf Dankesworte reagiert. Wir überschätzen auch, wie unbehaglich sich der Empfänger dann möglicherweise fühlen wird (nämlich fast nie). Die Forschung hat immer wieder bestätigt, dass ein Dankeschön sowohl dem Absender als auch dem Empfänger guttut. Ein Dankeschön hilft, Beziehungen zu festigen. Die Mitmenschen sehen einen dann in einem neuen, besseren Licht. (Nicht, dass das die Motivation sein sollte.) Die Autoren der Studie kamen zu dem Schluss: »Positive soziale Verbindungen fördern das Wohlbefinden erheblich, und manchmal lassen sie sich mit minimalem Aufwand verbessern.«

Also: Schreibe ein kurzes Dankeschön. Mach dir keine Sorgen wegen der Formulierung oder deiner Handschrift. Sei nur aufrichtig. Mit dem bisschen Zeit, die du dafür aufwendest, verschönerst du dir und dem anderen den Tag!

13:45 UHR – HINSTELLEN

Ich gebe zu, ich habe ein Stehpult. Ich nutze es, und ich liebe es.

Dieses Geständnis ist mir ein wenig peinlich, denn es widerstrebt eigentlich meinem Wesen, einem gerade total angesagten Gesundheitstrend hinterherzulaufen. Wann immer ich von einem neuen Fitness-, Ernährungs- oder Wellnesstrend höre (Wellness spielt eine immer größere Rolle, oder?), denke ich spontan: »Wo sind die Belege? Wissen die Leute nicht, dass diese Dinge langfristig nie funktionieren?«

Beim Stehpult sprang ich aber auf den Zug auf, kaum hatte er den Bahnhof verlassen. Wie so viele verbringe ich einen großen Teil des Tages sitzend vor dem Bildschirm. Eine Vorrichtung, die da ein wenig ergonomische Abwechslung reinbringt, schien mir sehr vernünftig. Als wissenschaftsgläubiger Mensch recherchierte ich vor dem Kauf ein wenig – zugegeben sehr oberflächlich und wahrscheinlich von einer Bestätigungstendenz beeinflusst, da ich im Grunde von der Idee schon überzeugt war. Und ja, die Forschungsergebnisse schienen dafür zu sprechen. Ich. Bin. Dabei.

Obwohl mich mein Stehtisch echt begeistert, schäme ich mich jedes Mal ein wenig, wenn ein Kollege an meiner Tür vorbeigeht, mich mit diesem universellen Kopfnicken unter Kollegen grüßt und mich dastehen sieht wie einen Touristen auf einem Segway. Aber verdammt, ich liebe mein Stehpult. Und wer könnte es mir verdenken? In den letzten paar Jahren haben Stehpulte jede Menge positive Presse bekommen, während die Gefahr des Sitzens – das schon als das neue Rauchen gilt – in zahllosen Schlagzeilen beschworen wurde.

Das Stehpult ist beileibe keine neue Erfindung. Thomas Jefferson besaß einen wunderschönen sechsbeinigen »Hochtisch«, den man heute noch in Monticello, seiner Villa, besichtigen kann. Ernest Hemingway, Virginia Woolf und Charles Dickens schrieben allesamt an Stehtischen. Und ich bin mir ziemlich sicher, dass Ebenezer Scrooge den armen Bob Cratchit an einem schuften ließ. Doch dass der Stehtisch ein allgemein akzeptiertes Gesundheitsgerät wurde, ist eine neue Entwicklung. In nur wenigen Jahren hat sich ein gewaltiger Markt dafür entwickelt, die Umsätze sollen bis 2025 geschätzt auf drei Milliarden Dollar steigen. 2017 ergab eine Studie der Society for Human Resource Management, dass in den USA Stehtische die außertarifliche Leistung mit den größten Wachstumsraten waren.

Ihre Beliebtheit folgt natürlich teilweise aus den echten Gesundheitsproblemen, die eine sitzende Lebensweise mit sich bringt. Der American Heart Association zufolge hat die Zahl der sitzend Tätigen seit 1950 um 83 Prozent zugenommen. 2019 ergab eine Studie, dass Amerikaner seit 2001 auch zu Hause deutlich länger sitzen, vor Fernsehschirmen oder Computermonitoren. Und das ist keine gute Sache, wie sich immer stärker zeigt. Die allermeisten von uns bekommen nicht genug Bewegung. 2018 erklärte die Weltgesundheitsorganisation körperliche Untätigkeit zum globalen Gesundheitsproblem. Ihr zufolge sind »jährlich 3,2 Millionen Tode auf unzureichende körperliche Aktivität zurückzuführen«. Die Werbung für Stehtische greift diese Bedenken auf und verquickt sie mit weiteren angeblichen Vorteilen wie Gewichtsverlust und Konzentrationssteigerung.

Aber erfüllen Stehpulte diese Versprechungen auch? Macht uns das Arbeiten im Stehen gesünder? Stehen wir insgesamt dann mehr?

Professor Stuart Phillips ist ein renommierter Physiologe am Institut für Kinesiologie der McMaster University. Er verriet mir: »Ein Stehtisch am Arbeitsplatz sorgt tatsächlich dafür, dass Menschen etwas kürzer sitzen, das zeigen die aktuellsten Zahlen. Aber der Effekt ist winzig.« Bei dieser Aussage stützte er sich auf die aktuelle Literatur, darunter eine große systematische Übersichtsstudie, die das Fazit zog: »Bisher gibt es kaum Belege dafür, dass die Verwendung von Stehtischen am Arbeitsplatz kurz- oder mittelfristig die Zeitdauer verringern würde, die Beschäftigte sitzen.« Wichtiger noch, vermerkt die Studie, »gibt es über längere Betrachtungszeiträume keine Belege für positive Effekte.«

Genau da sieht Professor Phillips den Knackpunkt. »Was sind die langfristigen Auswirkungen auf die Gesundheit? Das wissen wir einfach nicht«, verriet er mir. »Heute lässt sich eigentlich nicht allzu viel darüber sagen, was Stehtische bewirken.« Womit er natürlich nicht behaupten will, ständiges Herumsitzen sei eine tolle Sache. Dank etlicher Studien – meist, aber nicht ausschließlich korrelationaler Natur, die bekanntlich nichts über Kausalitäten aussagen – ist inzwischen gut belegt, dass Sitzen problematisch ist. 2018 etwa wies eine Studie der Universität Maastricht darauf hin, dass übermäßiges Sitzen nicht toll für den Stoffwechsel ist. (Die Experimentatoren ließen die Probanden 14 Stunden am Tag sitzen, nur Toilettengänge waren erlaubt.) Sport, aber auch Stehen ist gut für Herz und Stoffwechsel, allerdings auf unterschiedliche Weise. Dies lasse vermuten, so die Autoren der Studie, dass »täglich strukturierte Bewegung nötig ist, wir aber auch schlicht weniger Zeit im Sitzen verbringen sollten«.

Professor Phillips stimmt dem zu: »Den ganzen Tag zu sitzen und danach keinen Sport zu machen, ist eine schlechte Kombination.« Doch während sich alle über die erheblichen Vorteile körperlicher Aktivität einig sind – dazu gibt es haufenweise fundierte Ergebnisse –, verhält es sich bezüglich des sitzenden und stehenden Lebensstils Professor Phillips zufolge nicht so eindeutig. Zwar scheint es einen klaren Zusammenhang zwischen übermäßigem Sitzen und einer ganzen Latte von gesundheitlichen Problemen zu geben; 2018 fand eine Studie an mehr als 120.000 Probanden heraus, dass längeres Sitzen mit einer Reihe von gesundheitlichen Problemen, wie etwa Krebs und kardiovaskulären Erkrankungen, in Zusammenhang stand. Doch herauszukitzeln, inwieweit Stehen am Arbeitsplatz – wie oft, wie lange – langfristig unserer Gesundheit nützt, ist nicht leicht. Die oben zitierte Studie von 2018 etwa ermittelte, dass Menschen, die ein Stehpult am Arbeitsplatz hatten, täglich eine Stunde weniger saßen, was ziemlich gut klingt. Gleichzeitig aber blieb unklar, ob das auch gesundheitliche Vorteile brachte.

Trotzdem weisen einige Forschungsergebnisse darauf hin, dass Stehtische vielversprechend sein könnten. Für eine groß angelegte britische Studie bekamen im Jahr 2018 Arbeitnehmer einen individuell anpassbaren Stehtisch, kontinuierliches Feedback und Einzelcoaching. Im weiteren Verlauf wurden sie wiederholt ermuntert, sich beim Arbeiten hinzustellen. Das Ergebnis: Die Arbeitnehmer saßen objektiv gemessen kürzer und leisteten mehr. (Bei unveränderter körperlicher Aktivität insgesamt.) Allerdings ist fraglich, ob eine derartig massive Intervention außerhalb eines Forschungsprojekts machbar wäre. Wie viele Arbeitgeber wären schon bereit, Stehcoaches zu beschäftigen und Schilder anzubringen, man möge sich beim Arbeiten doch bitte hinstellen?

Gleichzeitig dürfen wir nicht vergessen, dass *zu langes* Stehen der Gesundheit ebenfalls schadet. 2017 wurden für eine Studie die Daten von 7.000 Arbeitnehmern ausgewertet. Sie zeigten, dass »hauptsächlich im Stehen ausgeübte Berufe mit einem etwa doppelt so hohen Risiko für Herzerkrankungen verbunden waren wie Berufe, die vornehmlich im Sitzen ausgeübt wurden.« Auf den ersten Blick mag das wie eine Binsenweisheit klingen, schließlich sind stehend ausgeübte Berufe typischerweise schlechter bezahlt und weniger angesehen. Doch selbst wenn man diese Variablen ändert, bleibt immer noch, dass übermäßiges Stehen mit erhöhten Gesundheitsrisiken verbunden ist. Außerdem gibt es Hinweise darauf, dass bei manchen Menschen übermäßiges Stehen zu potenziell schädlichen Belastungen von Muskeln und Gelenken führt.

Nun bin ich nicht überzeugt, dass der Nutzen von Stehpulten durch die Forschung widerlegt ist, aber ich gebe zu, die Daten sind verwirrend und widersprüchlich. Möglicherweise schadet sowohl zu langes als auch zu kurzes Stehen der Gesundheit. Um einen Eindruck davon zu vermitteln, wie unklar sich die Lage momentan präsentiert, möchte ich Professor Keith Diaz zitieren, der am Columbia University Medical Center auf dem Feld der behavioralen Medizin forscht. Er rät zum Thema Stehpulte: »Für diejenigen, die am Arbeitsplatz weniger sitzen wollen, lässt der aktuelle Stand der Forschung vermuten, dass Stehpulte effektiv sein und die sitzend verbrachte Zeit am Arbeitsplatz verringern könnten.« Allerdings schränkt er das gleich erheblich ein: »Wobei allerdings angemerkt sein sollte, dass wir immer noch nicht wissen, ob Stehen wirklich gesünder ist als Sitzen.«

Und es gibt noch einen weiteren Haken: Verleiten Stehtische Menschen dazu, weniger Sport zu treiben? Bewegung hilft. Bewegung muss sein. Das wissen wir alle. Aber vielleicht glauben Arbeitnehmer mit Stehpult ja, sie müssten weniger Sport treiben, weil sie tagsüber länger gestanden sind (eine mäßig anstrengende Betätigung, bei der man auch nicht viele Kalorien verbrennt). Das nennt man Kompensationsverhalten.

Sehen wir uns dazu eine britische Studie an, die 2016 über drei Monate hinweg das Verhalten von Büroangestellten verfolgte, die Stehpulte verwendeten. Die Stehpulte sorgten tatsächlich dafür, dass die Angestellten während der Arbeitszeit weniger saßen. Aber jetzt kommt die Pointe: »Diese Verbesserung wurde dadurch kompensiert, dass die Angestellten außerhalb des Büros länger saßen und sich weniger bewegten als zuvor.« Insgesamt saßen sie genauso lange wie früher. Dieses Ergebnis zeigt, dass Stehpulte Menschen dazu verleiten könnten, weniger Sport zu treiben. Andere Studien hingegen stellten kein kompensierendes Verhalten fest. Das bleibt also eine große und wichtige Unbekannte in der Gesamtbewertung von Stehtischen.

In vielerlei Hinsicht sollte uns diese Art Ergebnis nicht überraschen. Echte, langfristige Verhaltensänderungen fallen uns extrem schwer, gerade in Sachen Bewegung. Unsere Vorliebe fürs Sitzen ist vermutlich sogar vererbt. Den allergrößten Teil der menschlichen Geschichte hatten diejenigen höhere Überlebenschancen, die ihre Energie nicht sinnlos verschwendeten. Solange Kalorien chronisch knapp sind, verbrennt man sie nur, wenn es unbedingt nötig ist. Eine Studie der University of British Columbia untersuchte 2018 die Gehirnaktivität, um zu erforschen, in welchem Umfang wir buchstäblich so verdrahtet sind, dass wir lieber sitzen als stehen. Für die Studie wurde die Gehirnaktivität von Probanden gemessen, während sie verschiedene Szenarien durchspielten, die von sitzendem beziehungsweise aktiven Verhalten handelten. Und die Forscher stellten tatsächlich fest, dass es mehr Gehirnaktivität brauchte, um sich von seinem Hintern aufzuraffen. Die Forscher vermerkten: »Wir finden sitzendes Verhalten attraktiver, das ist uns angeboren. Individuen, die aktiv werden wollen, müssen kortikale Ressourcen aktivieren, um diese angeborene Vorliebe zu überwinden.« Einfacher formuliert, flüstert das Gehirn uns ständig zu, uns mal hinzusetzen.

Stehtische sind ein gutes Beispiel dafür, wie eine faszinierende, aber uneindeutige Beweislage von interessierter Seite verzerrt dargestellt wird, etwa in der Werbung oder in überschwänglichen Medienberichten, bis ein völlig falscher Eindruck vom Nutzen einer Gesundheitsmaßnahme entsteht. 2017 befand eine Studie der Universität Sydney mit dem Titel »Die übertriebenen Vorteile des Stehtischs«, Medienberichte hätten sowohl die Nachteile des Sitzens als auch die gesundheitlichen Vorteile des Stehens übertrieben dargestellt. Der Studie zufolge suggerierte mehr als ein Drittel aller einschlägigen Zeitungsartikel, dass Sitzen die Vorteile des Sporttreibens wieder zunichtemache. Nun zeigt die jüngste Forschung, dass langes Sitzen körperliche Veränderungen verursachen könnte, die den Nutzen sportlicher Betätigung mindern könnte. Aber Sport ist immer eine gute Sache. Daran ändert sich nichts, und wenn man noch so lange auf seinem Hintern herumsitzt.

Und übrigens ist Sitzen *nicht* das neue Rauchen. Diese zugespitzte Formulierung – zu der man bei einer Internet-Suche unzählige Treffer bekommt – ist meiner Ansicht nach der Grund, warum dieses Thema so viel Aufmerksamkeit erfährt. Der Slogan ist einprägsam und erschreckend. Er sorgt für tolle Schlagzeilen. Aber er stimmt nicht. Eine 2018 im *American Journal of Public Health* veröffentlichte Studie untersuchte alle verfügbaren Daten zur Gefährlichkeit von Rauchen und Sitzen – mit dem ausdrücklichen Ziel, den Wahrheitsgehalt des Slogans »Sitzen ist das neue Rauchen« zu überprüfen. Die Forscher fanden, dass der Vergleich grotesk übertrieben war. Rauchen ist unendlich viel schädlicher als Sitzen. Wie der Erstautor der Studie, Professor Jeff Vallance, sagte: »Die Risiken des Rauchens spielen offenkundig in einer ganz anderen Liga.«

Einer Beobachtungsstudie zufolge haben Beschäftigte, die am Arbeitsplatz viel sitzen, ein 44 Prozent höheres Darmkrebs-Risiko als diejenigen, die am wenigsten sitzen. Das klingt erschreckend. Aber erstens handelt es sich nur um *eine* Studie, deren Ergebnisse noch nicht unabhängig reproduziert wurden, und zweitens sind die Risiken des Rauchens ungleich höher. Zahlen des US-amerikanischen nationalen Krebsinstituts zufolge liegt das Risiko, im Laufe seines Lebens an Darmkrebs zu erkranken, bei 4,2 Prozent. Diejenigen, die in der Arbeit hauptsächlich sitzen, hätten demnach ein Risiko von 6,2 Prozent. Sollte dieses Ergebnis von anderen Studien bestätigt werden, wäre das eine stattliche Differenz – und trotzdem verschwindend klein im Vergleich damit, was Rauchen anrichtet. Der CDC zufolge bekommen »Zigarettenraucher mit 15- bis 30-fach höherer Wahrscheinlichkeit Lungenkrebs als Nichtraucher«. Die WHO formuliert das Risiko noch deutlicher: »Tabak tötet die Hälfte aller Raucher.«

Die übertriebene Darstellung der mit dem Sitzen verbundenen Risiken trägt nur wenig zu einer nüchternen öffentlichen Diskussion darüber bei, wie man echte Probleme der öffentlichen Gesundheit angehen sollte. Aber sie hilft, Stehtische zu verkaufen.

Wie viele andere auch, fiel auch ich auf die überzeugende Mischung aus Medien-Hype, vordergründigem Charme der Vorstellung, Angstmacherei, Werbung und einer Prise echter (rudimentärer) Forschung herein. Diesem Rezept begegnen wir in abgewandelter Form in diesem Buch immer wieder. Die Stehpult-Geschichte zeigt auch, wie leicht man auf den Holzweg gerät, wenn man die vorliegenden wissenschaftlichen Erkenntnisse nur selektiv wahrnimmt. Beim ersten kursorischen Blick auf die Literatur stechen sofort die Studien und Medienberichte ins Auge, die die Vorzüge des Arbeitens im Stehen eindeutig zu belegen scheinen. Genau diese Artikel fand ich, als ich zuerst kurz zum Thema recherchierte, vermutlich deswegen, weil ich genau diese Art Ergebnisse lesen wollte. Aber die Wirklichkeit ist, wie so oft, viel komplexer.

Probleme der öffentlichen Gesundheit, wie etwa übermäßiges Sitzen, lassen sich nur selten durch einzelne Maßnahmen beheben, insbesondere, wenn diese Maßnahmen ein aktives Handeln des Bürgers erfordern. 2016 ergab eine Analyse, dass Regierungen gesundheitspolitische Maßnahmen bevorzugen, die den Menschen eine erhebliche persönliche Anstrengung abverlangen (weil sie weniger kosten und politisch leichter durchsetzbar sind). Diese funktionieren aber weniger gut als »Maßnahmen, die nur geringe Anstrengungen des Einzelnen erfordern.« Mit anderen Worten: Gesundheitspolitische Maßnahmen wie Appelle an die Bürger, sich mehr zu bewegen, bewirken weniger als strukturelle Veränderungen wie etwa eine Stadtplanung, die einen aktiven Lebensstil fördert. Leider neigt unsere Gesellschaft zu Maßnahmen, die dem Individuum die ganze Last der Verantwortung aufbürden. Es ist eben leichter, Produkte (wie etwa Stehpulte) zu verkaufen, als Autofahrern Platz wegzunehmen, um einen Radweg anzulegen.

»Wir brauchen einen breiteren sozialen und städtebaulichen Ansatz, um das sinkende Ausmaß körperlicher Bewegung in unserem täglichen Leben auszugleichen«, meinte Josephine Chau. Professor Chau lehrt Public Health an der Macquarie-Universität in Australien und ist Erstautorin einer Studie darüber, wie Medien über Stehtische berichteten. »Wenn man bedenkt, in welchen Bereichen wir täglich sitzen, am Arbeitsplatz und in der Schule, zu Hause, unterwegs und in unserer Freizeit, sieht man sofort, dass eine einzelne Maßnahme unmöglich alles abdeckt.«

Stehtische sind kein Patentrezept für irgendetwas. Möglicherweise helfen sie ein bisschen, aber sowohl für Individuen als auch für die gesamte Gesellschaft brauchen wir umfassendere Ansätze. Eigentlich ist es ganz einfach: Du musst dich mehr bewegen, egal, wie du das hinkriegst. »Steh auf und bewege dich!«, sagte Professor Stuart Phillips. »Lege eine kurze Pause ein, gehe flott spazieren, mache Dehnübungen und versuche, weniger zu sitzen. Aber, und darauf kommt es hauptsächlich an: Bewege dich in deiner Freizeit. Am meisten gefährdet sind diejenigen, die den ganzen Tag im Büro sitzen und sich auch hinterher nicht bewegen.«

Ich behalte mein Stehpult fürs Erste. Auch wenn es keine soliden Belege für seine Nützlichkeit gibt, auch wenn die Medien es hochjazzen, auch wenn ich mir im Büro damit merkwürdig vorkomme – ich mag die Abwechslung, die es mir ermöglicht. Und wenn Stehtische gut genug waren für Thomas Jefferson und Bob Cratchit, sind sie gut genug für mich.

14:00 UHR – NOCH EINEN KAFFEE?

Nach dem Mittagessen kommt der Durchhänger. Du fühlst dich schlapp. Dein Gehirn arbeitet träge. Deine Augenlider fühlen sich bleischwer an. Ist es Zeit für den nächsten Kaffee?

Für mich lautet die Antwort immer: Ja – weil ..., nun ja, Kaffee tut gut. Das amerikanische Verteidigungsministerium ging die Sache wissenschaftlicher an und untersuchte, zu welchem Zeitpunkt man Kaffee trinken sollte, um die Wirkung des Koffeinschubs zu maximieren. (Kaffee als Waffe? Das verstehe ich. Wache Soldaten sind nützlicher als schlafende. Ich stelle mir gerade Kommandosoldaten vor, die in voller Montur in einem Labor auf Befehl doppelte Espressos trinken.) Dieser Studie von 2018 zufolge maximiert man den Hallo-Wach-Effekt des

Kaffees, indem man sein Timing an den Chronotypen anpasst – also das individuelle Schlafmuster, das wir vom Anfang des Buchs schon kennen. Nach Analysen und Tests verschiedener Dosierungsstrategien anhand einer ganzen Reihe von Biomarkern entwickelten die Wissenschaftler einen »Kaffee-Optimierungs-Algorithmus«, der den Nutzen von »Koffein-Gegenmaßnahmen« im endlosen Krieg gegen den nachmittäglichen Durchhänger maximiert. Die Wissenschaftler schlossen, dass man durch gezielten Koffeinkonsum seine Aufmerksamkeit, gemessen an kognitiver Leistungsfähigkeit, um bis zu 64 Prozent steigern kann.

Obwohl das eine beeindruckende Zahl ist, geht aus der Studie nicht klar hervor, wie dieser Algorithmus beim Durchschnittsbürger funktioniert, der sich gerade nicht in einer Kampfzone befindet. Meiner Ansicht nach lautet der Rat, seinen Kaffee dann zu trinken, wenn er am meisten gebraucht wird, was oft vom Nachmittag bis Abend der Fall ist. Gleichzeitig, so die Studie, sollte man sich in denjenigen Zeiten mit Kaffee zurückhalten, in denen man ohnehin wach ist. Für viele Menschen wäre das am Vormittag. Man sollte also seinen Kaffee am besten unmittelbar dann trinken, bevor man in ein Loch fallen würde.

Schätzungsweise würde das Verteidigungsministerium die Entscheidung befürworten, jetzt einen Kaffee zu trinken. Trink aus, Soldat!

Bei der nachmittäglichen Entscheidung, ob man sich noch eine Tasse Kaffee gönnt, spielt möglicherweise die Frage eine Rolle, wie viel davon man schon intus hat. Wie viel Kaffee ist zu viel? Glaubt man einer 2018 veröffentlichen Studie des nationalen amerikanischen Krebsinstituts, verträgt der Mensch eine Menge Kaffee – möglicherweise bis zu acht Tassen täglich.

Halten wir kurz inne und schauen uns an, woher die Daten überhaupt kamen. Diese Studie beruhte auf Daten der gewaltigen UK Biobank-Kohortenstudie, einer Forschungsplattform, die demografische, genetische, gesundheitliche Daten sowie Informationen über den Lebensstil einer halben Million Menschen umfasst. Dieser riesige Datenpool ermöglicht Forschern, Individuen über Jahre hinweg zu folgen und zu erkunden, wie eine breite Palette von Variablen wie Kaffeekonsum sich auf die Gesundheit auswirkt. Für die amerikanische Kaffeestudie analysierten Wissenschaftler die Daten über einen Zeitraum von zehn Jahren hinweg und kamen, wie zahlreiche weitere Studien zu diesem Thema, zu dem Schluss, dass »Kaffeetrinken in einem inversen [umgekehrten] Zusammenhang zur Mortalität stand, auch bei Menschen, die täglich acht oder mehr Tassen Kaffee tranken«. Diese Kaffee-ist-gut-für-dich-Aussage traf offenbar für alle zu, unabhängig von ihrer genetischen Veranlagung.

Die Studie war breit angelegt, beeindruckend und gut gemacht. Und sie sorgte natürlich für jede Menge Schlagzeilen. Die Medien lieben Studien, denen zufolge Dinge wie Kaffee, Schokolade, Wein, Bier, Pasta, Pizza oder Sex gut für einen sind. So titelten die Blätter mit »6 bis 7 Tassen täglich halten dich nicht nur wach, sie verlängern vielleicht auch dein Leben« oder »›Kaffee verlängert vielleicht das Leben‹, sagt sogar die Wissenschaft«.

Doch so breit die Studie auch angelegt war, sagt sie doch nichts über Kausalität aus. Auf diesen Umstand verweisen die Forscher in ihrem Paper explizit. Sie warnen, ihre Arbeit solle »vorsichtig interpretiert« werden, sie liefere nur »weitere Belege, dass Kaffeetrinken Teil einer gesunden Ernährung sein könne, und beruhige damit vielleicht diejenigen, die Kaffee trinken und das genießen«. Um tatsächlich eine Kausalität herstellen zu können, müssten die Forscher eine klinische Studie durchführen, die einer Gruppe zufällig zuweist, dass sie Kaffee trinken soll, und einer anderen, dass sie darauf verzichten soll. Dann müsste eine ganze Latte von Variablen kontrolliert werden und den Probanden über Jahre, wenn nicht Jahrzehnte, gefolgt werden. Diese Art von Studie ist schlicht nicht praktikabel.

Gary Schwitzer ist Lehrbeauftragter an der School of Public Health der Universität Minnesota und Herausgeber der preisgekrönten

HealthNewsReview, die wissenschaftlich fundiert Medienberichte über Gesundheits- und Wissenschaftsthemen rezensiert. Seit 45 Jahren schreibt Gary über Gesundheitsthemen und hat jede Menge mangelhafter Medienberichte gesehen. Ich fragte ihn, wie oft Medien das mit der Kausalität falsch darstellen.

»Nach meiner Erfahrung ist das *der* gängigste Fehler in der Berichterstattung über Gesundheitsthemen«, verriet Schwitzer. »Kein Tag vergeht, an dem nicht von den Medien – und da sind die meisten betroffen – fälschlicherweise mit kausalen Begriffen hantiert wird, obwohl nur Beobachtungsdaten vorliegen.«

Einschlägige Studien bestätigen das. Besonders schlimm ist: Die Medien scheinen die methodologisch weniger robusten Beobachtungsstudien sogar zu bevorzugen. 2014 zeigte eine Studie dazu, welche Art Forschungsergebnisse die wichtigsten Zeitungen bevorzugt wiedergaben, dass die Zeitungen lieber über Beobachtungsstudien berichteten als über aussagekräftigere randomisierte kontrollierte Versuchsreihen. Darüber hinaus, so die Studie, »bevorzugten die Medien unter den Beobachtungsstudien Forschungsarbeiten minderer Qualität.« Das Problem wird noch dadurch verschärft, dass die Medien nur selten die inhärente Beschränktheit von Beobachtungsstudien thematisieren. Einer Studie von 2015 zufolge erwähnten nur 19 Prozent der Medienberichte über Beobachtungsstudien die beschränkte Aussagekraft dieser Methode.

Schwitzer fürchtet, dieser schlampige Umgang mit Beobachtungsstudien »untergräbt das Vertrauen der Menschen in die Wissenschaft, insbesondere, wenn die Berichterstattung in ein ›Heute hü, morgen hott‹ ausartet, bei dem es heute heißt, ›Kaffee tötet‹ und morgen ›Kaffee schützt vor x‹. Dann verschließt die Öffentlichkeit die Ohren vor solchen Nachrichten, verdreht verständlicherweise die Augen und hält jede Beschäftigung damit für Zeitverschwendung. Und vieles davon ist tatsächlich Zeitverschwendung.«

Forschungsergebnisse bestätigen Schwitzers Sorgen. 2014 stellte eine Studie fest, dass Menschen angesichts sich widersprechender Medienberichte unsicher wurden, welche Nahrungsmittel sie nun konsumieren sollten. (Vorsicht, auch das war nur eine Assoziationsstudie! Wie es in der Ernährungsforschung so häufig vorkommt, konnten auch hier nur Korrelationen festgehalten werden. Wir sollten die Daten also nicht überinterpretieren. Andererseits heißt das aber nicht, dass die Studie irrelevant wäre; sie verweist auf einen möglichen Zusammenhang, ohne ein definitives Ergebnis liefern zu können.)

Bedenklich an einander widersprechenden Berichten ist außerdem, dass die Öffentlichkeit den Eindruck bekommen könnte, Wissenschaftler würden ständig ihre Meinung ändern. Und das könnte sie dazu verleiten, »Ernährungs- und Gesundheitsempfehlungen ganz allgemein zu misstrauen.«

Sind Beobachtungsstudien nun total sinnlos? Nicht unbedingt. Wichtig sei aber, so Schwitzer, ihre beschränkte Aussagekraft anzuerkennen. »Diese Art Forschung kann ihren Wert haben«, erklärte er mir. »Unser Wissen über die Gefahren von Tabak stammt aus Beobachtungsstudien. Und die Gefährlichkeit von Vioxx [ein Rheumapräparat] haben wir nur dank Beobachtungsstudien so früh erkannt.« In manchen Bereichen wird sich naturgemäß kaum je etwas anderes durchführen lassen als beobachtende Forschung. Trotzdem sollte man sich immer vor Augen halten, dass diese Studien nur extrem selten definitive Ergebnisse liefern können. Fast immer stellen sie nur ein weiteres Puzzlestück in einem sich langsam ergebenden Gesamtbild dar. Man sollte also bei allen Berichten über Studien genau darauf achten, ob es sich um eine Beobachtungsstudie handelt. (Zu erkennen an Formulierungen wie »steht in Zusammenhang mit«, »wird in Verbindung gebracht mit« oder »ist korreliert mit«.) In diesem Fall darf man davon ausgehen, dass nichts bewiesen wurde und wahrscheinlich weitere Forschung erforderlich ist.

Und wie viel Kaffee darfst du nun täglich trinken? Schwitzer meint, »Kaffee sei zwar ein Paradebeispiel für irreführende Berichterstattung über rein beobachtende Forschung«, trotzdem hält er Kaffeekonsum für unbedenklich, selbst in relativ großen Mengen. »Insgesamt ballen sich die Belege auf der Positivseite, auch wenn alle Studien nur beobachtender Natur waren«, meinte er.

Also, hole dir unbesorgt noch einen Kaffee. Vielleicht ist er sogar gesund.

14:15 UHR – SEIFE

Menschen müssen durchschnittlich vier- bis siebenmal täglich urinieren. Und wenn man um 14:15 Uhr schon ein paar Tassen Kaffee intus hat, musst man am Nachmittag wahrscheinlich mal zur Toilette. Natürlich wäscht man sich hinterher die Hände. Aber nimmt man dafür besser Seife oder Handdesinfektionsmittel?

Studien haben wiederholt die Vorteile von Seife belegt, insbesondere, wenn man die Hände gründlich wäscht. Spezielle Desinfektionsmittel sind normalerweise gar nicht nötig. Angesichts wachsender Sorgen um Antibiotika-Resistenzen wirken antibakterielle Produkte – langfristig und gesamtgesellschaftlich gesehen – sogar kontraproduktiv. Tatsächlich riet die amerikanische Arzneimittelaufsicht FDA nach Abwägung aller Fakten vom Gebrauch antibakterieller Desinfektionsmittel unter normalen Umständen ab und forderte das Verbot von Produkten, die bestimmte Stoffe enthalten. Die FDA tat das aus mehreren Gründen, einerseits aus Sorge vor Antibiotika-Resistenzen, andererseits auch deswegen, weil nachweislich kein guter Grund dafür spricht, Handdesinfektionsmittel zu benutzen. Dr. Theresa Michele, die Direktorin der Abteilung »Zulassungsfreie Produkte« formulierte es in einer Pressemitteilung der FDA knallhart: »Wenn Sie diese Produkte verwenden, weil Sie glauben, das schütze Sie besser als Seife und Wasser, liegen Sie falsch.«

Seife ist eine geniale Sache. Wohl schon die alten Babylonier haben ihre Herstellung perfektioniert, um 2800 v. Chr.! Seitdem spielt sie in den Reinlichkeitsgebräuchen fast aller Kulturen dieser Welt eine zentrale Rolle. Korrekt angewendet, ist sie ein einfaches und enorm effektives Werkzeug im Dienste der öffentlichen Gesundheit. Inzwischen gibt es sogar einen weltweiten Tag des Händewaschens (15. Oktober), der von Organisationen in aller Welt unterstützt wird, unter anderem der WHO. Organisationen wie das Global Soap Project recyclen Seife aus Hotels und Unternehmen, um sie bedürftigen Gemeinschaften zukommen zu lassen.

Derreck Kayongo ist Gründer des Global Soap Project. »Geschätzt 1,8 Millionen Kinder unter fünf sterben jährlich an Durchfallerkrankungen und Lungenentzündung, den zwei Haupttodesursachen bei Kindern weltweit«, verriet er mir. »Händewaschen mit Seife kann die Inzidenz von Diarrhö in dieser Altersgruppe um etwa 30 Prozent verringern und die von Atemwegsinfekten um etwa 20 Prozent. Seife ist eine Grundvoraussetzung für bewusste öffentliche Gesundheit.«

Kayongo überlebte einen Bürgerkrieg in Uganda, und seine Erfahrungen in einem kenianischen Flüchtlingscamp inspirierten ihn zu seiner Initiative, die ihm 2011 den angesehenen »Heldenpreis« des Senders CNN einbrachte. Nach seiner Ankunft in den USA schlief er in einem Hotel, wo er verblüfft war, dass es dort überall Seife gab. In seinem Zimmer fand er Handseife, Duschseife und Shampoo vor. Und vieles davon wurde hinterher einfach weggeworfen. Kayongo erkannte eine Gelegenheit. Er wusste, dass Seife nicht einfach nur Leben rettet, sondern auch gesamtgesellschaftlich einiges ändert. »Denken Sie nur mal ... Seife kostet 50 Cent, aber die Behandlung einer Durchfallerkrankung kostet bis zu sieben Dollar, was das Pro-Kopf-Einkommen in den Entwicklungsländern weit übersteigt. Seife ist also eng verbunden mit der wirtschaftlichen Leistung jeder Gemeinschaft.«

Doch wäscht Kayongo, der sich so für Seife begeistern kann, sich selbst gründlich die Hände? Lässt er seinen Worten auch schaumige Taten folgen? »Seit ich das Global Soap Project gegründet habe, bin ich ein echter Händewasch-Fanatiker geworden. Also ja, ich wasche mir eifrig die Hände.« Ich fragte ihn, ob er nie mal schlampig seine Hände wäscht oder das Händewaschen ganz auslässt? Seine Antwort: ein entsetztes »NIE!«

Denke also an Kayongo und sein Projekt, wenn du das nächste Mal glaubst, du könntest dir die 20 Sekunden am Waschbecken sparen.

Die meisten Organisationen im Dienst der öffentlichen Gesundheit empfehlen, die Hände mehrmals täglich mit Wasser und Seife zu waschen, mindestens nach jedem Toilettengang, vor und nach dem Zubereiten von Mahlzeiten und nach jedem Kontakt mit Abfall. Alkoholbasierte Handdesinfektionsmittel wirken zwar weniger gut als Wasser und Seife, sind aber für Notfälle eine gute Alternative. Studien zeigten, dass Handdesinfektionsmittel (die mindestens 60 Prozent Alkohol enthalten sollten) die meisten, aber nicht alle pathogenen Keime effektiv töten. Allerdings können sie andere möglicherweise schädlichen Substanzen, etwa gefährliche Chemikalien, nicht von den Händen entfernen. Bei schmierigen Händen sind Wasser und Seife immer noch das beste Mittel. Anders als Handdesinfektionsmittel wirken Wasser und Seife, indem sie die Keime wegspülen, nicht abtöten. Gründliches Händewaschen ist also die hygienischere Methode.

Und was ist, wenn die Seife schmutzig ist? Können Keime auf der Seife sitzen? In einer berühmten Szene von *Friends* diskutieren die WG-Genossen Joey und Chandler diese Frage. Joey sagt:»«Hey, wäre es so schlimm, dieselbe Zahnbürste zu benutzen? Wir benutzen doch auch dieselbe Seife?« Und Chandler antwortet: »Bist du nur doof? Seife wird nicht schmutzig.« Joey: »Dann denk doch das nächste Mal unter der Dusche einfach mal darüber nach, was ich mir zuletzt wasche und was du dir dann zuerst einseifst.«

Hat Joey da recht? Sollten wir abgegriffenen Seifenstücken in öffentlichen Waschräumen misstrauen? Zu dieser Frage scheint es nicht viel seriöse Forschung zu geben, aber Chandler kommt der Wahrheit schon recht nahe (während Joey Sonderpunkte für lebhafte Bildsprache bekommt). 1988 überzogen Forscher eine herkömmliche Seife mit pathogenen Keimen. In ihrer Studie konstatierten sie, dass die Seife die Bakterien nicht übertrug und folgerten: »Bei gewöhnlichem Händewaschen geht nur geringe Gefahr von Seifen aus, die vorher schon benutzt wurden.« Doch Achtung: Nicht hinreichend gereinigte Seifenspender in öffentlichen Waschräumen können keimbelastet sein, wie mehrere Studien zeigen.

Doch lass dich davon nicht irremachen (das liefe dem Zweck dieses Buchs ja total entgegen) und wasch dir weiter brav die Hände, wie Derreck Kayongo. Das Risiko ist vernachlässigenswert; unter dem Strich spricht wirklich alles dafür, oft unseren 5.000 Jahre alten Freund, die Seife, zu benutzen.

14:17 UHR – WASSER TRINKEN

Klar. Wenn du Durst hast, trinke Wasser. Sonst nicht. Die Vorstellung, man müsse sich zwingen, genug zu trinken, gehört zu den hartnäckigsten Gesundheitsmythen. Du brauchst keine acht Gläser Wasser am Tag, außer, du hast das Gefühl, du bräuchtest sie (eben wenn du »Durst« hast). Nach Äonen der Evolution ist der menschliche Körper verdammt gut darin, seinen Flüssigkeitshaushalt zu managen. Du brauchst keine Smartphone-App, die dich ans Trinken erinnert. Und wenn du nicht gerade die Wüste Gobi durchquerst, musst du wahrscheinlich auch keine 50-Dollar-Edelstahlflasche mit dir herumschleppen. Und bei Durst trinkst du dann gutes altes Leitungswasser. (Im Büro trinke ich das Wasser direkt aus dem Hahn in der Kaffeeküche, auf Katzenart.) Ja, es gibt Gegenden, wo die Qualität des Trinkwassers zu wünschen übrig lässt – Flint (Michigan) ist dafür ein berüchtigtes Beispiel. Aber normalerweise kannst du die gesamte Multi-Milliarden-Dollar-H_2O-Industrie ignorieren. Wasser ist einfach Wasser. Trinke, so viel du brauchst.

Worauf du verzichten kannst:

Abgefülltes Mineralwasser. Eine Flasche der Luxus-Wassermarke Acqua di Cristallo Tributo a Modigliani kostet 60.000 Dollar, besteht aus 24-karatigem Gold und enthält eine Mischung aus isländischem Gletscherwasser und natürlichem Quellwasser aus Frankreich und von den Fidschiinseln. Dieses Wasser rehydriert dich allerdings auch nicht besser als Leitungswasser aus einem Hahn bei McDonalds. (Aber was treibst du bei McDonald's?) Solange du Zugang zu sauberem Trinkwasser hast (und nicht an dessen Qualität zweifeln musst), gibt es keinen Grund, abgefülltes Wasser zu kaufen. Mehrere Studien haben übrigens gezeigt, dass abgefülltes Wasser – die Branche ist nicht besonders streng reglementiert – mehr Bakterien enthält als Leitungswasser. Und in Blindverkostungen schmecken Verbraucher meist keinen Unterschied zwischen Mineral- und Leitungswasser heraus – wenn ihnen nicht sogar das Leitungswasser besser schmeckt als edles Mineralwasser.

Alkalisches Wasser. Eine ganze Reihe von Wellnessprodukten gibt vor, dem Körper überschüssige und damit schädliche Säure zu entziehen. Das jedenfalls erzählt die Werbung. Doch der menschliche Körper hat im Laufe der Evolution gelernt, seinen pH-Wert im gesunden Bereich zu halten. Unser Körper reguliert den pH-Wert des Blutes unablässig und genau, sodass er immer in einem ohnehin ziemlich basischen Bereich liegt. Man braucht also kein trendiges neues Wellnessprodukt, um diesen natürlichen Prozess zu unterstützen. Wie der Chemieprofessor Joe Schwarcz von der McGill University bemerkte, verändert man den pH-Wert seines Körpers ohnehin nicht durch konsumierte Lebensmittel oder Getränke – denn wenn man das könnte, würde es einen umbringen. Außerdem gibt es keinerlei wissenschaftlichen Beleg für die angeblichen Gesundheitsvorteile alkalischen Wassers. 2016 kam eine Übersichtsstudie zu dem Schluss, »dass es praktisch keine Forschung gibt, die diese Vorteile be- oder widerlegen würde, all dem Medienrummel und Marketinggeschrei zum Trotz.«

Vitamin-Wasser. Hol dir deine Vitamine aus der Nahrung. Du brauchst keinen Schnickschnack wie Vitamin-Wasser, um deine Nahrung zu ergänzen. Meist wird dem Zeug auch noch Zucker zugesetzt, es ist also viel weniger gesund als normales Wasser. Es ist Zuckerzeug mit unnützen Kalorien. Finger weg.

Oxygenisiertes Wasser. Das ist gleich in mehrfacher Hinsicht lächerlich. Wie bringen die Hersteller des hyper-oxygenisierten Wassers, wie sie es gerne nennen, den Extra-Sauerstoff in ihr Produkt? Sobald sie die molekulare Struktur des Wassers ändern, ist es ja kein Wasser mehr. Fügt man nämlich einem Wassermolekül ein weiteres Sauerstoffatom hinzu, bekommt man H_2O_2, alias Wasserstoffperoxid, das bekanntlich giftig ist. Eine kleine Menge Sauerstoff ist im Wasser gelöst (so atmen Fische), und setzt man Wasser unter Druck, nimmt es noch ein paar weitere Sauerstoffmoleküle auf. Aber sobald der Druck verschwindet (etwa beim Öffnen der Flasche), entweichen sie, wie Kohlensäure aus Sprudelwasser. Noch wichtiger aber: Wie soll der Körper denn den Extrasauerstoff aufnehmen? Unser Darm funktioniert nicht wie unsere Lungen. Unsere Innereien können nicht atmen. Und wir sind keine Fische.

Glutenfreies Wasser. Was denn sonst?

Biowasser. Was soll das sein?

Gentechnikfreies Wasser. Geht's noch?

Rohwasser. Unglaublich, aber wahr: Seit ein paar Jahren vermarkten einige Unternehmen unbehandeltes Wasser, oft direkt aus einem Fluss oder dem Boden entnommen, als besonders gesund, weil »naturbelassener« als desinfiziertes und gefiltertes Wasser (wieder ein Beispiel für die irrige Annahme, alles Natürliche wäre automatisch besser). Live Water, eine der bekanntesten Firmen in diesem Segment, wirbt damit, dass ihr Wasser gesunde Bakterien enthalte, die im Reinigungsprozess sonst verloren gingen. Dieses Produkt – genau genommen dreckiges Wasser in einer schicken Glaskaraffe – kostet um die 60 Dollar. In Wirklichkeit gehört sauberes Trinkwasser natürlich zu den größten Errungenschaften der Menschheit auf dem Gebiet der öffentlichen Gesundheit. 2010 erklärten die Vereinten Nationen den Zugang zu sauberem Wasser zu einem universalen Menschenrecht. Dennoch müssen mehr als 800 Millionen Menschen Wasser aus unhygienischen Quellen trinken, ein Problem, das mit einer ganzen Latte von Krankheiten wie Durchfallerkrankungen, Cholera, Ruhr, Typhus und Polio in Zusammenhang steht. Schätzungen der WHO zufolge sterben jährlich eine halbe Million Menschen an Durchfallerkrankungen, die sie sich über verschmutztes Trinkwasser zugezogen haben. Vor diesem Hintergrund ist der Trend zu Rohwasser besonders besorgniserregend, wenn nicht gar pervers, weil es Erkenntnissen Hohn spricht, die Millionen Leben gerettet haben.

All dieser Wasser-Hokuspokus ist ein gutes Beispiel dafür, wie Marketing und Pseudowissenschaft uns in wichtigen Fragen bezüglich unserer Gesundheit völlig auf den Holzweg führen können. Sehr gerne sehe ich aber den Trend, dass Wasser wieder beliebter wird, zuungunsten von zuckrigen Limonaden, isotonischen Getränken und Fruchtsäften.

Wenn du durstig bist, trinke Wasser, das hilft am besten!

14:20 UHR – MEETING

Schätzungen zufolge kosten Meetings – dieser ultimativ nervtötende Zeitdieb am Arbeitsplatz – die US-Wirtschaft jährlich 37 Milliarden Dollar. Täglich finden in den USA elf Millionen Meetings statt, und 37 Prozent beginnen verspätet, meist, weil Teilnehmer zu spät eintrudeln (wahrscheinlich bin immer ich das). Der durchschnittliche Angestellte verbringt wöchentlich zwischen fünf und sieben Stunden in Meetings (CEOs sitzen 72 Prozent ihrer gesamten Arbeitszeit in Besprechungen), von denen viele entweder total nutzlos oder sensationell ineffizient sind. Selbst wenn man glaubt, man wäre produktiv, man ist es wahrscheinlich nicht. Eine Studie ergab, dass Geplauder vor einer Besprechung die Angestellten hinterher glauben ließ, das Meeting sei super gelaufen, auch wenn eine objektive Analyse zeigte, dass das Meeting genauso unproduktiv war wie Meetings ohne vorhergehenden Bürotratsch. Auf die Frage, für wie produktiv sie ihre Besprechungen hielten, gaben Manager verschiedenster Branchen erbärmliche Werte zwischen 33 und 47 Prozent an.

Trotzdem sind, wie sich belegen lässt, im Laufe der letzten Jahrzehnte Meetings häufiger und länger geworden. Für die meisten von uns sind Meetings wie die Borg aus Star Trek: eine hirnlose, unbarmherzige Gewalt, die gemeinsam mit anderen Aufgaben (wie dem Schreiben von E-Mails) danach trachtet, unser gesamtes Arbeitsleben zu erobern. Man nutzt seine Zeit auf jeden Fall besser, indem man etwas anderes macht. Also: Wenn du nicht unbedingt zu einem Meeting gehen musst, winde dich irgendwie raus und konzentriere dich auf deine eigentliche Arbeit.

Tatsächlich raubt uns schon der Gedanke an ein bevorstehendes Meeting Energie. Wie schon vermerkt, lässt ein anstehender Termin den Eindruck entstehen, es bliebe uns weniger Zeit, als wir tatsächlich haben. Vor einem Termin fühlt man sich eingespannter und arbeitet weniger produktiv. Meetings kosten einen also schon Produktivität, bevor sie überhaupt losgehen. Und im Meeting verschwendet man dann seine Zeit. Das nenne ich mal eine Lose-lose-Situation.

Telefonkonferenzen sind um nichts besser. Absolut niemand hört dabei nämlich wirklich zu. Bei einer Befragung im Jahr 2014 räumten 65 Prozent der Teilnehmer ein, sie würden während Telefonkonferenzen nebenher andere Aufgaben erledigen. 55 Prozent gaben an, während Konferenzen zu essen oder Essen vorzubereiten. 47 Prozent gehen während Konferenzen auf die Toilette (ich nehme mal an, sie schalten vorher ihr Mikro aus), und sechs Prozent telefonieren nebenher. (Der oberwichtige Konferenzleiter, der die Anwesenheit kontrolliert, sollte sich das merken: Niemand nimmt das hier ernst.) Und so sind Telefonkonferenzen sogar noch unproduktiver als herkömmliche Meetings. Sie sind zu einem seltsamen Wir-müssen-das-halt-machen-Ritual verkommen, beim dem in aller Regel nichts rauskommt.

Wo wir schon dabei sind, möchte ich eine der wichtigsten Rechtfertigungen für Meetings zerpflücken: Brainstorming. Das gemeinsame Entwickeln von Ideen galt lange als Hauptgrund für die Existenz langer, ausufernder Meetings. Alex Osborn, der Leiter einer Werbeagentur, machte das Konzept in den 1940ern bekannt und gilt als Erfinder des Ausdrucks »Brainstorming«. Er glaubte, die Qualität und Quantität guter Ideen würde steigen, wenn man gemeinsam die Kreativität frei und ungehindert fließen ließ. Die Prämisse lautete, dass viele Gehirne, die gemeinsam an einer Aufgabe tüftelten, mehr und bessere Ideen erzeugten als ein Einzelnes. Das klingt zwar einleuchtend, entspricht aber nicht der Realität. 2003 fasste Adrian Furnham, ein Psychologieprofessor am University College London, den Stand der Forschung folgendermaßen zusammen: »Die Daten zeigen eindeutig, dass Brainstorming-Gruppen weniger und schwächere Ideen hervorbringen, als wenn jeder einzeln nachdenkt.« Eine weitere Übersichtsstudie, 2002 veröffentlicht, kam zu dem gleichen Schluss: »Die vorhandene Forschung zeigt mehrheitlich, dass Brainstorming in Gruppen weniger bringt als getrenntes Nachdenken.« Klüger wäre es also, sich alleine Ideen zu überlegen und diese dann mit anderen zu teilen. Meeting unnötig.

Angesichts dieses Forschungsstandes verblüfft es, wie populär Brainstorming-Sitzungen weiterhin zu sein scheinen. Dem Grund dafür sind wir in diesem Buch schon ein paar Mal begegnet: Sie passen zu unserer – irrigen – *Vorstellung* davon, wie die Welt funktioniert. Der Psychologieprofessor Tomas Chamorro-Premuzic schrieb 2015 in einem Artikel der *Harvard Business Review*, gemeinschaftliches »Brainstorming wird deshalb weiter betrieben, weil es sich intuitiv richtig anfühlt.« Aber die Erde ist keine Scheibe, und Brainstorming funktioniert nicht.

Natürlich sind Teamarbeit und Kooperation wertvoll und potenziell produktiv. Momentan findet eine interessante Forschung darüber statt, wie man effektive Zusammenarbeit ermuntert und wie man kommunikationsfördernde Arbeitsumgebungen schafft (oft ergibt sich aus zufälligen Begegnungen im Gang mehr als aus Meetings).

Noch eine interessante Tatsache: Großraumbüros fördern die konstruktive Interaktionen zwischen Angestellten *nicht* – obwohl die Entfernung von Türen und Wänden doch genau das bewirken sollte. Tatsächlich passiert offenbar genau das Gegenteil: 2018 ergab eine Studie, dass die Zahl persönlicher Interaktionen in Großraumbüros um 70 Prozent *abnahm*. Die Autoren fassten ihre Ergebnisse folgendermaßen zusammen: »Anstatt die persönliche Zusammenarbeit zu intensivieren, lösen Großraumbüros offenbar eine natürliche Rückzugsreaktion aus; mit den Kollegen interagiert man dann lieber per E-Mail und Instant Message.« Es ist schwer, Menschen zu kreativen Interaktionen zu zwingen, sei das nun durch Pflichtmeetings oder durch eine Arbeitsumgebung ohne Wände.

Wenn es ohne Meetings nicht geht, dann beschränke wenigstens ihre Zahl pro Woche, halte sie so kurz wie möglich, höre pünktlich auf und um Himmels willen lege einen genau definierten Zweck fest. Erwäge auch andere Formate, etwa im Stehen, im Gehen oder im »Auf-der-Stelle-Tanzen«. Schreib mir, wie das lief!

14:30 UHR – EIN POWER-NAP

Die Betten sahen richtig gemütlich aus. Das überraschte mich, denn ich hatte eher etwas Feldbett-artiges erwartet oder bestenfalls quietschende Luftmatratzen, wie sie Eltern von Freunden bei Übernachtungspartys aufbliesen. Aber der große Raum stand voller echter Betten, vielleicht zwanzig, mit frisch gewaschenen Bezügen und duftenden Kissen.

Unser Ausbilder – ein »Schlafcoach« – dimmte die Lampen, ließ uns kurz Stretching und Atemübungen machen und bat uns dann, mit der Hauptsache zu beginnen, dem Schlafen. Wir alle stiegen in unsere gemütlichen Betten und schlossen die Augen. Es war Nachmittag, und ich sollte gemeinsam mit frisch gebackenen Eltern, gestressten Studenten und vielbeschäftigten Angestellten ein kurzes Nickerchen halten. Das letzte Mal, dass ich gemeinsam mit anderen am Mittag schlief, war im Kindergarten gewesen. Aber wir spielten hier nicht Kindergarten, sondern befanden uns in einem Napercize-Kurs. Wir alle hatten fürs Schlafen bezahlt.

Power-Napping ist längst im Mainstream angekommen. Früher wurde die Siesta als etwas für Faule und Antriebslose missbilligt, doch heute begreifen Konzerne sie als etwas Förderungswürdiges. Innerhalb weniger Jahre hat sich die Siesta von etwas, wofür man gefeuert werden konnte, zu etwas gemausert, das nach Ansicht etlicher Wirtschaftsgrößen (allen voran Arianna Huffington) viel mehr von uns machen sollten, vielleicht sogar täglich. Heutzutage stellen viele Unternehmen Ruheräume bereit, in die sich Angestellte zum Schlafen zurückziehen können. Google hat in seinen Bürogebäuden beispielsweise Schlafkabinen installiert – Sci-fi-Kokons, in denen entspannende Musik läuft –, die speziell für Power-Naps gedacht sind.

Schlaf ist der Schlüssel zu guter Gesundheit, daraus versucht die Schlaf-Industrie Gewinn zu schlagen. Napercize-Kurse sind da nur ein Angebot. Insgesamt machte die Schlaf-Gesundheits-Branche 2017 einer Marktstudie zufolge Umsätze von 30 bis 40 Milliarden Dollar, »bei anhaltendem Wachstum von mehr als acht Prozent im Jahr; für eine Abschwächung des Trends gibt es kaum Anzeichen.« Inzwischen versprechen unzählige Produkte Hilfe bei der Suche nach ein wenig Schlummer – etwa Vogel-Strauß-Kissen, die man sich über den Kopf stülpt, um so selbst im Großraumbüro noch ein wenig Ruhe zu finden. Angeboten werden auch Fleece-Schlafoveralls für Erwachsene, aufblasbare Schlafkabinen, Schreibtische mit verborgenen Schlummer-Nischen, Augenmassage-Brillen (sollen schläfrig machen) und Bürosessel, die sich zu Betten ausklappen lassen.

Die meisten von uns bräuchten dringend mehr Schlaf, das steht außer Zweifel. Guter Schlaf gehört unbedingt zu einem gesunden Lebensstil. Unausgeschlafene Arbeitnehmer sind tendenziell unfallgefährdeter, unkonzentrierter, weniger produktiv und weniger kreativ. Studien belegen, dass stark übermüdete Arbeiter mit 70 Prozent höherer Wahrscheinlichkeit Unfälle verursachen als ausgeruhte Arbeiter. Einige der dramatischsten und tragischsten Industrieunfälle der Geschichte, wie die Reaktorkatastrophe in Tschernobyl und das *Challenger*-Unglück wurden letztlich durch Übermüdung verursacht. Zahlreiche Studien stellten – wenig überraschend – fest, dass Müdigkeit die Produktivität erheblich senkt: 2010 fand eine Studie an mehr als 4.000 Arbeitnehmern heraus, dass diejenigen, die unter Schlafmangel litten, »eine erheblich geringere Produktivität aufwiesen, weniger Leistung brachten und unfallgefährdeter waren.« Die Autoren schätzten die »übermüdungsbedingten Produktivitätsverluste« auf 1.967 Dollar pro Arbeitnehmer und Jahr. Es ist also nur zu verständlich, wenn manche Unternehmen wollen, dass ihre Angestellten ein Nickerchen halten. Es zahlt sich einfach aus.

Also: Power-Naps sind inzwischen sozial akzeptiert, die negativen Folgen von Übermüdung am Arbeitsplatz sind bekannt. Die Lösung liegt also auf der Hand? Leider ist die Sache komplizierter.

»Naps sind wie Cupcakes«, erklärte Colleen Carney. »Ich liebe Cupcakes, aber gesund sind sie nicht. In Maßen genossen, schaden sie aber auch nicht sehr.«

Professor Carney ist Leiterin des Sleep and Depression (SAD)Labors der Ryerson University. Ihre ganze Karriere hat sie der Erforschung des Schlafes gewidmet, und entsprechend freut es sie, dass der Wert von Schlaf mittlerweile anerkannt wird. Allerdings stört sie sich am popkulturellen Hype um das Thema. »Alle Welt redet über Power-Naps, und immer mehr Menschen fragen sich, wie sie ›richtig‹ ein Nickerchen halten sollten, was ich jetzt wieder gestört finde.«

Begeisterung klingt anders. Und tatsächlich sind die Vorteile von Power-Naps trotz des aktuellen Hypes nicht annähernd so gut belegt, wie es oft dargestellt wird. Ja, ein Schläfchen verpasst einem möglicherweise einen Energieschub. Ein kurzes Schläfchen (mehr dazu gleich) steigert Lernfähigkeit, Leistung und Aufmerksamkeit, was im Arbeitskontext vorteilhaft sein kann. Einer klassischen Studie der NASA zufolge erhöht ein kurzes Schläfchen die Leistung um 34 Prozent. Andere Studien lassen vermuten, dass kurze Nickerchen die geistigen Funktion verbessern, auch bei älteren Menschen mit kognitiven Einschränkungen.

Aber Schläfchen, insbesondere längere, wurden auch mit einigen negativen Auswirkungen in Verbindung gebracht. 2016 fand eine Übersichtsstudie, in die Daten von mehr als 100.000 Menschen einflossen, »einen erheblichen Zusammenhang zwischen Mittagsschläfchen und Bluthochdruck«. Andere Studien, manche davon ziemlich groß, stellten einen Zusammenhang zwischen Mittagsschläfchen und einem erhöhten Risiko für Diabetes Typ 2 und Herzerkrankungen fest. Wohlgemerkt sind diese festgestellten Zusammenhänge meist korrelationaler Natur. Wir wissen also nicht, ob das Schläfchen die Probleme verursacht. Es könnte auch sein, dass Menschen, die sich mittags hinlegen, aus anderen Gründen diese gesundheitlichen Probleme tendenziell eher bekommen. Andere Studien stellten fest, dass das Verhältnis von Nutzen und Risiko von einer ganzen Reihe Faktoren abhängen könnte, darunter die Länge und Qualität des Nachtschlafs.

Insgesamt ist die Beweislage also verwirrend. Ein Übersichtsartikel, der den Stand der Forschung 2017 zusammenfasste, trug passenderweise den Titel: »Das Siesta-Paradox: Sind Schläfchen am Tag Freund oder Feind?« Insgesamt scheint es, als könnte ein Schläfchen von bestimmter Dauer unter gewissen Umständen für junge, gesunde Menschen Vorteile haben. Doch für manche Personengruppen, darunter ältere Menschen, »wurde übermäßiges Dösen mit negativen Folgen in Verbindung gebracht«.

Sport ist ein Bereich, in dem der aktuelle Volksglaube nicht zu den Erkenntnissen der Wissenschaft passt. Obwohl zahlreiche Kommentatoren behaupten, Athleten sollten mittags ruhen, um ihre Leistung zu steigern, geben die Daten das schlicht nicht her. 2014 zeigte eine kleine Studie mit jungen Sportlern, dass »Schläfchen sich nicht verlässlich positiv auf die kurzfristige Leistung von Athleten auswirkten«. Dr. Andrew Watson, ein Sportmediziner an der Universität Wisconsin und Autor einer Übersichtsstudie aus dem Jahr 2017, fasst zusammen: »Der Einfluss von kurzen Schläfchen tagsüber auf die Leistung ist unklar.«

Diese Kluft zwischen nachdrücklichen Empfehlungen, eine Siesta zu halten, und den tatsächlichen Erkenntnissen der Sportwissenschaft überrascht Dr. Charles Samuels gar nicht. Er ist einer der Schlafexperten, denen wir schon am Anfang unseres hypothetischen Tages begegnet sind. Schlaf und Sport sind seine Fachgebiete, er kennt die Literatur also in- und auswendig. Eines der Probleme bestehe darin, so Samuels, dass man im Sport so schlecht an Daten gelange. »Die Sportwissenschaft bekommt keine finanzielle Unterstützung für epidemiologische Untersuchungen, die wir für fundiertere Aussagen bräuchten«, meint er. Außerdem stört er sich daran, dass die Medien kaum erwähnen, wie schwach belegt bisherige Ergebnisse sind. »Die Qualität der Ergebnisse wird kaum je angemessen thematisiert, auch in den Papers selbst ist der ›Einschränkungen‹-Teil [in dem die Autoren auf die Beschränkungen der Studie hinweisen] notorisch dünn.«

Dr. Samuels glaubt fest, dass Sportler ihre Leistung durch »Schlafoptimierungsstrategien« steigern können. Guter Schlaf und angemessene Ruhezeiten spielen eine wichtige Rolle, selbst für Nicht-Spitzensportler (also 99,9 Prozent von uns). Allerdings, so schränkt er ein, »fehlen noch fundierte Belege dafür, dass Schlaf wirklich eine Technik zur Leistungssteigerung ist«.

Der Hauptgrund, warum die meisten Experten Mittagsschläfchen weniger enthusiastisch bewerten als viele popkulturelle Stimmen, liegt darin, dass eine Siesta möglicherweise nächtliche Schlafmuster stört. Viele Menschen legen einen Power-Nap ein, weil sie sich müde fühlen, und diese Müdigkeit könnte durch schlechten Nachtschlaf verursacht sein. Schlechter Nachtschlaf steht – wenig überraschend – mit Mittagsschläfchen in Verbindung. Schlaflosigkeit führt zu Schläfrigkeit.

Menschen, die mit Schlaflosigkeit kämpfen, können durch kurze Schläfchen tagsüber in einen Teufelskreis geraten. Professor Carney zufolge sind »Mittagsschläfchen im Kontext von Schlaflosigkeit eine richtig schlechte Idee, weil sie eine exponentielle Menge nächtlichen Tiefschlafs rauben«. Jemand, der nachts nicht geschlafen hat, glaubt vielleicht, er brauche tagsüber unbedingt ein Schläfchen (und, nicht vergessen, die Popkultur flüstert uns ja ein, das sei eine gute Idee). Aber abends findet er dann noch schwerer Schlaf, wodurch er am nächsten Tag noch dringender eine Siesta braucht. Und so weiter und so fort. Diese Menschen – und Schätzungen zufolge leiden 30 bis 50 Prozent von uns zumindest vorübergehend an Schlaflosigkeit – sollten auf Mittagsschläfchen verzichten. Die nationale Schlaf-Stiftung der USA fasst das so zusammen: »Wenn man nachts keinen Schlaf findet, verschlimmern Mittagsschläfchen die Sache nur noch.«

Außerdem tritt nach einem Mittagsschläfchen oft Schlaftrunkenheit auf, jene Verwirrtheit direkt nach dem Aufwachen. Sie währt zwar meist nicht lange, insbesondere nach kurzen Schläfchen, trotzdem kann sie Bedeutung für Menschen haben, die unmittelbar nach dem Aufwachen komplizierte oder gefährliche Aufgaben erledigen müssen. Du möchtest nicht, dass ein Neurochirurg, ein Pilot oder ein schwer bewaffneter Polizist schlaftrunken wichtige Entscheidungen trifft.

So, und was heißt das jetzt alles? Professor Carney findet, wir sollten uns Mittagsschläfchen als Werkzeug vorstellen, um für einen bestimmten Zweck unsere Müdigkeit zu bekämpfen – etwa, weil man danach eine wichtige Rede halten, eine knifflige Aufgabe lösen oder eine Prüfung schreiben muss. Mittagsschläfchen sollten aber nicht Teil unserer primären Schlafstrategie sein, insbesondere wenn wir nachts nur schwer Schlaf finden. »Power-Naps sind eine gute Idee, wenn es wichtig ist, die nachmittägliche Müdigkeit zu bekämpfen, als den Nachtschlaf zu schützen«, meint Professor Carney. »Ansonsten sind Schläfchen nicht wichtig und schaden dem Nachtschlaf. Sie sind eher ein Laster – wie Cupcakes.«

Unsere aktuelle Begeisterung für Power-Naps illustriert schön, wie eine Idee kulturell Schwung aufnehmen kann – wie wir auch schon beim Stehtisch sahen –, bis der tatsächliche Stand der Wissenschaft gar nicht mehr oder nur völlig verzerrt wahrgenommen wird. So entstehen Mythen, die unsere Entscheidungen fehlleiten.

Betrachten wir dazu folgendes Beispiel. 2015 wurde eine Studie veröffentlicht, der zufolge Mittagsschläfchen Frust am Arbeitsplatz abzubauen halfen. Die Medien stürzten sich auf dieses Ergebnis und produzierten Schlagzeilen wie: »Wütend? Dann leg dich hin.« Das Ergebnis der Studie leuchtet zwar intuitiv ein, die Forschung wurde aber von einem Doktoranden durchgeführt, in Form einer Pilotstudie – einer kleinen, vorläufigen Untersuchung, die erkunden soll, ob eine breiter angelegte, methodologisch robustere Studie sinnvoll und machbar wäre. Pilotstudien sollten niemals als Beleg für irgendetwas herangezogen werden. Ich konnte keinerlei Hinweise finden, wonach diese Pilotstudie repliziert worden wäre oder zu einer echten, breiter angelegten Studie geführt hätte. Womit ich nicht behaupten will, die Ergebnisse seien notwendigerweise falsch. Aber die Belege sind alles andere als stichhaltig. Trotzdem hat sich die Vorstellung, Mittagsschläfchen würden Frust abbauen, allgemein verbreitet und gilt als allgemein anerkannte Tatsache. Wenn solche Studien in den Massenmedien zitiert werden – was oft geschieht –, dann erwähnen die Berichte fast nie, dass es sich nur um kleine Pilotstudien handelt.

Mehrere Faktoren – reales Bedürfnis (Schlaf ist ja wirklich wichtig), Marktkräfte, kulturelle Eigendynamik (danke, Arianna Huffington) und überinterpretierte wissenschaftliche Ergebnisse – haben also zusammengespielt, um den Mittagsschlaf zu glorifizieren und den Anschein zu erwecken, er gehöre unbedingt zu einem gesunden Lebensstil.

Mit diesem Buch möchte ich dir viele tägliche Entscheidungen erleichtern. Leider lässt sich zum Thema Power-Nap keine allgemeingültige Regel aufstellen, wie Professor Carney betont. Ob du dich mittags hinlegen solltest, hängt von mehreren Faktoren ab: Was für ein Typ du bist (wie wichtig ist der Mittagsschlaf für dich?), welchen Beruf du ausübst, welcher Chronotyp du bist und ob du dich nachts schlaflos wälzt. Wenn du als Lastwagenfahrer, Ingenieur in einem Atomkraftwerk oder Flugzeugpilot am Arbeitsplatz müde wirst – oder vor einer großen Aufgabe stehst, die deine ganze Aufmerksamkeit erfordert –, bitte leg dich hin. Findest du hingegen – wie ein erheblicher Anteil der Bevölkerung – nachts kaum Schlaf und sehnst dich tagsüber nach einer kurzen Siesta, solltest du das vielleicht besser sein lassen.

Wenn du dann tagsüber ein Schläfchen hältst, dann mache es richtig. Dabei zählen hauptsächlich Timing und Länge. »Je kürzer und je früher am Tag, desto besser«, lautet die Daumenregel Professor Carney zufolge. Studien haben wiederholt belegt, welche Rolle die Länge des Power-Naps spielt. Ein kurzes Nickerchen kann guttun, ein mittellanges Schläfchen ist neutral für die Gesundheit und längere Schläfchen stehen mit negativen gesundheitlichen Folgen in Verbindung. Kurze Nickerchen verursachen auch weniger Schlaftrunkenheit. Die meisten Studien verorten die perfekte Länge bei zehn bis zwanzig Minuten. (Außer, du schläfst aus Sicherheitsgründen, dann solltest du schlafen, bis du nicht mehr müde bist.)

Die Schlaf-Phase meiner Napercize-Sitzung dauerte etwa zwanzig Minuten. Ich schlief auf der Stelle ein. Und ich muss sagen, es fühlte sich verdammt gut an! Aber ich mag ja auch Cupcakes.

15:00 UHR – DIE FÜNF-SEKUNDEN-REGEL

Bei uns zu Hause gilt der Schokokuchen mit Meerschaum-Zuckerguss meiner Frau als annähernd spirituelle Erfahrung. Jeder Vorwand, ihn zu essen, ist willkommen. Einmal, unsere Kinder gingen noch zur Grundschule, besuchten wir einen Nachbarn mit einem dieser magischen Kuchen in der Hand. Die Tür ging auf, und dort standen die zwei außerordentlich wohlerzogenen Kinder unserer Freundin, perfekt gekleidet und makellos frisiert. Unsere wilde Bande stürmte gleichzeitig los, und der Kuchen flog hoch in die Luft. Beim Aufprall auf dem Boden explodierte er wie eine Schokogranate. Mit schockgeweiteten Augen und offenen Mündern erstarrten unsere Kinder eine Millisekunde lang. In schier übermenschlicher Geschwindigkeit überschlugen die vier ihre Optionen. Und stürzten sich dann alle gleichzeitig auf den Kuchen wie eine Horde Hyänen. Auf Händen und Knien inhalierten sie Kuchen, Zuckerguss und wahrscheinlich ein paar Splitter der Kuchenplatte. Sie ahnten wahrscheinlich, dass ihnen nur ein paar Sekunden blieben, bis die Eltern einschritten.

Sie hatten genau fünf Sekunden.

Alle Eltern kennen die Erziehungsweisheit: Nahrungsmittel, die auf den Boden gefallen sind, lassen sich noch essen, wenn man sie schnell genug aufhebt. Diese Lektion hatten unsere Kinder wohl verinnerlicht.

Die Fünf-Sekunden-Regel gilt natürlich nicht nur für Kinder. Viele von uns halten sie für eine wissenschaftlich belegte Regel; jeden Tag wird sie millionenfach als Rechtfertigung zitiert. 2014 antworteten auf eine Umfrage der britischen Aston University 87 Prozent der Befragten, sie würden auf den Boden gefallenes Essen noch verzehren beziehungsweise hätten das schon gemacht. 81 Prozent antworteten, dabei würden sie die Fünf-Sekunden-Regel beachten.

Wie hältst du es mit heruntergefallenem Essen? Angenommen, du lässt deinen nachmittäglichen Donut auf den Büroboden fallen. Darfst du ihn noch bedenkenlos essen, wenn du ihn schnell genug aufhebst?

Interessant finde ich bei der ganzen Geschichte, in welchem Ausmaß die Fünf-Sekunden-Regel einen Anstrich wissenschaftlicher Respektabilität erworben hat. Ich fragte die verschiedensten Leute, ob diese Regel denn stimme. Die meisten Menschen – selbst Wissenschaftler – hielten sie für zutreffend. Und begründeten ihre Antworten mit Kommentaren wie: »Ich meine, ich hätte mal etwas über eine wissenschaftliche Studie darüber gehört.« Diese »Ist ja wissenschaftlich belegt«-Rechtfertigung schwingt auch in den Medien oft mit. Und weil die »Fünf-Sekunden-Regel« ein eingängiges Schlagwort ist, hat sie sich rasch quasi als Gemeinwissen verbreitet.

Wie viele andere Dinge, die in diesem Buch behandelt werden, ging die Fünf-Sekunden-Regel in die allgemein anerkannte Lebensweisheit ein, weil sie einleuchtend klingt, einprägsam, amüsant und enorm nützlich ist. Denn wir alle brauchen eine Rechtfertigung dafür, unseren auf den Büroboden gefallenen Donut noch zu essen.

Tatsächlich aber sind die wissenschaftlichen Belege dünn. Die Studien, die gern als Beleg für die Fünf-Sekunden-Regel zitiert werden, sind a) ein Studentenprojekt (von den gleichen Studenten, die auch die oben zitierte Umfrage durchführten), dessen Ergebnisse nie in einer Fachzeitschrift vorgestellt wurden, und b) eine 2004 von einem Highschool-Schüler durchgeführte Untersuchung, die ebenfalls nie zu einer wissenschaftlichen Publikation führte.

Meines Wissens ist die wissenschaftlich sauberste Arbeit, die auch einen Peer-Review-Prozess durchlief, eine 2016 in der Fachzeitschrift *Applied and Environmental Biology* veröffentlichte Studie. Anhand einer ganzen Reihe von Oberflächen (Edelstahl, Keramik, Holz, Teppichboden) und Lebensmittel (Wassermelone, Brot, Butterbrot, Fruchtgummi) untersuchten die Autoren, wie rasch Bakterien übertragen wurden. Sie verschmutzten die Testoberfläche mit nicht-pathogenen Verwandten von Salmonellen und ließen die Lebensmittel unterschiedlich lange dort liegen.

Und was passierte bei der Übertragung von Bakterien auf Lebensmittel? Tatsächlich spielen mehrere Variablen eine Rolle, insbesondere, wie viel Wasser ein Nahrungsmittel enthält. So wurde die Wassermelone am schnellsten und gründlichsten mit Bakterien kontaminiert, weil Feuchtigkeit Keime anzieht. Eine größere Rolle spielt aber, dass *alle* Lebensmittel schon innerhalb der ersten Sekunde ein paar Keime abbekamen. Angesichts dessen erklären die Autoren explizit, sie hätten mit ihrer Forschung die Fünf-Sekunden-Regel widerlegt.

Zu einem ähnlichen Fazit kam 2007 eine Studie, die – im Gegensatz zu den meisten auf diesem Gebiet – in einer anerkannten Fachzeitschrift (mit Peer-Review-Prozess) erschien, dem *Journal of Applied Microbiology*. Diese Studie stellte ebenfalls fest, dass unter den richtigen Bedingungen Bakterien »fast unmittelbar nach dem Kontakt auf Lebensmittel übertragen werden können«.

Zur Ehrenrettung der Fünf-Sekunden-Regel möchte ich allerdings anmerken, dass diesen wissenschaftlich rigoroseren Untersuchungen zufolge das Risiko der Übertragung tatsächlich niedriger lag, wenn der Boden hart und trocken war und das Lebensmittel ebenfalls nicht übermäßig feucht. Aber es gibt keine »Regel«, die für die fast endlose Palette möglicher Situationen gälte. Unter dem Strich bleibt: Bakterien können nicht zählen.

Ich fragte den Erstautoren der seriösen (also von unabhängigen Experten begutachteten) Studie von 2016, Professor Donald Schaffner von der Rutgers University, warum Menschen diese massiv vereinfachte Version der Wahrheit so gerne übernahmen. »Schwer zu sagen«, meinte er. »Meiner Ansicht nach wünschen sich Menschen einfache Daumenregeln, die rechtfertigen, was sie ohnehin tun.« Laut Professor Schaffner, einem Mikrobiologen und Experten für Nahrungsmittelsicherheit, liegt ein Teil des Problems darin, dass die öffentliche Meinung schon durch Medienberichte über weniger seriöse Forschungsarbeiten vorgeprägt wurde, die lediglich »per Pressemitteilung veröffentlicht worden waren«.

Dem stimme ich zu. Dieses scheinbar triviale Thema ist ein wunderbares Beispiel dafür, wie ein griffiger Slogan von der Popkultur und der breiten Öffentlichkeit übernommen wird, wie sich Forscher an dieses Interesse hängen, wissenschaftlich unsolide Studien machen und Medien gierig darüber berichten.

Angesichts der Allgegenwärtigkeit des Themas hielt ich es für besser, mich bei einem weiteren akademischen Experten rückzuversichern. Ich wandte mich an Professor Brett Finlay, den renommierten Keimexperten von der University of British Columbia, dem wir in diesem Buch schon begegnet sind. Er bestätigte, dass die Regel eine extrem grobe Vereinfachung darstellt. Professor Finlay zufolge kommt es mehr auf die Oberfläche an, auf die das Nahrungsmittel fällt, als auf die Zeit, die es dort liegt. »Harte synthetische Oberflächen sind gut. Weiche, klebrige Oberflächen schlecht. Die Dauer spielt eigentlich keine Rolle«, sagte er mir.

Diese differenziertere Aussage sollte niemanden überraschen. Natürlich kommt es darauf an, welches Lebensmittel auf welchen Bodenbelag fällt und wo der Boden sich befindet! Wenn einem der Donut im Krankenhaus, in einer Fast-Food-Küche oder einer Kläranlage herunterfällt, spielt die Zeit am Boden auch keine Rolle mehr. Man wird den Donut sicher nicht mehr essen wollen. Ich wiederhole: Bakterien können nicht zählen.

Sollte allerdings ein Geburtstagskuchen auf dem trockenen, makellos sauberen Hartholzboden deines Nachbars landen, rate ich: Schlage zu!

Man darf Professor Schaffner wohl zu Recht als die weltweite Kapazität zur Fünf-Sekunden-Regel bezeichnen. Deshalb konnte ich nicht widerstehen, ihn zu fragen, ob *er* den Büroboden-Donut essen würde. »Eine der wichtigen Fragen, die man sich stellen muss, lautet: ›Wie wahrscheinlich ist die Oberfläche kontaminiert, mit der mein Essen in Berührung kam?‹«, sinnierte er. »Bei einem Bahnsteig der New Yorker Subway komme ich da wahrscheinlich zu einem anderen Ergebnis als beim Boden in meinem Büro.« Den Donut selbst schätzt er als eher trocken ein – er neigt also weniger dazu, Bakterien anzuziehen –, doch letztlich zählt die Bodenbeschaffenheit. »Für wie sauber hält man seinen Büroboden? Wer geht darüber, und wo waren diese Leute vorher mit ihren Schuhen?« Und wer traut schon den Sohlen seiner Arbeitskollegen?

Doch selbst dieser renommierte Mikrobiologe wirft nicht alles weg, was ihm herunterfällt. »Außerhalb meiner vier Wände bin ich ziemlich kritisch«, erzählt Schaffner. »Und selbst zu Hause würde ich nie feuchte Lebensmittel essen, die auf den Boden gefallen sind. Einen leckeren Schokokeks jedoch? Klar!«

Das verstehe ich. Bei einem köstlichen Schokokeks lohnt sich das Risiko eines potenziell pathogenen Keims jederzeit.

15:15 UHR – E-MAILS

Mein Arbeitstag geht bald seinem Ende entgegen, und allmählich machen mich all die unbeantworteten E-Mails in meinem Posteingang panisch. Immer wieder kontrolliere ich dieses Posteingangsfach und klicke Nachrichten an, die rasch beantwortbar scheinen. Oft mache ich nicht viel mehr, als Nachrichten zu öffnen und zu schließen, ohne wirklich etwas zu erledigen. Öffnen, überfliegen, schließen. Öffnen, überfliegen, schließen. Und während ich das noch mache, kommen zehn neue Mails rein. Aaaargh!

Mit meiner E-Mail-Angst stehe ich nicht allein da. Der Durchschnittsmensch hat 199 ungelesene E-Mails in seinem Posteingang. Viele von uns, darunter auch ich, verspüren einen starken Drang, diese Zahl auf null zu drücken – obwohl 24 Prozent von uns einen leeren Posteingang für eine Fata Morgana halten. Angesichts des Umstands, dass das durchschnittliche Postfach – zumindest einer Analyse von 38.000 Postfächern zufolge – mehr als 8.000 Nachrichten enthält und etwa 20 Prozent von uns mehr als 20.000 Nachrichten im Posteingang haben, scheint das Ziel eines aufgeräumten Postfachs völlig illusorisch. 1971 verschickte der Programmierer Raymond Tomlinson die erste E-Mail überhaupt. (Ihr Inhalt lautete »QWERTYUIOP«.) Heute beträgt die Zahl der täglich verschickten Mails um die 270 Milliarden.

Wenn man in einem Büro arbeitet, verschlingen E-Mails wahrscheinlich den Großteil der Arbeitszeit. Eine Studie der Carleton University stellte 2017 fest, dass E-Mails ein Drittel unserer Zeit am Arbeitsplatz fressen. Menschen, die Homeoffice machen, verbringen sogar die Hälfte ihrer Arbeitszeit mit dem Lesen und Beantworten von E-Mails. Eine weitere Studie, für die 1.000 Büroangestellte in den USA befragt wurden, schätzt den Zeitaufwand sogar noch höher ein. Ihr zufolge beschäftigt sich der durchschnittliche Angestellte täglich 4,1 Stunden mit E-Mails. Das muss man sich mal auf der Zunge zergehen lassen: Die meisten von uns managen im Grunde hauptsächlich E-Mails!

Kein Wunder, dass wir eine Art Hassliebe gegenüber E-Mails empfinden. Einerseits sind sie unser liebstes Kommunikationsmittel am Arbeitsplatz, wie mehrere Studien feststellten. Eine Industrieanalyse befand im Jahr 2018, dass »86 Prozent der Arbeitnehmer in der beruflichen Kommunikation vorzugsweise E-Mails verwenden«. Ich gehöre unbedingt dazu. Ich betrachte meinen Posteingang als To-do-Liste, die Tag für Tag schwungvoll angegangen sein will. (Wie wir später sehen werden, ist das wahrscheinlich keine gute Strategie.) Andere Arten der Kontaktaufnahme oder Kommunikation brauche und möchte ich gar nicht. Ich ignoriere mein Telefon am Schreibtisch, Anrufer hören nur die Ansage, dass ich nicht auf AB-Nachrichten reagiere. (Natürlich hinterlassen die meisten Anrufer doch eine Voicemail.) Zu Hause gehe ich nur selten ans Festnetztelefon (was meine Familie in den Wahnsinn treibt). Ich lasse mein Handy ausgeschaltet (was meine Familie wahnsinnig macht). Und Direktnachrichten auf Twitter, Instagram oder Facebook ignoriere ich sowieso. Wie die meisten anderen auch, finde ich E-Mails unschlagbar.

So ist es wenig verwunderlich, dass sich die Hinweise häufen, dass ein großes E-Mail-Volumen mit größerem Stress und geringerer Jobzufriedenheit verbunden sein könnte. So befand 2011 eine Studie: »Je mehr Zeit Menschen für E-Mails aufwandten, desto stärker fühlten sie sich überlastet.« 2016 ergab eine Studie an knapp 400 Büroangestellten: »Sowohl die tatsächlich den E-Mails gewidmete Zeit als auch die Erwartungen des Arbeitgebers hinsichtlich der elektronischen Erreichbarkeit von Arbeitnehmern außerhalb der Arbeitszeiten fördern emotionale Erschöpfung.« Biomedizinische Untersuchungen haben gezeigt, dass E-Mails Puls, Blutdruck und Kortisolspiegel signifikant ansteigen lassen (Kortisol ist das primäre Stresshormon.) Je voller der Posteingang ist, desto höher ist das Stressniveau. Unterbrechungen durch E-Mails schlagen sich auch dramatisch auf die Produktivität nieder. Einer britischen Studie von 2012 zufolge »dauerte eine typische Aufgabe um ein Drittel länger, wenn man dabei von E-Mails unterbrochen wurde«. Zahlreiche Studien belegen, dass uns der E-Mail-Stress bis nach Hause verfolgt. Allein der Gedanke an E-Mails stresst uns schon!

Wir sehen also alle ein, dass wir E-Mails brauchen, gleichzeitig hassen wir sie aber auch. In seinem Artikel über die Geschichte der E-Mail nennt John Pavlus sie »die meistgeschmähte Kommunikationsmethode aller Zeiten«. Da spricht er mir voll aus dem Herzen. Oft empfinde ich E-Mails als böse, zeitraubende, spaßverderbende Nachrichten, die mir überall hin folgen.

(Übrigens hassen wir bestimmte E-Mails ganz besonders. Eine Umfrage aus dem Jahr 2018 ergab, dass uns kein Satz mehr nervt als »Ich weiß nicht, ob du meine letzte E-Mail gesehen hast.« Ja, ich habe deine letzte E-Mail gesehen und ignoriert, und jetzt schickst du mir noch eine Mail, die ich ebenfalls ignorieren werde.)

Doch obwohl die meisten von uns sehen, welch schädliche Auswirkungen E-Mails auf unser Arbeits- und Privatleben haben, entkommen wir ihrem Klammergriff nicht. Studien zufolge wacht etwa ein Drittel von uns nachts auf und checkt dann seine E-Mails. 79 Prozent von uns kontrollieren auch im Urlaub ihren dienstlichen Maileingang (ich ebenfalls), 25 Prozent sogar häufig (wieder ich). Kaum ploppt die Benachrichtigung am Bildschirm auf, dass wir eine neue Mail erhalten haben, lesen wir die Nachricht meist schon: Einer Analyse zufolge wurden 70 Prozent aller E-Mails innerhalb von sechs Sekunden nach ihrem Eingang geöffnet, auf volle 85 Prozent Mails reagierten die Empfänger innerhalb von zwei Minuten.

Das Bedürfnis, Mails rasch zu beantworten, scheint inzwischen weit verbreitet zu sein. Eine Befragung von 503 Angestellten in den USA ergab, dass ein Drittel seine E-Mails innerhalb von 15 Minuten beantwortete. Weitere 23 Prozent gaben an, sie würden E-Mails innerhalb von 30 Minuten beantworten. Im Rahmen der Umfrage gestanden viele Befragte, sie hätten ihre dienstlichen E-Mails auch auf Beerdigungen und Hochzeiten gecheckt und sogar, während ihre Frau in den Wehen lag. (Ich habe vier Kinder. Möglicherweise habe ich während der Geburt des vierten Kindes in meinen Posteingang geschaut, weil, na ja, es war das vierte und alles schien glatt zu laufen.) Eine Studie an mehr als zwei Millionen E-Mail-Nutzern aus dem Jahr 2015 konstatierte, dass bei wachsender Zahl von E-Mails unsere Antworten immer kürzer werden. Das ist weiter keine Überraschung. Aber die Forscher stellten außerdem fest, dass wir bei wachsendem Volumen möglicherweise sogar schneller reagieren. Wie Hamster im Rad strampeln wir panisch, um nicht in E-Mails zu ertrinken. Aber das gelingt uns selten.

Was können wir tun? E-Mails lösen eine Kaskade von Dutzenden oder, bei manchen von uns, Hunderten Entscheidungen täglich aus. Wie wir mit diesen Entscheidungen umgehen, kann sowohl unsere Arbeitsumgebung als auch unser Wohlbefinden erheblich beeinflussen. Wie bei so vielem, was ich in diesem Buch behandle, gibt es auch hier keine Patentlösung, selbst wenn zahllose Wirtschaftsgurus und Wellness-Päpste behaupten, ein Wundermittel gegen unsere E-Mail-Angst zu kennen. Verschiedene Faktoren beeinflussen, wie sehr E-Mails uns stressen, darunter die Art unserer Arbeit, unsere Persönlichkeit, die Natur unseres häuslichen Lebens und, vielleicht am wichtigsten, die Kultur und Erwartungen an unseren Arbeitsplatz. Die Hoffnung, es gäbe für dieses sozial komplexe Phänomen eine Patentlösung, die für jeden passt, ist unrealistisch.

Betrachten wir die verfügbaren Forschungsergebnisse und die Realitäten am Arbeitsplatz (die meisten von uns können ihre E-Mails schlicht nicht ignorieren, so gerne sie es auch täten), zeichnen sich ein paar allgemeine Regeln ab, die zumindest beitragen können, unsere Ängste zu lindern.

Wie oft solltest du deine E-Mails checken?

2017 ergab eine Analyse von 225 Millionen Arbeitsstunden, dass wir durchschnittlich alle 7,5 Minuten unsere E-Mails checken. Das ist wahrscheinlich viel zu oft. Umgekehrt geht aber auch der aktuell grassierende, übermäßig vereinfachende Zeitmanagementmythos an der Realität vorbei, dem zufolge man seinen Posteingang über lange Zeitabschnitte ignorieren sollte. Eine gängige Empfehlung, die die Massenmedien gerne verbreiten, lautet, wir sollten unsere E-Mails bündeln und den Posteingang nur ein paar Mal am Tag checken. Die Idee dahinter ist, dass man sich in der Zwischenzeit konzentriert anderen Aufgaben widmet und sich nicht dauernd von neuen E-Mails unterbrechen lässt. Auf diese Weise, so der Mythos, würden wir Stress vermeiden und konzentrierter und produktiver arbeiten. Und tatsächlich bestätigen einige empirische Forschungsergebnisse diesen Ansatz. 2015 wiesen Forscher der Universität von British Columbia 124 Probanden zufällig zu, ob sie ihre Mails dreimal täglich oder beliebig oft checken sollten. Nach einer Woche wechselten alle ihre Strategie. Der Studie zufolge waren die Teilnehmer in der Woche, in der sie ihre Mails seltener checkten, weniger gestresst und fühlten sich körperlich besser.

Dieses Ergebnis leuchtet ein, so wie das ganze »Checke weniger«-Konzept sich einfach instinktiv richtig anfühlt. Trotzdem: Es handelt sich um eine einzige Studie, an der hauptsächlich Studenten teilnahmen. Die aber unterliegen in Sachen E-Mail wohl kaum dem gleichen Erwartungsdruck wie Büromenschen. Naturgemäß durften an der Studie nur Probanden teilnehmen, die »gewisse Freiräume hatten, wann und wie oft sie ihre E-Mails checkten, und Interesse daran hatten, mit der Weise zu experimentieren, wie sie ihre E-Mails managen«. Anders formuliert: Die Studie siebte Menschen aus, die von ihrem Posteingangsfach beherrscht wurden; die Ergebnisse lassen sich also nicht so leicht verallgemeinern. Als Student checkt man seine Mails, wann es einem passt. Als Angestellter einer großen Anwaltskanzlei, eines Finanzdienstleisters, einer Tech-Firma, eines Krankenhauses oder eines Medienunternehmens kann man sich eine derart entspannte Herangehensweise schlicht nicht leisten. Vermutlich stresst es einen sogar, wenn man seinen Posteingang stundenlang ignoriert!

Dennoch stürzten sich die Medien auf diese Studie, die heute oft als wissenschaftliche Rechtfertigung für den »Seltener checken, mehr bündeln«-Ansatz herhalten muss. Wenn man »E-Mails seltener checken verringert Stress« googelt, bekommt man seitenweise Artikel, Blogs und Medienberichte aufgelistet, die sich auf diese einzige Studie beziehen. Solche Botschaften liebt die Business-Guru-Ratgeberindustrie (»Die sieben Wege zur Effektivität für E-Mail-Nutzer!«), und sie verbreiten sich rasend schnell.

Damit ich hier nicht falsch verstanden werde: Ich halte das für eine wertvolle, gut gemachte Studie, aus der wir durchaus Lehren für den Umgang mit E-Mails ziehen können. Aber wie wir es in anderen Zusammenhängen bereits gesehen haben, ist die Beweislage auch hier komplexer, als es in der Öffentlichkeit dargestellt wird. Beispielsweise ergab eine 2016 an Büroangestellten durchgeführte Studie, dass das Bündeln von E-Mails die Produktivität *gefühlt* steigerte, aber »den weit verbreiteten Behauptungen zum Trotz fanden wir keinen Beleg dafür, dass das Bündeln von E-Mails das Stressniveau senkt«. 2017 ging eine weitere kleine Studie der Frage nach, was es für die Psyche bringt, wenn die Benachrichtigungsfunktion beim Eingang neuer E-Mails abgestellt wird. Die Teilnehmer der Studie fühlten sich in der Arbeit zwar produktiver, der fehlende unmittelbare Kontakt und die Unmöglichkeit, »so schnell zu antworten, wie erwartet wurde«, stresste sie aber. Sie fühlten sich von ihren sozialen Gruppen abgeschnitten. Das Paradox, das durch seltenes Checken des E-Mail-Eingangs aufgeworfen wird, brachte der Titel der Studie auf den Punkt: »Produktiv, angespannt, einsam.«

Was ist nun die Lösung? Meiner Ansicht nach verhält es sich mit den E-Mails wie mit dem Abnehmen: Die einzig erfolgversprechende Methode ist, eine Strategie zu finden, die sich langfristig durchhalten lässt, die zu einem selbst und zum eigenen Arbeitsumfeld passt. Jeder Beschäftigte – und jedes Unternehmen – hat seine eigenen Erwartungen und Bedürfnisse. Welche Strategie man für sich auch wählt, zu ihr sollten E-Mail-freie Arbeitsphasen gehören und – falls das am Arbeitsplatz praktikabel ist – das Abschalten von E-Mail-Benachrichtigungen. (Anders als es in den Massenmedien dargestellt wird, kann das aber bedeuten, auf relativ kurze E-Mail-freie Arbeitsabschnitte abzuzielen.)

Emma Russell von der Kingston University London fasste 2017 den Stand der Literatur zusammen und kam zu einem ähnlichen Ergebnis. Professor Russell entlarvte es als Mythos, dass wir unsere E-Mails nur ein paar Mal am Tag checken sollten. Tatsächlich, sagt sie, sollten wir »den Maileingang regelmäßig überprüfen und bearbeiten, um unsere Arbeit effektiv zu priorisieren und zu kontrollieren«. Warten wir länger, macht uns die Vorstellung eines überlaufenden Eingangsfachs nur nervös.

Ich fragte Professor Russell, was sie vom E-Mail-Bündeln hält. Sie antwortete, E-Mails »sind so facettenreich und unverzichtbar geworden, dass sie nicht mehr als Nebenveranstaltung irgendwo ›abgestellt‹ werden dürfen, sondern vollständig in unser Arbeitsleben integriert werden müssen. Es sagt sich so einfach, sie ›liegen zu lassen‹ und sie nur zwei-, dreimal am Tag zu bearbeiten. Das klingt verlockend. Doch unsere Forschung zeigt, dass Menschen, die E-Mails nicht in ihren Arbeitstag integrieren, gewaltige Staus in den Eingangsfächern erleben, und das kann Stress und Gefühle von Überlastung und Kontrollverlust erzeugen.«

Professor Russells Übersichtsstudie empfiehlt, Benachrichtigungen abzuschalten und dann »alle 45 Minuten E-Mails zu löschen, abzulegen oder zu bearbeiten [...], um so den Stress spürbar zu reduzieren und die Effizienz zu erhöhen«. Das klingt nach einem praktikablen Ratschlag. Professor Russell verriet mir, dass diese Regel den meisten Arbeitnehmern half, effektiver zu werden.

Also: Mache deine E-Mail-freien Phasen so lange, wie es deinem Lebensstil, Temperament und den Erwartungen deines Arbeitsumfeldes entspricht – vielleicht 45 Minuten, vielleicht zwei Stunden, je nachdem.

Wann solltest du deine E-Mails beantworten?
Professor Dan Ariely, ein Verhaltensökonom an der Duke University, stellte fest, dass im Schnitt nur zwölf Prozent der Mails im Arbeitsleben eine rasche Reaktion erfordern. Auf mehr als ein Drittel aller Mails muss man gar nicht reagieren – die dürfen einfach gelöscht werden. Den Rest darf man getrost zurückstellen oder einfach ablegen. Einer kleinen Studie zufolge sollte man beim Ablegen nicht zu viele Unterordner anlegen, damit man nicht groß darüber nachdenken muss, wo ein Mail hingehört. (Aber gestehen wir es uns ein: Was einmal abgelegt ist, sehen wir uns wahrscheinlich nie wieder an!) Im Verlauf eines Arbeitstages kommen also nur ein paar Mails rein, die wirklich eine rasche Reaktion erfordern.

Also: Konzentriere dich darauf, diese wenigen Mails zu beantworten, und mach dir wegen der anderen keinen Kopf. Alle anderen ignorieren deine E-Mails ja wahrscheinlich auch.

Und das ist gut so – denn tatsächlich stresst uns die Vorstellung, die anderen könnten *unsere* E-Mails rasch beantworten. Wir leben in einer Welt, in der jeder sein Smartphone fast überall dabeihat und es auch ständig checkt. Man kann sich also leicht vorstellen, dass der Empfänger *deiner* klugen Nachricht sie in Nullkommanichts liest und beantwortet, während du gleichzeitig die Nachrichten anderer ignorierst. Umfragen zufolge erwarten die meisten Menschen, dass berufliche E-Mails spätestens innerhalb eines Tages, oft aber auch viel schneller beantwortet werden. Und der Druck, sofort zu reagieren, steigt kontinuierlich. Was wir bräuchten, wäre eine großzügige E-Mail-Etikette nach dem Prinzip: leben und leben lassen. Um unseren eigenen Posteingang entspannter betrachten zu können, müssen wir unsere Erwartungen herunterschrauben, wie schnell die anderen antworten sollen. Und schreibe bitte nie Mails, die mit »Ich weiß nicht, ob du meine letzte E-Mail gesehen hast« anfangen (außer es lässt sich gar nicht vermeiden).

Und zu welcher Tageszeit schickst du deine Nachricht am besten, wenn du dringend eine Antwort brauchst? Eine Online-Marketingfirma analysierte mehr als eine halbe Million E-Mails daraufhin, wie schnell sie geöffnet und beantwortet wurden. Das Ergebnis? Am besten versendest du deine wichtigen Mails am Wochenende, frühmorgens oder spätabends. An Wochenenden lagen die Antwortquoten um sechs Prozent höher als an Wochentagen – der E-Mail-Verkehr ist dünner, du hast also weniger Konkurrenz. Nach genau dieser Logik sind E-Mails bis in alle Ritzen unseres Lebens vorgedrungen. Ich finde diese Denkweise deprimierend, denn sie geht von der Vorstellung aus – die von den Daten auch gestützt wird –, dass wir selbst am Wochenende arbeiten sollten und von anderen getrost erwarten dürfen, dass sie es ebenfalls tun. Und da die Welt heutzutage nun mal so sei, sollten wir diese traurige Tatsache auch ausnützen. Ich rate dir, diesen lebenszerstörenden Rat nicht zu befolgen (allerdings darfst du dich auch nicht wundern, wenn du am Samstagmorgen um sieben eine Mail von mir bekommst).

Wie sollten wir antworten?

E-Mails stressen uns aus mehreren Gründen, unter anderem, weil sie uns zu einer Reaktion nötigen. 2018 beschrieb die Autorin und Betriebswirtschaftsprofessorin Dorie Clark in der *Harvard Business Review*, wie oft sie in ihrem Posteingang Mails findet, die ihre Zeit und Energie beanspruchen: »Ich erhielt 69 Anfragen pro Woche oder fast zehn am Tag. Es brauchte extreme Willensanstrengung, Nein zu sagen, aber es fiel mir leichter, wenn ich die Gesamtzahl betrachtete.«

Für mich ist dieser letzte Punkt entscheidend. Nein zu sagen verursacht uns Stress. Und genau deswegen finde ich es stressig, in mein Postfach zu sehen. Jeder will was von mir. Das Schuldgefühl, wenn ich einem Freund oder Kollegen etwas abschlage, wiegt schwer. Aber ich kann unmöglich zu allem Ja sagen. Vielleicht hilft es dir ja, entspannter in dein Postfach zu sehen, wenn du dir vorher eine Strategie zurechtgelegt hast, wie du Nein sagst.

Online findest du dazu jede Menge Ratschläge (gern im Business-Jargon: »Synergetisieren Sie Ihr Blu-Sky-Denken, um eine Ablehnung auf multiplen Plattformen zu optimieren«), tatsächlich gibt es aber kaum empirische Forschung zu diesem Thema. Vanessa Patrick von der Universität Houston gehört zu den wenigen, die sich wissenschaftlich damit beschäftigen, wie man Ansprüche abwehrt. Sie hat unter anderem erforscht, wie verschiedene Arten des Nein-Sagens (»Ich kann nicht« / »Ich werde nicht«) uns helfen, stark zu bleiben. (»Ich werde nicht« funktioniert übrigens am besten, falls du dich gefragt haben solltest.)

»Leute, die gescheit daherreden, aber keine Ahnung haben, bringen mich echt auf die Palme«, schimpfte Professor Patrick, als ich die allgegenwärtigen Ratschläge im Internet erwähnte. Sie erklärte, all diese Empfehlungen hätten in der Regel keinerlei wissenschaftliches Fundament. »Sag einfach Nein« ist als Prinzip, genau wie »Bündle deine E-Mails« meist zu stark vereinfacht, weil es individuelle Umstände nicht berücksichtigt. Was wir bräuchten, meint Professor Patrick, wären Strategien, die zu unserer Person passen. Momentan erforscht sie gerade, wie man das hinbekommt. Sie hat festgestellt, dass es Menschen auch schwerfällt, eine Bitte abschlägig zu bescheiden – persönlich oder per E-Mail, weil sie sich im, wie sie es nennt, »Rampenlicht der Ablehnung« wähnen. Sie stehen da und müssen handeln. Das kann Stress erzeugen. Sie möchten, dass das Rampenlicht ausgeht. »Ein gelungenes Nein muss zwei Dinge erreichen«, sagte Professor Patrick. »Es muss eine klare Botschaft senden – dass du etwas nicht machst –, gleichzeitig aber die Beziehung erhalten.«

Professor Patrick rät zu einer Variante der klassischen Schlussmach-Strategie »Es liegt nicht an dir, sondern an mir«, »Finde heraus, was dir selbst wichtig ist, und entwickle daraus eine persönliche Politik«, etwa. (Ich halte keine Vorträge mehr oder an Wochenenden arbeite ich nicht.) »Und erkläre dann, dass du einfach so tickst. Es liegt nicht am anderen, sondern an dir.« Man wird weniger Angst haben, weil man einem Plan folgt, der auf die eigenen Ziele und die eigene Persönlichkeit zugeschnitten ist. Dann, erklärte Patrick, wird der Empfänger des Neins die Entscheidung in aller Regel auch akzeptieren. Dieses Ergebnis veröffentlichte sie 2012 in einem Paper: »Sich auf eine persönliche Politik zu berufen, vermittelt stärkere Überzeugung, was zu weniger Versuchen führt, die Person noch umzustimmen.«

Angesichts des zunehmenden E-Mail-Verkehrs im Berufsleben wird es für uns immer wichtiger, zu lernen, Ansprüche auf unsere Zeit abzuwehren. Professor Patrick und ihr Team arbeiten auch daran. Sie forschen unter anderem, wie Emojis dabei helfen könnten, bestimmt, aber freundlich Nein zu sagen. »Ein Emoji kann als nonverbale Art, Nein zu sagen, sehr effektiv sein«, erklärte Patrick. »Es entlockt den anderen vielleicht ein Lächeln und wirkt wie ein Puffer. Ein sanfteres Nein.«

Genau das brauche ich, ein Emoji, das die folgende Botschaft vermittelt: »Ich stecke bis über beide Ohren in Arbeit, deine Bitte hat für mich keine Priorität und übrigens, es liegt nicht an dir, sondern an mir.« Und senden.

So, und was sind jetzt meine großen Erkenntnisse zum Thema E-Mails? Natürlich rührt das Problem zum großen Teil von unserer Kultur am Arbeitsplatz. Der Anspruch, E-Mails mehr oder weniger sofort beantworten zu müssen, kostet uns Wohlbefinden, Arbeitseffizienz und Privatleben. Da wäre es höchst hilfreich, wenn Unternehmen und Institutionen anerkennen würden, dass sich etwas ändern muss. Und an manchen Orten passiert etwas. In Frankreich verbriefte ein 2017 verabschiedetes Gesetz jedem Arbeitnehmer das »Recht, sich auszuklinken«. Ihm zufolge müssen Unternehmen mit mehr als 50 Mitarbeitern Zeiträume nach Dienstschluss festlegen, in denen keine E-Mails gesendet oder beantwortet werden dürfen. Ein ähnliches Gesetz wurde 2018 für die Stadt New York vorgeschlagen. Und einige Unternehmen wie Volkswagen schalten ihre E-Mail-Server nachts ab, damit »Ruhezeiten respektiert werden«.

Trotz dieser neueren Entwicklungen lastet auf den meisten von uns ein unverändert hoher Erwartungsdruck. Und die meisten von uns haben es nicht in der Hand, ihre Firmenkultur in Sachen E-Mail zu verändern. Was sollen wir also tun? – Uns möglichst locker machen – ganz im Einklang mit dem Thema dieses Buchs. Unser Posteingang verursacht uns ganz offenkundig Stress. Doch der Versuch, einem angesagten Managementtrend hinterherzulaufen und etwa seinen Eingangskorb ganz zu leeren, kostet einen möglicherweise nur unnötig Zeit und geistige Energie, weil er stresst und von echter, produktiver Arbeit abhält. Wie Professor Ariely meinte, läuft der Versuch, seine Mails perfekt zu managen, oft auf wenig mehr hinaus als »strukturiertes Vor-sich-her-Schieben«. Tatsächlich wird niemand auf seinem Totenbett hadern, »ach, hätte ich doch nur mehr Zeit im Leben damit verbracht, meine E-Mails zu organisieren!« Auch das Bündeln und Ignorieren von Mails mag intuitiv ansprechend klingen, ist aber wahrscheinlich eine unrealistische Option, die vielleicht noch zusätzlichen Stress erzeugt.

Mein Rat lautet: Entspanne dich. Überlege dir eine einfache Strategie, und bleibe dann dabei. Berücksichtige bloß ein paar generelle

Leitlinien: Deaktiviere Benachrichtigungen, halte nach Möglichkeit ein paar Zeitphasen E-Mail-frei, konzentriere dich auf die wichtigsten E-Mails, lösche oder lege so viel wie möglich ab und lege dir eine Strategie zurecht, wie du Nein sagst.

An diesem letzten Punkt arbeite ich noch.

16:00 UHR – HÄNDESCHÜTTELN

2018 titelte die *New York Post* einmal: »Menschen mit einem festen Händedruck sind intelligenter«, das habe die Forschung gezeigt. Sollte das stimmen, sieht es für mich schlecht aus. Ich bin ein ganz schlechter Händeschüttler. Ständig verpatze ich das Timinig, sodass ein paar Finger nicht mitkommen. Oft reiche ich meinem Gegenüber das, was Händeschüttel-Experten einen »toten Fisch« nennen. Zuletzt habe ich mir angewöhnt, in solchen Fällen eine Wiederholung zu erbitten. »Versuchen wir den Handschlag noch mal«, sage ich dann. Normalerweise willigt mein Gegenüber sofort ein, was ich als stilles Eingeständnis werte, dass mein erster Versuch offenkundig verbesserungswürdig war.

Die Ursprünge des Händeschüttelns verschwinden im Dunkel der Frühgeschichte; die Praxis existiert mindestens seit ein paar Tausend Jahren. Ein Felsbild aus dem neunten Jahrhundert vor unserer Zeitrechnung zeigt einen assyrischen König, der einem babylonischen Herrscher die Hand gibt. Lange hieß es, der Handschlag sei ein Friedenssymbol, weil beide Seiten zeigen, dass sie keine Waffe in der Hand halten. 2015 legte eine Studie allerdings nahe, dass die Geste eher biologische Wurzeln haben könnte. Die Untersuchung, für die heimlich Hunderte Menschen beim Händeschütteln gefilmt wurden, ergab, dass die Beteiligten mehr als doppelt so oft an ihrer Hand schnüffelten. Das lässt vermuten, dass der Handschlag ursprünglich eine Methode war, eine Geruchsprobe seines Gegenübers zu nehmen (was vermutlich besser ist als die Methode, die Hunde verwenden). Doch unabhängig von seiner Geschichte und seinem Zweck ist der Handschlag über viele Kulturen hinweg zur allgegenwärtigen Form der Begrüßung geworden und zur anerkannten Standardbegrüßung in der Arbeitswelt.

Es gibt gewisse Hinweise darauf, dass ein fester Händedruck dabei helfen könnte, einen guten ersten Eindruck zu hinterlassen. 2012 untersuchte eine kleine Studie mithilfe von Gehirnscans, ob ein Handschlag die soziale Interaktion verbesserte. Sie fand heraus, dass »ein Handschlag vor einer sozialen Interaktion positiv beeinflusste, wie Individuen ihren Partner in der folgenden Interaktion einschätzten und wie großes Interesse sie an weiteren Interaktionen mit ihm hatten, während er den Einfluss negativer Eindrücke verringerte«. Anders gesagt, hilft ein Händedruck, einen guten Eindruck zu machen und einen schlechten Eindruck ein bisschen zu mildern. Mehrere Studien, die 2018 von der University of California in Berkeley veröffentlicht wurden, verweisen darauf, dass ein Händedruck »Kooperationsbereitschaft signalisiert und dem Abschluss von Verträgen förderlich ist«. Die Erstautorin der Studie, Professor Juliana Schroeder, sagte, dass Händeschütteln eine konstruktive Kooperation wahrscheinlicher mache, weil es der Situation eine neue Dynamik gebe. »Es verändert, nicht nur, wie du die andere Person siehst, sondern wie du das ganze Spiel angehst«, sagte sie. »Du sagst dir: ›Wir befinden uns in einer kooperativen Situation, nicht in einer antagonistischen‹.«

Doch vor dem Händeschütteln solltest du vielleicht die Keimfrage bedenken. Wie oben erläutert, wäscht sich ein Großteil der Leute die Hände ungenügend. Ein Mensch schüttelt in seinem Leben geschätzt etwa 15.000 Hände. Darunter sind verdammt viele dreckige Pfoten.

Kein Wunder also, dass Händeschütteln längst als Übertragungsweg für pathogene Keime identifiziert wurde. Angesichts dessen empfahlen vier Experten für ansteckende Krankheiten 2018 im *Journal of the American Medical Association*, im Gesundheits- und Pflegebereich auf Händeschütteln zu verzichten. Die Experten erkennen an, dass ein solcher Verzicht mit Kosten verbunden ist. »Viele Individuen haben bereits ihre eigenen Erfahrungen mit dem Versuch gemacht, in manchen Situationen den Handschlag zu vermeiden, und sahen sich sozialen, politischen und sogar finanziellen Risiken ausgesetzt.« Deshalb, so die Autoren, bräuchten wir einen akzeptablen Ersatz, der vergleichbare soziale Vorteile bringe wie ein Handschlag, aber weniger keimträchtigen Hautkontakt erfordere. Ihr Vorschlag: die Ghettofaust.

Ähnliches wurde auch schon für Kreuzfahrtschiffe vorgeschlagen. Dort kam es bereits zu mehreren legendären Infektionswellen – meist verursacht durch Noroviren, die sich rasend schnell verbreiten und Gastroenteritis verursachen. Als in sich geschlossene Gemeinschaften sind Kreuzfahrtschiffe potenzielle schwimmende Brüter für ansteckende Krankheiten. Daher auch der Vorschlag, Passagiere sollten ihre Mitreisenden nur mit dem »Cruise Tap« begrüßen, einer verfeinerten Version des Faustgrußes, bei der sich nur zwei Knöchel kurz berühren. Das ist die nächste Stufe der Keimvermeidung.

Mehrere Studien haben gezeigt, dass beim Faustgruß – und entsprechend beim Cruise Tap – deutlich weniger Keime übertragen werden als beim Händeschütteln. 2014 ging eine Studie der Universität Aberystwyth in Wales der Keimmenge verschiedener Begrüßungen nach. Ihr zufolge werden beim Händeschütteln doppelt so viele Bakterien ausgetauscht wie bei High-Fives und zehnmal mehr als beim Faustgruß. Wenn man sich also vor Keimen fürchtet, ist der Faustgruß die erste Wahl, besonders während der Grippesaison.

Aber wie groß ist die tatsächliche Gefahr beim Händeschütteln? Wenn man in einem Krankenhaus arbeitet oder auf einem Kreuzfahrtschiff fährt, sind die Risiken ganz real. Die Gefahren sind höher als in alltäglicheren Situationen, etwa vor beruflichen Meetings oder bei der abendlichen Verabschiedung vom Kollegen. Tatsächlich gibt es erstaunlich wenig Forschung zur Weitergabe von Bakterien außerhalb des Gesundheitswesens. 2011 ermittelte eine Studie, wie sich Keime auf Abschlussfeiern verbreiteten. Um das herauszufinden, sprachen die Autoren Menschen an, die bei Abschlussfeiern in Universitäten, Highschools und Kindergärten in offizieller Funktion auf der Bühne standen und in kürzester Zeit eine Menge Hände schüttelten. Nach der Analyse von buchstäblich Tausenden Handschlägen erkannten die Forscher, dass dabei viele harmlose, aber nur wenige pathogene Keime weitergegeben wurden. Tatsächlich bezifferten sie das Risiko der Übertragung eines pathogenen Keims bei einem Handschlag auf 1 : 5.209. Das ist überschaubar.

Diese Studie hat ihre Beschränkungen – so ist der Händedruck bei Abschlussfeiern oft sehr förmlich und kurz –, trotzdem bleibt die Erkenntnis, dass wir uns entspannen dürfen. Nicht bei jedem Händedruck holt man sich Ebola.

Und was ist jetzt mit der Studie, der zufolge mein schlaffer Händedruck auf mangelnde Intelligenz hinwies? Hinter dieser Schlagzeile – und zahllosen weiteren in aller Welt – stand lediglich eine Beobachtungsstudie (die, wie wir uns erinnern, nur Korrelationen aufzeigen kann) über den Zusammenhang zwischen der Festigkeit des Händedrucks und kognitiven Funktionen (wie Merkfähigkeit, Erinnerungsvermögen und logisches Denken) in der allgemeinen Bevölkerung. Wahrscheinlich besteht dieser Zusammenhang allein deswegen, weil die Festigkeit des Händedrucks schlicht die körperliche Fitness anzeigt: Ein Mensch mit festem Händedruck hat wahrscheinlich einen höheren Muskeltonus. Auf die Qualität des Händedrucks ging die Studie gar nicht ein. Auch hier haben wir es also wieder mit einem Fall zu tun, bei dem Forschungsergebnisse verzerrt dargestellt wurden, damit eine flotte Schlagzeile herauskam. Manchmal ist ein verunglückter Händedruck einfach ein verunglückter Händedruck.

Also, schütteln oder nicht schütteln? Der Händedruck ist zutiefst in unserer Kultur verankert, Begrüßungsrituale sind kulturell derartig komplex, dass man wahrscheinlich ziemlich lange bräuchte, um sie zu ändern. Insbesondere, zumal der Handschlag ja auch potenzielle Vorteile bringt. Und es kann schwerfallen, eine freundlich entgegengestreckte Hand zu ignorieren.

In manchen Situationen wäre es allerdings vernünftig, auf einen Händedruck zu verzichten, etwa in Gesundheitseinrichtungen oder wenn man eine ansteckende Krankheit hat. Ich persönlich bin ein Fan des Faustgrußes (der Ghettoversion, nicht des erbärmlichen Cruise Tap), und finde, die Gesellschaft sollte diese keimfreie Begrüßung übernehmen. Bis dahin dürfen wir uns aber trotzdem entspannen. Ein Handschlag, ein wenig Körperkontakt kann echte Vorteile haben. Was mich zu Umarmungen bringt.

16:00 UHR – UMARMUNGEN

Ich habe nicht nur meine Probleme mit dem Händeschütteln, ich mag auch keine Umarmungen. Okay, mit Frau, Kindern und Katze kuschle ich gerne – besonders mit der Katze. Aber meine Brüder, denen ich sehr nahestehe und die ich fast so liebe wie meine Katze, umarme ich höchstens einmal im Jahr. Und damit endet die Liste biologischer Wesen schon, die ich umarmen möchte. Alle übrigen Umarmungen erdulde ich teilweise ausschließlich aus sozialem Zwang.

Leider befinde ich mich mit allen Gleichgesinnten in schwierigen Zeiten, umarmungstechnisch gesehen. Inzwischen wird in immer mehr sozialen Situationen gedrückt und geherzt, sogar am Arbeitsplatz. Wo einst ein Handschlag genügte, muss es heute schon fast eine Umarmung sein. Vage Bekannte kommen mir mit weit ausgebreiteten Armen entgegen. Einmal umarmte mich eine Verkäuferin, nachdem ich eine Jeans gekauft hatte. (Es handelte sich um sauteure Hosen aus Raw Denim, vielleicht tat ich ihr wegen meines schlechten Urteilsvermögens leid.) Wie kann man eine Aufforderung zur Umarmung ausschlagen, ohne wie ein Menschenfeind zu wirken? Gar nicht. Und so kommt es unweigerlich zum peinlichen Was-mach-ich-nur-mit-meinen-Händen-Moment.

Sehe ich die Gefahr rechtzeitig kommen, versuche ich die Situation mit einer schnellen, eindeutigen Hand-raus-für-einen-Händedruck-Geste zu entschärfen. Damit signalisiere ich allen Beteiligten, dass ich das als Gelegenheit für einen Händedruck sehe. Diese Strategie funktioniert zwar meistens gut, ist aber mit hohem Risiko verbunden. Denn mein Gegenüber könnte in genau dem Moment einen Umarmungsversuch starten, da ich einen Handschlag anbiete, und das führt dann zu einem Schnick-schnack-schnuck-Referendum über den Status unserer Beziehung. Wie gesagt, es sind haarige Zeiten für uns Nicht-Umarmer.

Womit ich nicht gesagt haben will, dass meine Haltung zu Umarmungen richtig ist. Einige wenige Forschungsarbeiten lassen vermuten, dass Umarmungen uns guttun. Einer 2015 in *Psychological Science* veröffentlichten Studie zufolge bekommen Menschen, die andere umarmen, seltener Erkältungen. Möglicherweise, so die Autoren, geben Umarmungen Menschen das Gefühl, andere seien für sie da, was stressmindernd wirke und damit das Immunsystem stärke. Weiter ergab die Studie, dass oft umarmte Menschen sich, wenn sie denn eine Erkältung bekamen, weniger krank fühlten als nicht-umarmte Teilnehmer. Eine weitere Studie, 2018 veröffentlicht, beobachtete mehr als 400 Erwachsene über zwei Wochen hinweg und kam zu dem Schluss, dass Menschen, die oft umarmten, besser mit sozialen Konflikten umgingen.

Diese Forschungsarbeiten sind sicherlich interessant. Und ihre Ergebnisse passen zu unserer Intuition darüber, wie die Welt läuft (das hatten wir im Buch schon mehrfach), nämlich, dass menschlicher Kontakt wertvoll ist. Die Boulevardmedien schlachteten das Fazit der Studien – Umarmungen sind gesund – natürlich in aller Breite aus. Dabei dürfen wir aber nie vergessen, dass die Datenlage noch dünn ist und lediglich Korrelationen gezeigt wurden. Die Studien *beweisen* nicht, dass Umarmungen gesünder machen. Es wäre eine echte methodologische Herausforderung, die gesundheitlichen Effekte von Umarmungen herauszufinden. Viele Variablen müssten bedacht werden: Welche Art Umarmung zählt überhaupt? Gelten die ruppigen, schulter-rammenden Umarmungen unter Männern auch? Wie lange muss die Umarmung dauern? Vor welcher Art Krankheit will man sich schützen? Und so weiter und so fort. Eine kleine Studie aus Japan warf sogar die interessante Frage auf, ob man überhaupt von einem Menschen umarmt werden muss. Denn, so die Forscher, selbst die Umarmung durch einen Roboter bewirke schon eine positive emotionale Reaktion. Na, dann her mit der E-Umarmung!

Versteht mich nicht falsch – Beziehungen und menschlicher Kontakt spielen eine ganz wichtige Rolle. Das zeigt ein stetig anwachsender Berg an einschlägiger Literatur. Gute Beziehungen zu unseren Mitmenschen machen uns gesünder, die Berührung durch einen nahestehenden Menschen kann einen bemerkenswerten und messbaren Effekt auf unser Wohlbefinden haben.

Aber daraus folgt nicht, dass du von der Umarmung eines Arbeitskollegen gesundheitlich irgendwie profitieren könntest. Du darfst Stan von der Buchhaltung am Ende des Budgetmeetings ruhig umarmen, wenn ihr beide das möchtet. Aber fühle dich nicht dazu verpflichtet, wenn du nicht magst. Meiner Ansicht nach sollten wir die Umarmerei am Arbeitsplatz ganz sein lassen – oder unsere Chefs dazu bringen, Kuschelroboter anzuschaffen, um Umarmungsfeinde wie mich ein wenig zu entlasten.

16:30 UHR – TORSCHLUSSPANIK!

Wie Dr. Seuss schrieb: »Wie wurde es so früh so spät?«

Das nahende Ende des Arbeitstages erschreckt mich jeden Tag neu. Ich habe dann gerade mal ein Zehntel dessen geschafft, was ich erledigen wollte. Die restlichen 90 Prozent muss ich am nächsten Tag auch noch irgendwie unterbringen. Was bedeutet, dass ich am Ende des nächsten Tages ein Zwanzigstel meines geplanten Pensums geschafft habe. Und so weiter.

So geht es fast jedem. Einer Umfrage zufolge würden 58 Prozent der Amerikaner 2.700 Dollar für eine zusätzliche Stunde am Tag bezahlen. Eine andere Studie, veröffentlicht in den *Proceedings of the National Academy of Sciences*, ergab: »Berufstätige Erwachsene berichten von größeren Glücksgefühlen nach Ausgaben, mit denen sie Zeit sparten, als nach Ausgaben für materielle Güter.« – Also: Gib dein Geld nicht für Dinge aus. Kaufe dir lieber Zeit damit.

Der Tag hat einfach nicht genügend Stunden. Aber stimmt das überhaupt oder ist die gefühlte Zeitnot nur eine Illusion?

Wir alle fühlen uns zwar unglaublich eingespannt, dabei verbringen wir in Wirklichkeit gar keinen übermäßig großen Teil unseres Arbeitstages mit echter Arbeit. Einer britischen Studie mit fast 2.000 Teilnehmern zufolge arbeiteten im Büro Tätige durchschnittlich nur zwei Stunden und 53 Minuten am Tag produktiv. Die restliche Zeit verplemperten sie in den sozialen Medien, lasen Nachrichten, plauderten und aßen. Das passt zu den Ergebnissen jener Studie von 2017, von der im E-Mail-Kapitel weiter oben schon die Rede war. Für diese Studie analysierten die Forscher die Computeraktivität während 225 Millionen Arbeitsstunden – und stellten fest, dass die meisten von uns nur 12,5 Stunden pro Woche wirklich produktiv arbeiteten. 2018 gaben bei einer weltweiten Umfrage unter 3.000 Arbeitnehmern 45 Prozent der Befragten an, sie könnten ihren Job auch in weniger als fünf Stunden täglich erledigen, obwohl sie Vollzeit arbeiten. In der gleichen

Umfrage antworteten 71 Prozent der Befragten, Arbeit beeinträchtige ihr Privatleben.

Es besteht also ein merkwürdiges Zeit-Paradoxon. Viele Menschen haben das Gefühl, fürchterlich eingespannt zu sein, aber gleichzeitig das Gefühl, einen großen Teil ihrer Arbeitszeit zu verschwenden. Tatsächlich haben sie mit beidem recht.

Wir halten uns zwar gerne für die arbeitsamste Generation seit Anbeginn der Menschheit, doch die Fakten sprechen eine andere Sprache. Studien belegen, dass wir unsere tatsächliche Arbeitszeit meist deutlich überschätzen – und dies umso mehr, je stärker wir uns eingespannt fühlen. Das Centre for Time Use Research an der Universität Oxford analysierte die Daten aus 850.000 Zeitverwendungs-Protokollen über 50 Jahre hinweg. Darin notierten Arbeitnehmer jeweils, was sie wann machten. Wie sich zeigte, lagen Arbeitnehmer, die 75 Stunden die Woche zu arbeiten behaupteten, dabei um bis zu 50 Prozent über dem tatsächlichen Wert. Einige Berufsgruppen erwiesen sich als besonders schlecht im Schätzen, darunter Anwälte, Lehrer und Polizisten, die ihre tatsächliche Arbeitszeit um mehr als 20 Prozent überschätzten.

Die Forschung ist sich weitgehend einig, dass wir seit Jahrzehnten immer kürzer arbeiten. Auch das Oxforder Centre for Time Use Research befindet, die meisten Individuen verfügten heute über mehr Freizeit als früher. Klar, manche Gruppen haben ein extrem hektisches Leben, etwa alleinerziehende Eltern. Mir ist auch klar, dass viele Menschen aufgrund verschiedenster Lebensumstände eine verrückte Anzahl an Stunden arbeiten. Und es bestehen auch erhebliche Unterschiede zwischen den verschiedenen Sektoren der Wirtschaft. In manchen Berufen werden lange Arbeitszeiten glorifiziert und belohnt, etwa bei Anwälten, Wertpapierhändlern oder Unternehmensberatern. (Was nachweislich zur Entlohnungslücke zwischen Männern und Frauen beiträgt, weil eher Männer extrem lange Arbeitstage akzeptieren.) Aber insgesamt gesehen, arbeiten wir heute kürzer als jemals in den letzten hundert Jahren – zumindest in den reichen Ländern. 1870 stellten 60-

bis 70-Stunden-Wochen die Norm dar – heute würde man sich mit 60 Wochenstunden wie ein Märtyrer fühlen. Laut Daten der OECD (Organisation für wirtschaftliche Zusammenarbeit und Entwicklung; im Grunde der Club der wohlhabenderen Nationen) arbeitete im Jahr 2000 der durchschnittliche Arbeitnehmer in Vollzeit 1.841 Stunden jährlich. Bis zum Jahr 2017 sank diese Zahl auf 1.759. In den USA fiel die Jahresarbeitszeit von 1.832 auf 1.780 Stunden, in Kanada von 1.779 auf 1.695. (Während Deutsche im Jahr 2015 durchschnittlich nur 1.371 Stunden arbeiteten!) Wie man es auch dreht und wendet, wir arbeiten immer kürzer.

Vergessen wir nicht, dass der Durchschnittsmensch sehr viel Zeit mit Beschäftigungen verbringt, die nicht unter »produktive Tätigkeit« laufen: Die meisten Amerikaner sehen täglich fast drei Stunden fern. Sie glotzen also länger in die Röhre, als sie sich um ihre Kinder kümmern, Sport treiben, kochen oder den Haushalt machen. Einem Gutachten des Wirtschaftsprüfungsunternehmens Deloitte zufolge sahen Amerikaner im Jahr 2018 durchschnittlich 38 Stunden pro Woche fern, was einer Vollzeitbeschäftigung entspricht. Bei den nicht-produktiven Beschäftigungen folgt mit riesigem Abstand »Treffen mit Freunden und Kommunizieren mit echten Menschen«, wofür wir täglich 39 Minuten aufwenden. Hier eine weitere traurige Statistik: Die Altersgruppe von 15 bis 44 Jahre liest gerade mal zehn Minuten am Tag. Die Leute *fühlen* sich fürchterlich eingespannt, aber trotzdem schaffen sie es, drei Stunden täglich in den Fernsehschirm zu glotzen. Das soll jetzt nicht wertend gemeint sein. Echt. Es gibt jede Menge guter Fernsehprogramme. Aber läuft fernsehen unter »beschäftigt sein«?

Zum allgemeinen Gefühl, wir wären alle ach so eingespannt, trägt wahrscheinlich auch das »Busy Bragging« bei, die Klage, wie viel man schufte. In einer gar nicht so fernen Vergangenheit galt Muße als Zeichen des Wohlstands. Reiche Menschen mit hohem sozialen Status saßen untätig auf ihren Landsitzen, *Gatsby*-mäßig, und machten im Grunde nichts weiter, als toll auszusehen. Freizeit war ein Statussymbol. Heute hingegen gilt Überarbeitung als ein Ehrenabzeichen. Sie zeigt, dass man gebraucht wird und wichtige Aufgaben erfüllt.

Eine Reihe von Studien, die von Professor Silvia Bellezza an der Columbia University durchgeführt und 2017 im *Journal of Consumer Research* veröffentlicht wurden, belegt die Existenz des »Busy Bragging«-Phänomens. Für ein Experiment wies man eine Gruppe an, Freizeit-Posts auf Facebook anzusehen, und eine andere Gruppe, Posts zu lesen, deren Autoren sich als schwer beschäftigt darstellten. Wie sich zeigte, schrieben die Probanden den Eingespannten einen höheren Status zu als denjenigen, die nicht durchblicken ließen, wie voll ihr Terminplan war. Offenbar merken Menschen, dass ihr sozialer Status steigt, wenn sie als viel beschäftigt wahrgenommen werden, und neigen entsprechend dazu, in der Hinsicht zu übertreiben.

Professor Bellezza ist eine Expertin dafür, wie Konsumenten Produkte zur Selbstdarstellung verwenden. »In entwickelten Volkswirtschaften gelten lange Arbeitszeiten und Beschäftigt-Sein offenbar als Signal dafür, dass man über wünschenswertes Humankapital verfügt«, erklärte sie mir. Wer mit überlangen Arbeitszeiten angibt, zeigt der Welt, dass seine Fähigkeiten »auf dem Arbeitsmarkt sehr gefragt und rar sind, was zu einem höheren zugeschriebenen Status führt«.

Professor Bellezza und ihre Kollegen untersuchten auch, wie Menschen mit hohem Status, insbesondere Prominente, in den sozialen Medien mit ihrer Arbeitsbelastung angeben. Von 1.100 analysierten Tweets ging es in zwölf Prozent um Klagen, wie viel beschäftigt jemand war und wie wenig Freizeit ihm blieb. »War so lächerlich eingespannt in Meetings und Anrufen, dass ich meine Fans vernachlässigt habe«, lautet der typische Promi-Busy-Brag. Nachrichten dieser Art tragen dazu bei, dass es ganz normal wird, mit seiner Arbeitsbelastung anzugeben, und vermitteln den Eindruck, Menschen mit hohem Status seien stets schwer beschäftigt – was umgekehrt die Überzeugung befeuert, wer sich als erfolgreich betrachte, müsse sich auch schwer beschäftigt fühlen.

Viele von uns haben diese Vorstellung längst verinnerlicht. Auf Fragen, wie es uns gehe, klagen wir gerne nach dem Motto: »Geht schon, aber ich bin voll im Stress.« (Ich mache das immer noch, obwohl ich zum Busy-Brag-Phänomen recherchiert habe. Die Klage ist zur Norm geworden, einem neuen Small-Talk-Tick.) Wir fühlen uns auch deswegen so eingespannt, weil wir glauben, wir *sollten* schwer beschäftigt sein, und, meist unbewusst, wünschen, dass die Menschheit uns auch so sieht. Aufgrund dessen, so Professor Bellezza, »breitet sich das Phänomen, dass jeder klagt, er sei unglaublich eingespannt, immer stärker in der heutigen amerikanischen Kultur aus.« Als Beispiel dafür zog sie die traditionellen Weihnachtsrundbriefe an Freunde und Verwandte heran. Deren Analyse ergab, dass »Bemerkungen zu ›verrücktem Terminstress‹ seit den 1960ern dramatisch zugenommen hatten«. Mit unseren Berichten über das vergangene Jahr möchten wir vor allem eine Botschaft rüberbringen: Wir sind ja sooo beschäftigt! Die Kinder sind beschäftigt, Hund und Katze sind beschäftigt und, vor allem, der Autor des Briefs ist beschäftigt. Niemand schreibt: »Wir hatten ein tolles Jahr, in dem wir alle sechs Staffeln von House of Cards ansahen. Wir schauten uns sogar die Staffel ohne Kevin Spacey an! Verrückt, ich weiß. Wie letztes Jahr surfte unser kleiner Johnny wieder etwa neun Stunden täglich im Internet. Typisch Teenager!«

Der Umstand, dass wir unser Büro in der Hosentasche mit uns herumtragen, verstärkt das Gefühl noch, wir wären überaus beschäftigt. Es gibt immer etwas, was wir tun *könnten* – E-Mails checken, Kollegen anrufen, Dokumente durchsehen. Das vermittelt uns unterschwellig das Gefühl, wir wären »beschäftigt«, obwohl uns in Wirklichkeit nur das schlechte Gewissen kneift, dass wir arbeiten *sollten*, weil wir arbeiten *könnten*. Tatsächlich gibt es Hinweise darauf, dass Menschen danach streben, sich beschäftigt zu fühlen, weil sie sich sonst als verantwortungslos unproduktiv betrachten müssten. Eine Übersichtsstudie darüber, wie wir Zeit wahrnehmen, 2019 in *Current Opinion in Psychology* veröffentlicht, spekulierte, Menschen würden nicht deswegen hart arbeiten, um schneller Freizeit zu haben, sondern um Untätigkeit zu vermeiden, denn Untätigkeit würde ja bedeuten, dass unsere Fähigkeiten nicht gebraucht werden.

Und dann hat sich noch die Natur unserer Arbeit verändert. Früher hatten viele Aufgaben ein natürliches Ende. Man bringt die Ernte ein, bis nichts mehr auf dem Feld ist. Man baut am Fließband etwas zusammen, bis die Fabriksirene heult. Doch in unserer heutigen Wissensgesellschaft gibt es, wie der Journalist Oliver Burkeman schreibt, »immer neu hereinkommende E-Mails, ständig Meetings, immer noch etwas zu lesen, immer Ideen, denen man noch nachgehen könnte – und die mobile digitale Technik ermöglicht uns, immer noch ein paar Punkte von der To-do-Liste abzuhaken, von zu Hause, im Urlaub oder im Fitnessstudio«. Und so stellt sich fast zwangsweise das Gefühl ein, alles wachse uns über den Kopf.

Die Behauptung, wir hielten uns für beschäftigter, als wir es tatsächlich sind, klingt möglicherweise ein wenig beleidigend. Unterstellt sie doch, dass wir lügen und in Wirklichkeit nicht so viel, wie Professor Bellezza es ausdrückt, »wünschenswertes Humankapital« haben. Meiner Ansicht nach wissen die meisten von uns im Grunde ihres Herzens, dass sie eigentlich gar nicht so übermäßig eingespannt sind. 2015 gaben bei einer Umfrage mit mehr als 10.000 Teilnehmern aus 28 Ländern 42 Prozent der Befragten an, sie stellten ihre Arbeitslast übertrieben dar. Volle 60 Prozent glaubten, dass andere Menschen das taten. Unter den Millennials liegen die Zahlen noch höher: 51 Prozent räumten ein, dass sie ihre eigene Geschäftigkeit übertrieben, 65 Prozent glaubten, die meisten anderen würden das auch tun.

Viele von uns erleben keine echte Zeitnot. Eigentlich müsste man eher von einem Zeitparadox sprechen. Viele Faktoren, darunter die sich verändernde Arbeitswelt und der Wunsch, ein bestimmtes Image zu vermitteln, tragen zum Gefühl bei, wir würden uns fürchterlich abstrampeln, obwohl das bei objektiver Betrachtung nicht zutrifft – oder zumindest nicht notwendig wäre.

1930 traf der berühmte Ökonom John Maynard Keynes seine berühmte Vorhersage, dank der wirtschaftlichen und technologischen Fortschritte würden seine Enkel nur noch drei Stunden am Tag arbeiten – und das auch nur, wenn sie wollten. Betrachtet man unsere wirklich produktive Arbeitszeit, lag Keynes gar nicht weit daneben. Die Auswirkungen moderner Technik auf unsere Freizeit konnte er natürlich nicht ahnen. Anstatt uns zu befreien, vermittelt sie uns das Gefühl, wir wären ständig beschäftigt, selbst wenn wir es gar nicht sind. (Ich wiederhole, für bestimmte Kategorien von Beschäftigten gilt das ausdrücklich nicht: Beschäftigte in Berufsfeldern, in denen Wochenarbeitszeiten von 50 und mehr Stunden geradezu verlangt werden, Menschen mit wechselnder Schichtarbeitszeit und Menschen, die mehrere Jobs haben, um finanziell über die Runden zu kommen.)

Das Gefühl, schwer beschäftigt zu sein, kann sich positiv oder negativ auf unser Privat- und Arbeitsleben auswirken. Einerseits kann das Gefühl, so überlastet zu sein, dass es Stress erzeugt, unsere Gesundheit und unser berufliches Umfeld beeinträchtigen. Wenn wir zu lange arbeiten und uns überlastet fühlen, leiden unsere Produktivität und Kreativität. Vielleicht verlegen wir uns in unserer Verzweiflung auf Multitasking – was unsere Leistung weiter schmälert und ironischerweise die gefühlte Zeitnot nur noch verstärkt. Das Gefühl, nur noch im Hamsterrad zu stecken, kann sich auf den Nachtschlaf niederschlagen und Entscheidungen begünstigen, die unserer Gesundheit schaden.

Andererseits hat Emsigkeit auch ihre Vorteile. Menschen, die sich vielbeschäftigt glauben, schließen ihre Aufgaben mit größerer Wahrscheinlichkeit ab, und das tun sie auch schneller, vermutlich weil sie den Drang spüren, ihre Zeit effektiv zu nutzen. Das richtige Niveau von Geschäftigkeit – jener Sweet Spot, in dem wir zwar das Gefühl haben, es sei mächtig was los in unserem Leben, wir aber noch nicht panisch herumhetzen – geht einher mit größerer Lebenszufriedenheit. Einiges weist darauf hin, dass geschäftigere Städte glücklichere Städte sind. (Achtung, auch hier handelt es sich nur um eine Korrelation!)

Und das Gefühl, beschäftigt zu sein, geht mit einer stärkeren Selbstkontrolle einher. 2018 etwa ergab eine Hongkonger Studie, dass »eine geschäftige Einstellung das Selbstwertgefühl von Menschen erhöht und so die Selbstkontrolle verbessert.« Und diese verstärkte Selbstkontrolle führt potenziell zu gesünderen Entscheidungen in Sachen Ernährung oder Sport. Einer der Autoren, Amitava Chattopadhyay, fasste die Erkenntnisse in einer Presseerklärung folgendermaßen zusammen: »Wenn wir uns als viel beschäftigt begreifen, gibt das unserem Selbstvertrauen einen Schub, und das gibt mitunter den Ausschlag zugunsten der gesünderen Alternative.«

Darüber hinaus gibt es zarte Hinweise darauf, dass Geschäftigkeit mit verbesserten kognitiven Fähigkeiten in Zusammenhang steht. 2016 zeigte eine Studie an mehr als 300 amerikanischen Erwachsenen, »dass größere Geschäftigkeit mit höherer Verarbeitungsgeschwindigkeit, besserem Arbeitsgedächtnis, besserem episodischem Gedächtnis, erhöhter Denkfähigkeit und schnellerer Wissensgenerierung einherging«.

Wie immer müssen wir aufpassen, solche Studien nicht überzubewerten – Geschäftigkeit lässt sich als Phänomen nur schwer untersuchen. Ein Großteil der Studien zeigt nur Korrelationen auf – das heißt, Geschäftigkeit steht nur in Zusammenhang mit einem bestimmten Ergebnis. Wir wissen nicht, ob sie das Ergebnis auch herbeigeführt hat. Und was bedeutet »Geschäftigkeit« überhaupt genau? Verstehen wir alle das Gleiche darunter? Handelt es sich um eine diskrete, konsistente Variable, die sich sinnvoll und verlässlich messen lässt? Trotz der methodologischen Herausforderungen bei der Untersuchung des Phänomens darf man wohl getrost sagen, dass das Konzept der »Geschäftigkeit« weniger greifbar ist, als gerne angenommen wird. Geschäftigkeit ist weder eine Krankheit, die ausgerottet gehört, noch ein glorreicher Seinszustand.

Dennoch erklären viele von uns, sie seien so eingespannt, dass es ihr Leben beeinträchtigt. 2019 fasste eine Literaturübersicht zusammen: »Etlichen Umfragen aus jüngster Zeit zufolge klagen etwa zwei Drittel aller Amerikaner, dass sie sich immer oder gelegentlich gehetzt fühlen. Die Hälfte aller Befragten sagt, sie hätten gefühlt nie verfügbare Zeit.«

Was lässt sich dagegen unternehmen? Zum Glück gibt es viele praktische Strategien, die wir einsetzen können, um Stress durch Überbeschäftigung zu senken. Als Erstes wäre der offenkundige Rat zu nennen, es mal langsamer anzugehen. Das mag jetzt platt klingen oder sogar widersprüchlich (wie soll Runterschalten denn dabei helfen, mehr zu schaffen?), doch die Daten zeigen: Es kann schon reichen, sich die Zeit zu nehmen, einmal tief durchzuatmen und sich auf eine einzige Aufgabe zu konzentrieren, um stresserzeugte Ängste zu lindern. Also: Konzentriere dich auf das, was erledigt werden muss. Verzichte auf Multitasking (das hatten wir im Verlauf unseres hypothetischen Tages schon ein paar Mal). Versuche, dich auf jeweils eine anstehende Aufgabe zu konzentrieren, soweit dein Job das zulässt. Das macht dich nicht nur produktiver, es lindert auch jenes Gefühl der Zerrissenheit, das so viel Stress erzeugt. Ein weiterer kluger Rat wäre, strikt zwischen Arbeit und Freizeit zu trennen. Nur weil du dein Büro in der Hosentasche dabeihast, heißt das nicht, dass du 24 Stunden am Tag in Bereitschaft sein musst.

Schlechtes »Grenz-Management«, wie es in der wissenschaftlichen Literatur heißt, steht in Zusammenhang mit erhöhtem Stress und vermindertem Wohlbefinden. 2018 etwa befand eine Studie an fast 2.000 Angestellten, dass diejenigen, die »Arbeit und Leben stark integriert hatten« – also nur unscharfe Grenzen zogen –, »von weniger erholsamen Tätigkeiten berichteten, entsprechend erschöpfter waren und ihre Work-Life-Balance negativer sahen«. Feste Grenzen verhindern, dass überlastungsbedingter Stress sich in jeden Winkel deines Lebens frisst.

Du solltest dir auch klarmachen, dass du nie alles erledigt bekommen wirst. Den Alles-sofort-machen-Kampf kannst du nicht gewinnen. Akzeptiere das einfach. Die Uhr gewinnt immer. Ich empfand es als Befreiung, als ich diese Tatsache akzeptierte. Seitdem konzentriere ich meine Energien auf die Dinge, die meine Zeit verdienen. Und kalkuliere immer Hofstadters Gesetz mit ein, wenn du schätzt, wie lang es dauern wird, deine Prioritätenliste abzuarbeiten: »Alles dauert länger als erwartet – selbst wenn man Hofstadters Gesetz schon berücksichtigt.« Studien belegen, dass wir übertrieben optimistisch einschätzen, wie schnell wir Aufgaben erledigen. (Dieser sogenannte »Planungsfehlschluss« ist ein weiteres Beispiel dafür, wie Menschen ihre eigenen Fähigkeiten überschätzen.) Interessanterweise betrachten wir pessimistischer, wie schnell andere Menschen ihre Aufgaben bewältigen werden. Wir denken: »Ich würde das schnell und effizient erledigen, aber Stan braucht sicher wieder ewig.« In Wirklichkeit bist du wahrscheinlich genauso langsam wie Stan. Plane das ein.

Für den besten Rat halte ich aber immer noch, sich auszuklinken. In diesem Buch hier geht es um Entscheidungen, und so rate ich dir: Entscheide dich bewusst, diesen »Ich-bin-ja-soo-beschäftigt«-Käse nicht mitzumachen. Am Totenbett gibt es keine Extrapunkte für denjenigen, der sich am beschäftigsten gefühlt hat. Eine ehrliche Einschätzung deines aktuellen Terminplans und eine Neuauslegung des Begriffs von Geschäftigkeit kann dir zu einer entspannteren Sichtweise verhelfen. Leichter gesagt als getan und übermäßig vereinfacht, sagst du? Vergiss nie, dass der gefühlte Stress durch Überbeschäftigung ein Wahrnehmungsphänomen ist, erzeugt durch kulturellen Druck und technologische Möglichkeiten. Deshalb leuchtet ein, dass eine Korrektur dieser Wahrnehmung – diese subjektive Einschätzung der Zeit – wohltuend wirken kann.

Einige empirische Belege sprechen für diese Strategie. Eine 2015 im *Journal of Marketing Research* veröffentlichte Studie beschrieb eine Reihe von Experimenten, bei denen Stress durch ein Gefühl der Überarbeitung gezielt erzeugt oder gemindert werden sollte. Dabei zeigte sich: Wenn Menschen ihre Zeit im Kontext von Zielkonflikten wahrnahmen (also der Notwendigkeit, verschiedene Dinge gleichzeitig zu erledigen), fühlten sie sich gehetzter und gestresster, als wenn sie ihre

Geschäftigkeit als positive Spannung wahrnahmen (die Autoren sprachen von »Umdeutung der Angst«).

Um jetzt Dr. Seuss' Frage zu beantworten, wie es so früh so spät werden konnte: Ist es gar nicht. Du glaubst das nur. Und diese Tatsache musst du dir immer wieder vor Augen halten.

III. SPÄTNACHMITTAG UND ABEND

17:00 UHR – SPORT

Ja! Mach Sport!

Mach, was immer dir Freude bereitet: Wirf Traktorreifen um, geh mit Freunden spazieren, radle im Dunklen zu lauter Musik auf dem Hometrainer, spring Seil, lauf Treppen hoch, mach Jazzdance, lauf Parkour, spiel Ultimate Frisbee, mach CrossFit (ich will gar nicht wissen, was das ist), geh klettern, radfahren, ringen … Mach nur irgendwas!

Ja, aus wissenschaftlicher Sicht bringen bestimmte Übungen (wie Intervalltraining und Krafttraining) mehr physiologischen Nutzen und sind effizienter als andere. Und manche sogenannte Fitnesstrends, deren gesundheitliche Vorteile überhaupt nicht belegt sind, halten uns im Grunde von echtem Sport ab (ich meine dich, du angesagtes Yoga). Aber im Grunde zählt nur, dass wir uns bewegen. Also hoch mit dem Hintern! Der Nutzen sportlicher Betätigung ist so altbekannt und gut belegt, dass ich hier kein weiteres Wort darüber verlieren muss. Bewegung ist gut, fast immer.

Aber ist nach der Arbeit ein guter Zeitpunkt dafür? Fitnessgurus können sich endlos über den idealen Trainingszeitpunkt auslassen, tatsächlich aber gibt es zu diesem Thema bisher nur ganz vereinzelte Erkenntnisse. Einige Studien lassen vermuten, dass morgendlicher Sport beim Abnehmen helfen könnte. Und es gibt Hinweise darauf, dass Sport am Nachmittag für die Stabilisierung der Blutzuckerwerte am besten ist. Glaubt man allerdings einer Studie von 2019, für die Mäuse im Hamsterrad liefen, bringt Bewegung am Abend am meisten. Doch viele dieser Untersuchungen sind alles andere als überzeugend. Die Daten stammen oft aus kleinen Studien oder kurzzeitigen Experimenten, bei denen sich kleine Differenzen ergaben. Und einige der Daten rühren aus Tierversuchen. Man sollte sie also vorsichtig interpretieren, schließlich laufen wir beim Sport nicht im Hamsterrad.

Erwachsene sollten sich pro Woche mindestens 150 Minuten locker aerob bewegen und dazu noch etwas zur Stärkung der Muskulatur tun – eigentlich ein sehr überschaubares Programm. Doch etwa 80 Prozent aller Amerikaner bewegen sich weniger als empfohlen. Für Kanada sehen die Zahlen ähnlich traurig aus. Und um Kinder steht es noch schlimmer; nur sieben Prozent bekommen die empfohlene Menge an mäßiger und lebhafter Bewegung.

Wir bewegen uns viel weniger, als wir glauben. Im Rahmen einer Studie gaben Kanadier im Jahr 2018 an, sie würden sich täglich 50 Minuten bewegen, dabei kamen sie objektiv gemessen lediglich auf 23 Minuten Bewegung. (Das ist eine gute Ermahnung, sich mehr zu bewegen, als man eigentlich für nötig hält.) Angesichts dieser traurigen Realität sollte die Priorität schlicht lauten, die Menschen irgendwie dazu zu bringen, sich zu bewegen, egal ob morgens, mittags oder abends. Die beste Zeit, Sport zu treiben, ist, wenn man Lust dazu hat.

Ich trainiere meist relativ spät am Tag, oft erst nach 20 Uhr. Mir hilft das, herunterzukommen und eine Grenze zwischen Arbeit und Nachtruhe zu ziehen. (Es mehren sich übrigens die Belege, dass abendlicher Sport – im Gegensatz zur gängigen Meinung – dem Nachtschlaf keineswegs abträglich ist.)

Also: Lass dich von kleinstteiligen Anweisungen nicht irremachen, was Timing, Rehydrierung, Atmung, Bekleidung, Schuhe, Zusatzpräparate, Art, Dauer und Intensität des Sports angeht. Es zählt allein, dass du dich bewegst.

17:45 UHR – ZEIT MIT DEN KINDERN VERBRINGEN

Ich bin mir ziemlich sicher, dass meine Eltern mich geliebt haben. Meine Mutter ganz bestimmt. Sie hatte einen beißenden Humor, war enorm belesen und hätte jederzeit lieber mit einem Martini in der Hand über historische Belanglosigkeiten im britischen Königshaus diskutiert, als die Wäsche zu machen oder unsere Pausenbrote herzurichten. Trotzdem zweifelte ich nie an ihrer Liebe. Bei meinem Vater bin ich mir da nicht so sicher. Er war fast immer abwesend – körperlich oder emotional –, ganz der Typ verrückter Wissenschaftler. Manchmal schien mir, er halte mich und meine Brüder eher für billige Arbeitskräfte als für seine Kinder. Fast jeden Sommer musste ich ihm bei seinen Experimenten helfen – schon als Erstklässler. Nein, einen Preis als Eltern des Jahres hätten meine Eltern wohl kaum bekommen. »Erziehung« fand kaum statt, wir wurden ja fast nie beaufsichtigt. Hier einige Dinge, die ich machte, ohne dass meine Eltern ein Wort darüber verloren: Ich organisierte Schwertkämpfe mit selbst gemachten, rasiermesserscharfen Waffen, ich baute raketengetriebene Mini-Marschflugkörper und ließ sie fliegen, ich baute unterirdische Befestigungen mit langen, hochgradig einsturzgefährdeten Stollen und ging schon im Alter von sechs Jahren allein auf ganztägige Erkundungstouren, auf denen ich felsige Strände, Baustellen und verlassene Häuser erforschte. Niemand kontrollierte meine Noten (oder zeigte überhaupt nur Interesse dafür), meine Hausaufgaben oder meine außerschulischen Aktivitäten. Niemand brachte mich zu Freunden oder holte mich ab (ich ging halt zu Fuß), nie musste ich abends anrufen und Bescheid geben, wo ich war. Ich war einfach weg, bis ich heimkam.

Ich fühlte mich geliebt und geborgen. Ich hatte ein glückliches, trubeliges Zuhause.

2017 ergab eine Umfrage unter 2.000 Eltern von schulpflichtigen Kindern, dass sie sich durchschnittlich 23-mal die Woche vorwarfen, ihre Kinder zu vernachlässigen. Die wichtigsten Selbstvorwürfe lauteten: »Ich bin nicht genug zu Hause«, »Ich spiele nicht genug mit den Kindern« und »Ich arbeite zu viel«. Einer ähnlichen Umfrage im Jahr 2018 zufolge kämpfen 57 Prozent der Eltern damit, »Qualitätszeit« zu finden, um sie mit den Kindern zu verbringen. 44 Prozent der Eltern sagten, das würden die Kinder ihnen auch vorwerfen. Angesichts dieses Drucks und der anhaltenden ungleichen Verteilung von Elternpflichten erstaunt es nicht weiter, dass arbeitende Mütter deutlich mehr Schuldgefühle haben als Väter. 2017 befand eine Studie sogar, etwa zwölf Prozent der Eltern hätten einen ausgewachsenen »Eltern-Burnout« erlebt, der stark durch das Gefühl mitverursacht wurde, man würde nicht genug tun.

Eltern hatten schon immer Schuldgefühle (wobei im Großteil der Menschheitsgeschichte die schuldgefühlerzeugende Hauptsorge immer war, die Kinder überhaupt am Leben zu erhalten). Aber heutzutage scheint der Druck auf Eltern gewaltiger als je zuvor. 2018 erklärte eine Mutter, die für eine Studie zu elterlicher Erschöpfung interviewt wurde: »Uns schwebt ein Idealtypus der Perfektion vor, und so stecken wir uns kaum erreichbare Ziele.« Viele Faktoren tragen zu diesem Trend bei, nicht zuletzt Idealbilder im Fernsehen, die unrealistische Erwartungen wecken. 2015 etwa zeigte eine Studie, dass Mütter die »Diskussionen um Promi-Mütter« verfolgten, Erziehung eher als Wettbewerb betrachteten und eine »intensive Bemutterungsideologie«, wie die Autoren es nannten, übernehmen.

Die sozialen Medien verstärken diesen Trend noch. Es mehren sich die Bedenken, wonach das Teilen idyllischer Fotos und Geschichten auf Plattformen wie Instagram und Facebook unrealistische Ansichten dazu befördern könnten, was Elternschaft bedeutet. 2017 untersuchte eine Studie an mehr als 700 Müttern, wie soziale Medien die Einstellungen und Sorgen von Eltern beeinflussten. Wie sich zeigte, brachten sie Eltern dazu, sich stärker mit anderen zu vergleichen – mit allen negativen Konsequenzen. So etwa verstärkten sich Gefühle der »Rollenüberlastung« (das heißt, es gibt schlicht zu viel zu tun, als dass man es schaffen könnte) und der eigenen Unzulänglichkeit als Mutter.

Die Popkultur vermittelt uns eine eindeutige Botschaft: Gute Eltern verbringen viel Zeit mit ihren Kindern, selbst wenn sie dafür beruflich zurückstecken müssen. Angeblich schied die Schauspielerin Katherine Heigl aus der beliebten Serie *Grey's Anatomy* aus, um mehr Zeit für ihre Kinder zu haben. Lily Allen und Lauryn Hill nahmen aus ähnlichem Grund Auszeiten von ihren Karrieren als Musikerinnen. Matt LeBlanc stieg aus der beliebten Sendung *Top Gear* aus, um sich mehr seiner Familie widmen zu können. Und der Komiker und Schauspieler Rick Moranis verließ das Unterhaltungsgeschäft ganz, um sich mehr auf die Familie konzentrieren zu können. Ich will diese Entscheidungen gar nicht bewerten, sie kamen sicher aus ganzem Herzen. Aber ich möchte die Eltern dieser Welt ausdrücklich warnen: Genug ist nie genug! Ihr werdet den Erwartungen eurer Umwelt nie gerecht werden.

Irrtümlicherweise glauben heutzutage viele Eltern, die Welt sei erheblich gefährlicher als früher (obwohl, wie wir gesehen haben, genau das Gegenteil zutrifft), weshalb mehr Aufsicht nötig sei.

Die zentralen Fragen lauten deshalb: Müssen wir uns wirklich so schuldig fühlen, weil wir so wenig Zeit mit unseren Kindern verbringen? Und ist mehr »Qualitätszeit« mit den Kindern wirklich so wichtig, wie wir glauben?

Betrachten wir zunächst, wie viel Zeit wir tatsächlich mit unseren Kindern verbringen. Dem Eindruck vieler Eltern, sie würden zu wenig Zeit mit den Kindern verbringen, zum Trotz ist die »Elternzeit« in den letzten Jahrzehnten angestiegen. Im Jahr 1965 kümmerten sich Männer am Tag gerade mal 16 Minuten um ihre Kinder. Im Jahr 2012 hatte sich das schon auf 59 Minuten gesteigert. Heute wie damals kümmern sich Frauen stärker um die Kinder (keine Überraschung), und sie widmen ihnen heute mehr Zeit als früher. Dem Pew Research Center zufolge betreuten Mütter im Jahr 1965 zehn Stunden pro Woche ihre Kinder, im Jahr 2016 waren es 14 Stunden.

Diese Zahlen erzählen eine widersprüchliche Geschichte. Einerseits verschärft der verstärkte Aufwand für Kinderbetreuung durchaus die wahrgenommene Zeitknappheit noch. Gleichzeitig belegen die Zahlen aber, dass wir heute *mehr* Zeit mit unseren Kindern verbringen, trotz des hartnäckigen Eindrucks, wir täten das nicht.

2018 untersuchte Melissa Milkie von der Universität Toronto, inwieweit das Gefühl, man verbringe zu wenig Zeit mit den Kindern, sich auf die geistige und körperliche Gesundheit von Eltern auswirkte. Fast die Hälfte aller befragten Eltern glaubten, zu wenig Zeit mit den Kindern zu verbringen. Andere Studien kamen zu ähnlichen Resultaten. Außerdem stellten die Forscher um Professor Milkie fest, dass die Sorge, man vernachlässige seine Kinder, hauptsächlich auf sozialen Erwartungen basierte und in der Realität nicht begründet war. Wiederholt verweisen die Autoren in ihrer Studie darauf, dass Eltern heute mehr Zeit mit ihren Kindern verbringen als noch vor wenigen Jahren. Dennoch wirkt diese empfundene »Betreuungslücke«, wie die Forscher schrieben, bei Eltern als echter Stressfaktor, der zu Wut, Verzweiflung und Schlaflosigkeit führt. »Für das Wohlbefinden berufstätiger Eltern spielt das Gefühl, sie würden genug Zeit mit den Kindern verbringen, eine erhebliche Rolle«, folgern die Autoren. Das stimmt – wobei die Definition von »genug« kulturell beeinflusst wird und inzwischen ein realitätsfernes Ideal widerspiegelt. Wie die Autoren schreiben: »Es ist unklar, was die Eltern als unzureichend empfinden. Ironischerweise nehmen viele Eltern eine Betreuungslücke wahr und leiden darunter, obwohl sie im Vergleich zu früheren Generationen sehr viel Zeit mit ihrem Nachwuchs verbringen.«

Aber wie viel Zeit ist nun »genug«? Bestimmt möchten Eltern nicht zuletzt deswegen mehr Zeit mit ihren Kindern verbringen, weil es ihnen gefällt. Ich habe vier Kinder. Auf meinen häufigen Dienstreisen vermisse ich sie schrecklich. Aber Schuldgefühle und Stress entstehen bei Eltern erst durch die Vorstellung, sie *sollten* den Kindern mehr Zeit widmen, nicht zum Privatvergnügen, sondern für das Wohlergehen der Kinder.

Und hier wird es interessant. Denn es gibt praktisch keine wissenschaftlichen Belege für die gängige Auffassung, mehr elterliche Zuwendung mache Kinder gesünder oder glücklicher. Eine 2015 veröffentlichte Studie mit dem Titel »Spielt es eine Rolle, wie viel Zeit Mütter mit Kindern oder Heranwachsenden verbringen?« hatte Tausende Kinder über Jahre hinweg beobachtet und kam zu dem Schluss, dass die Antwort in der Regel »Nein« lautete. Die Dauer der elterlichen Zuwendung spielte keine Rolle für das aktuelle Wohlergehen und für das Wohlergehen fünf Jahre später. Dieser Studie zufolge hat »in Kindheit und Jugend die Dauer der mütterlichen Zuwendung keine Auswirkungen auf das Verhalten, die Gefühle oder den Schulerfolg von Kindern«. Eine andere Studie ging 2016 der Bedeutung väterlicher Zuwendung nach und kam zu einem ähnlichen Ergebnis. Demnach wurde das spätere Verhalten der Kinder weniger durch die Dauer der väterlichen Zuwendung geprägt als vielmehr durch die emotionale Nähe und eine positive Einstellung des Vaters dem Kind gegenüber.

Andere Studien zeigten, dass Kinder von berufstätigen Müttern sich ebenso gut wie oder möglicherweise sogar besser entwickelten als Kinder, deren Mütter zu Hause blieben. 2018 wertete eine Studie der Harvard Business School Daten von mehr als 100.000 Erwachsenen in 29 Ländern aus. Dabei zeigte sich, dass die Töchter berufstätiger Mütter später mit größerer Wahrscheinlichkeit selbst berufstätig waren, eher Leitungsfunktionen innehatten und höhere Einkommen bezogen als Gleichaltrige, deren Mütter daheimgeblieben waren. Die Autoren schrieben: »Nach jahrzehntelanger Forschung wissen wir, dass Kinder berufstätiger Mütter tendenziell mehr beruflichen Erfolg haben und weniger Verhaltensauffälligkeiten zeigen als Kinder, deren Mütter nicht arbeiten gingen […] Diese Erkenntnis trägt weiter zum gewaltigen Berg an Belegen bei, dass – hartnäckig und laut geäußerten Ansichten zum Trotz – berufstätige Mütter weder ihren Kindern noch der Gesellschaft schaden.«

Nur damit keine Missverständnisse aufkommen: Natürlich spielt elterliche Zuwendung eine Rolle. Wir dürfen unsere Kinder also nicht mit dem Segen der Wissenschaft vernachlässigen. Natürlich sind Geborgenheit und elterliche Unterstützung wichtig. Elterliche Zuwendung kann die Entwicklung eines Kindes fördern. Professor Paula Fromby, die an der Universität Michigan das Verhalten von Familien erforscht, erklärte mir: »Die Literatur zeigt ziemlich eindeutig, dass Zeit, die Eltern für spezifische Lern-Aktivitäten aufwenden, positiv mit den kognitiven Leistungen von Kindern korreliert sind.« (Liest man einem Kind täglich nur ein Bilderbuch vor, hört es auf diese Weise 78.000 Wörter im Jahr.) Und Professor Milkie verriet mir, dass elterliche Zuwendung Teenager möglicherweise »vor riskantem / externalisierendem Verhalten« schützt.

Aber mach dir keinen Kopf. Du musst nicht so viel Zeit wie nur irgendwie menschenmöglich mit deinen Kindern verbringen, auch wenn alle Welt diese Auffassung zu vertreten scheint. Zugegebenermaßen lässt sich dieses Thema aufgrund etlicher komplexer Variablen (Einkommen, Status, Erziehungsstil usw.) nur schwer untersuchen, und alle Ergebnisse sind korrelationaler Natur. Trotzdem bleibt die zentrale Erkenntnis: Es gibt kaum Hinweise darauf, dass mehr Zeit mit den Kindern immer die richtige Lösung sein könnte. Also entspann dich.

Auch sollten wir uns in unseren Erziehungszielen nicht von merkwürdigen Erwartungshaltungen irremachen lassen. 2016 untersuchte eine Studie Zeitnutzungsdaten aus elf westlichen Ländern zwischen 1965 und 2012. Wie sich zeigte, verbrachten Eltern 2012 deutlich mehr Zeit mit ihren Kindern als 1965, insbesondere Eltern mit höherem Bildungsgrad. Die Autoren spekulieren, »intensive Betreuung« sei möglicherweise deswegen unter gebildeteren Eltern so verbreitet, weil sie als Statussymbol dient: Durch intensive Betreuung demonstrieren sie ihren privilegierten sozialen Status in Abgrenzung von Eltern in niedrigeren sozialen Klassen.« Nun mögen sich wohlhabende Eltern am intensivsten um ihre Kleinen bemühen, doch 2018 zeigte eine Studie, dass alle Eltern, unabhängig vom sozioökonomischen Hintergrund, glauben, sie sollten sich mehr um ihre Kinder kümmern. Unter dieser unrealistischen kulturellen Norm leiden vermutlich insbesondere diejenigen Eltern erheblich, die ohnehin schon finanziell oder zeitlich unter Druck stehen.

Wir haben eine von Paradoxen durchzogene Schuldspirale für Eltern erschaffen. Eltern finden, sie würden nicht genug Zeit mit ihren Kindern verbringen, obwohl Eltern heute ihren Kindern deutlich mehr Zeit widmen als früher. Dieses Gefühl, man müsse mehr Zeit mit den Kindern verbringen, wird noch von der sozial konstruierten Vorstellung geschürt, gute Eltern täten dies nun mal – die Belege dafür können wir ja jederzeit in den sozialen Medien sehen, in denen Eltern von der zauberhaften Zeit schwärmen, die sie mit ihren Kleinen verbringen. Druck und Schuldgefühle wachsen, die Eltern widmen ihren Kindern mehr Zeit, was die Latte der Erwartungen nur noch höher legt. Dabei ist noch nicht mal belegt, dass mehr Zeit mit den Kindern irgendetwas brächte.

Vielleicht sollten wir »Qualitätszeit« neu definieren. Hören wir doch auf, nur die besonderen Augenblicke, die gemeinsamen kindgerechten Unternehmungen als »Qualitätszeit« zu betrachten. Schließlich zählt doch die Zuwendung im Sinne von konzentrierter Aufmerksamkeit. Nähe lässt sich auch bei alltäglichen Beschäftigungen herstellen: beim Einkaufen, Abspülen und vor allem, wie wir später sehen werden, bei gemeinsamen Mahlzeiten. Für »Qualitätszeit« müssen wir keine besonderen Augenblicke erschaffen. Oft reicht es, einfach zu leben.

Wenn du mehr Zeit mit deinen Kindern verbringen möchtest, toll. Auch ich würde gern mehr Zeit mit meinen Kindern verbringen. (Aber nicht zu viel; schließlich habe ich noch anderes zu tun.) Solange das wirklich deinem Wunsch entspricht, prima. Aber lass dich nicht von unerreichbaren Idealbildern verleiten, etwas zu tun, das du eigentlich nicht willst und das niemandem nützt.

17:45 UHR – SMARTPHONE CHECKEN

Nicht schon wieder. Leg das Ding weg, während du Qualitätszeit (wieder dieser Ausdruck!) mit deinen Kindern verbringst – oder mit sonst jemandem, der dir am Herzen liegt. Und ich meine nicht, dass du es aus der Hand legen sollst. Räume es weg! Seit Jahren wird uns das gepredigt, aber kaum jemand macht es. Ich versuche es. Ehrlich. Aber meistens scheitere ich. Solange mein Handy in Sichtweite ist, spüre ich den Sog von E-Mails, sozialen Medien und Textnachrichten. Fast unbewusst schiele ich hinüber. Während ich diesen Absatz hier schrieb, kam mein Jüngster ins Arbeitszimmer, um mir sein erstes Highschool-Zeugnis zu zeigen. Eigentlich hätte das ein großer Augenblick sein sollen. Aber was tat ich? Ich schaute lieber auf mein verdammtes Telefon – obwohl ich doch seit Tagen zu den schädlichen Auswirkungen von Handys auf persönliche Beziehungen recherchiert hatte.

Natürlich stehe ich damit nicht allein da. 95 Prozent aller Menschen geben zu, dass sie ihr Handy in Gesellschaft zücken. (Die restlichen fünf Prozent schauen wohl heimlich auf der Toilette drauf.) Schockierende zehn Prozent sagen sogar, sie würden beim Sex auf ihr Smartphone blicken. Für diese Sucht gibt es mehrere Gründe. So zeigt die Forschung etwa, dass Menschen, die ohne ihr Handy Angstzustände bekommen – sogenannte Nomophobiker –, das Mobiltelefon als Verlängerung ihrer selbst begreifen. In gewissem Umfang machen wir das alle. Smartphones sind gleichzeitig unsere Verbindung zur Außenwelt und der Speicherort jener Erinnerungen, die uns als Person definieren. Ist unser Telefon nicht in der Nähe, fehlt uns etwas Wichtiges.

Doch so verständlich unsere Zuneigung für diese Geräte ist, wächst doch der Berg an Belegen dafür, dass Smartphones die Qualität unserer persönlichen Interaktionen ganz erheblich beeinträchtigen können (das gilt wohl insbesondere für jene Gruppe, die beim Sex aufs Telefon schielt).

Indem die Handytechnik uns erlaubt, jederzeit abgelenkt und in gewissem Sinn virtuell »woanders« zu sein, verändert sie möglicherweise die grundlegendsten menschlichen Interaktionen. Das legt eine Studie von 2019 nahe, die erforschte, ob Handys unsere Bereitschaft verändern, Fremden zuzulächeln. In der Versuchsanordnung betrat eine Gruppe mit Handy am Ohr einen Raum voller Fremder, eine andere Gruppe betrat einen ähnlichen Raum handylos. (Die Teilnehmer kannten den Studienzweck nicht.) Wie sich zeigte, lächelten die handylosen Probanden mehr und aufrichtiger (ein echtes Lächeln heißt Duchenne-Lächeln, benannt nach dem französischen Arzt und Lächel-Forscher des 19. Jahrhunderts, Guillaume Duchenne, und ist am Zusammenspiel bewusst kontrollierbarer sowie nicht kontrollierbarer Gesichtsmuskeln erkennbar). Die Autoren der Studie mutmaßen, dies zeige, wie Smartphones das »Gewebe des sozialen Zusammenlebens verändern«, indem sie uns »abwesende Präsenz« ermöglichen, uns also erlauben, uns aus der unmittelbaren Umgebung zurückzuziehen.

Da dies nun die Tageszeit ist, an der viele von uns ihre Kinder sehen wollen – also ganz und gar nicht vorhaben, sich von ihrer unmittelbaren Umgebung zurückzuziehen –, sollte ich vielleicht erwähnen, dass Smartphones auch die Beziehungen zwischen Eltern und Kindern verändern. Die Daten sind erschütternd, wenn auch vielleicht nicht überraschend. Der Titel einer Studie von 2018 sagt alles: »Smartphones halten Eltern davon ab, Gefühle der Verbundenheit zu pflegen, während sie Zeit mit den Kindern verbringen.«

Phubbing – die Unsitte, während eines Gesprächs das Handy zu checken – schadet auch weniger herzlichen Interaktionen. Studien zufolge sinkt die Qualität der Kommunikation umso stärker, je öfter man sein Telefon checkt – weil das Gegenüber sich ausgegrenzt fühlt. Phubbing schmerzt vor allem den Partner und lässt ihn die ganze Beziehung in einem trüberen Licht sehen. 2018 befand eine in Indien durchgeführte Studie, Phubbing sei derart toxisch und weitverbreitet, dass drastische Interventionen angezeigt seien. So sollten Jugendliche von Beratungsstellen darin geschult werden, wie sie »diese Gewohnheit beherrschen lernen, der körperlichen, geistigen und sozialen Gesundheit zuliebe«.

Allerdings müssen wir (wie so oft) achtgeben, diese Ergebnisse nicht überzuinterpretieren. Schließlich geht es hier um komplexe menschliche Verhaltensweisen, methodologisch saubere Forschung hier ist also extrem schwer zu bewerkstelligen. Trotzdem häufen sich die Hinweise darauf, dass Handys zwischenmenschliche Interaktionen beeinträchtigen, auch wenn die Ergebnisse mitunter durchaus widersprüchlich sind. Einige Studien, die von vielen Medien aufgegriffen wurden, zeigten, dass schon die schiere Anwesenheit eines Handys die Qualität menschlicher Interaktionen schmälern kann. Einer 2016 von einem Team der Virginia Tech University veröffentlichten Studie zufolge »wurden Unterhaltungen in Abwesenheit von mobilen Telekommunikationsgeräten signifikant besser bewertet als diejenigen, bei denen ein Mobilgerät in der Nähe war«. Für eine weitere Studie, 2018 veröffentlicht, sollte eine zufällig ausgewählte Hälfte der 300 Teilnehmer während einer sozialen Begegnung wie einer Mahlzeit das Handy griffbereit hinlegen, die andere Hälfte nicht. Die Griffbereit-Gruppe fühlte sich abgelenkter und genoss die Zeit mit ihren Freunden weniger als die Kontrollgruppe. Das Fazit lautete: »Handys können uns zwar mit Menschen am anderen Ende der Welt verbinden, doch möglicherweise untergraben sie den Nutzen aus der Interaktion mit unserem unmittelbaren Gegenüber.«

2017 griff eine Studie das Griffbereit/Weggesteckt-Szenario wieder auf, konnte das Ergebnis aber nicht replizieren, dass schon die Gegenwart eines Handys der Qualität des Gesprächs schade. Was aber zutraf: Die jeweiligen Gesprächspartner erinnerten sich weniger positiv an die Unterhaltung, wenn das Handy ihres Gegenübers sichtbar dalag. Wenn man es also für ungezogen hält, dass jemand während einer Unterhaltung sein Handy bereitliegen hat, behält man sie als weniger gut in Erinnerung – unabhängig von der tatsächlichen Qualität des Gesprächs.

Komplizierter wird die Sache noch durch Forschungsergebnisse, wonach der Effekt von Handys auf persönliche Begegnungen nicht ausschließlich negativ sei. Die Gegenwart eines Telefons kann dazu beitragen, soziale Ängste zu lindern, weil es als »Puffer vor der negativen Erfahrung und den Effekten sozialer Ausgrenzung dient.« Menschen, die ein Handy dabeihaben, fürchten sich signifikant weniger vor Ausgrenzung als andere, die keines dabeihaben. Vermutlich trösten uns die Geräte aus genau dem gleichen Grund, aus dem sie uns ablenken: Handys sind eine virtuelle Rettungsleine zu unseren abwesenden Freunden und dienen damit als »digitale Schmusedecke«.

Smartphones sind eine relativ neue Technik. Es wird interessant sein zu beobachten, wie die sozialen Normen sich anpassen. Vielleicht wird es irgendwann absolut akzeptabel, auch in persönlichen Interaktionen plötzlich das Handy zu zücken. Vermutlich schimpfen wir dann schon über die nächste, in unseren Augen noch viel schädlichere Kommunikationstechnik – sagen wir Neuroimplantate für die direkte Kommunikation zwischen zwei Gehirnen (BrainTime?).

Auch wenn die Forschungsergebnisse noch teilweise von einer gewissen Unsicherheit umgeben sind und sich soziale Konventionen in ständigem Fluss befinden, möchte ich doch ein paar Ratschläge formulieren:

Erstens, hör mit dem Phubbing auf und leg dein Handy weg (außer Sichtweite, nicht nur 20 Zentimeter), während du mit anderen interagierst. Wenn du auf einen Anruf des Nobelpreiskomitees wartest, lasse ich das als Grund gelten, aber die meisten von uns können durchaus überleben, ohne ihr Handy alle paar Minuten zu checken.

Zweitens: Stell dein Telefon stumm, während du mit anderen redest. Klingeln, Plingen und Pop-up-Benachrichtigungen stören bei Unterhaltungen ungemein. »Darüber nachzugrübeln, wer dir da geschrieben haben könnte, kann sogar noch schlimmer sein, als das Telefon rauszuholen und nachzusehen«, erklärte mir Kostadin Kushlev, Professor an der Georgetown University und Erstautor mehrerer oben zitierter Studien. Auch er kennt Strategien für die Benutzung von Handys in sozialen Situationen. Er sagte: »Um eine besonders erinnerungswürdige kulinarische Erfahrung mit meinem Freund, einem eingefleischten Gourmet, zu teilen, fotografiere ich mein Essen rasch, teile das Foto aber erst hinterher. Das Versenden dauert zwar nur ein paar Sekunden, doch unsere Forschungen zeigen, dass genau diese kurze, wiederholte Verwendung von Smartphones unsere Aufmerksamkeit zerstreut und den Genuss an unseren sozialen Erfahrungen trübt.«

Drittens könntest du handyfreie Phasen in deinen Tag einbauen, insbesondere nach der Arbeit, wenn du dich entspannen, Sport treiben oder Zeit mit Freunden und Familienmitgliedern verbringen möchtest. Oder nimm dein Handy zumindest nicht überallhin mit. Ich selbst habe mir – mit wechselndem Erfolg – vorgenommen, mein Telefon abends im häuslichen Arbeitszimmer zu lassen. Wenn ich es checken will, muss ich ins Arbeitszimmer. Diese kleine Unannehmlichkeit zwingt mich dazu, mich zu fragen, ob ich wirklich genau jetzt Tom Bradys aktuellste Statistiken nachsehen muss.

Viertens: Erkenne deine Auslöser. Wenn es dich drängt, aufs Handy zu schauen, frage dich, ob du das wirklich sofort tun musst. Was steht hinter dem Drang? Langweilen dich Freunde bzw. Familienmitglieder? Stresst dich deine Arbeit? Möchtest du den neuesten Klatsch hören? Rechtfertigen diese Gründe wirklich, dich aus der realen Welt zurückzuziehen?

18:00 UHR – ABENDESSEN

Diese Entscheidung ist einfach. Iss vorzugsweise ein selbst gekochtes Essen, am besten in Gesellschaft, falls Familie, Partner, Kumpel, Katze oder Lieblingspflanze greifbar sind. Studien zeigen durchweg – das wird dich jetzt wohl kaum überraschen –, dass Mahlzeiten zu Hause mit besserer Ernährung korreliert sind; insbesondere essen wir zu Hause mehr Obst und Gemüse. Bei jungen Menschen sind die Vorteile sogar noch ausgeprägter und weitreichender. Kinder und Jugendliche, die gemeinsam mit ihrer Familie essen, bekommen mit geringerer Wahrscheinlichkeit Übergewicht und ernähren sich mit größerer Wahrscheinlichkeit gesund. (Umgekehrt steht häufiges Essen vor dem Fernseher mit Übergewicht und sogar Fettleibigkeit in Verbindung – wahrscheinlich, weil man dabei sein Essen unbewusst in sich hineinstopft.) 2018 zeigte eine Studie, dass ein gemeinsames Abendessen selbst dann mit gesünderer Ernährung einhergeht, wenn die eigene Familie »dysfunktional« ist, wie die Forscher es formulieren.

Bei heimischen Mahlzeiten nehmen wir im Schnitt auch weniger Kalorien zu uns. In einer Welt immer größer werdender Portionen – einer von vielen Trends, die mitverantwortlich sind für die aktuelle Fettleibigkeitskrise – bieten gemeinsame Mahlzeiten zu Hause eine Gelegenheit, neu zu eichen, wie eine angemessene Portion aussieht. Selbst zweijährige Kinder können sich angewöhnen, unangemessen große Portionen zu vertilgen. 2018 ergab eine Studie, dass bei gemeinsamen Mahlzeiten »verringerte Portionsgrößen die Wahrnehmung darüber, was eine ›normale‹ Menge Essen ausmacht, neu justieren und so die Menge verringern kann, die ein Konsument isst«. Gemeinsame Mahlzeiten könnten als Gegengift wirken zu den Riesenportionen in Fast-Food-Läden und Restaurants und so Kindern wie Erwachsenen die Fähigkeit vermitteln, absurde Riesenportionen zu erkennen, wenn sie welche vor sich haben.

Die Vorteile von gemeinsamen Mahlzeiten für das Wohlergehen junger Menschen gehen aber weit über den höheren Nährwert und kleinere Portionsgrößen hinaus. 2011 kam eine systematische Forschungsübersicht zu dem Schluss, dass regelmäßige Familienmahlzeiten »invers korreliert sind mit Essstörungen, Alkohol- und Drogenmissbrauch, Gewalttätigkeit, depressiven Gefühlen und Selbstmordgedanken bei Jugendlichen«. Weiter, so die Studie, waren sie positiv korreliert mit höherem Selbstwertgefühl und schulischem Erfolg von Jugendlichen. Gemeinsame Abendessen werden auch mit größerem Wortschatz, stärkerem familiären Zusammenhalt und einer höheren Resilienz in Zusammenhang gebracht.

Diese Vorteile halten offenbar jahrelang an. Forscher der Universität Montreal folgten einer Gruppe von fast 1.500 Kindern über vier Jahre hinweg, vom siebten bis zum elften Lebensjahr. Die Wissenschaftler kontrollierten eine ganze Palette von Variablen wie sozioökonomische Verhältnisse und kognitive Fähigkeiten und stellten in ihrer 2018 veröffentlichten Studie fest, dass die Qualität der Umstände beim gemeinsamen Abendessen im Alter von sechs Jahren ein guter Prädikator war für ein höheres Niveau allgemeiner Fitness, für »geringeren Konsum zuckerhaltiger Getränke, verminderte körperliche Aggressivität, weniger oppositionelles Verhalten, Kleinkriminalität und reaktive Aggression im Alter von zehn Jahren«.

Gemeinsame Abendessen bieten eine schöne Gelegenheit, den Kindern Wissen über Nahrungsmittel und ihre Zubereitung zu vermitteln, das ihnen ihr Leben lang nützlich sein wird. Um ein chinesisches Sprichwort abzuwandeln: »Bringe einem Kind eine Mahlzeit, und du machst es für ein paar Stunden satt. Bringe ihm das Kochen bei und es braucht sein Leben lang kein McDonald's.«

Die Fülle verfügbarer Daten ist beeindruckend, und obwohl ein Großteil der Ergebnisse korrelationaler Natur ist, wurde dieses Thema aus den verschiedensten methodologischen Richtungen angegangen, und die Ergebnisse waren einheitlich und konsistent positiv.

»Der Nutzen gemeinsamer Abendessen wird sich nie kausal beweisen lassen«, gestand Yoni Freedhoff auf meine Frage nach dem Kausalitäts-/Korrelationsproblem. Freedhoff ist Professor für Familienmedizin an der Universität Ottawa und ein Experte für Gewichtsmanagement. Er fuhr fort: »Aber es hat sich eine ganze Latte positiver Zusammenhänge gezeigt: bessere Stimmung, bessere Noten, gesündere Ernährung, weniger Drogenmissbrauch und weniger riskantes Verhalten im Teenageralter. Negative Assoziationen gibt es gar keine«, sagte Freedhoff. »Jede Familie sollte also versuchen, gemeinsam zu essen, an einem Tisch, idealerweise ohne Ablenkungen.«

Sara Kirk, Professorin für Gesundheitsförderung an der Universität Dalhousie, stimmt Professor Freedhoff zu. »Es ist bestens belegt, dass gemeinsame Mahlzeiten wichtig sind für eine ganze Reihe von gesundheitlichen und psychosozialen Ergebnissen«, sagte sie. Ihre Forschung erkundet, wie wir als Gesellschaft gesunde Umgebungen schaffen können, um chronischen Erkrankungen vorzubauen. Forschung zu gemeinsamen Mahlzeiten fällt also genau in ihr Fachgebiet. Wie Professor Freedhoff sieht auch Professor Kirk die Schwierigkeiten, Kausalität nachzuweisen, insgesamt findet sie aber die Belege für den Wert von gemeinsamen Mahlzeiten ziemlich überzeugend. »Einige der Studien, aus denen wir unsere Erkenntnisse beziehen, beruhen auf großen Bevölkerungsstichproben«, sagte sie. »Das hilft, unser Vertrauen in die Ergebnisse zu steigern.«

Fairerweise möchte ich anmerken, dass dieser Rat, abends als Familie gemeinsam zu essen, für viele Menschen in die Kategorie »leichter gesagt, als getan« fallen dürfte. Alleinerziehende Elternteile und Schichtarbeiter etwa werden sich schwertun, die Familie regelmäßig gemeinsam um den Esstisch zu versammeln. Genau das stellte 2017 auch eine Studie der Universität Oxford fest: Es gibt demografische Unterschiede, wie Menschen die Abendessenszeit angehen. Familien mit höherem Bildungsgrad essen häufiger gemeinsam. Wohlhabendere

Familien lassen sich beim Essen mehr Zeit. Und Menschen mit hektischen Zeitplänen, insbesondere Alleinerziehende, »essen am seltensten mit ihren Familien«. In Anbetracht dieser sozioökonomischen Realität suchen Experten für öffentliche Gesundheit nach Möglichkeiten, wie sich gesamtgesellschaftlich gemeinsame Mahlzeiten fördern ließen, etwa durch kostenlose Kochkurse für Familien. Es gab auch Versuche von Arbeitgebern, über monetäre Anreize gesunde Ernährungsgewohnheiten bei ihren Arbeitnehmern zu fördern. Die Ergebnisse waren allerdings durchwachsen. Echte Verhaltensänderungen dauerhaft zu verankern ist sehr schwer, insbesondere in einem so komplexen und kulturell geprägten Bereich wie dem heimischen Abendessen.

»Die Gründe, die gemeinsamen Mahlzeiten im Weg stehen, sind bekannt: Mangel an Zeit, Geld oder Kochkünsten, heikle Esser und familiäre Spannungen«, erklärte Lynn Barendsen. Sie ist ausführende Direktorin des Family Dinner Project der Universität Harvard. »Wir streben keine Perfektion an, ›akzeptabel‹ ist für uns wirklich akzeptabel. Wir ermuntern Familien, klein anzufangen, sich ein Ziel zu setzen, eine Sache auszuwählen, an der sie zuerst arbeiten wollen.«

Das Projekt zielt darauf ab, gemeinsame Mahlzeiten zu fördern, als Gelegenheit für Familienmitglieder, sich bei Essen, Freude und Unterhaltungen über wichtige Dinge wieder näher zu kommen. »Aus mehr als zwanzig Jahren Forschung wissen wir, warum gemeinsame Mahlzeiten wichtig sind«, erklärte Frau Barendsen. »Auch wenn nicht alles perfekt ist, stellt sich doch Magie ein. Es dauert gar nicht lange!«

Viele Vorzüge gemeinsamer Mahlzeiten mit Freunden oder Familienmitgliedern, insbesondere psychosozialer Art, ergeben sich vermutlich aus dem Gemeinschaftserlebnis. Was uns zu der Frage führt, ob alle Vorteile verloren gehen, wenn man alleine isst. Professor Kirk wies mich in diesem Zusammenhang auf ein Paradox hin: »Traurigerweise beobachten wir gerade einen Trend, dass immer mehr Menschen alleine essen, zu Hause oder auswärts. Das ist schade angesichts all der

Belege dafür, wie wichtig gemeinsame Mahlzeiten mit Familienmitgliedern oder, allgemeiner, anderen Menschen sind. Die Gründe dafür sind natürlich komplex und spiegeln gesellschaftliche Veränderungen wider – die Gesellschaft wird älter, immer mehr Menschen leben alleine, die Zahl der Getrennten und Geschiedenen steigt, die Arbeitsmuster ändern sich und vieles mehr.«

Einige Studien, darunter auch eine koreanische aus dem Jahr 2018 mit fast 8.000 Teilnehmern, belegten einen Zusammenhang zwischen allein eingenommenen Mahlzeiten und schlechterer Gesundheit. Ebenfalls 2018 ergab eine japanische Studie, dass Menschen, die alleine aßen, sich ungesünder ernährten. Aus Forschersicht besteht dabei immer die Schwierigkeit, störende Variablen zu kontrollieren, die bei allein eingenommenen Mahlzeiten ebenfalls hineinspielen – insbesondere Einsamkeit, die sich bekanntermaßen erheblich auf die Gesundheit niederschlagen kann. Rühren eventuelle gesundheitliche Probleme nun von der Einsamkeit oder vom Essen ohne Gesellschaft? Wahrscheinlich spielen da viele Faktoren zusammen. (An dieser Stelle sei erwähnt, dass die Politik sich allmählich der Probleme annimmt, die mit sozialer Isolation einhergehen; so gibt es in Großbritannien etwa einen Minister für Einsamkeit.)

Natürlich möchte nicht jeder in Gesellschaft essen. Bei einer Befragung französischer und deutscher junger Erwachsener zeigte sich, dass viele von ihnen lieber alleine essen. Gemeinsame Mahlzeiten können stressig sein, während eine allein eingenommene Mahlzeit vielleicht als Gelegenheit zur Entspannung wahrgenommen wird. Also: Wenn du, wie viele von uns, bewusst alleine isst, genieße den ruhigen Augenblick und erfreue dich an einer gesunden, selbst gekochten Mahlzeit.

Im Laufe meiner jahrzehntelangen Beschäftigung mit Forschung zum Thema Gesundheit habe ich selten eine sinnvollere Intervention gesehen als die Aufforderung, gemeinsam mit Menschen zu essen, die wir mögen. Drückt soziales Zusammensein nicht unser innerstes Wesen aus? Aber vielleicht bin ich ja nur voreingenommen, denn ich liebe unsere gemeinsamen Mahlzeiten.

Seit einigen Jahren schon haben wir als Familie das Glück, jeden Sommer einen Monat lang gemeinsam reisen zu können. Freudig stürzen wir uns in das Leben der Städte, die wir bereisen. Wir hetzen nicht von einer Attraktion zur nächsten. Und jeden Abend treffen wir uns zu einem gemeinsamen Mahl. Befreit von den üblichen Pflichten, von Terminen mit Freunden und außerschulischen Aktivitäten, die daheim unseren Zeitplan bestimmen, sitzen wir dann oft drei, vier Stunden zusammen. Und dank exorbitanter internationaler Roaminggebühren ist nirgendwo ein Handy in Sicht. Wir diskutieren. Wir reden über den neuesten Klatsch, über unsere Ängste, Unsicherheiten und Träume. Wir lachen, bis uns die Tränen kommen. Diese Mahlzeiten sind wunderbar. Nichts im Leben ist mir lieber. Und ich übertreibe da nicht. Würde ein Alien mich entführen und sagen, ich dürfte nur eine Erinnerung behalten, dann würde ich diese Mahlzeiten nehmen – und als Bonus den Superbowl-Gewinn der Patriots 2017. Natürlich.

18:15 UHR – WEIN

Fangen wir gleich mit dem Fazit an: Weinverkostungen sind größtenteils Humbug. Mit »Verkostung« meine ich die Fähigkeit, objektiv und verlässlich einen Qualitätsunterschied zwischen Weinen festzustellen. Und mit »Humbug« meine ich, dass Menschen das nicht können. Das mag Weinliebhaber jetzt überraschen. Aber trotzdem: Kaufe einfach den Wein, den du magst. Ignoriere den Preis, die Flaschenform, das Etikett, die Geschichte des Weinguts, das Anbaugebiet und sogar die Farbe.

Der Umsatz auf dem globalen Weinmarkt nähert sich der 400-Milliarden-Dollar-Marke. Das Marketing dieser riesigen Branche macht sich hauptsächlich an subtilen Unterschieden zwischen Rebsorten und Preiskategorien fest. Jeder bessere Supermarkt führt regalweise Weine, oft nach Ländern und Regionen geordnet. Es gibt Weinprobier-Klubs, Zeitschriften für Weinliebhaber und natürlich Wein-Gurus, von denen etliche auf eine Sommelier-Schule gegangen sind. Sogar Weinverkostungs-Brettspiele gibt es. Und das Unternehmen Vinome ermittelt sogar anhand unseres Erbguts, welcher Wein uns am besten schmecken sollte (eine völlig schwachsinnige Idee, die ich ausprobiert habe, um die wissenschaftliche Absurdität voll auszukosten). Zum Vergnügen des Weintrinkers gehört auch – wie ich mir sagen ließ; ich persönlich stehe eher auf überteuertes Bier – die Jagd nach immer neuen und besseren Weinen. Und die Branche spielt mit diesem Reiz.

Doch die wissenschaftlichen Erkenntnisse darüber, ob wir den Unterschied zwischen Weinen herausschmecken, sind ziemlich eindeutig: Nein, wir können es nicht. Zumindest nicht besonders gut.

Die vielleicht berühmteste Studie dazu wurde 2001 in der Zeitschrift *Brain and Language* veröffentlicht, und sie erschütterte die Welt der Weinliebhaber. Die Forscher gaben den Testern Weißwein, den sie rot gefärbt hatten. Die Probanden merkten nichts. Viele beschrieben den Weißwein, als handele es sich um einen Roten. Sie fielen voll darauf rein. Richtig peinlich wurde die Sache für die Weinwelt, weil die Tester an der önologischen Fakultät der Universität Bordeaux studierten. Autsch.

Auf dieses Experiment folgten zahlreiche weitere, die sämtlich belegten, wie fragwürdig Weinverkostungen im Grunde sind. Eine Studie etwa ging der Frage nach, warum die Ergebnisse von Weinprämierungen so unterschiedlich ausfallen (ein Umstand, der wiederum darauf hinweist, dass beim Verkosten etwas faul sein muss). Die Forscher fragten sich: »Warum gewinnt ein bestimmter Wein bei der einen Prämierung eine Goldmedaille und geht bei der nächsten leer aus?« Zur Beantwortung dieser Frage begleiteten sie Dutzende Juroren eines wichtigen Weinwettbewerbs von 2005 bis 2008. Sie baten die Juroren, 30 Weine zu begutachten – wobei ihnen aber jeweils drei Proben untergejubelt wurden, die aus derselben Flasche stammten. Nur jeder zehnte Juror schaffte es, den drei identischen Weinen auch die gleiche Medaille zu verleihen. Das ist keine übermäßig tolle Leistung – speziell für ausgewiesene Experten. »Der Zufall bestimmt erheblich mit, welchen Preis ein Wein gewinnt«, verriet der Autor der Studie, Robert Hodgson, 2013 dem englischen *Guardian*.

Vielleicht könnte man jetzt denken, »na gut, da schmecken die Leute keinen Unterschied mehr zwischen ein paar Spitzenweinen heraus, aber zwischen teurem Wein und billiger Plörre können sie doch bestimmt unterscheiden.« Doch selbst das gilt in der Regel nicht. Bei einer Blindverkostung in Großbritannien probierten 578 Teilnehmer eine Reihe von billigen bzw. teuren Rot- und Weißweinen. Danach sollten sie nur angeben, ob ein Wein ihrer Ansicht nach teuer oder billig war. Bei den Weißweinen lagen 53 Prozent der Teilnehmer richtig, bei den Rotweinen 47 Prozent. Hätten sie Münzen geworfen, hätten sie nicht schlechter abgeschnitten. Eine weitere Studie, 2008 veröffentlicht, analysierte mehr als 6.000 Blindverkostungen und stellte keinerlei Zusammenhang zwischen den Einschätzungen der Weine und ihrem wahren Preis fest. Tatsächlich, so die Forscher, »schmeckten die teureren Weine den Teilnehmern etwas weniger gut.«

Zur Ehrenrettung der Weinwelt sei dazu angemerkt, dass Menschen auch nicht zwischen edler Paté und Hundefutter unterscheiden konnten, wie eine Blindverkostung im Jahr 2009 zeigte. (Im Ernst, das war ein wissenschaftliches Experiment!) Das Hundefutter wurde als geschmacklich schwache Paté eingestuft.

Wie man sich vorstellen kannt, hören Weinliebhaber solche Ergebnisse nicht gern und kritteln gern am experimentellen Ansatz herum. Doch solche Diskussionen erübrigen sich. Gäbe es klare und eindeutige Unterschiede zwischen Weinen, ließen sich diese mit einer Reihe verschiedenartiger Versuchsanordnungen schnell herauskitzeln. Außerdem existiert inzwischen ein ganzer Berg Literatur dazu, dass die objektive

Qualität von Produkten bei unserer Bewertung nur eine untergeordnete Rolle spielt. 2018 etwa zeigte eine Studie, dass nicht-geschmackliche Faktoren wie etwa das Ursprungsland des Weins unsere Zahlungsbereitschaft für eine Flasche beeinflusst. Die Experimentatoren stellten fest, dass Menschen Wein weniger schätzten, wenn er angeblich aus Iowa stammte, als wenn sie seine Herkunft nicht kannten. Auch der Kontext, in dem man Wein trinkt, beeinflusst das Geschmackserlebnis. So schmeckt uns Wein in einem edlen Restaurant besser als am eigenen Küchentisch. Selbst die Hintergrundmusik spielt eine Rolle. Experten sind übrigens gegen solche Einflüsse auch nicht immun. 2018 ergab eine Studie der Universität Oxford, dass »erfahrene Weinverkoster bei ihren Urteilen von der Musik im Hintergrund beeinflusst wurden« und »selbst jahrelange Erfahrung im Verkosten den Effekt nicht mindert«.

Kantig, mittelgewichtig, rauchig, opulent, stählern, flamboyant, geschmeidig intellektuell befriedigend – das Wortgeklingel der Weinwelt wirkt oft lächerlich. Aber es wirkt: Die Präferenzen der Kunden lassen sich allein durch die Beschreibungen der Weine manipulieren. 2017 setzten Forscher im Rahmen einer Studie Probanden dreimal den gleichen Wein vor, einmal in einer Blindverkostung ohne weitere Informationen, einmal in einer Verkostung mit ein paar Grundinformationen und schließlich in einer Verkostung mit ausführlicher Beschreibung. Kaum überraschend, führte die wortreiche Beschreibung zur höchsten Bewertung und den positivsten Gefühlen dem Wein gegenüber, auch »die Zahlungsbereitschaft stieg nach der wortreichen Verkostung erheblich«. Dieses komplexe Bouquet fülligen, eichigen Blablas ist schieres Gold wert!

Oft kaufen, mögen oder glauben wir Dinge schlicht deshalb, weil sie zu unserer persönlichen »Marke« und unserem Selbstbild passen. Entsprechend beeinflusst uns auch das Design von Weinetiketten. 2019 zeigte eine Studie der University of British Columbia, dass ein Wein Menschen mit höherer Wahrscheinlichkeit schmeckte, wenn ihnen das Etikett gefiel und insbesondere, wenn die Art des Etiketts sie ansprach. Wer sich für lustig und ein wenig schräg hält, dem schmeckt auch Wein mit einem lustigen, schrägen Etikett besser.

Am stärksten wird unser subjektives Qualitätsurteil aber wohl vom Preis bestimmt. Wir halten teure Dinge für besser. Etliche Studien sind diesem Phänomen beim Thema Wein nachgegangen. 2011 zeigte ein Experiment, dass der Preis tatsächlich zum Marketing-Instrument taugt, denn »wird vor der Verkostung ein hoher Preis genannt, führt das zu erheblich besseren Bewertungen« und »weckt hohe Erwartungen, die wiederum das Erlebnis des Konsumenten verbessern«. 2017 ermittelten Forscher der Universität Bonn anhand von Gehirnscans, wie der Preis die Wahrnehmung und die Gehirnaktivität von Weintrinkern verändert. Ein Preis erschien auf einem Schirm, dann floss ein wenig Wein durch einen Schlauch in den Mund des Probanden. (Alle Teilnehmer bekamen den gleichen Wein.) Lag der angegebene Preis höher, stuften die Probanden den Wein als geschmacklich besser ein. Und tatsächlich wurde das Belohnungszentrum des Gehirns stärker aktiviert, nachdem ein höherer Preis genannt wurde, die Erwartung des Probanden stieg also. Und diese sinnliche Erwartung löste einen echten biologischen Effekt aus, der den Wein subjektiv besser schmecken ließ. Dank diesem »Placebo-Effekt des Preises« nehmen wir teurere Dinge als besser wahr, auch wenn sie sich in Wirklichkeit nicht oder fast nicht von billigeren Alternativen unterscheiden. Dieser Effekt zeigt sich mehr oder weniger stark bei einer ganzen Menge Konsumgüter wie beispielsweise bei Stereoanlagen, Gesichtscremes, Tee, Käse, Handys, Jeans und Wodka. Selbst die Einschätzung des Getränks, das ich am häufigsten kaufe, meines geliebten Kaffees, wird vom Preis und vom Kontext stark beeinflusst. Ich konnte zwar keine einschlägigen wissenschaftlichen Studien finden, aber die Ergebnisse von Blindverkostungen gehen immer mal wieder durch die Presse. Bei einem Test kam ein Instantkaffee von Folgers auf den zweiten Platz und der Kaffee von Dunkin Donuts auf den dritten. Es folgten ein paar exklusive kleine Marken – und ganz zum Schluss erst der Kaffee von Starbucks. Blue Bottle-Kaffee, ein Produkt der mittleren Preiskategorie, gewann den Test. Bei einer Blindverkostung der *Today Show* trat ein Ein-Dollar-Kaffee aus dem Imbiss gegen das Produkt eines Gourmet-Kaffeehauses an. Es gewann, von zwei Dritteln der Tester bevorzugt, der Billigkaffee. Und 2012 wurden für einen Einspieler von *Jimmy Kimmel Live* Passanten hereingelegt, indem ihnen gesagt wurde, ein billiger Imbiss-Kaffee sei edles Starbucksgebräu (für sieben Dollar pro Becher!). Natürlich beeinflussen viele Faktoren unsere Kaufentscheidungen für Produkte wie Kaffee und Wein – darunter auch, wie wir uns selbst als Marke darstellen –, aber der Preis spielt offenkundig eine zentrale Rolle. Bei vielen Produkten löst sich die Illusion der Unterschiedlichkeit sofort auf, sobald man den Preis entfernt.

Eines meiner Lieblingsbeispiele dafür, wie der Kontext unsere Qualitätswahrnehmung prägt, liefert ein brillanter Marketinggag der Billigschuhfirma Payless. 2018 eröffnete sie in einem ehemaligen Armani-Laden einen Luxustempel namens Palessi und heuerte Models als Verkäuferinnen an. Bei der großen Eröffnung glaubten die Kunden sich in einer exklusiven, sündteuren Designerboutique und priesen die hervorragende Verarbeitung, die hochklassigen Materialien sowie das elegante Design der Schuhe. Sie waren bereit, Hunderte Dollar für ein Paar zu bezahlen – obwohl es sich um die gleichen Schuhe handelte, die bei Payless 20 oder 30 Dollar kosteten. Nur wegen des schicken Drumherums waren die Kunden bereit, Hunderte Dollar Aufschlag zu bezahlen – im extremsten Fall 640 Dollar mehr, das 19-Fache!

Natürlich prägen subjektive Faktoren unseren Geschmack und unsere Präferenzen ganz entscheidend. Der Kontext, in dem wir Dinge kaufen und konsumieren, hat unsere Vorlieben schon immer beeinflusst und wird das immer tun. Tatsächlich spielen beim Genuss vieler Produkte wie Wein Informationen zu ihrem Hintergrund eine wichtige Rolle. Die Hintergrundgeschichte zählt. Vielleicht kann man sich der Verführungskraft von Marken und der Illusion von Unterschiedlichkeit nie ganz entziehen. Aber vielleicht macht schon das Wissen, wie leicht wir uns beeinflussen lassen, uns ein wenig freier. Vielleicht hilft es uns, das Marketinggetrommel etwas auszublenden und so einen Haufen Geld zu sparen.

Zeit für ein Geständnis. An Wochenenden gönnen meine Frau und ich uns vor dem Fernseher gerne mal ein Glas eiskalten Wodka. Wir sind keine großen Trinker, oft dauert es viele Monate, bis eine Flasche leer ist. Doch obwohl ich weiß, dass Menschen in zahllosen Blindverkostungen den Unterschied zwischen teuren und billigen Wodkas nicht herausschmeckten, und obwohl ich weiß, wie leicht wir uns vom äußeren Anschein blenden lassen, kaufe ich immer die teure polnische Marke. Warum? Die Flasche wirkt so edel!

Bevor wir das Thema Alkohol abschließen, möchte ich noch auf die Frage eingehen, ob wir überhaupt welchen trinken sollten. Die Öffentlichkeit hat inzwischen schon einiges Hin und Her darüber erlebt, ob mäßiger Alkoholkonsum, also ein, zwei Drinks am Tag, unbedenklich oder gar gesund sei. Leider war der Großteil der Studien, die für marktschreierische Schlagzeilen à la »Es gibt keine unbedenkliche Menge Alkohol« sorgten, rein beobachtender Natur. Folglich lässt sich nicht abschließend sagen, was aus gesundheitlicher Sicht eine unbedenkliche oder gar empfehlenswerte Menge Alkohol wäre. Was wir allerdings wissen: Zu viel Alkohol ist übel. Alkohol gehört zu den tödlichsten Substanzen, die Menschen freiwillig zu sich nehmen. Er tötet weltweit jährlich drei Millionen Menschen, direkt durch körperliche Schäden und indirekt durch Unfälle und Gewalt unter Alkoholeinfluss. Angesichts dessen muss jeder Ratschlag zur idealen Alkoholmenge immer vor dem Hintergrund gesehen werden, dass übermäßiger Konsum erheblichen Schaden anrichtet. Also: Trinke Alkohol bitte immer nur in Maßen! Nach aktuellem Wissensstand, der sich auch in den Empfehlungen vieler Gesundheitsbehörden wie etwa der amerikanischen CDC niederschlägt, liegt die Grenze bei einem Drink täglich für Frauen und zwei

Drinks für Männer. (Ein Standarddrink enthält 14 g reinen Alkohol, was einer Dose Bier bzw. 150 ml Wein entspricht.) Inzwischen mehren aktuelle Studien die Bedenken, auch diese Empfehlung könnte noch zu hoch liegen, so etwa eine 2018 im Fachblatt *The Lancet* veröffentlichte Studie, die für die oben zitierte »Keine unbedenkliche Menge«-Schlagzeile sorgte. Bis bessere Ergebnisse vorliegen, die eine echte Kausalität herstellen können – dafür bräuchte man eine große, gut gemachte klinische Studie –, darf man meiner Ansicht nach davon ausgehen, dass verantwortlicher, gemäßigter Alkoholkonsum unbedenklich ist. Womit ich um Himmels willen nicht gesagt haben will, Wein sei gesund.

19:00 UHR – ABSPÜLEN

Wieder ein Selbstläufer: Spül die verdammten Teller ab. Dein Partner wird es sehr zu schätzen wissen. Dieser Rat zielt vornehmlich auf heterosexuelle Männer in festen Beziehungen, weil wir uns gern – wie die Daten belegen – um den Großteil der Hausarbeit drücken. Wir bessern uns zwar, aber nur ganz allmählich. Bestimmt schadet dieser Rat aber auch bei jeder anderen Art des Zusammenlebens nicht. Nach aktuellem Stand der Wissenschaft scheint es sogar, als würde eine gerechtere Verteilung der Abspülpflichten zu mehr und befriedigenderem Sex führen. 2016 schloss eine Studie der Universität Alberta: »Wenn der männliche Partner angab, einen fairen Anteil an der Hausarbeit zu verrichten, hatte das Paar im folgenden Jahr mehr sexuelle Begegnungen und, beiden Partnern zufolge, ein höheres Niveau sexueller Befriedigung.« Und wer mit möglichst wenig Einsatz viel erreichen möchte, sollte sich auf das Abspülen konzentrieren, einer der verhasstesten Aufgaben im Haushalt. 2018 ergab eine Studie der Universität Utah, »die Aufteilung des Abspülens wirkt sich von allen häuslichen Aufgaben am stärksten auf die Beziehungsqualität aus, insbesondere bei Frauen«. 2018 fasste das

US Council on Contemporary Families, eine Vereinigung von Wissenschaftlern, die die aktuellste Forschung zum Thema Familien auswertet, die Daten folgendermaßen zusammen: »Frauen, an denen der Großteil der Hausarbeiten hängen blieb, berichteten von signifikant mehr Beziehungskonflikten, geringerer Beziehungszufriedenheit und weniger sexueller Befriedigung als Frauen, die sich das Abspülen mit ihrem Partner teilten.«

Natürlich geht es in dieser Angelegenheit letztlich um eine faire Aufgabenverteilung im Haushalt. Und die Entscheidung, das Richtige zu tun – nämlich ungeliebte Dienste auch zu teilen –, sollte nicht von der Hoffnung auf fleischliche Genüsse motiviert sein. Trotzdem, ein besseres Sexleben scheint mir ein handfester Grund, um den Spülschwamm zu ergreifen.

19:30 UHR – TOILETTENSITZ WIEDER HERUNTERKLAPPEN ODER NICHT?

Die Toilettensitz-Debatte tobt bestimmt schon, seit John Harington im Jahr 1596 das Wasserklosett erfand. Der Hauptstreitpunkt: Sollten Männer nach dem Pinkeln die Toilettenbrille wieder herunterklappen? Da an öffentlichen Orten immer mehr Unisex-Toiletten anzutreffen sind, etwa in Büros, Restaurants und Schulen, wird sich diese Debatte vermutlich noch verschärfen. Dabei kochen schon jetzt die Emotionen hoch. 2014 wurde ein Mann in Norddakota verhaftet, der seine Schwester verprügelt hatte, weil die sich beschwert hatte, er habe den Toilettensitz nicht wieder heruntergeklappt. Im gleichen Jahr massakrierte eine Frau in Pennsylvania ihren Mann – sie stach 47-mal mit dem Messer auf ihn ein –, weil er »vergaß, nach dem Toilettengang den Sitz wieder nach unten zu klappen«. (Okay, diese Meldung stammt von einer Fake-News-Website, aber der Umstand, dass sie durchaus plausibel klingt, spricht Bände darüber, wie heiß umstritten das Thema mittlerweile ist.)

Bevor ich mit der Analyse anfange, möchte ich eines klarstellen: Ich rede hier nicht von Männern, die auf den Toilettensitz pinkeln. Das ist übel, schon klar. Meiner Erfahrung nach sehen Frauen schon rot, wenn man nur »Männer« und »Toilettenbrille« erwähnt, weil sie sofort an Urintropfen denken. Eklig, ich weiß. Frauen pinkeln übrigens auch auf Toilettenbrillen. Urin auf der Toilettenbrille ist eine wahrhaft universale und offenbar geschlechterübergreifende Plage.

Irgendwann wurde vorgeschlagen, Männer sollten sich bei jedem Toilettengang hinsetzen. Tatsächlich versuchten Regierungen mehrerer Länder, Männer dazu zu animieren. 2012 etwa mahnte der taiwanesische Umweltminister, Männer sollten sich hinsetzen, um ihre Umgebung sauberer zu halten. Eine schwedische Partei versuchte sogar, das stehende Urinieren in öffentlichen Toiletten unter Strafe zu stellen – wieder mit dem Argument, Sitzen sei sauberer und hygienischer. Angesichts dieser Initiativen verwundert es nicht, dass Sitzen allmählich populärer wird. 2018 antworteten 33 Prozent von befragten Japanern, sie würden sich zum Pinkeln lieber hinsetzen, 44 Prozent erklärten, sie setzen sich auch daheim zum Pinkeln hin. Ein vielleicht noch stärkeres Indiz dafür, wie die Zeiten sich wandeln: Gerüchten zufolge setzt sich auch Ryan Gosling zum Pinkeln hin. Wenn ein maskuliner, trendsetzender Schwarm wie Gosling sich schon hinsetzt, werden wir anderen ihm sicher bald folgen.

Ein deutsches Gericht vertrat allerdings eine abweichende Meinung zur Toiletten-Etikette, als es 2015 urteilte, Männer hätten das Recht – das Recht, verdammt! –, stehend zu pinkeln. Bei dem Fall ging es um einen Vermieter, der einen Teil der Kaution einbehalten wollte, weil die Urinspritzer des Mieters den Marmorboden des Bades stumpf gemacht hätten. Richter Stephan Hank ließ bei seinem Urteil zugunsten des Mieters eine gewisse Wehmut mitschwingen: »Trotz der in diesem Zusammenhang zunehmenden Domestizierung des Mannes ist das Urinieren im Stehen durchaus noch weitverbreitet.« Außerdem, merkt er, offenbar aus persönlicher Erfahrung, an, muss »jemand, der diesen früher herrschenden Brauch noch ausübt, [...] regelmäßig mit bisweilen erheblichen Auseinandersetzungen mit – insbesondere weiblichen – Mitbewohnern rechnen«.

Diesen interessanten soziokulturellen Erwägungen zum Trotz möchte ich mich hier auf die Toilettensitz-Debatte in ihrer oben erwähnten Form beschränken: Spricht ein evidenzbasiertes Argument für die Forderung, Männer sollten den Sitz jedes Mal wieder herunterklappen?

Ich fragte mal ganz unwissenschaftlich in den sozialen Medien herum, ob es bei der Toilettendebatte wirklich um Etikette ging (wieder herunterklappen ist das Höfliche) oder um Effizienz (nicht herunterklappen spart insgesamt nachgewiesenermaßen Zeit). Schon am ersten Tag stimmten 1.300 Menschen ab, mehr als 100 hinterließen einen Kommentar. Die meisten Teilnehmer (62 Prozent) erklärten, es ginge um Etikette. Das überraschte mich, denn in diesem Fall würden Fakten ja gar keine Rolle spielen. Dann wäre die Bitte, Männer sollten den Toilettensitz herunterklappen, in einer Liga mit der Forderung, sie sollten Frauen die Tür aufhalten oder ihnen den Stuhl hinschieben, wenn sie sich setzten. Ein bisschen altmodisch, finde ich.

Der Biologe Jonathan Wells spricht sich für einen modernen Ansatz aus: die Einmal-berühren-Regel. »Man einigt sich darauf, dass jeder beim Toilettenbesuch einmal die Brille berührt«, schrieb Wells im *Telegraph*. »Männer klappen sie hoch, Frauen klappen sie runter. Ich frage in aller Demut, was könnte ein gerechterer Kompromiss sein?« Niemand möchte den Toilettensitz anfassen, da wäre es doch aus Gerechtigkeitserwägungen sicher das Fairste, wenn jeder einmal ran müsste. Das wäre allen Beteiligten gegenüber höflich.

Ein schlagendes Argument gegen den Wells-Vorschlag – ein Argument, das uns auch einem evidenzbasierten Ansatz näherbringt – lautet: »Du berührst ihn ohnehin schon.« Ein 2015 in *Bustle* veröffentlichter Artikel, der leidenschaftlich dafür plädierte, dass Männer die Brille wieder herunterklappen sollten, argumentierte: Männer müssen den Sitz doch ohnehin schon anfassen, um ihn hochzuklappen, da sei es doch überflüssig, die Frauen auch noch dazu zu zwingen. Indem wir Männern die alleinige Verantwortung für das Klappen zuschieben, verringern wir die Zahl der Menschen, die Toilettensitze berühren müssen, um die Hälfte. Da sich nach dem Toilettengang ohnehin jeder die Hände waschen sollte, geht es hier hauptsächlich um Bequemlichkeit, Zeit und vermutlich den Ekelfaktor. Was uns zur Effizienzfrage bringt.

Auf dieser Ebene hier geht es nicht um Etikette, sondern um persönliche Kosten. Den Sitz hoch- oder runterzuklappen, kostet ein wenig Zeit und Mühe, wodurch das zu einem quantifizierbaren Problem wird, das sich systematisch untersuchen lässt. Und, ob man es glaubt oder nicht, Jay Pil Choi, Volkswirtschaftsprofessor an der Michigan State University, führte genau eine solche Analyse durch. 2002 stellte er in einem Paper anhand zahlreicher Formeln und komplexer Graphen dar, dass generell Effizienzerwägungen für die, wie er sie nennt, »egoistische Haltung« sprechen, dass man die Brille hinterher einfach in ihrer Stellung belässt (das entspricht im Grunde der Einmal-berühren-Regel). Mit diesem Ansatz minimiert man die Zahl der Toilettensitz-Bewegungen. Außer bei einem sehr ungleichen Verhältnis von Männern zu Frauen spricht, so Choi, mathematisch nichts für die Sitzherunterklappen-Regel. Eine spieltheoretische Analyse des Volkswirtschaftsdozenten Hammad Siddiqi kam 2007 zum gleichen Ergebnis. Seiner Analyse zufolge ist die »soziale Norm, den Toilettensitz wieder herunterzuklappen, ineffizient«. Wieder flossen in die Analyse aber nur der zeitliche Aufwand und die Mühe ein, den Sitz zu klappen. In einer zweiten Analyse berücksichtigte Siddiqi darüber hinaus auch die Kosten, die durch einen verärgerten Partner entstanden. In diesem Fall fiel das Ergebnis, wenig überraschend, weniger eindeutig aus. Im Grunde, kam er zum Schluss, lohne sich der Streit nicht, auch wenn die soziale Norm eigentlich ineffizient sei.

Lässt sich der Badezimmer-Streit nun beilegen? Wohl nicht. Aus rein evidenzbasierter Perspektive spricht eigentlich nicht viel dafür, dass man den Toilettensitz immer wieder herunterklappt. Aber schon der Umstand, dass die Beweislage zwiespältig ist, zeigt uns etwas Wichtiges: Du darfst dich entspannen. Kein anderes Thema dieses Buchs hat unter Freunden und Kollegen für so viel erhitzte Diskussionen gesorgt wie dieses. Nicht die Frage, ob Kinder zu Fuß in die Schule gehen sollten. Nicht die Frage, ob man Dampf ablassen sollte. Nicht die Rohmilch. Nirgendwo sonst kochten die Emotionen so hoch.

Ich bin mir fast sicher, dass meine lauwarme Empfehlung niemanden zufriedenstellen wird. Mir scheint, um Toilettenbrillen wird ein Stellvertreterkrieg geführt, in dem es eigentlich um viel tiefer gehende Probleme zwischen den Geschlechtern geht. Wissenschaft und Logik spielen deshalb auch keine Rolle. Doch egal, ob man über Etikette oder Effizienz redet, fällt mir kein überzeugendes Argument ein, das die Leidenschaften rund um dieses Thema rechtfertigen würde.

Trotzdem, hier ein wissenschaftlich fundierter und in meinen Augen auch vernünftiger Lösungsvorschlag: Vor dem Spülen solltest du ohnehin den Toilettendeckel schließen. So stoppst du die Spül-Keimwolke – und klappst automatisch die Klobrille mit herunter. Bei dieser Lösung würden alle, Steher wie Sitzer, den Deckel erst hochklappen müssen. Für uns Steher käme es aus Effizienzgesichtspunkten auf das Gleiche heraus, so als wenn wir die Brille immer wieder herunterklappen müssten. Für die Sitzer erfordert diese Politik allerdings eine Bewegung mehr (weil sie immer erst den Deckel aufklappen müssen). In gewisser Hinsicht verlieren die Sitzer bei diesem Ansatz, weil sie jetzt immer etwas klappen müssen und es möglicherweise anstrengender ist, einen Deckel zu heben, als die Brille herunterzuklappen (Stichwort Schwerkraft). Trotz dieser zusätzlichen Belastung wären die meisten Menschen – zumindest meiner kleinen Umfrage zufolge – mit dieser Lösung zufrieden.

Sollte die große Klobrillen-Debatte damit glücklich beendet sein? Das glaube ich kaum.

19:50 UHR – 10.000 SCHRITTE?

Um diese Uhrzeit haben die meisten von uns den körperlich aktiven Teil des Tages abgeschlossen. Also ab aufs Sofa! Aber vielleicht fragst du dich: Hast du genug getan? Hast du dich so viel bewegt, wie empfohlen wird? Oder, konkreter gefragt, hast du deine 10.000 Schritte absolviert?

An 10.000 Schritten ist nichts Magisches. Auch wenn uns dieses Ziel überall und ständig als erstrebenswert verkauft wird, ist es völlig willkürlich gewählt. Vermutlich entstammt es einer japanischen Marketingkampagne der 1960er für einen der ersten Schrittzähler. Natürlich ist Bewegung in Form von Gehen eine löbliche Sache. Aber die 10.000er-Norm hat keinerlei wissenschaftliches Fundament. 10.000 ist schlicht eine prägnante, einprägsame Zahl.

Obwohl dieses Schritt-Ziel nicht von irgendwelchen ernsthaft ermittelten Daten zur öffentlichen Gesundheit untermauert wird, entfaltet es eine ungeheure kulturelle Wirkung. Ganze Industriezweige wie etwa die Bewegungstracker-Branche leben von der Vorstellung, man müsse seine 10.000 voll bekommen. Ich liebe alles, was Menschen dazu bringt, sich zu bewegen. Aber es darf bezweifelt werden, ob Aktivitäts-Tracker dieses Versprechen auch einlösen. Dazu einige wissenschaftlich belegte Informationen:

- Aktivitäts-Tracker messen oft ungenau.

- Die tatsächlich erforderliche Anstrengung wird oft nicht erfasst.

- Tracker helfen nicht beim Abnehmen.

- Die Daten, wie nachhaltig Tracker verwendet werden und wie sehr sie Nutzer zu mehr Bewegung motivieren, sind durchwachsen. (So ergab eine Studie 2018, dass 57 Prozent der Nutzer dachten, sie würden sich wegen des Trackers mehr bewegen, obwohl das Gegenteil zutraf.)

- Bei einigen Altersgruppen wie etwa Heranwachsenden verringern sie sogar möglicherweise die körperliche Aktivität.

- Sie können die Freude an der Bewegung schmälern.

Dieser letzte ist der springende Punkt, und er deckt sich auch mit meiner Erfahrung. Mir zumindest rauben Gedanken zur Metrik – Geschwindigkeit, Kalorienverbrauch, Entfernung usw. – den Spaß am Sport. Idealerweise sollte körperliche Aktivität etwas Schönes für einen sein, das man freiwillig ein ganzes Leben lang weitermacht. Manche Menschen lassen sich von Aktivitäts-Trackern motivieren, doch einiges weist darauf hin, dass Tracker den Sport mehr zur Plackerei machen. Und das könnte die anderen Vorteile der Bewegung (wie etwa Stressabbau) zunichtemachen. 2016 hieß es in einer Studie der Duke University: »Leistungsmessung lenkt das Augenmerk auf den Output und sorgt so möglicherweise dafür, dass eigentlich vergnügliche Aktivitäten sich wie Arbeit anfühlen, wodurch der Spaß daran sinkt. In der Folge kann die Messung die dauerhafte Beibehaltung der Aktivität und des subjektiven Wohlbefindens verringern.«

20:00 UHR – BINGEWATCHING

Eines meiner Lieblingscafés in Toronto hat keine eigenen Waschräume. Man braucht einen Code, um die Toilette eines angrenzenden Büros mit nutzen zu können. Diese Toilette hat eine einzige kleine Kabine, und gefühlt jedes zweite Mal, wenn ich sie besuchen möchte, sitzt jemand drin und sieht sich einen Videostream an.

Bingewatching ist etwas schwammig definiert als Ansehen einer gesamten Staffel einer Serie innerhalb einer Woche oder als das Ansehen mehrerer Episoden direkt hintereinander. Worauf wir uns aber sicher einigen können – siehe das Verhalten von Mr. Toilette oben – ist, dass es sich inzwischen um ein allgegenwärtiges Phänomen handelt. Einer Studie von Deloitte zufolge räumten 70 Prozent aller Amerikaner ein, sie würden gelegentlich Bingewatchen. Für die Generation Z, der Kohorte der 14- bis 20-Jährigen, liegt dieser Wert sogar bei 90 Prozent. Andere Forschungen lassen noch höhere Zahlen vermuten. Bei einer Untersuchung der Universität Leuven gaben 2017 mehr als 80 Prozent der Bevölkerung an, sie würden sich als Bingeviewer bezeichnen. Und so mancher glotzt wirklich beeindruckend schnell. Als Netflix die zweite Staffel der beliebten Serie *Stranger Things* herausbrachte, schauten 400.000 Nutzer die gesamte Staffel, von etwa acht Stunden Länge, innerhalb eines einzigen Tages. Es gibt sogar eine neue Kategorie von Streaming-Superfans: die »Binge-Racer«. Das sind Menschen, die Bingewatching als eine Art Wettkampfsport betreiben, bei dem es gilt, Serien möglichst schnell fertig anzusehen. »Es befriedigt ungemein, eine Geschichte als Erster fertig gesehen zu haben«, erklärte Brian Wright, Vizepräsident der Abteilung Originalserien bei Netflix. 2017, schätzte Netflix, hätten mehr als 8,4 Millionen Nutzer zumindest einmal an einem Binge-Race teilgenommen.

Wie Mr. Toilettenglotzer illustriert, wird mittlerweile zu jeder Tageszeit geglotzt, wann und wo immer es gerade passt. Wahrscheinlich schauen sogar ein paar Studenten *während meines Kurses* fern. Aber die meisten Menschen bingewatchen am Abend. Bei einer Umfrage unter 1.300 Amerikanern gab 2018 fast die Hälfte an, sie hätte im vergangenen Jahr mindestens einmal die ganze Nacht durchgeglotzt, um eine Serie fertig zu sehen. Unfassbare 85 Prozent erklärten, sie würden auch im Bett streamen (Spoiler-Alarm: *Mach das nicht!*). Geschiedene neigten am meisten zu solchen nächtlichen Sehgewohnheiten. Und 73 Prozent der Befragten gaben zu, dass sie gelegentlich beim Ansehen gestreamter Inhalte einschlafen würden.

Angesichts der – in offenbar allen Bevölkerungsschichten – wachsenden Neigung zum Bingewatching haben sich natürlich auch Wissenschaftler des Themas angenommen. Unter anderem gingen sie der Frage nach, warum wir so am Fernseher kleben. 2014 ermittelte eine kleine Studie, dass die Zuseher enge Bindungen zu den dargestellten Charakteren aufbauten und diese (offensichtlich einseitige) Bindung zu den »Hauptfaktoren für Bingewatching-Verhalten« zählte. 2017 gaben im Rahmen einer Studie 59 Prozent der Teilnehmer an, sie würden allein deswegen bingewatchen, um eine Staffel noch fertig ansehen zu können. 50 Prozent sagten, sie könnten die Spannung nicht aushalten, wie es wohl weitergehe. Interessanterweise gaben 30 Prozent zu, dass sie nur so viel fernsahen, um die Zeit totzuschlagen – eine verblüffende Antwort, wo doch alle behaupten, sie wären sooo beschäftigt.

Doch vielleicht verleiten uns auch subtilere Kräfte zum Bingewatching. Einigen Wissenschaftlern zufolge sind unsere Gehirne einfach so verdrahtet. Wir können es schlicht nicht lassen, die nächste Folge noch anzufangen. Wie bei vielen anderen angenehmen Dingen – etwa dem Verzehr von Schokokeksen – gilt: Eine geht noch. Und die Streamingdienste wissen das. Standardmäßig startet bei ihnen die nächste Folge ganz von selbst. So werden wir zum Weiterschauen verführt. Wir müssen nicht mal zur Fernbedienung greifen. Die nächste Folge kommt automatisch. Und dann enden die meisten Folgen noch mit einem Cliffhanger – einem narrativen Instrument zur Erzeugung psychologischer Spannung, die nach Auflösung schreit – kein Wunder also, dass der Wunsch übermächtig wird, sich die nächste Folge auch noch anzusehen.

Bevor ich erläutere, warum all das Bingewatching problematisch sein könnte, muss ich gestehen, dass ich den Drang absolut nachvollziehen kann. Ich verdamme wirklich niemanden dafür. Oft heißt es, wir befänden uns im goldenen Zeitalter des Fernsehens. Leider mehren sich die Hinweise, dass Bingewatching der Gesundheit schadet. So fand 2017 eine Studie an 423 Erwachsenen heraus, dass eine »größere Häufigkeit von Bingewatching in Zusammenhang mit schlechterem Schlaf stand, mit verstärkter Müdigkeit und mehr Symptomen von Schlafmangel«. Den Forschern zufolge liegt das – abgesehen von der schlichten Tatsache, dass Komaglotzer länger aufbleiben – vermutlich auch an einer verstärkten kognitiven Erregung beim Zubettgehen, verursacht durch das tiefe Eintauchen in eine Geschichte. Die intensive Beschäftigung mit den Figuren und dem Plot der Serie macht es uns schwer, uns zu entspannen und in den Schlafmodus umzuschalten. Wie ich in diesem Buch bereits vermerkt habe, schlafen die meisten von uns zu wenig, folglich kann kein Trend, der uns weiteren Schlaf raubt, hundertprozentig positiv betrachtet werden.

Darüber hinaus steht Bingewatching mit einer ganzen Latte schlechter Gewohnheiten in Zusammenhang: Dauerglotzer knabbern zu viel ungesundes Zeug, vertilgen zu viel Fast Food und dafür zu wenig Obst und Gemüse, außerdem – wenig überraschend – sitzen sie zu viel. 2017 ergab eine Studie der Brigham Young University an 500 zufällig ausgewählten Jugendlichen, dass Bingewatching mit vielen dieser bedenklichen Verhaltensweisen korrelierte. Von den Fernsehsüchtigen konsumierten 85 Prozent weniger als einmal täglich Obst oder Gemüse, 88 Prozent aßen mindestens einmal pro Woche auswärts, und mehr als die Hälfte bewegte sich weniger als empfohlen. Eine Umfrage unter amerikanischen Bachelor-Studenten nährte 2017 den Verdacht, Bingewatching könnte ein wichtiger Grund sein, dass sie ihr Studium schleifen ließen. 63 Prozent der Befragten erklärten, Bingewatching erschwere ihnen das Lernen.

Es mehrt sich auch die Sorge, dass Bingewatching die Wahrscheinlichkeit von Blutgerinnseln erhöhen könnte. Eine 2018 veröffentlichte Studie der Universität Minnesota verfolgte mehr als 15.000 Menschen über 24 Jahre lang und fand heraus, dass exzessives Fernsehen »unabhängig assoziiert ist mit einem erhöhten Risiko für VTE« – also venöser Thrombembolie, auch bekannt als tiefe Venenthrombose (also Blutgerinnsel tief im Gewebe). Dieses erhöhte Risiko bestand selbst für diejenigen, die sich so viel bewegten wie empfohlen. Eine weitere Studie stellte 2017 einen Zusammenhang zwischen Fernsehen und einem erhöhten Risiko für Entzündungserkrankungen wie Alzheimer, Typ-2-Diabetes und Nierenerkrankungen her (allerdings wurde auch hier, das kann man gar nicht oft genug betonen, nur eine *Korrelation* festgestellt).

Bingewatching könnte auch in Zusammenhang mit psychischen Problemen stehen. So zeigte sich ein Zusammenhang zu Gefühlen von Einsamkeit und Depression. 2015 ergab eine Studie an mehr als 400 Erwachsenen, dass diejenigen, die regelmäßig komaglotzten, »öfter von Depressionen oder Angstzuständen berichteten als diejenigen, die weniger fernsahen«. 2018 gab in einer Umfrage mehr als die Hälfte der teilnehmenden Briten an, »das Ende einer Staffel hätte ihnen schon seelische Probleme verursacht«.

Diese Folgen für unsere psychische Gesundheit könnten damit zu tun haben, wie wir fernsehen. Einer britischen Studie von 2018 zufolge sehen die meisten Menschen (75,8 Prozent) alleine fern. Selbst zusammenlebende Paare sahen üblicherweise allein fern, was echt traurig klingt. In den Niederlanden sieht es nicht besser aus, wie eine Studie 2016 zeigte. Die Flexibilität des Streamens trägt vermutlich zur Vereinsamung bei, weil die Notwendigkeit entfällt, sich mit anderen zu koordinieren, um eine bestimmte Sendung zu einer festgelegten Zeit anzusehen. Insofern fördert die Möglichkeit des Streamens möglicherweise die Vereinsamung. Der Konsum gestreamter Inhalte ist eine noch ungeselligere Beschäftigung als früher das Fernsehen.

Des Weiteren sollten wir uns fragen, ob Bingewatching wirklich die beste Art ist, Serien anzusehen. Holen wir so wirklich am meisten Spaß raus? Hilft sie dem Verständnis? Und fördert sie unsere Wertschätzung des Gesehenen? Die meisten Menschen geben an, sie würden gerne bingewatchen – deswegen machen sie es ja auch. Und, wie schon erwähnt, genießen einige Menschen die Befriedigung, eine ganze Staffel so schnell wie nur menschenmöglich angesehen zu haben. Sie empfinden das als Leistung, freuen sich, dass ihnen niemand durch Spoiler die Spannung rauben kann – und sie umgekehrt aber die Möglichkeit haben, selbst zu spoilern. Allerdings könnte Bingewatching die Qualität der Seherfahrung verringern. 2017 wurden für eine Studie der Universität Melbourne Probanden zufällig in drei Gruppen eingeteilt. Die erste schaute eine Folge pro Woche an, die zweite eine Folge täglich und die dritte die ganze Staffel in einem Rutsch. Wie sich zeigte, fühlten sich diejenigen am besten unterhalten, die eine Folge am Tag sahen. Am wenigsten Freude hatten die Bingewatcher. Außerdem schnitten die Komaglotzer bei Fragen zum Inhalt und zum Verständnis der Staffel am schlechtesten ab. Also: Wenn du aus einer Serie das meiste herausholen willst, ist Bingewatching vermutlich nicht deine beste Option.

Bevor ich jetzt meine Empfehlungen zum Fernsehkonsum abgebe, möchte ich einige Einschränkungen vorausschicken. Vermutlich ahnst du schon, was jetzt kommt. Erstens sind die Forschungsergebnisse zum Schaden des Bingewatchings alles andere als beweiskräftig. Die meisten bisherigen Studien würde ich eher als untersuchend bezeichnen, was angesichts des sehr neuen Forschungsgebiets nicht überraschen sollte. Der Großteil der aktuell vorliegenden Daten, insbesondere zu den negativen Folgen des Bingewatchings, verweist allenfalls auf Korrelationen. Obwohl sich allmählich konsistente Belege häufen, sollten wir die beschriebenen Risiken nicht überbewerten. So wissen wir beispielsweise nicht, ob einsame und depressive Menschen nicht einfach stärker zum Bingewatching neigen oder ob umgekehrt Bingewatching Einsamkeit und Depression fördert. Die Wahrheit liegt vermutlich irgendwo dazwischen. 2018 ergab eine Studie, dass Menschen, die primär zu ihrer Unterhaltung fernsahen – also nicht hauptsächlich, um die Zeit totzuschlagen –, weniger zum Bingewatching neigten. Anders formuliert: Diejenigen, die ohnehin schon aus dem konstruktivsten Grund fernsahen – nämlich aus Freude an einer Sendung –, taten dies auch am verantwortungsvollsten. Daran zeigt sich, wie komplex der kausale Zusammenhang zwischen Bingewatching und gesundheitlichen Folgen sein könnte.

Zweitens dürfen wir nicht vergessen, dass Menschen in fast jedem neuen Medium erst einmal Gefahren sehen. Sokrates missbilligte das Schreiben, »denn Vergessenheit wird dieses in den Seelen derer, die es kennenlernen, herbeiführen durch Vernachlässigung des Erinnerns, sofern sie nun im Vertrauen auf die Schrift von außen her mittels fremder Zeichen, nicht von innen her aus sich selbst das Erinnern schöpfen«. Nach der Erfindung des Buchdrucks sorgten sich manche, Bücher würden unsere Fähigkeit untergraben, selbstständig zu denken. Wie der Historiker Roy Porter schrieb, »gab es nach Gutenberg erhebliche Bedenken, was die Gefahr des Buchdrucks anging«. Der Buchdruck, spekulierte der Wissenschaftler Conrad Gessner im Jahr 1565, könne zu Informationsüberlastung führen, die das Publikum »verwirrend und schädlich« finden würde. Noch im 18. und 19. Jahrhundert gab es Bedenken, Frauen würden den Unterschied zwischen der Wirklichkeit und der in Romanen beschriebenen Welt nicht erkennen.

Ähnliche Sorgen wurden auch in Hinblick auf Radio, Comics, Filme, das gute alte Fernsehen, Videospiele und das Internet geäußert. All diese Technologien haben unsere Gesellschaft verändert, doch der befürchtete Schaden blieb fast immer ganz oder größtenteils aus. Das sollten wir immer bedenken, wenn jemand predigt, neue Medien würden unserer geistigen und körperlichen Gesundheit schaden. Eine gewisse Vorsicht ist angebracht, aber auch den Unkenrufen sollten wir mit einer guten Dosis Skepsis begegnen.

Würde ich Mr. Toiletten-Glotzer anders beurteilen, wenn er in seiner Kabine Tolstoi läse? Bestimmt. Und vielleicht pfeift er sich ja den kompletten fünfzehnstündigen Ring der Nibelungen in der Produktion der New Yorker Met rein?

Bingewatching hat sich bemerkenswert schnell zur kulturellen Norm entwickelt. Auf diese Art sehen viele von uns heutzutage fern – weshalb es auch völlig angemessen ist, die Konsequenzen des Bingewatchings auf unser Sozialleben und auf unsere geistige wie körperliche Gesundheit zu untersuchen. Schlaf- und Bewegungsmangel sind zwei bestens bekannte Gefahren für die öffentliche Gesundheit. Bingewatching ist da sicher nicht hilfreich, das sagt uns schon der gesunde Menschenverstand. Erste wissenschaftliche Erkenntnisse scheinen das zu bestätigen; zumindest erschwert Bingewatching alle Bemühungen, den Zustand zu verbessern. Über die psychologischen Folgen dieses Trends lässt sich momentan nur spekulieren, allerdings deuten die bisher vorliegenden Ergebnisse klar in eine Richtung.

Stan Kutcher war Psychiatrieprofessor an der Universität Dalhousie und ist ein anerkannter Experte für seelische Störungen bei Heranwachsenden. Er verriet mir: »Die Wissenschaft beginnt zwar erst, die komplexen Zusammenhänge zwischen exzessivem Fernsehkonsum und körperlichem sowie geistigem Befinden zu erkunden. Doch exzessiver Konsum könnte direkt zu einigen negativen Folgen führen, etwa bei der emotionalen Regulation« – das heißt unserem Umgang mit aufwühlenden Situationen – »oder indirekt durch Verdrängung anderer Aktivitäten, die der körperlichen wie seelischen Gesundheit förderlich sind, wie Sport oder geselligem Zusammensein mit Freunden und Familienmitgliedern.«

Mit der Verdrängung anderer Aktivitäten spricht Professor Kutcher einen ganz zentralen Punkt an. Viele der befürchteten Nachteile hängen direkt damit zusammen. Damit liegt auch auf der Hand, worauf man bei seinem Fernsehkonsum achten sollte: auf Mäßigung. Die düsteren Prophezeiungen dürfen wir wohl getrost ignorieren, dennoch brauchen wir eine Seh-Strategie, die langfristig gesund für uns ist.

»Wie viel zu viel ist, hängt vom einzelnen Menschen ab«, sagte Professor Kutcher. »Die zentrale Frage lautet: Wie sehr dienen oder schaden die eigenen Sehgewohnheiten der körperlichen und seelischen Gesundheit? Eine ehrliche Antwort auf diese Frage sollte einem bei der Entscheidung helfen, ob man sein Verhalten ändern sollte.«

Aber wer trifft schon rationale Entscheidungen zugunsten von mehr Schlaf, Studium, Sport oder Zeit mit der Familie, wenn er es kaum mehr erwarten kann, zu sehen, wie es bei *Game of Thrones* weitergeht? Was wir brauchen, sind Strategien, die uns helfen, ein gesundes Gleichgewicht zu finden.

Von Expertenseite, wie etwa der Amerikanischen Akademie für Schlafmedizin, die 2017 eine Stellungnahme zu Bingewatching veröffentlichte, gibt es einige vernünftige Vorschläge, wie sich exzessiver Fernsehkonsum vermeiden ließe:

- Du solltest vorher festlegen, wie lange du fernsehen willst, und dich dann möglichst auch an deinen Plan halten.

- Mache nach jeder Folge eine kurze Pause, um aus der »Autoplay«-Schleife rauszukommen.

- Gehe immer zur ungefähr gleichen Zeit ins Bett, auch wenn der Cliffhanger gerade unerträglich spannend ist.

- Und vermeide unbedingt, im Bett zu streamen.

- Stelle gesunde Alternativen wie Obst und Gemüse bereit, um in der Spannung des Augenblicks nicht auf Chips und Eis zu verfallen.

- Und schaue gemeinsam mit anderen fern, mit Freunden, der Familie oder dem Partner (und vergiss nicht den Chill-Teil von »Netflix and Chill«).

- Und natürlich sollten wir alle uns mehr bewegen. Erhebe dich also regelmäßig von deinem Hintern, mindestens einmal pro Folge. Besser noch: Schau fern, während du Sport treibst. Ambitionierte könnten versuchen, eine 50/50-Regel einzuhalten, und für jede Folge, die sie auf der Couch anschauen, eine Folge lang irgendeine Art von Sport treiben.

Nicht vergessen: Diese Strategien helfen dir nicht nur, gesund zu bleiben, sie steigern auch den Genuss an deinen Lieblingsserien. So verdienst du dir zwar keine Street Credibility als Binge-Racer oder Superfan, aber du wirst eine positivere und länger anhaltende Erinnerung an das Erlebnis haben.

22:00 UHR – AUFS HANDY SCHAUEN, SCHON WIEDER

Lass es! Dein Telefon sollte inzwischen irgendwo verstaut sein, damit es dir keinen Stress verursachen kann. Erhole dich. Keine E-Mails, Textnachrichten, sozialen Medien oder Nachrichtenticker. Über die neuesten Fehlgriffe von Politikern kannst du dich morgen früh auf dem Klo informieren.

22:30 UHR – HAARE WASCHEN

Die Frage »Wie oft sollte ich Haare waschen?« war 2017 in Kanada die achthäufigste Wie-Frage auf Google. Offenkundig sind viele Menschen verunsichert, was ihre Haarpflege angeht, obwohl das eine so alltägliche Angelegenheit ist. Die Haarpflege-Branche setzt jährlich viele Milliarden Dollar um, man könnte also meinen, es gäbe jede Menge wissenschaftlich fundierte Ratschläge zu diesem Thema. Aber ich fand fast nichts Brauchbares. Jede Menge Leute – meistens Beschäftigte der Branche (nennen wir sie hier die Marktschreier von Big Shampoo) – äußern ihre Meinung, verlässliche Daten gibt es aber kaum. Es wurde schon untersucht, ob sich Shampoo auf das Cortisolniveau im Haar auswirkt (kaum, falls es dich interessiert) oder ob Cannabis-Shampoo (so etwas gibt es?) zu positiven Cannabis-Tests führen könnten (möglicherweise). Ein Großteil der »Forschung« – teilweise von Big Shampoo finanziert – kommt nur zu vagen Empfehlungen, wie oft man sich die Haare waschen sollte, die aber nicht durch robuste wissenschaftliche Daten oder gar klinische Tests untermauert wären.

Und trotzdem bewirbt die Branche ihre Produkte, als wäre ihre Wirksamkeit wissenschaftlich belegt. In der Werbung wirft sie mit pseudowissenschaftlichen Ausdrücken nur so um sich – Protein, Regeneration, Pro-Keratin-Komplex, Mizellen – und bildet gern Moleküle, Doppelhelix und chemische Formeln ab, um den Eindruck zu vermitteln, der Nutzen des Produkts sei wissenschaftlich erwiesen. Dadurch sollten wir uns nicht täuschen lassen! Dafür gibt es nicht die geringsten Belege. Die meisten von uns akzeptieren das. Einer Umfrage im Jahr 2018 zufolge wissen 69 Prozent der Kunden, dass die Werbung für Haarpflegeprodukte lügt, sogar 82 Prozent finden, das gehöre verboten. Im Laufe der Jahre mussten Wettbewerbshüter wiederholt eingreifen, um unlautere Werbung zu unterbinden. (So darf man etwa nicht behaupten, ein Produkt mache Haar schon bei der ersten Verwendung zehnmal stärker, wie eine Marketingkampagne es einmal versprach.)

Trotzdem sollte man weiter jederzeit auf der Hut sein vor wissenschaftlich klingendem, aber total unbewiesenem Haarpflege-Quatsch.

Trotz der enorm dünnen Beweislage darf ich aber getrost zwei Dinge sagen: Erstens wäschst du deine Haare wahrscheinlich zu oft. Umfragen zufolge waschen mehr als 60 Prozent von uns ihre Haare täglich oder nahezu täglich. Hör auf damit! Es gibt zwar unterschiedliche Haartypen und verschiedene Gründe für das Haarewaschen (ich verstehe, warum Kohlekumpel sich oft die Haare waschen). Doch die meisten von uns bräuchten nicht täglich eine Shampoowäsche. Denn wie einer der wenigen akademischen Artikel zum Thema, verfasst von einem Dermatologieprofessor an der Duke University, vermerkt: »Tatsächlich schadet Shampoonieren dem Haarschaft mehr, als dass es ihm nützt.« Bei den meisten Menschen würde zweimal Haare waschen pro Woche genügen. Und nein, dein Haar wird nicht fürchterlich aussehen. Vielleicht bekommt es sogar wieder mehr Glanz und wirkt weniger trocken.

Zweitens brauchst du kein edles Shampoo. Und bei denen langen manche Firmen preislich wirklich hin! Ein zierliches, aber zugegebenermaßen sehr schickes Fläschchen Ten Voss kostet 300 Dollar. Aber wirkt das Shampoo besser als ein Billigprodukt aus dem nächstbesten Drogeriemarkt? Wahrscheinlich nicht. Alle Shampoos enthalten im Grunde die gleichen Stoffe, nämlich ein Tensid zur Entfernung von Schmutz und Öl, einen Schaumerzeuger, der für Seifenbläschen sorgt, und ein paar weitere Inhaltsstoffe, die einem Shampoo seinen besonderen Geruch, sein Aussehen und seine Konsistenz verleihen, aber nichts zu seiner Wirksamkeit beitragen.

2017 machte Laura Waters, eine Professorin an der pharmazeutischen Fakultät der Universität Huddersfield, ein kleines Experiment mit ihren Master-Studenten. Sie und ihr Team wuschen den Studenten mit einer ganzen Palette von extrem unterschiedlich teuren Shampoos die Haare und untersuchten diese dann unter dem Mikroskop. Wie sich herausstellte, säuberten alle Shampoos gleich gut, unabhängig von

Preis, Konsistenz, Textur oder Optik. Professor Waters meinte, wenn einem seine Marke zusage, gäbe es keinen Grund zu wechseln. »Möchtest du aber nur saubere Haare, nimm ruhig das günstigste Shampoo, so sparst du auf lange Sicht ein kleines Vermögen.«

Hier noch eine Randbemerkung, die gut illustriert, wie willkürlich Haarpflegeprodukte bepreist werden: Es ist Fakt, dass Frauen für fast identische Produkte mehr Geld hinlegen müssen – das ist übrigens in vielen Bereichen so; dieses Phänomen der Preispolitik heißt auch »rosa Steuer«. So fand die New Yorker Verbraucherschutzbehörde bei einer ganzen Reihe von Konsumprodukten mitunter erhebliche Preisunterschiede. Frauenshampoos etwa kosten 48 Prozent mehr als Männershampoos. Klar, der Geruch des Shampoos und das Design der Behälter waren bei den Männern anders, aber rechtfertigt das wirklich die Preisdifferenz?

22:45 UHR – ZAHNSEIDE BENUTZEN

Du kennst die Scharade. Du kommst in deine Zahnarztpraxis, die Zahnarzthelferin fragt dich, ob du auch fleißig Zahnseide benutzt, und du lügst: »Ja, ja.«

Viele von uns schwindeln, weil uns oft seit Jahrzehnten eingebläut wird, das Reinigen mit Zahnseide gehöre zur Mundpflege unbedingt dazu. Brave Menschen benutzen Zahnseide. Das sagen uns Zahnärzte, Zahnärztevereinigungen, Lehrer, die viele Milliarden schwere Zahnseide-Industrie und sogar Gesundheitsbehörden. In meiner Provinz etwa ermahnt mich Alberta Health, »mindestens einmal täglich Zahnseide zu benutzen«, das gehöre zur Mundpflege einfach dazu.

In Wirklichkeit nehmen es die meisten Menschen mit der Zahnseide nicht sehr genau. Die meisten benutzen sie nur hin und wieder. Und, seien wir ehrlich, wir bessern uns nie. Echte Verhaltensänderungen fallen uns schwer, ganz besonders bei der Zahnpflege. 2018 gaben von mehr als 8.000 befragten Amerikanern lediglich 32 Prozent an, täglich Zahnseide zu benutzen. Und das waren Selbstauskünfte – bei objektiverer Erhebung ergäbe sich wohl ein noch deutlich niedrigerer Anteil an braven Zahnseide-Benutzern. Und tatsächlich lag der Anteil der Täglich-Benutzer in Amerika bei einer anderen Umfrage 2017 bei gerade einmal 16 Prozent! 2015 gaben im Rahmen einer Studie der Amerikanischen Vereinigung für Paradontologie 27 Prozent der Menschen zu, sie würden in Sachen Zahnseide ihren Zahnarzt belügen. 36 Prozent sagten, sie hassten die Zahnseide so sehr, dass sie lieber die Toilette putzen würden. Manche würden sich sogar lieber anhören, wie Nägel über eine Tafel kratzen.

Aber jetzt kommt eine noch schockierendere Wahrheit: Der Nutzen der Zahnseideverwendung ist wissenschaftlich nicht nachgewiesen. Tatsächlich sprechen kaum Belege dafür, dass wir alle dringend regelmäßig Zahnseide benutzen sollten. »Die Beweislage für irgendwelche gesundheitlichen Vorteile ist mehr als dünn«, erzählte mir Professor Robert Weyant. »Wird regelmäßig und sorgfältig Zahnseide verwendet, kann das einen bescheidenen Einfluss auf Gingivitis [Zahnfleischentzündung] haben.«

Professor Weyant lehrt an der Universität Pittsburgh Zahnheilkunde; wir sind ihm im Zusammenhang mit dem Zähneputzen schon zu Beginn unseres hypothetischen Tages begegnet. Seine mäßige Begeisterung für Zahnseide rührt aus Studien wie der systematischen Übersicht, die 2011 von der angesehenen Cochrane Collaboration veröffentlicht wurde. Ihr zufolge gibt es nur schwache und »sehr unzuverlässige« Hinweise darauf, dass Zahnseide möglicherweise hilft, Plaque ein kleines bisschen besser zu entfernen. Überhaupt keine guten Belege gibt es, dass sie Karies vorzubeugen hilft. Dieses Fazit gilt bis heute und wurde von einer Zusammenfassung der bestehenden Literatur 2015 nur bestätigt, der zufolge »es den verfügbaren Studien nicht gelingt, die allgemeine Wirksamkeit des Einsatzes von Zahnseide für die Entfernung von Plaque zu zeigen«. Insgesamt schien der Forschungsstand so unbefriedigend, dass die amerikanische Regierung die Benutzung von Zahnseide 2015 aus ihren offiziellen Ernährungsrichtlinien entfernte, wo sie seit 1979 aufgeführt war.

Diese umfassenden wissenschaftlichen Übersichtsarbeiten lösten mit ihren erschütternden Ergebnissen ein erhebliches Medienecho aus – und eine Kontroverse, die in der Zahnpflege-Community unter »Flossgate« läuft. Seitdem fanden einige neuere Studien sehr wohl eine Korrelation zwischen dem Einsatz von Zahnseide und besserer Mundgesundheit. Aber, das hatten wir schon oft in diesem Buch: Korrelation bedeutet noch lange keine Kausalität. Menschen, die Zahnseide benutzen, achten wohl auch sonst besser auf Mundhygiene. Tatsächlich ergab 2018 eine Umfrage unter 8.000 Amerikanern, dass Raucher seltener Zahnseide benutzten als Nichtraucher. Die Studie ergab weiterhin, dass »Erwachsene in der höchsten Einkommensgruppe mit höherer Wahrscheinlichkeit Zahnseide benutzten als diejenigen in der niedrigsten Einkommensgruppe«. Und somit erklären möglicherweise schon Einkommen und Tabakkonsum großteils die Unterschiede in der Mundgesundheit, ganz unabhängig von einem möglichen Nutzen der Zahnseide.

Zur Verteidigung der Zahnseide wurde auch das Argument angeführt, dass es bessere Belege für ihren Nutzen gäbe, wenn Menschen sie besser einsetzten. (Was ein wenig so ist, als würde man sagen, die Leute müssten mehr Obst und Gemüse essen, dann würden sie mehr Obst und Gemüse essen.) Ein Artikel zur, so der Titel, »Verteidigung der Zahnseide«, 2017 im *Journal of Evidence-based Dental Practice* veröffentlicht, argumentierte beispielsweise, es brauche bessere Kommunikationsstrategien – etwa individuell zugeschnittene Zahnseide-Anweisungen –, dann würden die Menschen Zahnseide besser einsetzen, was wiederum zu einer Verminderung zahngesundheitlicher Probleme führen würde. Dieser Vorschlag hat sogar zwei Haken. Erstens ist es unheimlich schwer, auf Bevölkerungsebene dauerhafte Verhaltensänderungen durchzusetzen, insbesondere, wenn es um Tätigkeiten geht, die etliche Menschen unangenehmer finden als Toilettenputzen. Zweitens wissen wir immer noch nicht, ob besseres und häufigeres Benutzen von Zahnseide tatsächlich die Mundhygiene verbessern würde.

»Um wirklich einen möglichen Vorteil daraus zu ziehen, muss man die Zahnseide genau richtig verwenden«, sagte mir Professor Weyant. »Aber die meisten Menschen machen es falsch und hören dann auf.« Er klang ein wenig frustriert angesichts der Vergeblichkeit des ganzen Unterfangens. »Die wenigsten Menschen machen es richtig. Das muss man gelernt haben.« Bei einigen der Studien, die eine Abnahme von Karies feststellten, wurde die Zahnseide von Profis wie etwa Dentalhygienikern angewandt. Doch die Vorstellung, man könnte Durchschnittsmenschen dazu bringen, mit der gleichen Geschicklichkeit und Gründlichkeit Zahnseide einzusetzen wie Profis, ist völlig unrealistisch. Wie ein Zahnarzt 2016 im *Guardian* schrieb: »Selbst in kontrollierten Studien und nach Anleitung konnten die teilnehmenden Patienten die Zahnseide nicht korrekt anwenden.«

(Falls du dich fragen solltest, hier ein ganz grober Leitfaden: Sanft zwischen den Zähnen auf und ab fahren und die Zahnseide in sanfter Kurve um jeden Zahnfuß führen, bis unterhalb des Zahnfleischansatzes. Halte die Zahnseide gegen den Zahn und streiche über die Seiten jedes Zahns. Nimm für jeden Zahn ein neues, sauberes Stück Zahnseide und fahre nie heftig ins Zahnfleisch.)

Einige Zahnärztekammern erkennen diese ernüchternden Studien zähneknirschend an, beharren dann aber paradoxerweise darauf, dass es sehr wohl Belege für den Nutzen von Zahnseide gebe. Die Zahnärztekammer von Ontario etwa veröffentlichte das Dokument *Deine Zahngesundheit*, in dem steht, die Beweislage rund um den Zahnseide-Einsatz »gilt noch als nicht verlässlich«. Doch schon im nächsten Absatz wird das Benutzen von Zahnseide wieder empfohlen. Um diesen Gedankensprung zu rechtfertigen, berufen sich die Autoren auf anekdotische Berichte aus der Praxis, eine wissenschaftliche Todsünde.

»In unserer Praxis sehen wir Tag für Tag den Beweis [, dass der Einsatz von Zahnseide hilft]«, wird ein Zahnarzt zitiert. Gute wissenschaftliche Studien vermeiden alle Voreingenommenheiten, die solchen Aussagen zwangsläufig zugrunde liegen.

Heute erkennt die amerikanische Zahnärztekammer, wie einige andere Zahnärztekammern auch, explizit an, dass der Nutzen des Zahnseide-Einsatzes wissenschaftlich nicht belegt ist. Dennoch entlässt sie ihn noch immer nicht in den großen himmlischen Spucknapf. 2016 veröffentlichte sie eine gleichzeitig verzweifelt und lauwarm klingende Erklärung zugunsten der Praxis: »Obwohl der durchschnittliche Nutzen gering ist und die Qualität der Belege sehr schwach (was bedeutet, dass der wahre Nutzen höher oder niedriger liegen könnte), mag angesichts des Umstands, dass geschätzt die Hälfte aller Amerikaner unter Parodontose leidet, selbst ein kleiner Nutzen noch hilfreich sein.«

Es wäre eine gewaltige Herausforderung, alle benötigten Daten zu sammeln, die es für eine definitive Aussage zum Thema Zahnseide bräuchte. Eine große klinische Studie wäre mit praktischen Schwierigkeiten und hohen Kosten verbunden. Bis dahin bleibt uns nur das Wissen, dass eine gewisse Plausibilität für den Einsatz von Zahnseide spricht, auch wenn es an soliden klinischen Beweisen fehlt: Es kann nämlich nicht gut sein, wenn Essensreste zwischen den Zähnen stecken bleiben. Zahnseide scheint da eine billige Möglichkeit, die, soweit ich das beurteilen kann, keine großen Nachteile hat. Und vielleicht fühlen sich die Zähne hinterher schlicht besser an. Also: Wenn du Zahnseide verwenden willst, nur zu. Vielleicht nützt das sogar ein bisschen, insbesondere, wenn du ein Zahnseide-Ninja bist und sie gut benutzen kannst. (Aber das bist du nicht, also vergiss es.)

Meiner Ansicht nach dürfen Zahnärzte und Dentalhygieniker gern dieses Argument vorbringen, um das Pauschalurteil zu relativieren, wonach die Verwendung von Zahnseide nachgewiesenermaßen nicht hilft – denn auch das wurde nie nachgewiesen. Trotzdem bleibe ich skeptisch, was den Wert der Zahnseide-Benutzung betrifft. Wenn es eindeutig helfen und die Zahngesundheit erheblich verbessern würde, hätte sich das selbst in den bisherigen Studien mit ihrem beschränkten Aussagewert deutlich abzeichnen müssen.

Aber es kommt noch schlimmer: Die meisten anderen Zahnpflegemaßnahmen außer dem Zähneputzen helfen offenbar ebenso wenig. All unseren Bemühungen um bessere Zahngesundheit zum Trotz, so eine Studie aus dem Jahr 2015, »blieb die globale, altersabhängige Prävalenz von Karies zwischen 1990 und 2010 unverändert«. Alle Versuche, Zahnseide und andere Formen von Zahnhygiene zu pushen, brachten nichts. Wenn du das für ein brutales Urteil hältst, dann lies doch mal die Schlussfolgerung einer großen systematischen Übersichtsstudie, die 2018 den Zusammenhang zwischen allen Methoden zur Mundhygiene (definiert als Zähneputzen und das Reinigen der Zahnzwischenräume mit den unterschiedlichsten Methoden) und dem Auftreten von Karies untersuchte. Die Studie, die von einem Team der University of Washington und der Universität Harvard durchgeführt wurde, analysierte alle randomisierten Versuche und berücksichtigte die Daten von fast 750 Probanden. Sie erklärte rigoros: »Jede persönliche Zahnpflegemaßnahme ohne Fluoride zeigte keinerlei Nutzen, was die Reduktion der Inzidenz von Karies angeht.« Bei der Kariesprävention zählt offenbar allein, dass Fluorid an die Zähne kommt. Angesichts dieses Fazits sollten wir aufhören, wissenschaftlich unbewiesene Botschaften nachzuplappern, und anfangen, unsere beschränkten Ressourcen und Energien auf diejenigen Maßnahmen zu konzentrieren, die erwiesenermaßen helfen.

Bevor wir die Zahnseide-Geschichte endgültig beenden und du ins Bett springst, möchte ich dir noch einen kleinen Rat mitgeben. Wenn du weiter Zahnseide benutzen möchtest, dann mache das *vor* dem Zähneputzen. Einer Studie von 2018 sorgt das für eine »höhere Fluoridkonzentration in der Plaque zwischen den Zähnen.« Ich fasse das als weiteren Beleg dafür auf, dass es in Sachen Zahnhygiene hauptsächlich auf Fluorid ankommt, nicht auf unser Geschick mit Zahnseide und Bürste.

22:50 UHR – SEX

Klar. Warum nicht? Als Paar. Solo. Egal.

Sex ist gesund, macht Spaß, entspannt, es spricht also nichts dagegen (mit der üblichen Einschränkung, dass er einvernehmlich und zwischen Erwachsenen stattfinden muss). Sex und eine positive Einstellung zur Sexualität stärken unsere Beziehung und fördern unser allgemeines Wohlbefinden. Sex ist allerdings kein Wettkampfsport. Also: Du stehst nicht in Konkurrenz zu anderen Paaren. Miss dich auch nicht an dem verzerrten Bild, das von Popkultur und Pornos gezeichnet wird. Es gibt keine Extrapunkte für hohe Frequenz oder akrobatischen Schwung.

Viele von uns machen sich aber genau deswegen Sorgen. Wir überschätzen gewaltig, wie oft alle anderen Geschlechtsverkehr haben. 2018 ergab eine Umfrage unter amerikanischen und britischen Erwachsenen, dass Männer glaubten, andere hätten viermal mehr Sex, als sie tatsächlich hatten. Die Frauen machten es besser, sie lagen mit ihren Schätzungen aber immer noch um 100 Prozent zu hoch. Offenbar glauben viele von uns, alle anderen besuchen wilde Orgien, zu denen wir nie eingeladen werden.

Leider spielen diese Fehleinschätzungen eine Rolle. Denn Menschen bewerten ihre sexuelle Zufriedenheit, indem sie ihr Sexualleben mit dem *imaginären* Sexleben der anderen vergleichen. Einer Studie von 2014 zufolge sind wir umso zufriedener mit unserem Sexleben, je öfter wir Geschlechtsverkehr haben – und umso unzufriedener, je öfter die anderen unserer Meinung nach Sex haben. Anders ausgedrückt: Uns gefällt der Gedanke gar nicht, Freunde und Nachbarn könnten es öfter treiben als wir selbst.

Wir sollten mit solchen Vergleichen aufhören, die bringen niemandem etwas. Paare sollten genau so oft miteinander schlafen, dass die Partner sich verbunden, glücklich und befriedigt fühlen. Das kann für jedes Paar etwas anderes bedeuten. Mehr ist nicht notwendigerweise besser.

Zwar korrelieren Studien zufolge häufiger Sex und Beziehungszufriedenheit positiv (auch in dieser Korrelation könnte der Umstand mit einfließen, dass häufiger Sex wahrscheinlich ein Hinweis auf eine gute Beziehung ist), mehr als einmal pro Woche bringt aber nichts mehr für das Wohlbefinden. 2015 wurden für eine Studie teilnehmende Paare zufällig einer von zwei Gruppen zugeteilt. Die einen trieben es weiter wie bisher, die anderen erhielten die Anweisung, doppelt so oft miteinander zu schlafen wie gewohnt. Diese Verdoppelung steigerte die Zufriedenheit aber nicht – tatsächlich schmälerte sie sogar den Spaß am Sex. Möglicherweise, spekulierten die Forscher, lag das daran, dass die Anweisung, doppelt so oft miteinander zu schlafen (und sei es im Namen der Wissenschaft!), die spontane und intrinsische Motivation für Sex verringerte.

22:55 UHR – KUSCHELN

Ja, es ist erst fünf Minuten später. Beim durchschnittlichen heterosexuellen Ehepaar dauert der Sex gute fünf Minuten. (Im Ernst? Fünf Minuten? Na ja, ich schätze, dann bleibt mehr Zeit zum Schlafen.) Bitte kuschelt hinterher! Die Vorzüge des Kuschelns sind wissenschaftlich belegt. 2014 ergab eine kanadische Studie an mehr als 300 Paaren, dass »die Dauer der Zuwendung nach dem Geschlechtsverkehr mit größerer sexueller Zufriedenheit und folglich größerer Beziehungszufriedenheit korrelierte«.

23:00 UHR – SCHLAFEN

So, wir haben das Ende unseres entscheidungsreichen Tages erreicht. Du musst erschöpft sein! Jetzt brauchst du einen guten Nachtschlaf. Also, verdammt, entscheide dich bewusst, vernünftig zu schlafen!

Aus persönlicher Erfahrung weiß ich, dass das oft leichter gesagt als getan ist. Ich selbst schlafe ganz schlecht. Das Einschlafen fällt mir leicht, aber oft wache ich mitten in der Nacht auf. Mit diesem Problem stehe ich nicht alleine da. Ein großer Teil der erwachsenen Bevölkerung tut sich schwer, ein- oder durchzuschlafen. Schlechte Schlafgewohnheiten stehen mit einer ganzen Latte von Problemen in Zusammenhang, etwa mit Übergewicht, Alzheimer, kardiovaskulären Erkrankungen, Depression, Typ-2-Diabetes, schlechten schulischen Leistungen, geringer Produktivität, Arbeits- und Autounfällen. Wie das Institut für Schlafmedizin an der Universität Harvard vermerkt, zeigten Studien, dass »ein Nachtschlaf von fünf Stunden oder weniger das Sterberisiko um grob 15 Prozent erhöhte«.

Ich möchte hier nicht auf der Tatsache herumreiten, dass wir alle mehr Schlaf brauchen. Damit liegen uns schon Arianna Huffington, Michelle Obama oder Beyoncé in den Ohren. Vom Umstand, dass wir alle nicht genug Schlaf bekommen, lebt eine riesige und boomende Branche. Jahrzehntelang galt Schlaf als etwas für Weicheier, als kolossale Verschwendung wertvoller Zeit. Übermüdung war ein Ehrenzeichen. Sie bewies Ehrgeiz und Entschlossenheit, für seinen Erfolg alles zu geben. Schlafen kann man, wenn man tot ist, und so weiter. Heutzutage hat sich allgemein herumgesprochen, dass diese Sichtweise nicht nur falsch ist – ironischerweise ist derjenige weniger produktiv, der nicht genug schläft –, sondern nachgerade toxisch für den Einzelnen und die Gesamtgesellschaft. Das Blatt hat sich komplett gewendet. Heute glaubt kaum mehr jemand an das Klischee, Schläfer seien Loser. Inzwischen beschäftigen Profimannschaften Schlafcoaches, Promis prahlen mit ihrem Nachtschlaf und LeBron James' Privattrainer erklärt: »Schlaf ist bei Weitem sein wertvollstes Kapital.« (Echt? Ist er wirklich wichtiger als seine 2,03 Meter Größe, sein außerordentliches Können und sein ungeheurer Ehrgeiz?) Also: Ich brauche dich da nicht groß zu überzeugen. Schlaf ist wichtig.

Meiner Ansicht nach ist es den meisten von uns bewusst, was sie ändern müssten, um besser zu schlafen. Generell sollten Erwachsene zwischen sieben und acht Stunden pro Nacht anpeilen (wobei die Abweichungen vor allem von unserem biologisch determinierten Chronotyp bestimmt werden). Zauberformeln gibt es keine, aber die meisten Experten stimmen darin überein, dass gleichbleibende abendliche Routinen dem Schlaf förderlich sind. Dazu gehört, jeden Tag ungefähr zur gleichen Zeit zu Bett zu gehen, rechtzeitig auf anregende Mittel wie Kaffee zu verzichten und abends nicht zu viel Alkohol zu trinken. Das Schlafzimmer sollte schlaf-freundlich sein – ruhig, dunkel, kühl – und natürlich über ein gemütliches, sauberes Bett verfügen. Es sollte ausschließlich für Schlaf und Sex reserviert sein. Wie der staatliche britische Gesundheitsdienst vermerkt, »macht Sex uns, anders als die meisten anderen körperlichen Anstrengungen, schläfrig«. (Mir gefällt, dass Sex hier optimistisch als »anstrengend« dargestellt wird, obwohl er doch nur wenig berauschende fünf Minuten dauert, wie wir oben sahen.)

Also: ein Ja zu Sex, aber ein *unbedingtes Nein* zu Fernsehern, Tablets und Smartphones. Hör auf, im Schlafzimmer fernzusehen oder am Handy zu surfen. Das von Bildschirmen ausgestrahlte Blaulicht stört den Schlaf, das ist mittlerweile recht gut belegt. Blaulichtfilter wie etwa bernsteinfarbene Brillengläser könnten möglicherweise helfen, aber die wissenschaftliche Grundlage dafür ist noch wackelig, für definitive Aussagen braucht es noch weitere Forschung. Problematischer ist ohnehin, dass diese Geräte Portale zu unserer Arbeitswelt, zu Newsfeeds und anderen Stressquellen sind, die der Entspannung nicht förderlich sind. Dagegen hilft auch der beste Blaulichtfilter nicht. Surfen im Internet hält das Gehirn auf Trab, das doch allmählich herunterfahren soll. Selbst wenn man keine beruflichen Mails ansieht und sich nicht in den sozialen Medien tummelt – allein der Umstand, dass man sein Telefon in der Hand hält, erinnert einen subtil an diese Bereiche seines Lebens. Schon die Nähe des Handys kann den Spiegel des Stresshormons Cortisol erhöhen und Angstgefühle verstärken. 2017 fand eine

Studie heraus, dass der Umgang mit sozialen Medien in den letzten 30 Minuten vor dem Zubettgehen »bei jungen Erwachsenen mit Schlafstörungen verbunden war«. Und 2018 zeigte eine Studie der University of East London, dass »ein Verzicht auf Handys im Schlafzimmer dem Nachtschlaf, der Beziehung, der Konzentrationsfähigkeit und dem Wohlbefinden förderlich war«.

Noch nicht überzeugt? Einigen Studien zufolge schaden Handys im Schlafzimmer möglicherweise dem Sexleben. Heute haben Menschen seltener Geschlechtsverkehr als noch vor Jahrzehnten. Obwohl es sich da natürlich um ein komplexes Thema handelt, geben einige Wissenschaftler der Technik zumindest eine Mitschuld. Einer 2018 in Großbritannien durchgeführten Studie zufolge erreicht das Datenvolumen im Internet spätnachts seinen Gipfel, was verrät, wie stark wir soziale Medien und Streamingdienste nutzen, nachdem wir ins Bett gekrochen sind. Professor David Spiegelhalter von der Universität Cambridge glaubt, wegen dieser Vernetzung interessierten sich Paare heute weniger für Sex. Tatsächlich ergab 2018 eine Umfrage unter 2.000 amerikanischen Erwachsenen, dass Menschen in Beziehungen vor dem Zubettgehen 40 Minuten am Handy verbringen und 93 Prozent es auch nachts immer in Griffweite haben. In der letzten Stunde vor dem Einschlafen spielen wir viel häufiger mit unserem Handy als mit unserem Partner. Mehr als die Hälfte aller Paare fanden, Handys im Schlafzimmer raubten ihnen wichtige gemeinsam verbrachte Zeit. Ein Viertel aller Menschen sehen als Letztes ihr Handy statt ihren Partner, bevor sie die Augen schließen.

Also: Leg das Handy weg!

Schlafen liegt kulturell gerade schwer im Trend. Und das ist, vorwiegend, eine gute Sache. Viel zu lange wurde Erholung kleingeschrieben. Aber die Begeisterung für das Thema löste auch eine Flutwelle an Schlaf-Produkten, Schlaf-Büchern, Schlaf-Ratgeber-Kolumnen, Schlaf-Nahrungsergänzungsmitteln, Schlaf-Experten und Schlaf-Gurus von mitunter zweifelhafter Glaubwürdigkeit aus. Schlaf wurde zu etwas, an dem wir hart arbeiten sollen, als trainierten wir für einen Marathon oder als bereiteten wir uns auf einen Soloauftritt in der Carnegie Hall vor. Dabei schläft die Menschheit ganz selbstverständlich, *seit es sie gibt*. Unsere Körper wissen, wie es geht. Schlafen gehört schlicht zu unserer Biologie. Aber jetzt versucht man, uns Zeugs anzudrehen, das uns angeblich dabei hilft, besser zu schlafen. Und wir fallen darauf rein. Vorhersagen zufolge knackt die Schlafindustrie bald die 100 Milliarden Dollar-Umsatzmarke.

Dabei müssten wir uns gar nicht so viel Mühe geben. In Sachen Entspannung dürfen wir uns ruhig entspannen. Aber all das Gerede um den Schlaf hat zu einem Schlafanstrengungs-Paradox geführt. Studien haben gezeigt, dass schon die Angst, man könnte nicht gut schlafen (die die wachsende Schlafindustrie nur anfacht, damit sie uns Abhilfe dafür verkaufen kann), uns den Schlaf rauben kann. Inzwischen herrscht ein solches popkulturelles Getöse rund um das Schlafen, dass schon die Ersten anfangen, nicht nur darüber nachzugrübeln, wie sie mehr Schlaf bekommen, sondern auch darüber, wie sie richtig schlafen. Was wiederum zu noch mehr Schlafproblemen führen könnte. In einem Paper, das 2017 im *Journal of Clinical Sleep Magazine* veröffentlicht wurde, bezeichneten die Autoren die unangebrachte Fixierung auf korrektes Schlafen als »Orthosomnie«, eine Besessenheit bei der »perfektionistischen Suche nach idealem Schlaf«, die die Sorgen verstärkt und so den Schlaf beeinträchtigt.

Die steigende Beliebtheit von Schlaftrackern steht beispielhaft für die Probleme, die mit unserer neuen Schlafkultur einhergehen. Ich probiere eine ganze Reihe dieser Geräte aus. Einmal setzte ich mir sogar einen speziellen Sensor an den Kopf, der meine Gehirnwellen auffangen sollte. Ich schlief auf einer Matte, die meine nächtlichen Bewegungen aufzeichnete. Und ich probierte Armbänder, die meine Schlafphasen aufzeichnen sollten. Morgens erhielt ich dann Feedback über verschiedene Aspekte meines Schlafs, präsentiert in beeindruckenden, wissenschaftlich anmutenden Grafiken und Tortendiagrammen. Doch was soll man eigentlich mit diesen Informationen anfangen? Soll ich mich bei schlechten Werten in der nächsten Nacht mehr anstrengen? Wenn ich erholt aufwache, aber der Tracker sagt, ich hätte schlecht geschlafen, sollte ich mich dann erschlagen fühlen? Noch problematischer ist, dass die Geräte verschiedene Ergebnisse anzeigten. Das eine lobte, ich hätte 73 von 100 Schlafpunkten geholt, was offenbar gut ist, während ein anderes mir eine mäßige Note verpasste.

Ganz allgemein lässt die Genauigkeit dieser Geräte, freundlich ausgedrückt, zu wünschen übrig. 2017 resümierte eine Übersichtsstudie: Schlaftracker für Privathaushalte »haben erhebliche Mängel und einen begrenzten Nutzen, da sie nie gründlich in klinischen Studien evaluiert wurden.« So sind die Geräte schlicht nicht gut darin, verschiedene Schlafphasen zu unterscheiden. Wenn man ruhig daliegt und am Handy fernsieht, verzeichnet das Gerät möglicherweise »leichten Schlaf«, was eindeutig nicht stimmt.

Ich finde es auch paradox, auf der Suche nach besserem Schlaf bei technischen Geräten Hilfe zu suchen, die oft mit unseren Handys gepaart sind. Handy & Co. sind es doch, die uns die halbe Nacht wachhalten. Dieser Lösungsansatz ist absurd, als würde man Löwenzahn pflanzen, um das Unkraut im Garten zu bekämpfen.

Ich sehe das Hauptproblem mit Schlaftrackern darin, dass sie das Schlafbemühungs-Paradox noch verstärken. Indem diese Geräte Maßzahlen angeben – die, wie gesehen, möglicherweise weitgehend unsinnig sind –, verleiten sie uns dazu, Nächte miteinander zu vergleichen und uns folglich immer mehr anzustrengen, länger und besser zu schlafen. Die Quantifizierung des Schlafs ermöglicht uns, einen Wettbewerb daraus zu machen. Und das ist natürlich der völlig falsche Ansatz. Schlaf sollte von natürlichen Rhythmen diktiert sein, nicht von bewussten Anstrengungen. Schlaf ist kein Rennen, das man gewinnen könnte.

Ich freue mich, dass wir als Gesellschaft den Nachtschlaf inzwischen ernster nehmen. Aber wie es bei Wellnesstrends so oft geschieht, wird aus einer einfachen Aktivität erst etwas total Kompliziertes gemacht, für das uns dann eine ganze Branche Lösungen verkaufen kann. Die Strategie, die mir am besten gegen Schlafstörungen geholfen hat, passt hervorragend zum Grundthema dieses Buchs: Entspann dich. Komm runter. Zieh den Stecker. Lass dir von der Schlafindustrie nicht einreden, du bräuchtest spezielle Kissen, Matratzen, Decken, Nahrungsergänzungsmittel oder eine streng eingehaltene Routine. Beachte ein paar grundlegende Dinge, etwa regelmäßige Einschlaf- und Weckzeiten, ein gemütliches Schlafumfeld und verzichte auf Elektronik, Koffein, zu viel Alkohol und übermäßiges Essen vor dem Zubettgehen. Du musst nicht jeden Augenblick deines Lebens quantifizieren. Das könnte nach hinten losgehen.

DIE JETZT-ENTSPANN-DICH-MAL-REGELN

Oft liege ich nachts noch wach und wälze Probleme, die sich im Laufe des Tages ergaben. Das ist eine schlechte Angewohnheit, weil sie mich vom Schlafen abhält.

Auf unserer Reise durch einen hypothetischen Tag kamen etliche strittige Themen zur Sprache, bei denen wir durch Fehlinformation und bzw. oder ideologische Beeinflussung zu falschen Entscheidungen gedrängt oder unnötig gestresst werden. Bei anderen Entscheidungen versucht zwar niemand, uns zu beeinflussen, wir treffen aber aus Bequemlichkeit oder anderen Gründen eine Wahl, die eben günstiger für uns ausfällt.

Im Kern handelt dieses Buch aber von den Fakten, die unseren täglichen Entscheidungen zugrunde liegen, und davon, wie und warum diese Fakten verzerrt dargestellt, fehlinterpretiert oder ignoriert werden. Während ich dieses Buch schrieb, lag ich oft schlaflos wach und grübelte, warum wir so oft und so konsequent falsche Entscheidungen treffen, obwohl uns doch heutzutage mehr Informationen zur Verfügung stehen als je zuvor. Schließlich möchte doch jeder die für ihn richtigen Entscheidungen treffen und nicht in die Irre geleitet werden.

2018 erklärten in einer Umfrage der Knight Foundation lediglich 27 Prozent aller Amerikaner, sie seien »sehr sicher, dass sie erkennen, ob eine Nachrichtenquelle die Wahrheit berichtet«, während 58 Prozent fanden, es sei »heutzutage angesichts der Flut an Informationen und Nachrichten schwerer statt leichter, sich zu informieren.« 2018 gaben bei einer internationalen Umfrage für das Edelman Trust Barometer 59 Prozent der Teilnehmer an, sie wüssten »nicht sicher, was wahr ist und was nicht«.

Solche Werte zeigen, wie verrückt und herausfordernd diese Zeiten sind. Aber woher kommt es überhaupt, dass Fehlinformationen unser Leben so sehr beherrschen? Wie konnte das geschehen? Und was kann man dagegen unternehmen?

Als ich noch am Manuskript zu diesem Buch saß, leitete ich einmal eine Podiumsdiskussion über die Verleugnung wissenschaftlicher Erkenntnisse. Veranstaltet wurde sie von der New York Academy of Sciences und dem Rutgers Global Health Institute, und zur Debatte standen genau diese Fragen. Insbesondere ging es darum, jene sozialen Kräfte zu erkunden, die die Verbreitung von Falschinformationen befördern, und darum, wie wir sie bekämpfen können, individuell und gesamtgesellschaftlich. In der Expertenrunde saßen neben mir fünf Spitzenforscher aus Institutionen in aller Welt. Insbesondere diskutierten wir die Rolle von vier Faktoren: Vertrauen in staatliche Institutionen, soziale Medien, Geschichten und Promi-Kultur. Kelly M. Greenhill, Professorin an der Tufts University und an der Kennedy School for Science and International Affairs der Universität Harvard, brachte meiner Ansicht nach die Sache am besten auf den Punkt. Sie identifizierte sechs soziale Trends, die zu einem guten Teil erklären, warum wir uns in einer Ära der Falschinformation befinden. Hier meine Interpretation von Professor Kellys Trends – die Analyse stammt von mir, das Gerüst von ihr.

Die frei schwebende Angst – Unsere Gesellschaft wird von Ängsten aufgewühlt. Große Bevölkerungsteile fragen sich, ob man noch Milch trinken kann, ob Fluoride uns schaden, sie fürchten die Gefahren des Fahrradfahrens und des Schulwegs. Sie plagen sich mit Schuldgefühlen, weil sie angeblich zu wenig Zeit mit den Kindern verbringen, fürchten sich vor dem Händeschütteln, vor Umarmungen und Toilettenbrillen. Leider funktioniert Panikmache hervorragend – sie hilft, Dinge und Ideen zu verkaufen. Angstmacherei nutzt unserem angeborenen Hang, dramatische Ereignisse stärker wahrzunehmen. Berichte von Bärenangriffen, Kindesentführungen und toten Fallschirmspringern brennen sich in unser Gehirn. Das beeinträchtigt unsere Urteilsfähigkeit und erschwert uns, mit kühlem Kopf, vernünftig und faktenorientiert zu entscheiden.

Historisch geringes Vertrauen – Der aktuellen Forschung zufolge liegt das Vertrauen der Öffentlichkeit in die elementarsten Institutionen nahe an einem historischen Tiefststand. In einer Gallup-Umfrage erklärten noch 1975 volle 80 Prozent der amerikanischen Öffentlichkeit, sie hätten sehr großes bzw. eher großes Vertrauen in das Gesundheitssystem. Heute liegt der Wert bei 30 Prozent. Das Vertrauen in Zeitungen fiel von 51 Prozent, dem Höchststand im Jahr 1979, auf 23 Prozent heute. Und so weiter. Mangelndes Vertrauen kann Menschen verleiten, sich von der Wissenschaft abzuwenden, weil sie den Informationsquellen misstrauen – sei das nun, weil sie versteckte Gewinnmotive vermuten oder politische Absichten. Im Vakuum dieses Vertrauensmangels können sich dann Verschwörungstheorien breitmachen und alternative, wissenschaftlich nicht belegte Erklärungen. Wenn Menschen die Welt nicht mehr verstehen und öffentlichen Institutionen nicht mehr vertrauen, bietet das den perfekten Nährboden für Fehlinformationen. Es ist eben leichter zu glauben, dass Rohmilch unbedenklich ist, Fluorid uns willenlos macht und die Pharmakonzerne die Wahrheit über den Wert von Vitaminen verschweigen. Wie dargelegt, kann schon die Existenz von Verschwörungstheorien den öffentlichen Diskurs beeinflussen und die eigenen Ansichten und Entscheidungen ändern, obwohl man gar kein Hardcore-Verschwörungstheoretiker ist.

Starke Polarisierung des öffentlichen Diskurses – Zu keinem Thema scheint es mehr eine Mitte zu geben. Ob nun über den Klimawandel gestritten wird oder über glutenfreie Ernährung – die öffentlich geäußerten Meinungen sind meist extrem. Heutzutage muss man hundertprozentig für etwas sein oder absolut dagegen. Dazwischen bleibt kein Platz. 2018 stellte das MIT in einer Studie den öffentlichen Diskurs in den sozialen Medien grafisch dar. Die Grafik sah aus wie ein annähernd perfektes U. Die Extremen äußern sich laut und werden wahrgenommen, während die Mitte schweigt. Das Phänomen »ausgewogener Berichterstattung« in den Medien auch in Bereichen, wo das überhaupt nicht angebracht ist, verstärkt diese Polarisierung nur noch, weil relevante, wissenschaftlich belegte Tatsachen gleichberechtigt neben völligem Humbug stehen. Unangebrachte Ausgewogenheit liegt dann vor, wenn Medienberichte so tun, als gäbe es zwei gleichberechtigte oder annähernd gleichberechtigte Sichtweisen auf eine Angelegenheit, wenn in Wahrheit alle wissenschaftlichen Belege die eine Sichtweise stützen. Dieses Phänomen tritt oft auf, wenn eine Seite – von Angst oder politischen Absichten getrieben – unbedingt ein Thema aufs Tapet bringen will. 2018 zeigte eine kanadische Studie zur Medienberichterstattung über Fluorid im Trinkwasser anschaulich, wie das dann abläuft. Den Forschern zufolge wurde die dahinterstehende Wissenschaft grob verzerrt dargestellt, großteils deswegen, weil die Fluoridgegner wild entschlossen waren, ihren Standpunkt vorzutragen, und besser organisiert waren als diejenigen, die diese Maßnahme zur öffentlichen Gesundheit unterstützten. Entsprechend beleuchteten die Medienberichte dann »primär die Risiken [...] statt den Nutzen«. So entsteht ein Narrativ, wo zwei unversöhnliche Seiten die Klingen kreuzen. Mit solchen Dramen lassen sich prima Zeitungen verkaufen und Klicks generieren, dem öffentlichen Diskurs und der Förderung sinnvoller Maßnahmen aber schaden sie.

Das Aufkommen unruhestiftender Kommunikationstechnik – Es ist gar nicht so lange her, da gab es überhaupt nur wenige Informationsquellen: ein paar Fernsehkanäle und Radiosender, einige Zeitungen, daneben Zeitschriften und Bücher. Diese Medien kontrollierten und filterten, was wir zu jedem beliebigen Thema erfuhren. Mit dem Aufkommen des Internets und der sozialen Medien hat sich die Art, wie Informationen geteilt werden, grundlegend gewandelt. Vieles daran ist wunderbar – das Internet ermöglicht einzigartige Formen der Unterhaltung und des künstlerischen Ausdrucks, verbesserten Zugang zu wissenschaftlichen Erkenntnissen und neue Online-Gemeinschaften. Andererseits aber, das wurde im Buch wiederholt thematisiert, bieten Internet und soziale Medien einen Nährboden, auf dem abstruse Auffassungen gedeihen. Schlechte Nachrichten, Lügen und Fehlinformationen verbreiten sich im Internet erwiesenermaßen schneller und weiter als positive Meldungen und die Wahrheit. So entstand das popkulturelle Rauschen, das heute den öffentlichen Diskurs behindert und es schier unmöglich macht, wissenschaftlich belegbare Tatsachen von Unfug zu trennen. Die sozialen Medien befördern die Polarisierung des Diskurses nur noch und verstärken die Kraft der Bestätigungstendenz – unsere Neigung, Informationen zu suchen, die unsere vorgefasste Meinung stützen.

Der Aufstieg neuer Informations-Türwächter – Plattformen wie Google, Facebook und Twitter steuern zunehmend, was unsere Aufmerksamkeit bekommt und was nicht. Sie bestimmen mit, was in den traditionellen Medien berichtet wird, und welche akademischen Publikationen die öffentliche Wahrnehmung erreichen. Früher steuerten Zeitungsverlage, Sender und Journalisten den öffentlichen Diskurs, heute bestimmen darüber Nutzer-Klicks und Shares in den sozialen Medien. Das mag man jetzt gut oder schlecht finden, auf jeden Fall beeinflussen unsere Klicks den redaktionellen Inhalt von Programmen und Zeitungen. Heute werden etwa kleine, vorläufige Studien zum Wert des Power-Nappings oder des Kaffeekonsums über Twitter in Windeseile verbreitet und viel schneller zum Teil des öffentlichen Bewusstseins, als das früher möglich gewesen wäre. Und ist ein Mythos erst mal weit genug verbreitet, kann es sehr schwer werden, ihn wieder einzufangen oder zu widerlegen.

Ein vielleicht noch ernsteres Problem stellen Suchmaschinen-Ergebnisse dar. Nicht die verlässlichsten, wissenschaftlich seriösesten Seiten zu einem Thema schaffen es auf die erste Seite einer Google-Trefferliste. Zu fast allen Themen dieses Buches etwa liefert Google auf der ersten Trefferseite eine bunte Mischung aus vertrauenswürdigen Quellen und völligem, potenziell gefährlichem Humbug. So googelte ich beispielsweise »Rohmilch Vorteile«. Der erste Treffer – von dem ganz oben auf der Seite ein Snippet (Schnipsel) abgebildet wird – war ein Zitat des bekanntesten Märchenerzählers im Gesundheitsbereich,

Dr. Joseph Mercola. Dieser Arzt wurde von der FDA schon mehrmals verwarnt, keine unbewiesenen Behauptungen mehr in die Welt zu setzen, bekam von der Federal Trade Association (der unabhängigen Bundesbehörde für Wettbewerb und Verbraucherschutz der USA) eine Strafe aufgebrummt, weil er ein Produkt verkauft hatte, dessen Nutzen unbewiesen war, und erhielt die schlechteste Note des Better Business Bureau, einer gemeinnützigen Verbraucherschutzvereinigung. Wenn Dr. Mercola auf seiner Website schwadroniert, pasteurisierte Milch »kann deiner Gesundheit schaden«, darfst du getrost davon ausgehen, dass das Gegenteil stimmt. Trotzdem erschien dieses Zitat bei Google ganz oben und wurde gleich ausschnittsweise angezeigt. Und oft ist dieser Snippet das Einzige, was Menschen nach einer Google-Suche lesen. Bei einer Sprachausgabe, etwa über Google Home oder Amazons Alexa, würde der Snippet vorgelesen werden. Von den restlichen neun Treffern meiner Suche informierten lediglich zwei ausgewogen und wissenschaftlich fundiert über Rohmilch. Fast alle übrigen führten mich auf Websites mit fürchterlich irreführenden Informationen (eine etwa trommelte für die Freigabe des Verkaufs von Rohmilch). Wohlgemerkt bekommt die erste Ergebnisseite einer Suchanfrage 95 Prozent des Internetverkehrs zu diesem Thema. Der oberste Treffer – in diesem Fall Mercolas Quatsch-Ratschlag – bekommt mit Abstand den meisten Verkehr. Suchergebnisse entscheiden, was wir über die Welt erfahren. Und was wohlinformierte Entscheidungen angeht, gilt: Was nicht auf der ersten Seite aufscheint, könnte geradeso gut nicht existieren.

Eine Vielzahl von Akteuren, die Unfug, Hype und Angst verbreiten – das für mich frustrierendste Element. Immer mehr Individuen, Institutionen und sogar Regierungen scheinen bereit, die neuen Medienplattformen aktiv dafür zu nutzen, uns in die Irre zu führen. Über die dramatischsten Beispiele ist viel geschrieben worden, etwa über die Einmischung fremder Staaten in demokratische Prozesse. Und mitunter ging diese Einmischung weit über Politik hinaus, wenn etwa russische

Twitter-Trolle die Impfdebatte befeuerten, um in der amerikanischen Bevölkerung für Verunsicherung, Spaltung und Streit zu sorgen. (Mit Kommentaren wie »Lass dich nicht #impfen. Die Illuminaten stecken dahinter.«) Promis, Verschwörungstheoretiker, Influencer und Marketingabteilungen verseuchen das Internet mit irreführenden Informationen und blankem Unfug. Obwohl viele Behauptungen absurd sind (die üble Website NaturalNews titelte einmal mit »Masernimpfungen töten mehr Menschen als die Masern, wie Daten der CDC beweisen«), bleibt dieser mediale Lärm nicht folgenlos. Allein, dass wir uns diesen Unfug ansehen müssen, kann schon unsere Ansichten und damit unsere Entscheidungen beeinflussen.

Neben diesen offenkundigen Quellen für unwissenschaftlichen Blödsinn tragen aber auch, das sollten wir nie vergessen, legitime wissenschaftliche Institutionen zur allgemeinen Verwirrung bei. Forscher, Universitäten und Geldgeber hypen und verzerren Ergebnisse, um in den traditionellen wie in den sozialen Medien Aufmerksamkeit zu erzeugen. Auch die übertrieben positive Darstellung von Forschungsergebnissen kann beim öffentlichen Diskurs zu komplexen Themen verwirren. Meist werden dann Ergebnisse als robuster hingestellt, als sie es tatsächlich sind, oder die Medien lassen die Beschränkungen der jeweiligen Methodologie unter den Tisch fallen.

Darüber könnte ich mich endlos auslassen. Aber meiner Ansicht nach reicht diese Liste von sechs zentralen gesellschaftlichen Trends für eine wichtige Schlussfolgerung: Wir leben in einer Gesellschaft, die geradezu darauf ausgerichtet ist, Verwirrung zu stiften, Ängste zu schüren und Falschinformationen zu verbreiten. Kein Wunder, dass uns Entscheidungen mitunter so schwer fallen.

Was können wir also tun? Wie sollten wir reagieren? Nun folgen ein paar Strategien, die dir und mir erlauben, uns zu entspannen, diesen Tag voller Entscheidungen hinter uns zu lassen und selig einzuschlafen. (Übrigens zeigt die Forschung, dass das Schreiben von To-do-Listen beim Herunterkommen hilft und einer erholsamen Nacht förderlich ist. Machen wir uns also ans Werk!)

Bewaffne dich mit Werkzeugen, die dir helfen, Fehlinformationen zu erkennen – Selbst für Leute wie mich, die das beruflich tun, kann es eine gewaltige Herausforderung sein, all die pseudowissenschaftlichen Behauptungen, Fehlinformationen, widersprüchlichen Daten und aufgebauschten Forschungsergebnisse richtig einzuordnen. Hier ein paar Strategien, die dabei helfen:

Erstens: Schau dir die wissenschaftliche Grundlage für eine Behauptung an. Handelt es sich um eine Tierstudie, ist die Stichprobe klein oder wurde nur eine Korrelation gefunden (sprich mir nach: Korrelation bedeutet nicht Kausalität!), darfst du das Ergebnis als vorläufig betrachten, als Denkanstoß.

Zweitens: Sieh dir immer die gesamte Beweislage zu einem Thema an. Nur extrem selten wirft eine einzelne Studie, selbst wenn sie gut gemacht ist und auf einer umfangreichen Stichprobe beruht, den wissenschaftlichen Konsens um. (Vergiss Überschriften, die etwas anderes behaupten.)

Drittens: Lass dich nicht von anekdotischen Belegen oder Erfahrungsberichten beirren. Sie mögen zwar überzeugend klingen, vielleicht sollte man ihnen sogar wissenschaftlich nachgehen, aber sie beweisen gar nichts.

Viertens: Du solltest dir deine Quelle genau ansehen (wer ist der Autor?) und misstrauisch gegenüber allen Behauptungen sein, die auf Verschwörungstheorien oder angeblichen Geheiminformationen beruhen. Wenn etwas gut funktionieren würde, wüssten wir es. Versprochen.

Fünftens: Berücksichtige Voreingenommenheiten und Konflikte. Wir haben alle unsere persönlichen Lieblingsthemen, aber für manche Menschen und Organisationen ist ein Thema der ganze Lebensinhalt (denk nur an Webseiten, die für die Zulassung des Verkaufs von Rohmilch plädieren oder dir Angst vor Impfungen einjagen wollen); oft stecken hinter Kampagnen schlicht Profitinteressen. Solche Voreingenommenheiten können erheblich beeinflussen, wie Wissenschaft interpretiert und dargestellt wird.

Sechstens: Misstraue schwammigen Phrasen (»erhöht Energieniveaus«, »entgiftet den Körper«, »stärkt das Immunsystem«) und großen Versprechungen (»revolutionär«, »stellt alles auf den Kopf«, »garantierter Gewichtsverlust«).

Siebtens: Hüte dich vor »heißen Themen«, dem Umstand, dass gerade angesagte wissenschaftliche Themen mehr Aufmerksamkeit bekommen und weniger kritisch hinterfragt werden.

Und vergiss zu guter Letzt nie, dass wir die Welt verzerrt wahrnehmen – insbesondere neigen wir dazu, Dinge wahrzunehmen, die unsere Weltsicht bestärken – und deshalb die Faktenlage nicht objektiv bewerten. Bemühe dich also um einen neutralen Blick. Bleibe neugierig. Und betrachte alles aus verschiedenen Blickwinkeln.

Entspanne dich. Ein bisschen kritisches Denken hilft dabei, all das Getrommle auszublenden. *Lass dein Leben nicht von Angst bestimmen.* Wie in diesem Buch immer wieder gezeigt wurde, überschätzen wir viele Risiken. Oder wir zerbrechen uns wegen der falschen Dinge den Kopf: Wir sorgen uns, dass unsere Kinder entführt werden könnten, obwohl die Wahrscheinlichkeit dafür minimal ist, anstatt uns wegen des wohlbekannten Risikos Gedanken zu machen, das mit körperlicher Inaktivität einhergeht. Wir tun das aus einer ganzen Reihe von Gründen, nicht zuletzt deswegen, weil wir uns dramatische Geschehnisse leichter vorstellen können. Also: Wenn du merkst, dass Angst dir eine bestimmte Entscheidung diktiert hat, bemühe dich, die tatsächliche Höhe des Risikos zu verstehen. Das ändert vielleicht nichts an deiner Entscheidung – ich fürchte mich immer noch vor Bären und bleibe immer eine Art Keimphobiker –, aber vielleicht verringert es ja deine Angst. Hör nicht auf die Panikmacher. Entspanne dich.

Schau die dir Beweislage an und akzeptiere den Umstand, dass die Wissenschaft sich in vielen Dingen nicht sicher ist. Egal, ob es nun um

Stehpulte geht, das richtige Frühstück, die Verwendung von Zahnseide oder um Möglichkeiten zur Verbesserung des Nachtschlafs: Oft sind die Forschungsergebnisse viel weniger eindeutig, als die Massenmedien es hinstellen. Nur allzu oft wird der nächste Gesundheits- oder Fitnesstrend als simple, unfehlbare Lösung für ein komplexes, vielschichtiges Problem präsentiert. Manche Entscheidungen wären eigentlich trivial, wie die der Toilettensitz-Frage, sie lösen aber heftige Debatten aus, weil Einzelne dazu hochtrabende, aber ganz und gar unwissenschaftliche Reden schwingen. In anderen Fällen wiederum sprechen uns bestimmte Vorstellungen intuitiv an, dass es etwa eine gute Sache ist, frühmorgens aufzustehen oder seiner Wut Luft zu verschaffen. Doch der Schein trügt. Lassen wir uns nicht verleiten, das Falsche zu tun, Zeit und Geld zu verschwenden, sondern halten wir uns an die einfachen Strategien, deren Wirksamkeit wissenschaftlich belegt ist.

Entspanne dich. Es gibt keine Allheilmittel. (Außer vielleicht Sport.)

Lass dich nicht von imaginären Unterschieden täuschen. Wir treffen viele unserer Entscheidungen, weil wir glauben, es gäbe quantifizierbare Unterschiede zwischen Dingen. Wir glauben, wir würden das objektiv bessere Produkt wählen, wenn wir edlen Wein oder teure Zahnbürsten kaufen. Solange dir der Auswahlprozess oder das Schwelgen in der Geschichte des Produkts Spaß macht, prima. Aber sei dir bewusst, dass es zwischen vielen Produkten kaum bedeutsame Unterschiede gibt. (Aber nimm mir meinen überteuerten Espresso nicht weg! Der ist jeden Cent wert.)

Entspanne dich. Wahrscheinlich ist der Unterschied zwischen zwei Produkten völlig unerheblich. Nimm das billigere.

Konzentriere dich auf das Wesentliche und ignoriere das Wellness-Blabla. Viele irreführende Behauptungen, die wir in diesem Buch behandelt haben, versprechen dir und deiner Familie bessere Gesundheit oder mehr Sicherheit. Aber wir sollten uns von der multimilliardenschweren Wellnessindustrie keine Nahrungsergänzungsmittel andrehen lassen, keine Hightech-Kontrollgeräte, Extremdiäten oder Schlafhilfen. Dank der Wissenschaft wissen wir seit Jahrzehnten, wie man gesund lebt: indem man nicht raucht, sich genug bewegt, vernünftig isst, ein gesundes Gewicht hält, wenig oder keinen Alkohol trinkt, genug schläft und seine Beziehungen zu anderen Menschen pflegt. Des Weiteren hilft es, sinnvolle Vorbeugemaßnahmen zu treffen, also den Sicherheitsgurt anzulegen, sich impfen zu lassen und sich die Hände zu waschen. Allein diese grundlegenden Dinge zählen. Alles Übrige brauchen die meisten Menschen gar nicht, es ist nur noch von marginaler Bedeutung. Natürlich spielen sozioökonomische Faktoren eine große – vielleicht sogar überragende – Rolle. Deshalb muss jede Verbesserung der öffentlichen Gesundheit über Veränderungen in Gesellschaft und Umwelt gehen, die genau auf diese Basics abzielen und deswegen den meisten Nutzen bringen.

Entspanne dich. Finde einen nachhaltigen, angenehmen Lebensstil, bei dem du auf die grundlegenden Dinge achtest.

Und zuletzt: Ignoriere die Wissenschaft nicht, wenn sie sagt, du kannst dich locker machen! Ja, mitunter werden wissenschaftliche Ergebnisse falsch dargestellt, was dann in der Öffentlichkeit Ängste schürt und schlechte Entscheidungen befördert. Aber ignoriere deswegen bitte nicht diejenigen Erkenntnisse, was du unternehmen kannst, um entspannter zu leben. Längst häufen sich die Belege dafür, dass sich Smartphones schädlich auf unseren Schlaf und unsere Beziehungen auswirken. Und es mehren sich die Hinweise, dass wir unsere Arbeitsrhythmen, unsere häuslichen Aktivitäten und unsere Internetnutzung (E-Mails, soziale Medien, Streaming) überdenken sollten. Alles, was unsere Tage weniger fragmentiert, hektisch und stressig macht, sollte in Betracht gezogen werden.

Entspanne dich. Und schalte dein verdammtes Handy aus.

Zzz.

ÜBER DEN AUTOR:

Timothy Caulfield ist ein *Canada Research Chair* für Gesundheitsrecht und -politik, Professor an der Rechtsfakultät und der School of Public Health sowie Forschungsdirektor des Health Law Institute an der University of Alberta. Seine interdisziplinäre Forschung zu Themen wie Stammzellen, Genetik, Forschungsethik, öffentlichen Darstellungen von Wissenschaft und gesundheitspolitischen Themen hat es ihm ermöglicht, über 350 wissenschaftliche Artikel zu veröffentlichen. Er hat zahlreiche akademische und schriftliche Preise gewonnen. Er schreibt häufig für die populäre Presse und ist Autor von zwei nationalen Bestsellern: *The Cure for Everything: Untangling the Twisted Messages about Health, Fitness and Happiness* (Penguin 2012) und *Is Gwyneth Paltrow Wrong About Everything?: When Celebrity Culture and Science Clash* (Penguin 2015). Caulfield hat auch eine starke Social-Media-Präsenz und ist der Moderator und Co-Produzent der Netflix Dokumentarserie *A User's Guide to Cheating Death*.

DANKSAGUNG

Dieses Buch behandelt die verschiedensten Themen, zu denen ich mich von Experten in aller Welt beraten ließ. Dazu kommunizierte ich persönlich, telefonisch und per E-Mail. Diese Menschen boten mir Orientierung im Ozean der einschlägigen Literatur, ermöglichten mir unschätzbare Erkenntnisse und zeigten mir den Kontext auf. Ich bin außerordentlich dankbar für ihren Input und ihre Zeit. Vielen Dank an:

Satchidananda Panda vom Salk Institute; Tanis Fenton von der Universität Calgary; Lenore Skenazy von Free Range Kids; Geertrui Van Overwalle von der Universität Leuven; Kay Teschke von der University of British Columbia; Rebecca Puhl von der Universität Connecticut; Jayne Thirsk von den Dietitians of Canada; Rhonda Bell von der Universität Alberta; Kim Raine von der Universität Alberta; Andrew Velkey von der Christopher Newport University; Joan Salge Blake von der Universität Boston; James McCormack von der University of British Columbia; The Angry Chef; Ellen Macfarlane Gregg von der Universität Waterloo; Daniel Flanders von Kindercare Pediatrics; Brett Finlay von der University of British Columbia; Leah McGrath von Ingles Markets; Paul Kelley von der Open University; Charles Samuels von der Universität Calgary; Grant Ritchie, Zahnarzt; Raya Muttarak vom Wittgenstein Centre for Demography and Global Human Capital; Robert Weyant von der Universität Pittsburgh; David Allison von der Indiana University; James A. Betts von der University of Bath; Bob Burden von Serecon; James C. Coyne von der Universität Pennsylvania; Steven Hoffman von der Universität York; Elizabeth Mostofsky von der Universität Harvard; Alan Levinovitz von der James Madison University; Jen Gunter; Ryan C. Martin von der University of Wisconsin in Green Bay; Gary Schwitzer von HealthNewsReview und der Universität Minnesota; Rachel McQueen von der Universität Alberta; Derreck Kayongo vom Global Soap Project; Colleen Carney von der Ryerson University; Thomas Hills von der Universität Warwick; Vanessa Patrick von der Universität Houston; Emma Russell von der Kingston University London; Birsen Donmez von der Universität Toronto; Donald Schaffner von der Rutgers University; Kelly M. Greenhill von der Universität Harvard; Stuart M. Phillips von der McMaster University; Jeff Vallance von der Athabasca University; Josephine Chau von der Universität Macquarie; Silvia Bellezza von der Columbia University; Oriel Sullivan von der Universität Oxford; Charlene Elliott von der Universität Calgary; Stanley Kutcher von der Dalhousie University; Yoni Freedhoff von der Universität Ottawa; Kostadin Kushlev von der Georgetown University; Sara Kirk von der Dalhousie University; Vinay Prasad von der Oregon Health and Science University; Donald Vance Smith von der Universität Princeton; Paula Fomby von der Universität Michigan; Melissa A. Milkie von der Universität Toronto; Lin Yang von Cancer Epidemiology and Prevention Research der Gesundheitsdienste Albertas; Lynn Barendsen vom Family Dinner Project der Universität Harvard; Kirk Barber von der Universität Calgary; Matthew Nisbet von der Northeastern University; Jonathan Jarry von der McGill University; und allen anderen, die ich vielleicht vergessen habe.

Während ich dieses Buch schrieb, nahm ich auch an vielen einschlägigen Konferenzen und Workshops teil, ein paar organisierte ich sogar selbst mit. Nebenher arbeitete ich an meiner Fernseh-Dokumentation *A User's Guide to Cheating Death*, was mir ebenfalls Gelegenheit gab, mit einer Reihe von Experten zu sprechen. Ich möchte ihnen allen danken – sie sind zu zahlreich, um alle hier aufgeführt zu werden – und natürlich meinen Freunden bei Peacock Alley Entertainment für ihre Geduld und Unterstützung.

Sehr zu schätzen weiß ich auch den unerschütterlichen Rückhalt meiner Kollegen an der Universität Alberta und am Health Law Institute (viele von ihnen passte ich wiederholt in den Gängen ab, um mit ihnen über einzelne Themen dieses Buchs zu sprechen), darunter Ubaka Ogbogu, Blake Murdoch, Sandro Marcon und Erin Nelson. Besonders dankbar bin ich für die phänomenale Arbeit von Robyn Hyde-Lay. Sie half mir bei den Recherchen und musste meine endlosen Grübeleien zur Ausrichtung fast jedes Abschnitts in diesem Buch ertragen.

Dankbar bin ich auch für die Förderung, die ich für meine Forschung bekomme, etwa die Unterstützung vom Canada Research Chairs Programm, der Pierre Elliott Trudeau Foundation, den Canadian Institutes of Health Research, dem Network of Centres of Excellence-Programm und Genome Canada.

Mein Agent, Chris Bucci, war wie immer eine erstaunliche und unerschütterliche Hilfe; dank ihm wurde aus meinem Konzept schließlich ein Buch. Großer Dank geht auch an Diane Turbide und das wunderbare Team von Penguin Random House Canada. Besonders möchte ich Diane für ihren Beitrag zur Struktur dieses Buchs rund um einen hypothetischen Tag danken (wer sagt denn, dass bei ein paar geselligen Drinks nichts herauskommt?). Großer Dank auch an Shaun Oakey, Justin Stoller, Alanna McMullen und Lauren Park für ihre redaktionelle Arbeit.

Natürlich gilt mein größtes Dankeschön meiner wunderbaren und jederzeit hilfsbereiten Familie, mit der ich viele magische Tage verbracht habe.

QUELLENNACHWEIS

Eine grobe Literaturangabe findet sich immer jeweils schon im Fließtext, sodass sich eine relevante Studie im Quellennachweis mühelos identifizieren lassen sollte. Bei einigen Quellenangaben habe ich auch ein Zitat oder eine Zusammenfassung beigefügt. Ich hoffe, du findest sie interessant und nützlich. Obwohl viele der Arbeiten, auf die ich mich im Text bezog, unten aufgeführt sind, ist das hier keine vollständige Liste der einschlägigen Literatur. Mein Ziel war es, dir eine Vorstellung von der akademischen Literatur und von einigen der populären Kommentare zu jedem Thema zu verschaffen.

EINLEITUNG: ENTSCHEIDUNGEN, ENTSCHEIDUNGEN

Agel, J. et al. »A 7-year review of men's and women's ice hockey injuries in the NCAA« (Okt. 2010) 53(5) *Canadian Journal of Surgery* 319–323 »18,69/1000 Verletzungen.«

Berge, L.I. et al. »Health anxiety and risk of ischaemic heart disease: A prospective cohort study linking the Hordaland Health Study (HUSK) with the Cardiovascular Diseases in Norway (CVDNOR) project« (1. Nov. 2016) 6(11) *BMJ Open* e012914 – Angst um Gesundheit ist assoziiert mit erhöhten Gesundheitsrisiken.

Boon, S. »21st century science overload« (7. Jan. 2017) *Canadian Science Publishing* – »Etwa 2,5 Millionen wissenschaftliche Veröffentlichungen jährlich.«

Curran, T. et al. »Perfectionism is increasing over time: A meta-analysis of birth cohort differences from 1989 to 2016« (28. Dez. 2017) 145(4) *Psychological Bulletin*.

Dyson, T. »Heart attacks less frequent, less deadly since 1990s« (15. März 2019) *UPI*.

»Global life expectancy up 5.5 years since 2000: WHO« (4. Apr. 2019) *Medical Xpress*.

Gramlich, J. »5 facts about crime in the U.S.« (3. Jan. 2019) PEW Research Center.

Herrero, S. et al. »Fatal attacks by American black bear on people: 1900–2009« (11. Mai 2011) 75(3) *Journal of Wildlife Management* 596–603.

Hirshleifer, D. et al. »Decision fatigue and heuristic analyst forecasts« (Feb. 2018) National Bureau of Economic Research, NBER Working Papers 24293 – »Je mehr Prognosen ein Analyst im Lauf des Tages schon gemacht hatte, desto mehr nahm die Genauigkeit der Prognosen gegen Abend ab.«

Ingraham, C. »There's never been a safer time to be a kid in America« (14. Apr. 2015) *Washington Post* – Daten zur Sicherheit von Kindern, darunter eine Statistik, wonach die Rate tödlicher Unfälle bei Kindern stetig zurückging.

Jagiello, R. D. et al. »Bad news has wings: Dread risk mediates social amplification in risk communication« (29. Mai 2018) 38(9) *Risk Analysis*.

Jinha, A. E. »Article 50 million: An estimate of the number of scholarly articles in existence« (Juli 2010) 23(3) *Learned Publishing* 258–263 – »Seit dem ersten Vorgänger des modernen Journals, *Le Journal des Sçavans*, das 1665 in Frankreich erschien, gefolgt von den *Philosophical Transactions* der Royal Society in London im gleichen Jahr, ist die Zahl der aktiven wissenschaftlichen Zeitschriften stetig gestiegen.«

Kabat, G. C. »Getting Risk Right« (2016) Columbia University Press.

Lawler, E. E. et al. »Job choice and post decision dissonance« (Feb. 1975) 13(1) *Organizational Behavior and Human Performance* 133–45.

Limburg, K. et al. »The relationship between perfectionism and psychopathology: A meta-analysis« (Okt. 2017) 73(10) *Journal of Clinical Psychology* 1301–1326.

Linder, J. A. et al. »Time of day and the decision to prescribe antibiotics« (Dez. 2014) 174(12) *JAMA Internal Medicine* 2030–2031.

Luu, L. et al. »Post-decision biases reveal a self-consistency principle in perceptual inference« (Juli 2018) eLife.

Nania, R. »Teen drug use at ›all-time lows‹: How to keep it there« (25. Jan. 2018) WTOP.

National Cancer Institute, »Cancer statistics« (27. Apr. 2018) – »In den USA ist die Mortalitätsrate an Krebs seit den 1990ern gesunken.«

National Institute on Drug Abuse, »Monitoring the future 2017 survey results« (Dez. 2017).

Pachur, T. et al. »How do people judge risks: Availability heuristic, affect heuristic, or both?« (Sept. 2012) 18(3) *Journal of Experimental Psychology: Applied* 314–330.

Pennycook, G. et al. »Prior exposure increases perceived accuracy of fake news« (2018) 147(12) *Journal of Experimental Psychology: General*.

Rajanala, S. et al. »Selfies – Living in the era of filtered photographs« (Dez. 2018) 20(6) *JAMA Facial Plastic Surgery*. – »Diese Apps erlauben, sein Erscheinungsbild in Sekundenschnelle zu ändern und so einem unrealistischen und oft unerreichbaren Schönheitsideal zu entsprechen.«

Rosenfeld, P. et al. »Decision making: A demonstration of the postdecision dissonance effect« (30. Juni 2010) 126(5) *Journal of Social Psychology* 663 – 665.

Roser, M. »Most of us are wrong about how the world has changed (especially those who are pessimistic about the future)« (27. Juli 2018) Our World in Data – Zusammenfassende Statistiken zum Auseinanderklaffen zwischen Wahrnehmung und Wirklichkeit bei globalen Problemen wie Armut und Lebenserwartung. Siehe auch Roser, M. »Memorizing these three statistics will help you understand the world« (26. Juni 2018) Gates Notes – »Seit 1960 ist die Zahl gestorbener Kinder von 20 Millionen auf 6 Millionen jährlich gefallen.«

Schaper, D. »Record number of miles driven in U.S. last year« (21. Feb. 2017) NPR – Amerikaner fuhren »im vergangenen Jahr eine Rekordstrecke von 3,22 Billionen Meilen auf den heimischen Straßen, eine Steigerung um 2,8 Prozent zu den 3,1 Billionen im Jahr 2015«.

Smith, M. M. et al. »The perniciousness of perfectionism: A meta-analytic review of the perfectionism-suicide relationship« (Juni 2018) 86(3) *Journal of Personality* 522–542.

Tierney, J. »Do you suffer from decision fatigue?« (17. Aug. 2011) *New York Times Magazine*.

Van Noorden, R. »Global scientific output doubles every nine years« (7. Mai 2014) *Nature*.

Vohs, K. D. et al. »Making choices impairs subsequent self-control: A limited-resource account of decision making, self-regulation, and active initiative« (Aug. 2014) 1(S) *Motivation Science*.

Westermann, R. W. et al. »Evaluation of men's and women's gymnastics injuries: A 10-year observational study« (März 2015) 7(2) *Sports Health* 161–165.

TEIL I: AM MORGEN UND AM VORMITTAG

AUFWACHEN!

Ackermann, K. et al. »The internet as quantitative social science platform: Insights from a trillion observations« (Jan. 2017) – Aufwachzeiten in aller Welt.

Åkerstedt, T. et al. »Sleep duration and mortality – Does weekend sleep matter?« (Feb. 2019) 28(1) *Journal of Sleep Research* – »Kurzer, aber nicht langer Schlaf am Wochenende korrelierte bei Probanden unter 65 Jahren mit erhöhter Sterblichkeit.«

Bowers, J. M. et al. »Effects of school start time on students' sleep duration, daytime sleepiness, and attendance: A meta-analysis« (Dez. 2017) 3(6) *Sleep Health* 423–431. »Ein späterer Schulbeginn ging mit längerer Schlafdauer einher. Darüber hinaus korrelierte er mit geringerer Müdigkeit tagsüber (7 Studien) und weniger Zuspätkommen (3 Studien) Insgesamt lässt die systematische Analyse der Schulbeginn-Studien vermuten, dass ein späterer Beginn mit Vorteilen für den Schlaf der Schüler verbunden ist und damit ihrem allgemeinen Wohlbefinden dient.«

Duncan, M. J. et al. »Greater bed- and wake-time variability is associated with less healthy lifestyle behaviors: A cross-sectional study« (Feb. 2016) 24(1) *Journal of Public Health* 31–40. »Größere Varianz bei den Zubettgehzeiten ist mit ungesünderen Lebensgewohnheiten verbunden. Größere Regelmäßigkeit bei den Schlafenszeiten könnte Anzeichen für einen gesünderen Lebensstil sein oder dazu beitragen.«

Hershner, S. et al. »The impact of a randomized sleep education intervention for college students« (15. März 2018) 14(3) *Journal of Clinical Sleep Medicine* 337–347. – Eine Studie fand, dass Schlaf die Leistungsfähigkeit steigern kann.

Ingraham, C. »Letting teens sleep in would save the country roughly $9 billion a year« (1. Sept. 2018) *Washington Post*.

Jankowski, K. S. »Morningness/eveningness and satisfaction with life in a Polish sample« (Juli 2012) 29(6) *Chronobiology International* 780–785. – Morgenmenschen hatten tendenziell eine höhere Lebenszufriedenheit.

Kalmbach, D. A. et al. »Genetic basis of chronotype in humans: Insights from three landmark GWAS« (1. Feb. 2017) 40(3) *Sleep*. – »Zusammengerechnet lassen Vererblichkeitsschätzungen vermuten, dass genetische Faktoren einen erheblichen Anteil bestimmen, bis zu 50%.«

Kelley, P. et al. »Is 8:30 a.m. still too early to start school? A 10:00 a.m. school start time improves health and performance of students aged 13 – 16« (8. Dez. 2017) *Frontiers in Human Neuroscience* – »Ein Schulbeginn an Highschools um zehn Uhr könnte die Zahl der Fehltage erheblich senken und die schulischen Leistungen erheblich verbessern.«

Knutson, K. L. et al. »Associations between chronotype, morbidity and mortality in the UK Biobank cohort« (Aug. 2018) 35(8) *Chronobiology International.* – Späteres Zubettgehen war mit erhöhten Gesundheitsrisiken assoziiert. Einer Studie zufolge sind 27,1 Prozent der Bevölkerung echte Morgenmenschen, 35,5 Prozent sind eher Morgenmenschen, 28,5 Prozent sind eher Nachtmenschen und 9 Prozent echte Nachtmenschen.

Lee, C. J. et al. »Law-based arguments and messages to advocate for later school start time policies in the United States« (Dez. 2017) 3(6) *Sleep Health* 486–497.

Manber, R. et al. »The effects of regularizing sleep-wake schedules on daytime sleepiness« (Juni 1996) 19(5) *Sleep* 432–441. – »Probanden mit regelmäßigen Schlafzeiten berichteten von größeren und dauerhafteren Verbesserungen als Probanden in der Kontrollgruppe, außerdem von verbesserter Schlafeffizienz.«

Medeiros, A. et al. »The relationships between sleep-wake cycle and academic performance in medical students« (2001) 32(3) *Biological Rhythm Research* 263–270.

Monash Business School, »How We Behave: Insights from a Trillion Internet Observations« (17. Feb. 2017).

Paterson, J. L. »Sleep schedule regularity is associated with sleep duration in older Australian adults: Implications for improving the sleep health and wellbeing of our aging population« (März –Apr. 2017) 41(2) *Clinical Gerontologist* 113–122.

Petrov, M. E. et al. »Relationship of sleep duration and regularity with dietary intake among preschool-aged children with obesity from low-income families« (Feb.–März 2017) 38(2) *Journal of Developmental and Behavioral Pediatrics* 120–128.

Phillips, A. et al. »Irregular sleep/wake patterns are associated with poorer academic performance and delayed circadian and sleep/wake timing« (12. Juni 2017) 7(1) *Scientific Reports*. – »Regellose Schlaf- und Lichteinwirkungsmuster bei Studenten korrelieren mit verzögerten zirkadianen Rhythmen und schlechteren akademischen Leistungen.«

RAND Corporation, »Shifting school start times could contribute $83 billion to U.S. economy within a decade« (30. Aug. 2017).

Reske, M. et al. »fMRI identifies chronotype-specific brain activation associated with attention to motion – Why we need to know when subjects go to bed« (1. Mai 2015) 111 *NeuroImage* 602–610. – »Individuelle Schlafpräferenzen stehen in Verbindung mit charakteristischen Gehirnaktivitätsmustern.«

Roane, B. M. et al. »What role does sleep play in weight gain in the first semester of university?« (12. Aug. 2014) 13(56) *Behavioral Sleep Medicine* 491–505. – »Tägliche Schwankungen in der Schlafdauer trägt bei Männern zur Gewichtszunahme bei.«

Sano, A. et al. »Influence of sleep regularity on self-reported mental health and wellbeing« (2016) *Affective Computing*. – »Regelloser Schlaf scheint nach Eigenauskunft mit geringerer geistiger Gesundheit und schlechterem Wohlbefinden verbunden (Energiemangel und schlechte Aufmerksamkeit am Morgen), selbst nach Kontrolle für Schlafdauer und Stress.«

Tezler, E. et al. »The effects of poor quality sleep on brain function and risk taking in adolescence« (2013) 71 *Neuroimage* 275–283.

Vera, B. et al. »Modifiable lifestyle behaviors, but not a genetic risk score, associate with metabolic syndrome in evening chronotypes« (17. Jan. 2018) 8(1) *Scientific Reports*. – »Einigen modifizierbaren Faktoren wie sitzendem Lebenswandel, übermäßigem Essen, Alkoholkonsum, späten Aufsteh- und Schlafenszeiten, die den Abendtypen charakterisieren, könnte eine Chronotyp-MetS-Beziehung zugrunde liegen.«

Vetter, C. et al. »Prospective study of chronotype and incident depression among middle- and older-aged women in the Nurses' Health Study II« (25. Mai 2018) 103 *Journal of Psychiatric Research* 156–160. – »Möglicherweise beeinflusst der Chronotyp das Depressionsrisiko bei Frauen mittleren bis höheren Alters.«

Walch, O. J. et al. »A global quantification of ›normal‹ sleep schedules using smartphone data« (6. Mai 2016) 2(5) *Science Advances* – Riesige Schlafstudien ermittelten die typischen Schlaf-Wach-Muster in aller Welt.

White, S. »Can night owls become early birds?« (27. Aug. 2015) *Globe and Mail*.

Wong, P. M. et al. »Social jetlag, chronotype, and cardiometabolic risk« (Dez. 2015) 100(12) *Journal of Clinical Endocrinology & Metabolism*. – »Nicht zum Typ passende Schlafenszeiten sind mit metabolischen Risikofaktoren verbunden, die mit einer Prädisposition für Diabetes und atherosklerotischen kardiovaskulären Erkrankungen einhergeht.«

AUF DAS HANDY SEHEN

Braun Research, »Bank of America Trends in Consumer Mobility Report« (2015). – 35 Prozent sagten, dass ihnen das Smartphone nach dem Aufwachen das Wichtigste war.

Elhai, J. D. et al. »Problematic smartphone use: A conceptual overview and systematic review of relations with anxiety and depression psychopathology« (1. Jan. 2017) 207 *Journal of Affective Disorders* 251–259.

»For most smartphone users, it's a ›round-the-clock‹ connection« (26. Jan. 2017) *Industry Today*. – 66 Prozent der Millennials checken nach dem Aufwachen sofort das Handy.

Gervis, Z. »Going on vacation won't cure your smartphone addiction« (17. Mai 2018) *New York Post*. – Bericht über eine Studie, der zufolge wir auch im Urlaub das Handy 80-mal täglich checken.

Groeger, J. A. et al. »Effects of sleep inertia after daytime naps vary with executive load and time of day« (Apr. 2011) 125(2) *Behavioral Neuroscience* 252–260.

– »Exekutivfunktionen brauchen nach dem Schlaf länger, um zur asymptomatischen Funktion zurückzufinden als die Ausführung einfacherer Aufgaben, für die weniger Exekutivfunktionen nötig sind.«

Naftulin, J. »Here's how many times we touch our phones every day« (13. Juli 2016) *Business Insider*.

»61% people check their phones within 5 minutes after waking up: Deloitte« (29. Dez. 2016) BGR.

ZÄHNE PUTZEN

Al Makhmari, S. A. et al. »Short-term and long-term effectiveness of powered toothbrushes in promoting periodontal health during orthodontic treatment: A systematic review and meta-analysis« (Dez. 2017) 152(6) *American Journal of Orthodontics and Dentofacial Orthopedics* – »Kein Zahnbürstentyp zeigte eine klare Überlegenheit für die Zahnfleischgesundheit.«

Bellis, M. »A Comprehensive History of Dentistry and Dental Care« (19. März 2018) ThoughtCo.

Brooks, J. K. et al. »Charcoal and charcoal-based dentifrices: A literature review« (7. Juni 2017) 148(9) *Journal of the American Dental Association* 661–670 – Keine Belege sprechen für Aktivkohle-Zahnpasta.

CADTH, »Community Water Fluoridation Programs: A Health Technology Assessment – Ethical Considerations« (Feb. 2019) – »Die ethische Analyse ergibt in der Gesamtschau, dass die Fluoridierung des Trinkwassers ethisch gerechtfertigt ist, weil sie die öffentliche Zahngesundheit effektiv verbessert, bei geringen Schäden und Nebenwirkungen.«

Cifcibasi, E. et al. »Comparison of manual toothbrushes with different bristle designs in terms of cleaning efficacy and potential role on gingival recession« (2014) 8 *Eur J Dent*. 395–401. – »Das Borstendesign hat wenig Einfluss auf die Plaque-Entfernungsfähigkeit einer Zahnbürste.«

Government of Canada, »Position statement on Community Water Fluoridation« (23. September 2016). – »Die Versetzung des Trinkwassers mit Fluorid bleibt eine sichere, kosteneffektive und faire Gesundheitsmaßnahme und ist ein wichtiges Werkzeug zum Schutz und Erhalt der Gesundheit aller Kanadier.«

Knox, M. C. et al. »Qualitative investigation of the reasons behind opposition to water fluoridation in regional NSW, Australia« (15. Feb. 2017) 27(1) *Public Health Research and Practice*.

Marinho, V. C. C. et al. »Fluoride toothpastes for preventing dental caries in children and adolescents« (2003) Cochrane Library.

McLaren, L. et al. »Measuring the short-term impact of fluoridation cessation on dental caries in Grade 2 children using tooth surface indices« (17. Feb. 2016) 44(3) *Community Dentistry and Oral Epidemiology* 274–282.

Mork, N. et al. »Perceived safety and benefit of community water fluoridation: 2009 HealthStyles survey« (2015) 75(4) *J Public Health Dent.* 327–336. – »27 Prozent der Befragten glauben, die Fluoridierung des Trinkwassers habe keinen gesundheitlichen Nutzen.«

National Health Service, »How to keep your teeth clean« (25. Nov. 2015).

Neelima, M. et al. »›Is powered toothbrush better than manual toothbrush in removing dental plaque?‹ A crossover randomized double-blind study among differently abled, India« (März –Apr. 2017) 21(2) *Journal of Indian Society of Periodontology* 138–143. – »Herkömmliche Zahnbürsten waren ebenso effektiv wie elektrische Zahnbürsten.«

O'Mullane, D. et al. »Fluoride and Oral Health« (2016) 33 *Community Dental Health* 69–99. – »Die Fluoridierung des Trinkwassers ist sicher, effektiv in der Prävention von Karies und höchstwahrscheinlich kosteneffizient.«

Perrella, A. et al. »Risk perception, psychological heuristics and the water fluoridation controversy« (2015) 106(4) *Canadian Journal of Public Health* 197–203. – Eine Studie, der zufolge der Widerstand gegen Fluorid im Wasser zunimmt.

Ranzan, N. et al. »Are bristle stiffness and bristle end-shape related to adverse effects on soft tissues during toothbrushing? A systematic review« (27. Aug. 2018) 69(3) *International Dental Journal.*

Ritchie, G. »The six month dental recall – Science or legend?« (23. Feb. 2018) Science-Based Medicine.

Slade, G. D. et al. »Water fluoridation and dental caries in U.S. children and adolescents« (14. Juni 2018) 97(10) *Journal of Dental Research* 1122–1128. – »Diese Ergebnisse [in die Daten von mehr als 7.000 Kindern einflossen] bestätigen einen erheblichen Effekt der Fluoridierung auf die Kariesprävention bei Kindern in den USA; der Effekt ist bei Milchzähnen am stärksten ausgeprägt.«

Thornton-Evans, G. et al. »Use of toothpaste and toothbrushing patterns among children and adolescents – United States, 2013–2016« (1. Feb. 2019) 68(4) *Morbidity and Mortality Weekly Report.* – »Zahnärzte und -hygieniker können Eltern aufklären, wie die empfohlene Menge Fluoridzahnpasta unter elterlicher Aufsicht verwendet werden kann, um den maximalen Nutzen zu erzielen.«

U.S. Department of Health and Human Services Federal Panel on Community Water Fluoridation, »U.S. Public Health Service Recommendation for Fluoride

Concentration in Drinking Water for the Prevention of Dental Caries« (2015) 130 *Public Health Rep.* 318–331. – »Die Fluoridierung des Trinkwassers bleibt eine effektive Strategie der öffentlichen Gesundheit, um Fluorid an Zähne zu bekommen und so Karies zu verhindern. Sie ist die praktikabelste und kosteneffektive Strategie, um ganze Gemeinden zu erreichen.«

Vibhute, A. et al. »The effectiveness of manual versus powered toothbrushes for plaque removal and gingival health: A meta-analysis« (Apr. 2012) 16(2) *Journal of Indian Society of Periodontology* 156–160. – »Allgemein gab es keine Hinweise auf statistisch signifikante Unterschiede zwischen manuellen und elektrischen Zahnbürsten.«

Walsh, T. et al. »Fluoride toothpastes of different concentrations for preventing dental caries in children and adolescents« (20. Jan. 2010) Cochrane Library.

Yaacob, M. et al. »Powered versus manual toothbrushing for oral health« (17. Juni 2014) Cochrane Library. – »Elektrische Zahnbürsten entfernen Plaque und verhindern Zahnfleischentzündungen besser als manuelle Zahnbürsten, sowohl kurz- als auch langfristig. Die klinische Bedeutung dieses Ergebnisses bleibt unklar.«

AUFS HANDY SEHEN (SCHON WIEDER)

»Americans check their phones 80 times a day: Study« (8. Nov. 2017) *New York Post*.

Bhandari, K. »College students in India check their phones over 150 times daily« (22. Mai 2018) *Toronto Star*.

Brandon, J. »The surprising reason millennials check their phones 150 times a day« (17. Apr. 2017) Inc. – Es gibt zahlreiche Studien darüber, wie oft wir unsere Handys checken. Ich sah mir viele an und schätze den Durchschnitt auf 100-mal.

»Mobile users cannot leave their phone alone for six minutes, check it 150 times a day« (11. Feb. 2013) *News*.

Ulger, F. et al. »Are we aware how contaminated our mobile phones with nosocomial pathogens?« (2009) 7 *Annals of Clinical Microbiology and Antimicrobials*. – »Insgesamt zeigen 94,5 Prozent aller Smartphones Anzeichen bakterieller Kontamination mit verschiedenen Bakterientypen.«

AUF DIE WAAGE STEIGEN

American Heart Association, »Daily weighing may be key to losing weight« (5. Nov. 2018) – Studienzusammenfassung.

Amy, N. K. et al. »Barriers to routine gynecological cancer screening for White and African-American obese women« (Jan. 2006) 30(1) *International Journal of Obesity* 147–155. – Die Studie vermerkt, dass stark übergewichtige Frauen möglicherweise Arztbesuche meiden, weil sie sich dort beim Wiegen schämen.

Aydinoğlu, N. Z. et al. »Imagining thin: Why vanity sizing works« (Okt. 2012) 22(4) *Journal of Consumer Psychology* 565–572. – »Wir finden, dass es das Selbstbild von Verbrauchern bessern könnte, wenn sie in Jeans passten, die kleiner ausgezeichnet waren, als sie tatsächlich waren.«

Benn, Y. et al. »What is the psychological impact of self-weighing? A meta-analysis« (9. Feb. 2016) 10(2) *Health Psychology Review* 187–203.

Bigotti, F. »Mathematica medica: Santorio and the quest for certainty in medicine« (22. Juli 2016) 1(4) *Journal of Healthcare Communications*.

Bivins, R. et al. »Weighting for Health: Management, measurement and self-surveillance in the modern household« (Nov. 2016) 29(4) *Social History of Medicine* 757–780. – Tolle Geschichte der Badezimmerwaage. Zitat einer frühen Werbung: »Es ist eine nationale Pflicht, fit zu bleiben. Überprüfen Sie täglich Ihr Gewicht.«

Boo, S. »Misperception of body weight and associated factors« (2014) 16(4) *Nursing & Health Sciences* 468–475. – »48,9 Prozent unterschätzten und 6,8 Prozent überschätzten ihr Gewicht.«

Boseley, S. »Third of overweight teenagers think they are right size, study shows« (9. Juli 2015) *Guardian*.

Burke, M. A. et al. »Evolving societal norms of obesity: What is the appropriate response?« (16. Jan. 2018) 319(3) *JAMA* 221–222.

Butryn, M. L. et al. »Consistent self-monitoring of weight: a key component of successful weight loss maintenance« (18. Jan. 2007) *Obesity* 15(12). – »Stetiges Wiegen kann Menschen helfen, ihren Gewichtsverlust zu halten.«

Chrisafis, A. »French women Europe's thinnest and most worried about weight, report finds« (23. Apr. 2009) *Guardian*. – 45 Prozent sind unglücklich über ihr Gewicht.

Dahl, M. »Six-pack stress: Men worry more about their appearance than their jobs« (28. Feb. 2014) *Today*. – 63 Prozent der Männer sagten, sie »haben immer das Gefühl, sie sollten abnehmen.«

Ethan, D. et al. »An analysis of weight loss articles and advertisements in mainstream women's health and fitness magazines« (2016) 6(2) *Health Promotion Perspectives* 80–84. – »Die in der Werbung für Diätprodukte anklingenden Themen bezogen sich meist auf Motivationen, die mit dem Aussehen zu tun hatten, was schädliche Auswirkungen auf die Einstellungen und das Verhalten von Frauen dem Abnehmen gegenüber haben könnte.«

»Fury at a Canadian university after it removes scales from the campus gym because they are ›triggering eating disorders‹« (15. März 2017) *Daily Mail*.

Greaves, C. et al. »Understanding the challenge of weight loss maintenance: A systematic review and synthesis of qualitative research on weight loss maintenance« (7. Apr. 2017) 11(2) *Health Psychology Review* 145–163.

Howe, C. et al. »Parents' Underestimations of Child Weight: Implications for Obesity Prevention« (2017) *Journal of Pediatric Nursing* 57–61. – »96 Prozent der Eltern unterschätzten das Gewicht ihrer übergewichtigen Kinder.«

Hurst, M. et al. »›I just feel so guilty‹: The role of introjected regulation in linking appearance goals for exercise with women's body image« (März 2017) 20 *Body Image* 120–129. – »Aussehens-Ziele als Motivation für Sport korrelieren konsistent mit einem negativen Körperbild.«

Ingraham, C. »The absurdity of women's clothing sizes, in one chart« (11. Aug. 2015) *Washington Post*. – »Ein Kleid Größe 8 ist heute fast genauso groß wie 1958 ein Kleid Größe 16.«

Ingraham, C. »Nearly half of America's overweight people don't realize they're overweight« (1. Dez. 2016) *Washington Post*.

Jackson, S. E. »Weight perceptions in a population sample of English adolescents: Cause for celebration or concern?« (Okt. 2015) 39(10) *International Journal of Obesity* 1488–1493.

Jospe, M. R. et al. »The effect of different types of monitoring strategies on weight loss: A randomized controlled trial« (Sept. 2017) 25(9) *Obesity* 1490–1498.

Katterman, S. N. et al. »Daily weight monitoring as a method of weight gain prevention in healthy weight and overweight young adult women« (11. Juni 2015) 21(12) *Journal of Health Psychology*. – »Keine schädlichen Effekte des täglichen Wiegens konnten festgestellt werden. Akzeptabilität und Einhaltung waren gut. Die Ergebnisse lassen vermuten, dass Gewichtskontrolle minimale schädliche Auswirkungen hat und helfen könnte, Gewichtszunahmen zu verhindern.«

Ketron, S. »Consumer cynicism and perceived deception in vanity sizing: The moderating role of retailer (dis)honesty« (Nov. 2016) 33(C) *Journal of Retailing and Consumer Services* 33–42.

Ketron, S. et al. »Liar, liar, my size is higher: How retailer context influences labeled size believability and consumer responses to vanity sizing« (Jan. 2017) 34(C) *Journal of Retailing and Consumer Services* 185–192.

Lanoye, A. et al. »Young adults' attitudes and perceptions of obesity and weight management: Implications for treatment development« (März 2016) 5(1) *Current Obesity Reports* 14–22. – »Interventionen zur Gewichtskontrolle, die auf junge Erwachsene abzielen, sollten weiterhin abklären, ob Essstörungen oder eine übertriebene Unzufriedenheit mit dem Körper vorliegen. Dennoch scheint häufiges Wiegen im Kontext von überwachten klinischen Studien zur Verhinderung von Gewichtszunahme oder zum Abnehmen angemessen und für die meisten Jugendlichen hilfreich zu sein.«

LaRose, J. G. et al. »Frequency of self-weighing and weight loss outcomes within a brief lifestyle intervention targeting emerging adults« (März 2016) 2(1) *Obesity Science & Practice* 88–92. – »Häufiges Wiegen korrelierte mit größerem Gewichtsverlust, was auch zu den Ergebnissen in anderen Stichproben mit Erwachsenen passt.«

Madigan, C. D. et al. »A randomised controlled trial of the effectiveness of self-weighing as a weight loss intervention« (10 Okt. 2014) 11 *International Journal of Behavioural Nutrition and Physical Activity*. – »Als Intervention zur Gewichtsabnahme ist die Anweisung, sich täglich zu wiegen, ineffektiv. Im Gegensatz zu anderen Studien fand sich kein Hinweis darauf, dass häufigeres Wiegen mit höherer Gewichtsabnahme in Zusammenhang stand.«

Madigan, C. D. et al. »Regular self-weighing to promote weight maintenance after intentional weight loss: A quasi-randomized controlled trial« (Juni 2014) 36(2) *Journal of Public Health* 259–267. – »Die Aufforderung an Menschen, die kürzlich abgenommen haben, sich regelmäßig zu wiegen, verhindert eine gewisse Gewichtszunahme.«

Mercurio, A. et al. »Watching my weight: Self-weighing, body surveillance, and body dissatisfaction« (Juli 2011) 65 (1-2) *Sex Roles* 47–55. – Sich selbst zu wiegen, könnte für junge Frauen psychologisch schädlicher sein, »eine Gruppe, die oft die gängigen Schlankheits- und Schönheitsideale anstrebt«.

Pacanowski, C. R. et al. »Self-weighing: Helpful or harmful for psychological well-being? A review of the literature« (März 2015) 4(1) *Current Obesity Reports* 65–72.

Pacanowski, C. R. et al. »Self-weighing throughout adolescence and young adulthood: Implications for well-being« (Nov – Dez. 2015) 47(6) *Journal of Nutrition Education and Behavior*. – »Sich selbst zu wiegen, ist möglicherweise kein harmloses Verhalten für junge Menschen, insbesondere für Frauen. Interventionen sollten neben den möglichen Vorteilen auch die potenziell schädlichen Folgen des Selbst-Wiegens berücksichtigen.«

Putterman, E. et al. »Appearance versus health: Does the reason for dieting affect dieting behavior?« (Apr. 2004) 27(2) *Journal of Behavioral Medicine* 185–204.

Reeves, S. »Santorio Santorio – physician, physiologist, and weight-watcher« (2016) 8(1) *Hektoen International.*

Robinson, E. et al. »Perceived weight status and risk of weight gain across life in US and UK adults« (1. Dez. 2015) 39(12) *International Journal of Obesity* 1721–1726. – »Der Intuition zuwiderlaufend, ist die Selbstwahrnehmung, ›zu dick‹ zu sein, bei Erwachsenen in Großbritannien und den USA mit einem erhöhten Risiko künftiger Gewichtszunahme verbunden.«

Rosenbaum, D. L. et al. »Daily self-weighing and weight gain prevention: A longitudinal study of college-aged women« (Okt. 2017) 40(5) *Journal of Behavioural Medicine* 846–853.

Shieh, C. »Self-weighing in weight management interventions: A systematic review of literature« (Sept.–Okt. 2016) 10(5) *Obesity Research & Clinical Practice.* – »Sich zu wiegen, verbessert wahrscheinlich die Gewichtskontrolle, sofern es täglich oder wöchentlich passiert. Unerwünschte negative Effekte bleiben dabei aus. Interventionen zur Gewichtskontrolle könnten diese Strategie berücksichtigen.«

Snook, K. et al. »Change in percentages of adults with overweight or obesity trying to lose weight, 1988–2014« (7. März 2017) 317(9) *Journal of the Association of American Medicine.* – Weniger Erwachsene versuchen abzunehmen.

Steinberg, D. M. et al. »Daily self-weighing and adverse psychological outcomes: A randomized controlled trial« (Jan. 2014) 46 *American Journal of Preventive Medicine.* – »Sich selbst zu wiegen, steht mit keinen negativen psychologischen Folgen in Zusammenhang.«

Steinberg, D. M. et al. »Weighing everyday matters: Daily weighing improves weight loss and adoption of weight control behaviors« (Apr. 2015) 115(4) *Journal of the Academy of Nutrition and Dietetics* 511–518. – »Tägliches Wiegen führte zu stärkerer Übernahme von Verhaltensweisen zur Gewichtskontrolle und zu einem stärkeren Gewichtsverlust als mehrmaliges Wiegen pro Woche. Das ist ein weiterer Hinweis darauf, dass tägliches Wiegen ein effektives Instrument zur Gewichtsabnahme ist.«

Stewart, T. M. »Why thinking we're fat won't help us improve our health: Finding the middle ground« (Juli 2018) 26(7) *Obesity* 1115–1116. – Toller Kommentar, der die Spannung zwischen Gewichtsbias, normalisierten höheren Gewichten und

Gewichtsabnahme aufzeigt.
Wilke, J. »Nearly half in U.S. remain worried about their weight« (25. Juli 2014) Gallup.com. – »Fast die Hälfte aller Amerikaner (45 %) sorgen sich ›ständig‹ oder ›gelegentlich‹ um ihr Gewicht, erheblich mehr als die 34 Prozent, die diese Sorge im Jahr 1990 äußerten.«
Wilkinson, L. et al. »Three-year follow-up of participants from a self-weighing randomized controlled trial« (19 Sept. 2017) *Journal of Obesity*. – »Häufiges Wiegen könnte eine effektive, billige Strategie zum Halten von Gewicht sein.«
Williams, N. »Trying to lose weight? Then ditch the scale, says P.E.I. dietitian« (15. Jan. 2018) CBC News.
Wing, R. R. et al. »Frequent self-weighing as part of a constellation of healthy weight control practices in young adults« (Mai 2015) 23(5) *Obesity* 943–949. – »Häufiges Wiegen stand in Zusammenhang mit gesunden Strategien zum Gewichtsmanagement, nicht aber mit ungesunden Praktiken oder depressiven Symptomen.«
Zheng, Y. et al. »Self-weighing in weight management: A systematic literature review« (Feb. 2015) 23(2) *Obesity* 256–265. – »Regelmäßiges Wiegen steht in Zusammenhang mit Gewichtsabnahme ohne negative psychologische Nebenwirkungen.«

ANZIEHEN

»Briefs are the underwear of choice among both men and women« (14. Dez. 2017) *YouGov*.
Feldman, J. »More people go commando than you might think« (10. März 2014) *HuffPost*. – »7 Prozent gaben an, ›niemals‹ Unterwäsche zu tragen.«
Gunter, J. »Is it important to wear 100 percent cotton underwear for optimal vaginal health, or does it not matter?« (2019) *New York Times*.
Hamlin, A. A. et al. »Brief versus Thong Hygiene in Obstetrics and Gynecology (B-THONG): A survey study« (Juni 2019) 45(6) *Journal of Obstetrics and Gynaecology Research*. – »Oralsex war der einzige unabhängige Prädiktor für Harnwegsinfektionen und bakterielle Vaginosis.«
Mínguez-Alarcón, L. et al. »Type of underwear worn and markers of testicular function among men attending a fertility center« (1. Sept. 2018) 33(9) *Human Reproduction*. – »Gewisse Stile männlicher Unterwäsche könnten die Spermatogenese hemmen.«
Sapra, K. J. et al. »Choice of underwear and male fecundity in a preconception co-

hort of couples« (Mai 2016) 4(3) *Andrology.* – »Es konnten keine signifikanten Unterschiede in der Zeit bis zur Schwangerschaft, der Wartezeit bis zur Empfängnis oder bei der Unfruchtbarkeit beobachtet werden. Insgesamt steht die Wahl männlicher Unterhosen mit geringen Unterschieden hinsichtlich der Samen-Parameter in Zusammenhang. Es konnte kein Zusammenhang mit der Wartezeit bis zur Schwangerschaft beobachtet werden.«

Sapra, K. J. et al. »Male underwear and semen quality in a population-based preconception cohort« (20. Okt. 2015) 104(3) *Fertility and Sterility.* – »Bessere Samenqualität-Parameter bei Männern, die tagsüber Boxershorts tragen und nachts nichts.«

KAFFEE

Stromberg, J. »It's a myth: There's no evidence that coffee stunts kids' growth« (20. Dez. 2013) *Smithsonian.*

World Health Organization International Agency for Research on Cancer, »IARC Monographs evaluate drinking coffee, maté, and very hot beverages« (15. Juni 2016). – »Nach gründlicher Auswertung von mehr als 1.000 Studien an Menschen und Tieren befand die Arbeitsgruppe, es gäbe keine hinreichenden Belege für irgendeine krebserregende Wirkung des Kaffeekonsums.«

FRÜHSTÜCK

Adolphus, K. et al. »The effects of breakfast on behavior and academic performance in children and adolescents« (8. Aug. 2013) 7 *Frontiers in Human Neuroscience* 425. – »Gewisse Hinweise deuten darauf, dass die Qualität des täglichen Frühstücks hinsichtlich der Ausgewogenheit und der Energiezufuhr positiv mit der schulischen Leistung korrelierte.«

Allen, V. »Breakfast IS key to losing weight« (23. Apr. 2018) *Daily Mail.* – Irreführende Schlagzeile, bezogen auf eine kleine, nicht publizierte Studie.

Barr, S. I. et al. »Association of breakfast consumption with body mass index and prevalence of overweight/obesity in a nationally-representative survey of Canadian adults« (31. März 2016) 15 *Nutrition Journal.* – »Unter kanadischen Erwachsenen korrelierte die Einnahme eines Frühstücks nicht konsistent mit Unterschieden im BMI oder der Prävalenz von Übergewicht/Fettleibigkeit.«

Bohan Brown, M. M. et al. »Eating compared to skipping breakfast has no discernible benefit for obesity-related anthropometrics: Systematic review and meta-analysis of randomized controlled trials« (1. Apr. 2017) 31(1) *Federation of American Societies for Experimental Biology Journal.*

Brown, A. W. et al. »Belief beyond the evidence: Using the proposed effect of breakfast on obesity to show 2 practices that distort scientific evidence« (Nov. 2013) 98(5) *American Journal of Clinical Nutrition* 1298–1308. – »Der Glaube an den Effekt, Frühstück schütze vor Übergewicht, ist stärker als die wissenschaftlichen Belege dafür.«

Carroll, A. E. »Sorry, there's nothing magical about breakfast« (23: Mai 2016) *New York Times.* – Hübsche Übersicht über die Literatur.

Cheng, E. et al. »Offering breakfast in the classroom and children's weight outcomes« (25. Feb. 2019) 173(4) *JAMA Pediatrics.*

Chowdhury, E. et al. »Six weeks of morning fasting causes little adaptation of metabolic or appetite resources to feeding in adults with obesity« (Mai 2019) 27(5) *Obesity.* – »Es gab kaum Hinweise auf eine Anpassung des Stoffwechsels auf akute Nahrungszufuhr oder auf negative Folgen kontinuierlichen morgendlichen Fastens. Das lässt vermuten, dass bisher beobachtete Unterschiede zwischen Frühstückern und Fastern mit akuten Effekten der Nahrungszufuhr zusammenhängen könnten oder von anderen Lifestyle-Faktoren verursacht wurden.«

Dhurandhar, E. J. et al. »The effectiveness of breakfast recommendations on weight loss: A randomized controlled trial« (2014) 100(2) *American Journal of Clinical Nutrition* 507–513. – Die Studie fand »keinen wahrnehmbaren Effekt auf den Gewichtsverlust«.

Levitsky, D. A. et al. »Effect of skipping breakfast on subsequent energy intake« (2. Juli 2013) 119 *Physiology & Behavior* 9–16. – »Das übersprungene Frühstück wurde nicht durch verstärktes Essen am Mittag ausgeglichen. Folglich sank die tägliche Energieaufnahme durch das Überspringen des Frühstücks.«

Polonsky, H. M. et al. »Effect of a breakfast in the classroom initiative on obesity in urban school-aged children: A cluster randomized clinical trial« (1. Apr. 2019) 173(4) *JAMA Pediatrics.* – »Die Initiative hatte den unerwünschten Nebeneffekt, die Inzidenz und Prävalenz von Fettleibigkeit zu erhöhen.«

Rong, S. et al. »Association of skipping breakfast with cardiovascular and all-cause mortality« (30. Apr. 2019) 73(16) *Journal of the American College of Cardiology.* – »Unsere Studie zeigt einen Nutzen des Frühstückens für die kardiovaskuläre Gesundheit.«

Shimizu, H. et al. »Delayed first active-phase meal, a breakfast-skipping model, led to increased body weight and shifted the circadian oscillation of the hepatic clock and lipid metabolism-related genes in rats fed a high-fat diet« (31. Okt. 2018) 13(10) PloS ONE.

Sievert, K. et al. »Effect of breakfast on weight and energy intake: Systematic review and meta-analysis of randomised controlled trials« (30. Jan. 2019) 364 *BMJ*. – »Das Hinzunehmen eines Frühstücks ist möglicherweise keine gute Strategie zur Gewichtsabnahme, unabhängig von den aktuellen Frühstücksgewohnheiten. Vorsicht ist angebracht bei der Empfehlung an Erwachsene, zu frühstücken, um abzunehmen. Der gegenteilige Effekt könnte eintreten.«

»Skipping breakfast makes you fat« (26. Apr. 2018) Times Now.

Spector, T. »Breakfast – the most important meal of the day?« (30. Jan. 2019) *BMJ Opinion*. – »Dass ein Verzicht auf das Frühstück nachteilig wäre, wurde inzwischen von mehreren randomisierten Versuchen widerlegt.«

St-Onge, M. P. et al. »Meal timing and frequency: Implications for cardiovascular disease prevention: A scientific statement from the American Heart Association« (28. Feb. 2017) 135(9) *Circulation*. – Kommt zu dem Schluss, dass Frühstücken mit einer Reihe von gesundheitlichen Vorteilen einhergeht.

MILCH

Barker, M. E. et al. »What type of milk is best? The answer is to follow your tastebuds« (2. Jan. 2018) *Independent*. – Hervorragende Übersicht, die zu dem Schluss kommt: »Vollmilch hat zwar mehr Kalorien, aber es gibt kaum Hinweise darauf, dass halbfette Milch gesünder wäre.«

Centers for Disease Control and Prevention, »Increased outbreaks associated with nonpasteurized milk, 2007–2012« (8. Juni 2017).

Centers for Disease Control and Prevention, »Raw milk: Know the raw facts.«

Claeys, W. L. et al. »Raw or heated cow milk consumption: Review of risks and benefits« (Mai 2013) 31(1) *Food Control* 251–262. – »Der Konsum von Rohmilch stellt wegen der möglichen Kontamination durch menschliche Pathogene ein reales Gesundheitsrisiko dar. Deswegen wird dringend angeraten, Milch vor dem Konsum zu erhitzen. Das Erhitzen (insbesondere das Ultrahocherhitzen und ähnliche Verfahren) ändert nur unwesentlich den Nährwert der Rohmilch oder andere Vorteile des Konsums von Rohmilch.«

Collier, R. »Dairy research: ›Real‹ science or marketing?« (12. Juli 2016) 188(10) *Canadian Medical Association Journal* 715–716.

De Oliveira Otto, M. C. et al. »Serial measures of circulating biomarkers of dairy fat and total and cause-specific mortality in older adults: The Cardiovascular Health

Study« (Sept. 2018) 108(3) *American Journal of Clinical Nutrition*.

Dehghan, M. et al. »Association of dairy intake with cardiovascular disease and mortality in 21 countries from five continents (PURE): A prospective cohort study« (11. Sept. 2018) 292(10161) *The Lancet*. – »Der Konsum von Molkereiprodukten stand in einer diversen multinationalen Kohorte in Zusammenhang mit geringerem Mortalitätsrisiko und weniger ernsthaften kardiovaskulären Erkrankungen.«

Drouin-Chartier, J. P. et al. »Comprehensive review of the impact of dairy foods and dairy fat on cardiometabolic risk« (15. Nov. 2016) 7(6) *Advances in Nutrition* 1041–1051.

Fenton, T. R. et al. »Milk and acid-base balance: Proposed hypothesis versus scientific evidence« (Okt. 2011) 30(5 Suppl 1) *Journal of the American College of Nutrition*, 471S–475S. – »Die moderne Ernährung und der Konsum von Molkereiprodukten übersäuern den Körper nicht.«

Food and Drug Administration, »The dangers of raw milk: Unpasteurized milk can pose a serious health risk« (11. Aug. 2018).

Food and Drug Administration, »Milk residue sampling survey« (März 2015).

Hamblin, J. »How agriculture controls nutrition guidelines« (8. Okt. 2015) *Atlantic*.

Holmberg, S. et al. »High dairy fat intake related to less central obesity: A male cohort study with 12 years' follow-up« (Juni 2013) 31(2) *Scandinavian Journal of Primary Health Care* 89–94. – »Ein hoher Konsum von Milchfett stand in Zusammenhang mit einem geringeren Risiko für Stammfettsucht, ein geringer Konsum von Milchfett mit einem erhöhten Risiko für Stammfettsucht.«

Jalonick, M. C. »Little evidence of antibiotics in U.S. milk supply: FDA« (5. März 2015) CTV News.

»More families say no to cow's milk« (2. Feb. 2015) CBS News. – »Der durchschnittliche Milchkonsum fiel von jährlich etwa 83 Litern pro Person 1970 auf weniger als 57 Liter 2012. Das ist ein Absturz um 33 Prozent.«

Lucey, J. »Raw milk consumption: Risks and benefits« (Juli – Aug. 2015) 50(4) *Nutrition Today* 189–193. – Nützliche Übersicht über den Stand der Forschung. »Behauptungen, Rohmilch würde die Ernährung verbessern, Laktoseintoleranz verhindern und ›gute‹ Bakterien liefern, sind wissenschaftlich unhaltbar und schlicht Mythen.«

Markham, L. et al. »Attitudes and beliefs of raw milk consumers in northern Colorado« (24. Nov. 2014) 9(4) *Journal of Hunger & Environmental Nutrition* 546–564.

Matthews-King, A. »Belief that milk makes cold mucus and phlegm worse is a medieval myth, scientists say« (7. Sept. 2018) *Independent*.

Michaëlsson, K. et al. »Milk intake and risk of mortality and fractures in women and men: Cohort studies« (28. Okt. 2014) 349 *BMJ*.

Mole, B. »Raw milk is trending for some reason – so are nasty, drug-resistant infections« (11. Feb. 2018) Ars Technica.

Mullie, P. et al. »Daily milk consumption and all-cause mortality, coronary heart disease and stroke: A systematic review and meta-analysis of observational cohort studies« (8. Dez. 2016) 16(1) BMC Public Health. – »Es gibt keine Belege für einen Zusammenhang zwischen dem Milchkonsum von Erwachsenen und einer höheren oder niedrigeren Gesamtmortalität, mit Erkrankungen der Herzkranzgefäße und mit Schlaganfällen. Allerdings darf die Möglichkeit nicht übersehen werden, dass wegen des Publikationsbias das mit Milchkonsum verbundene Risiko unterschätzt werden könnte.«

National Health Service, »Dairy and alternatives in your diet« (16. Jan. 2018).

New Zealand, Office of the Prime Minister's Chief Science Advisor, »Review of evidence for health benefits of raw milk consumption« (Mai 2015).

Rahn, W. et al. »Framing food policy: The case of raw milk« (31. März 2016) 45(2) *Policy Studies Journal*. – »Die Entscheidungshoheit der Verbraucher und die Vorteile kleiner Bauernhöfe (also ›Locavorismus‹, wie die Ernährungsbewegung sagt) bilden ein starkes Narrativ für die Befürworter der Rohmilch. Die Beteuerungen der Gesundheitsbehörden und Vertreter der traditionellen Molkereiindustrie stoßen auf taube Ohren, wenn die Menschen Zugang zu alternativen Erklärungen haben.«

Rangwani, S. »White poison: The horrors of milk« (3. Dez. 2001).

Rautiainen, S. et al. »Dairy consumption in association with weight change and risk of becoming overweight or obese in middle-aged and older women: A prospective cohort study« (Apr. 2016) 103(4) *American Journal of Clinical Nutrition* 979–988.

Richardson, S. B. »Legal pluralism and the regulation of raw milk sales in Canada: Creating space for multiple normative orders at the food policy table.« In: Alabrese, M. et al. (Hrsg.), *Agricultural Law: Current Issues from a Global Perspective* (Okt. 2017).

Rozenberg, S. et al. »Effects of dairy products consumption on health: Benefits and beliefs – A commentary from the Belgian Bone Club and the European Society for Clinical and Economic Aspects of Osteoporosis, Osteoarthritis and Musculoskeletal Diseases« (Jan. 2016) 98(1) *Calcified Tissue International* 1–17.

Saini, V. et al. »Antimicrobial use on Canadian dairy farms« (März 2012) 95(3) *Journal of Dairy Science.

St. Pierre, M. »Changes in Canadians' preferences for milk and dairy products« (21. Apr. 2017) Statistics Canada.

Thorning, T. K. et al. »Milk and dairy products: Good or bad for human health? An assessment of the totality of scientific evidence« (22. Nov. 2016) 60 *Food & Nutrition Research.* – »Der Konsum von Milch und Milchprodukten entspricht den Ernährungsempfehlungen und schützt möglicherweise vor den häufigsten chronischen Erkrankungen, während sehr wenige schädliche Effekte gemeldet wurden.«

Yakoob, M. Y. et al. »Circulating biomarkers of dairy fat and risk of incident diabetes mellitus among US men and women in two large prospective cohorts« (26. Apr. 2016) 133(17) *Circulation.* – »In 2 prospektiven Kohorten standen höhere Milchfettkonzentrationen im Plasma mit geringerer Inzidenz von Diabetes in Zusammenhang.«

Zylberberg, D. »Milk, ideology, and law: Perfect foods and imperfect regulation« (2016) 104 *Georgetown Law Journal* 1377.

DIE KINDER ZUR SCHULE BRINGEN

Bennett, D. »Abducted!« (20. Juli 2008) *Boston Globe.* – »Das Amber Alert-System ist als Theater effektiver als Möglichkeit, Kinder zu schützen.«

Brody, J. E. »Parenting advice from ›America's Worst Mom‹« (15. Jan. 2015) *New York Times.*

Brussoni, M. et al. »What is the relationship between risky outdoor play and health in children? A systematic review« (8. Juni 2015) 12(6) *International Journal of Environmental Research and Public Health* 6423–6454. – Studie, die riskantes Spielen im Freien befürwortet.

Cairns, W. *How to Live Dangerously* (2008) Macmillan. – Enthält die Statistik, wonach man sein Kind 200.000 Jahre draußen lassen könnte.

Centers for Disease Control and Prevention, National Center for Injury Prevention and Control, »10 leading causes of injury deaths by age group« (2015).

»Children who travel to school independently are more satisfied and perform better in school« (19. Jan. 2018) Medical Xpress. – Kinder, die von Erwachsenen zur Schule gebracht werden, »verpassen natürliche Möglichkeiten, ihre Nachbarschaft zu erkunden und selbstständig mit Freunden zu interagieren. Infolgedessen bleiben sie unselbstständiger und in ihrer unmittelbaren Umgebung gehemmter.«

De La Cruz, D. »Utah passes ›free-range‹ parenting law« (29. März 2018) *New York Times*.

DeSilver, D. »Dangers that teens and kids face: A look at the data« (14. Jan. 2016) Pew Research Center.

Donovan, K. et al. »The role of entertainment media in perceptions of police use of force« (17. Sept. 2015) 42 *Criminal Justice and Behaviour*. – Die Studie verzeichnet den Einfluss von Krimisendungen auf die gefühlte Kriminalität und die Wahrnehmung des Justizwesens.

Eagle Shutt, J. et al. »Reconsidering the leading myths of stranger child abduction« (26. Jan. 2004) 17 *Criminal Justice Studies* 127–134.

Faulkner, G. E. J. et al. »What's ›quickest and easiest‹?: Parental decision making about school trip mode« (6. Aug. 2010) 7 *International Journal of Behavioral Nutrition and Physical Activity*. – Befragung, aus der die zitierten Sorgen vor Fremden stammen.

Foster, S. et al. »Suspicious minds: Can features of the local neighbourhood ease parents' fears about stranger danger?« (18. Feb. 2015) 42 *Journal of Environmental Psychology* 48–56. – Die Ängste von Eltern vor Fremden hemmen die Mobilität der Kinder, während fußgängerfreundliche Nachbarschaften sowohl die Straßen sicherer machen, als auch elterliche Sorgen verringern würden. Die Studie fand auch, dass viele Eltern sehr wohl erkennen, dass ihre Angst nicht den wirklichen Risiken entspricht.

Fridberg, L. »Children who travel to school independently are more satisfied and perform better in school« (19. Jan. 2018) Karlstad University Service Research Center.

Gainforth, H. L. et al. »Evaluating the ParticipACTION ›Think Again‹ Campaign« (Aug. 2016) 43 *Health Education & Behavior* 434–441. – Enthüllt, dass 88 Prozent der Eltern denken, ihr Kind bekäme genug Bewegung, obwohl nur sieben Prozent der Kinder das wirklich tun.

García-Hermoso, A. et al. »Associations between the duration of active commuting to school and academic achievement in rural Chilean adolescents« (2017) 22(1) *Environmental Health and Preventive Medicine*. – »Aktives Pendeln hat möglicherweise einen positiven Einfluss auf die schulischen Leistungen von Heranwachsenden.«

Griffin, T. et al. »Does AMBER Alert ›save lives‹? An empirical analysis and critical implications« (4. Feb. 2015) 39(4) *Journal of Crime and Justice*. – Amber-Alarme hatten keinen direkten Einfluss auf die Ergebnisse, halfen aber wahrscheinlich in etwa 25 Prozent der Fälle, typischerweise solchen, bei denen das Kind von einem

Familienmitglied entführt worden war.

Herrador-Colmenero, M. et al. »Children who commute to school unaccompanied have greater autonomy and perceptions of safety« (Dez. 2017) 106(2) *Acta Pædiatrica*. – Aktives, unbegleitetes Pendeln zur Schule schärfte das Gefahrenbewusstsein.

Huertas-Delgado, F. J. et al. »Parental perceptions of barriers to active commuting to school in Spanish children and adolescents« (27. Sept. 2017) 106(12) *European Journal of Public Health* 416–421.

Iancovich, V. »Why walking to school is better than driving for your kids« (11. Sept. 2015) *U of T News*. – Zitiert den Forscher George Mammen: »Die Belege zeigen, dass Kinder auf dem Schulweg eher bei Autounfällen zu Schaden kommen als beim Zufußgehen.«

Ingraham, C. »There's never been a safer time to be a kid in America« (14. Apr. 2015) *Washington Post*.

Jacobs, T. »AMBER Alerts largely ineffective, study shows« (15. Dez. 2007) *Pacific Standard*.

Jamieson, P. E. et al. »Violence in popular U.S. prime time TV dramas and the cultivation of fear: A time series analysis« (17. Juni 2014) 2(2) *Media and Communication* 31–41. – »Die jährliche Veränderung der Gewalt im Fernsehen war, kontrolliert für die wahre Gewaltverbrechensrate und die Wahrnehmung der Prävalenz von Verbrechen, signifikant assoziiert mit der Veränderung in der landesweiten Angst vor Verbrechen zwischen 1972 und 2010.«

Jessup, C. et al. »Fear, hype, and stereotypes: Dangers of overselling the Amber Alert program« (5. Jan. 2015) 8 *Albany Government Law Review* 467–507.

Kort-Butler, L. A. et al. »Watching the detectives: Crime programming, fear of crime, and attitudes about the criminal justice system« (2011) 52 (1) *Sociological Quarterly* 36–55. – Die Studie beleuchtet das komplexe Verhältnis zwischen Kriminalsendungen im Fernsehen und der gesellschaftlichen Angst vor Kriminalität.

Lambiase, M. J. et al. »Effect of a simulated active commute to school on cardiovascular stress reactivity« (Aug. 2010) 42(8) *Medicine & Science in Sports & Exercise* 1609–1616. – Zur Schule zu gehen könnte Stress abbauen und die kardiovaskuläre Gesundheit fördern.

Luymes, G. »School zone driving is getting worse in B.C., survey suggests« (5. Sept. 2017) *Vancouver Sun*. – Bericht über eine Untersuchung zu Problemen im Zusammenhang mit Autoverkehr zur Schule, wie beispielsweise Geschwindigkeitsübertretungen, überfahrene Haltelinien usw.

Martínez-Gómez, D. et al. »Active commuting to school and cognitive performance in adolescents« (Apr. 2011) Archives of Pediatrics and Adolescent Medicine 300–305. – »Diese neuen Ergebnisse tragen zu einem wachsenden Berg an Belegen bei, wonach körperliche Aktivität die Kognitionsfähigkeit von Jugendlichen fördern könnte.«

McDonald, N. C. et al. »Why parents drive children to school: Implications for safe routes to school programs« (30. Juni 2009) 75(3) *Journal of the American Planning Association* 331–342. – Die Angst vor Fremden ist ein Hauptgrund, warum Eltern ihre Kinder zur Schule fahren.

Miller, M. K. et al. »The psychology of AMBER Alert: Unresolved issues and implications« (März 2009) 46(1) *The Social Science Journal* 111–123.

Moore, A. »Walking, biking to school improves concentration« (24. Nov. 2012) *Medical Daily*. – Berichtet über eine Studie an fast 20.000 Schülern, wonach aktives Pendeln die Konzentrationsfähigkeit verbesserte.

Moscowitz, L. et al. »›Every parent's worst nightmare‹: Myths of child abductions in US news« (2011) 5(2) *Journal of Children and Media*. – Die Studie fand eine Tendenz in den Berichten zu Kindesentführungen: »Weiße Mädchen, die aus ihrem Mittel- oder Oberschicht-Zuhause von männlichen Fremden entführt wurden.«

Neufeld, L. »School zone speed limits reduce collisions and injuries, says city« (13. Okt. 2016) CBC News. – Der Bericht vermerkt, dass es 2016 zwei Fußgängerunfälle in Schulzonen gab.

Press Association, »Parents face fines for driving children to school in push to curb pollution« (6. Sept. 2017) *Guardian*.

Rothman, L. et al. »Dangerous student car drop-off behaviors and child pedestrian–motor vehicle collisions: An observational study« (3. Juli 2016) 17(5) *Traffic Injury Prevention* 454–459. – Gefährliche Fahrmanöver rund um das Absetzen wurden an 104 Schulen (88%) beobachtet.« Außerdem vermerkt die Studie: »In Toronto passieren etwa 150 Unfälle zwischen Autos und Schulkindern pro Jahr.«

Rothman, L. et al. »Motor vehicle-pedestrian collisions and walking to school: The role of the built environment« (Mai 2014) 133(5) *Pediatrics*. – Der Studie zufolge ist das Zufußgehen zur Schule sicher und sollte von Ärzten als gesunde Alternative empfohlen werden. Die Studie zählt 481, meist leichte, Unfälle im Gebiet von Toronto. Es gab 30 schwere Verletzungen und einen Todesfall.

Shalev, G. K. et al. »The more eyes the better? A preliminary examination of the usefulness of child alert systems in the Netherlands, United Kingdom (UK), Czech Republic and Poland« (März 2016) University of Portsmouth, Centre for the Study of Missing Persons.

Sicafuse, L. L. et al. »Social psychological influences on the popularity of Amber Alerts« (30. Sept. 2010) 37(11) *Criminal Justice and Behavior* 1237–1254. – »Da Amber-Alerts nur scheinbar gegen Verbrechen helfen, darf man sie sich als Verbrechenskontrolltheater vorstellen, als Indiz für den problematischen sozialen Trend, komplexe Probleme mit einfachen Lösungen zu bekämpfen.«

»Single dad barred from sending kids to school on city bus« (6. Sept. 2017) CTV News.

Skenazy, L. »Why I let my 9-year-old ride the subway alone« (1. Apr. 2008) *New York Sun*.

Smith, L. J. »Parents could land up to £1,000 in fines for driving their kids to school, this is why« (5. Mai 2017) *Express*.

Stokes, M. A. »Stranger danger: Child protection and parental fears in the risk society« (2009) *Amsterdam Social Science* 1(3) 6–24. – Der Artikel analysiert die »Gefahr durch Fremde« und entlarvt sie als moderne Version der Furcht vor der »bösen Hexe« bzw. dem »schwarzen Mann«.

Teschke, K. et al. »Risks of cycling, walking and driving put in context« (7. Aug. 2013) *Vancouver Sun*.

Thomas, A. J. et al. »Correction: No child left alone: Moral judgments about parents affect estimates of risk to children« (23. Aug. 2016) 2(1) *Collabra* 1–15.

Tremblay, M. S. et al. »Position statement on active outdoor play« (8. Juni 2015) 12(6) *International Journal of Environmental Research and Public Health* 6475–6505. – Konsensaussage, dass das geschätzte Risiko einer Entführung bei 1 zu 14 Millionen liegt.

Valentine, G. »›Oh yes I can.‹ ›Oh no you can't‹: Children and parents' understandings of kids' competence to negotiate public space safely« (Jan. 1997) 29(1) *Antipode*.

Westman, J. et al. »What drives them to drive? – Parents' reasons for choosing the car to take their children to school« (8. Nov. 2017) 8 *Frontiers in Psychology*, https://doi.org/10.3389/fpsyg.2017.01970 – Die Studie vermerkt, dass die Entfernung zur Schule keine wichtige Rolle für den Entschluss spielt, das Auto zu nehmen. Außerdem identifiziert sie die Angst vor Fremden als die größte Sorge.

PENDELN

Andersen, L. B. »Active commuting is beneficial for health« (19. Apr. 2017) 357 *BMJ*. – Übersicht über die Vorteile des aktiven Pendelns, darunter eine 30-prozentige Senkung der Gesamtmortalität.

Barth, B. »Why biking to work is a barrier for most Americans« (6. Apr. 2015) Momentum Mag.

Breakaway Research Group, »U.S. bicycling participation benchmarking study report« (März 2015). – Der Artikel wertet eine Befragung von Amerikanern aus, was sie vom Radfahren abhält.

Bubbers, M. »What bicycle-friendly Copenhagen can teach us about commuting« (7. März 2018) *Globe and Mail.*

Celis-Morales, C. A. et al. »Association between active commuting and incident cardiovascular disease, cancer, and mortality: Prospective cohort study« (19. Apr. 2017) 357 *BMJ.* – »Radfahren zur Arbeit war verbunden mit einem verringerten Risiko für kardiovaskuläre Erkrankungen, Krebs und einer niedrigeren Gesamtmortalität. Zu Fuß zur Arbeit zu gehen war verbunden mit einem geringeren Risiko für kardiovaskuläre Erkrankungen, unabhängig von wichtigen gemessenen Störvariablen.«

Cheung, A. »Drivers vs. Cyclists – who's at fault? New study reveals who Canadians blame for road dangers« (28. Juni 2018) CBC News. – »Daten des britischen Verkehrsministeriums zufolge waren bei 60 bis 70 Prozent der Unfälle die Kraftfahrzeugfahrer alleine schuld, während Radfahrer an 17 bis 20 Prozent der Unfälle die Alleinschuld trugen.«

De Hartog, J. J. et al. »Do the health benefits of cycling outweigh the risks?« (Aug. 2010) 118(8) *Environmental Health Perspectives* 1109–1116. – »Die geschätzten gesundheitlichen Vorteile des Radfahrens überstiegen die Risiken erheblich.«

Department for Transport, »British Social Attitudes Survey 2014« (2014). – »2014 stimmten 64 Prozent der Befragten der Aussage zu, wonach es für sie zu gefährlich sei, auf der Straße Fahrrad zu fahren.«

Dinu, M. et al. »Active commuting and multiple health outcomes: A systematic review and meta-analysis« (März 2019) 49(3) *Sports Medicine.* – »Aktive Pendler hatten eine erheblich reduzierte Gesamtmortalität, ein verringertes Risiko für kardiovaskuläre Erkrankungen und Diabetes.«

Fruhen, L. S. et al. »Car driver attitudes, perceptions of social norms and aggressive driving behaviour towards cyclists« (Okt. 2015) 83 *Accident Analysis & Prevention* 162–170.

Goddard, T. »Exploring drivers' attitudes and behaviors toward bicyclists: The effect of explicit and implicit attitudes on self-reported safety behaviors« (Dez. 2015) Portland State University Transportation and Research Center.

Johnson, M. et al. »Riding through red lights: The rate, characteristics and risk factors of non-compliant urban commuter cyclists« (Jan. 2011) 43(1) *Accident Analysis*

& Prevention 323–328. – »Im Rahmen einer Querschnittsstudie wurden Radfahrer an zehn Stellen im Stadtgebiet von Melbourne (Australien) per Videokamera überwacht, von Oktober 2008 bis April 2009. Insgesamt hatten 4225 Radfahrer Rot, 6,9 Prozent überfuhren die rote Ampel.«

Kahneman, D. et al. »A survey method for characterizing daily life experience: The day reconstruction method.« (3. Dez. 2004) 306(5702) *Science* 1776–1780.

Kemp, M. »Four in every five crashes between cars and bicycles caused by driver of car« (19. Feb. 2013) AdelaideNow.

Lin, P. et al. »Naturalistic bicycling behavior pilot study« (Nov. 2017) University of South Florida Center for Urban Transportation Research. – »Fahrradfahrer hielten sich tagsüber zu 88,1 Prozent an die Verkehrsregeln, nachts zu 87,5 Prozent.«

Macmillan, A. et al. »Trends in local newspaper reporting of London cyclist fatalities 1992 – 2012: The role of the media in shaping the systems dynamics of cycling« (Jan. 2016) 86 *Accident Analysis & Prevention* 137–145. – Statistiken über Fahrradunfälle.

Manning, J. »A short commute makes Londoners happier than sex« (30 Jan. 2018) *Time Out*.

Marshall, W. et al. »Scofflaw bicycling: Illegal but rational« (Apr. 2017) 11(1) *Journal of Transport and Land Use*, 805–836. – Der Studie zufolge »rationalisieren Radfahrer ihr illegales Verhalten, neigten aber eher zu Rechtfertigungen, sie erhöhten mit ihrer Übertretung die eigene Sicherheit und/oder sparten Kraft«.

Martin, A. et al. »Does active commuting improve psychological wellbeing? Longitudinal evidence from eighteen waves of the British Household Panel Survey« (Dez. 2014) 69 *Preventive Medicine* 296–303.

Morency, P. et al. »Traveling by bus instead of car on urban major roads: Safety benefits for vehicle occupants, pedestrians, and cyclists« (Apr. 2018) 95(2) *Journal of Urban Health* 196–207. – »Der Stadtbus ist ein sichereres Verkehrsmittel als das Auto, nicht nur für die Insassen, sondern auch für Radfahrer und Fußgänger, die entlang der Busroute unterwegs sind.«

Mueller, N. et al. »Health impact assessment of active transportation: A systematic review« (Juli 2015) 76 *Preventive Medicine* 103–114. – »Die Vorteile der körperlichen Bewegung überwiegen die verkehrsbedingten Schäden durch Unfälle / Emissionen.«

Mullan, E. »Exercise, weather, safety, and public attitudes: A qualitative exploration of leisure cyclists' views on cycling for transport« (16. Juli 2013) Sage Open. – »Die Öffentlichkeit hatte sehr negative Einstellungen dem Radfahren und Radfahrern gegenüber.«

Panter, J. et al. »Using alternatives to the car and risk of all-cause, cardiovascular and cancer mortality« (2018) *Heart*. – »Aktiveres Pendeln stand in Zusammenhang mit einem [um 30%] verringerten Risiko für inzidente und tödliche kardiovaskuläre Erkrankungen und einer geringeren Gesamtmortalität unter Erwachsenen.«

Puentes, R. »How commuting is changing« (18. Sept. 2017) US News – 76,3 Prozent aller Amerikaner pendeln allein in einem Auto.

Seyda, L. et al. »Spoke'n word: A qualitative exploration of the image and psychological factors that deter bicycle commuting« (11. Jan. 2015) – Paper, vorgestellt auf dem 94. Annual Meeting of the Transportation Research.

Sims, D. et al. »Predicting discordance between perceived and estimated walk and bike times among university faculty, staff, and students« (10. Jan. 2018) 14(8) *Transportmetrica A: Transport Science*. – Die Studie ergab, dass 93 Prozent der Arbeiter die Fahrzeit mit dem Rad zu verschiedenen Orten falsch einschätzten.

St-Louis, E. et al. »The happy commuter: A comparison of commuter satisfaction across modes« (Aug. 2014) 26 *Transportation Research* 160–170.

Stafford, T. »The psychology of why cyclists enrage car drivers« (12. Feb. 2013) BBC News.

Statistics Canada, »Journey to work: Key results from the 2016 Census« (29. Nov. 2017). – Statistik, die die Medianentfernung von 7,7 Kilometern ergab.

Teschke, K. et al. »Bicycling: Health risk or benefit?« (März 2012) 3(2) *UBC Medical Journal*.

Tomer, A. »America's commuting choices: 5 major takeaways from 2016 census data« (3. Okt. 2017) Brookings.

Turcotte, M. »Like commuting? Workers' perceptions of their daily commute« (2005) Canadian Social Trends, Statistic Canada Catalogue No. 11-008. – Radfahrer sind die Einzigen, die das Pendeln genießen.

University of British Columbia, »Safety and travel mode« (26. Okt. 2017). – Diese Quelle liefert Zahlen für den Vergleich der Verletztenzahlen beim Radfahren, Autofahren und Gehen.

Van Bekkum, J. E. et al. »Cycle commuting and perceptions of barriers: Stages of change, gender and occupation« (18. Okt. 2011) 111(6) *Health Education* 476–497.

Winters, M. et al. »Motivators and deterrents of bicycling: Comparing influences on decisions to ride« (2011) 38(1) *Transportation* 15. – Gute Übersicht über wichtige Einflüsse, wobei Sicherheit fast ganz oben rangiert.

Wright, R. et al. »Is urban cycling worth the risk?« (2. Sept. 2016) *Financial Times*

Magazine. – Statistiken zu Verletzten- und Todeszahlen im Zusammenhang mit dem Radfahren.

Zijlema, W. L. et al. »Active commuting through natural environments is associated with better mental health: Results from the PHENOTYPE project« (Dez. 2018) 121 *Environment International* 721–727.

Zwald, M. L. et al. »Trends in active transportation and associations with cardiovascular disease risk factors among U.S. adults, 2007–2016« (Dez. 2018) 116 *Preventive Medicine* 150–156. – In den vergangenen Jahren stand aktives Pendeln in negativem Zusammenhang mit dem Risiko kardiovaskulärer Erkrankungen.«

PARKEN

Cassady, C. R. et al. »A probabilistic approach to evaluate strategies for selecting a parking space« (Feb. 1998) 32 *Transportation Science* 30. – Mathematisches Modell, dem zufolge es fast immer am besten ist, den erstbesten Parkplatz zu nehmen.

Cookson, G. et al. »The impact of parking pain in the US, UK and Germany« (Juli 2017) INRIX Research. – Studie, die die Kosten vergeudeter Zeit (in New York jährlich 107 Stunden) bei der Parkplatzsuche ermittelt. Auch die Zahl, wonach ein Drittel aller Männer in Parkstreitigkeiten geriet, kommt aus dieser Studie.

Morgan, J. »Half of Britain's drivers suffer stress due to parking, study finds« (27. Sept. 2017) *Evening Standard*.

Pawlowski, A. »Avoid parking rage on Black Friday! How to find a spot every time« (16. Sept. 2016) *Today*. – Kommentar zur besten Parkstrategie, mit dem Zitat von Andrew Velkey.

Ruback, R. B. et al. »Territorial defense in parking lots: Retaliation against waiting drivers« (1997) 27 *Journal of Applied Social Psychology* 821–834.

ARBEITSBEGINN

Pope, N. G. »How the time of day affects productivity: Evidence from school schedules« (2016) 98(1) *Review of Economics and Statistics* 1–11. – »Matheunterricht am Morgen steigert die Testergebnisse so stark, als würde man die Qualität des Lehrers um eine Viertel-Standardabweichung erhöhen. Eine Umstellung der Stundenpläne könnte die schulischen Leistungen verbessern.«

ÖFFENTLICHE TOILETTE

Doyle, P. »Footballers warned that spitting could help spread swine flu« (27. Okt. 2009) *Guardian* – »›Spucken ist immer ekelhaft‹, meinte ein Sprecher der Gesundheitsbehörde. ›Es ist unhygienisch und ungesund, insbesondere, wenn man in der Nähe anderer Menschen spuckt. Fußballer würden, wie andere auch, niemals drinnen spucken, also sollten sie es auf dem Feld auch nicht tun.‹«

Johnson, D. L. et al. »Lifting the lid on toilet plume aerosol: A literature review with suggestions for future research« (März 2013) 41 *American Journal of Infection Control* 254–258.

Kafer, A. »Other people's shit (and pee!)« (2016) 115(4) *South Atlantic Quarterly*. – Analyse des Problems verdreckter Toilettensitze in Unisex-Toiletten.

Lai, A. C. K. et al. »Emission strength of airborne pathogens during toilet flushing« (2018) 28(1) *Indoor Air* 73–79. – Studie, die sich dem Sprüh-Phänomen bei Toiletten widmet.

Moore, K. H. et al. »Crouching over the toilet seat: Prevalence among British gynaecological outpatients and its effect upon micturition« (Juni 1991) 98(6) *British Journal of Obstetrics and Gynaecology* 569–572.

Palmer, M. H. et al. »Self-reported toileting behaviors in employed women: Are they associated with lower urinary tract symptoms?« (Feb. 2018) 37(2) *Neurology and Urodynamics* 37(2). – »Die meisten Toilettengewohnheiten standen nicht mit akutem Harndrang in Verbindung, außer wenn Arbeitnehmer bei der Arbeit mit dem Toilettengang zu lang warteten.«

Sjögren, J. et al. »Toileting behavior and urinary tract symptoms among younger women« (Nov. 2017) 28(11) *International Urogynecology Journal* 1677–1684.

World Health Organization, »2.1 billion people lack safe drinking water at home, more than twice as many lack safe sanitation« (21. Juli 2017).

HÄNDE WASCHEN

Allen, L. »Science confirms the obvious: People wash their hands more when they're watched« (15. Okt. 2009).

Azor-Martínez, E. et al. »Effectiveness of a multifactorial handwashing program to reduce school absenteeism due to acute gastroenteritis« (Feb. 2014) 33(2) *Pediatric Infectious Disease Journal* 34–39. – »Die Schulkinder der Experimentalgruppe hatten ein um 36 Prozent niedrigeres Risiko, wegen akuter Gastroenteritis

Unterricht zu verpassen.«

Bearman, G. et al. »Healthcare personnel attire in non-operating-room settings« (Feb. 2014) 35(2) *Infection Control & Hospital Epidemiology*. – »Die Rolle der Kleidung bei Cross-Übertragungen bleibt unklar, und bis eindeutigere Erkenntnisse vorliegen, sollte die Priorität auf evidenzbasierte Maßnahmen gelegt werden, um Infektionen durch Ärzte und Pfleger zu verhindern.«

Borchgrevink, C. P. et al. »Hand washing practices in a college town environment« (Apr. 2013) 75(8) *Journal of Environmental Health*. – »Nur etwa 5 Prozent wuschen, rieben und spülten ihre Hände länger als insgesamt 15 Sekunden.«

Bradley Corporation, »Global handwashing day focuses on need for universal hand hygiene« (14. Okt. 2015) PR Newswire. – »Obwohl 92 Prozent der Amerikaner das Händewaschen nach der Benutzung einer öffentlichen Toilette für wichtig halten, geben nur 66 Prozent an, dass sie sich danach auch tatsächlich immer die Hände waschen. Was die Verwendung von Seife angeht, geben fast 70 Prozent zu, dass sie darauf verzichteten und nur mit Wasser waschen.«

Burton, M. et al. »The effect of handwashing with water or soap on bacterial contamination of hands« (Jan. 2011) 8(1) *International Journal of Environmental Research and Public Health* 97–104.

Centers for Disease Control and Prevention, »Hygiene fast facts« (26. Juli 2016). – »Das Waschen der Hände mit Seife und Wasser könnte die Zahl der diarrhoe-bezogenen Todesfälle geschätzt um bis zu 50 Prozent verringern.«

Centers for Disease Control and Prevention, »Why wash your hands?« (17. Sept. 2018). – Schöne Analyse der Vorteile des Händewaschens.

Curtis, V. et al. »Effect of washing hands with soap on diarrhoea risk in the community: A systematic review« (Mai 2003) 3(5) *The Lancet: Infectious Diseases* 275–281. – »Wir veranschlagen die potenzielle Zahl der Diarrhoe-Todesfälle, die durch Händewaschen verhindert werden könnten, auf gut eine Million (1,1 Millionen, bei einer unteren Grenze von 400.000 und einer Obergrenze von 1,4 Millionen).«

Edmond, M. »Bare below the elbow and implications for infection control« (2017) *Infectious Disease Advisor*. – Auswertung der Daten über den Wert der »Nackt-unterhalb-der-Ellenbogen«-Politik. Man findet keine Belege für ihre Wirksamkeit; nur die biologische Plausibilität spricht dafür.

Huang, C. et al. »The hygienic efficacy of different hand-drying methods: A review of the evidence« (Aug. 2012) 87(8) *Mayo Clinic Proceedings* 791–798.

Huesca-Espitia, L. D. C. et al. »Deposition of bacteria and bacterial spores by bathroom hot-air hand dryers« (9. Feb. 2018) Applied and Environmental Microbiology.

Pickering, A. J. et al. »Video surveillance captures student hand hygiene behavior, reactivity to observation, and peer influence in Kenyan primary schools« (27. März 2014) 9 *PLoS ONE*. – »Videoüberwachung dokumentierte eine höhere Händewaschrate (71%), wenn mindestens eine weitere Person an den Waschbecken stand.«

Spector, D. »Here's what happens if you never wash your jeans« (27. Juli 2016) *Independent*.

Zielinski, S. »The myth of the frozen jeans« (7. Nov. 2011) Smithsonian.

MULTITASKEN

Carrier, L. M. et al. »Productivity in peril: Higher and higher rates of technology multitasking« (8. Jan. 2018) Behavioral Scientist.

»The digital native is a myth« (27. Juli 2017) *Nature*.

Hills, T. T. »The dark side of information proliferation« (29. Nov. 2018) 14(3) *Perspectives on Psychological Science*. – Nützliche Analyse (mir persönlich durch den Autor mitgeteilt) der Wirkung des kognitiven Selektionsbias.

Huth, S. »Employees waste 759 hours each year due to workplace distractions« (22. Juni 2015) *Telegraph*.

Kirschner, P. A. et al. »The myths of the digital native and the multitasker« (Okt. 2017) 67 *Teaching and Teacher Education* 135–142. – »Digital Natives, die mit Informationen nur so jonglieren können, gibt es nicht.«

Sanbonmatsu, D. M. et al. »Who multi-tasks and why? Multi-tasking ability, perceived multi-tasking ability, impulsivity, and sensation seeking« (2013) 8(1) *PLoS ONE*. – »Multitasking, gemessen nach dem Media Multitasking Inventory und der Selbsteinschätzung der Handynutzung beim Autofahren korrelierte negativ mit der tatsächlichen Multitasking-Fähigkeit. Die Häufigkeit des Multitaskings korrelierte positiv mit der selbst empfundenen Multitasking-Fähigkeit der Teilnehmer, die sich als weit übertrieben herausstellte.«

Schulte, B. »Work interruptions can cost you 6 hours a day. An efficiency expert explains how to avoid them« (1. Juni 2015) *Washington Post*. – Der Artikel zitiert Forschung, wonach wir alle 3 Minuten und 5 Sekunden unterbrochen werden und 23 Minuten brauchen, bis wir wieder in eine Aufgabe hineinfinden.

Shamsi, T. et al. »Disruption and recovery of computing tasks: Field study, analysis, and directions« (2007) *Proceedings of the 2007 CHI Conference on Human Factors in Computing Systems* 677–686.

Smith, N. »Distracted Workers Are Costing You Money« (2010) *Business News Daily*. – »Abgelenkte Arbeiter kosten US-Unternehmen 650 Milliarden Dollar jährlich.«

Stoet, G. et al. »Are women better than men at multi-tasking?« (2013) 1(18) *BMC Psychology*.

Sullivan, B. et al. »Brain, Interrupted« (3. Mai 2013) *New York Times*. – Bericht über eine Studie, für die 136 Teilnehmer multitaskten.

Watson, J. M. et al. »Supertaskers: Profiles in extraordinary multitasking ability« (Aug. 2010) 17(4) *Psychonomic Bulletin & Review* 479–485. – »Während die überwältigende Mehrheit der Teilnehmer bei zwei gleichzeitig zu erfüllenden Aufgaben erheblich schlechter wurde (verglichen mit einzelnen Aufgaben wie Autofahren oder OSPAN-Tests) […], sank die Leistung bei 2,5% der Teilnehmer überhaupt nicht.«

Westbrook, J. I. et al. »Task errors by emergency physicians are associated with interruptions, multitasking, fatigue and working memory capacity: A prospective, direct observation study« (Jan. 2018) 27(8) *BMJ Quality & Safety*. – »Unterbrechungen, Multitasking und Schlafmangel standen in Zusammenhang mit einer deutlich erhöhten Rate von Verschreibungsfehlern bei Notfallärzten.«

SICH AUFS MITTAGESSEN FREUEN

Malkoc, S. »Want to be more productive? Stop scheduling out your day« (25. Juni 2018) Quartz.

Tonietto, G. N. et al. »When an hour feels shorter: Future boundary tasks alter consumption by contracting time« (19. Mai 2018) 45(5) *Journal of Consumer Research*.

TEIL II: MITTAG UND NACHMITTAG

MITTAGESSEN

American Institute for Cancer Research, »New Report Finds Whole Grains Lower Colorectal Cancer Risk« (Sept. 2017).

Amirikian, K. et al. »Effects of the gluten-free diet on body mass indexes in pediatric celiac patients« (März 2019) 68(3) *Journal of Pediatric Gastroenterology and Nu-*

trition.

Boseley, S. »Extreme dieters eating gluten-free food alongside smoking and vomiting« (18. Juni 2018) *Guardian.* – »Manche Menschen verzichten unnötigerweise auf Gluten, weil sie glauben, das helfe ihnen beim Abnehmen.«

Choung, R. S. et al. »Less hidden celiac disease but increased gluten avoidance without a diagnosis in the United States: Findings from the National Health and Nutrition Examination Surveys from 2009 to 2014« (2017) 92(1) *Mayo Clinic Proceedings* 30–38.

Christoph, M. J. et al. »Who values gluten-free? Dietary intake, behaviors, and sociodemographic characteristics of young adults who value gluten-free food« (Aug. 2018) 118(8) *Journal of Academy of Nutrition and Dietetics* 1389–1398.

Elliott, C. »The nutritional quality of gluten-free products for children« (Aug. 2018) 142(2) *Pediatrics.* – »Glutenfreie Produkte sind ernährungstechnisch nicht besser als herkömmliche Nahrungsmittel für Kinder, möglicherweise sogar bedenklich wegen ihres Zuckergehalts.«

Fernan, C. et al. »Health halo effects from product titles and nutrient content claims in the context of ›protein‹ bars« (30. Aug. 2017) 33(12) *Health Communication* 1–9.

Food Insight, »Survey: Nutrition Information Abounds, But Many Doubt Food Choices« (5. Mai 2019) International Food Information Council Foundation. – »Mehr als die Hälfte von ihnen (56 %) gaben an, widersprüchliche Informationen ließen sie an ihren Ernährungsentscheidungen zweifeln.«

»Gluten-free: Simply a way to healthier eating?« (7. Nov. 2017) Hartman Group Newsletter.

»›Gluten free‹ claims in the marketplace« (10. Nov. 2017) Agriculture and Agri-Food Canada. – 22 Prozent aller Kanadier vermeiden Gluten.

Halmos, E. P. et al. »Gluten in ›gluten-free‹ manufactured foods in Australia: A cross-sectional study« (Aug. 2018) 209(10) *Medical Journal of Australia.*

King, J. »Experiences of coeliac disease in a changing gluten-free landscape« (2. Okt. 2018) 32(1) *Journal of Human Nutrition and Dietetics.*

Lebwohl, B. et al. »Coeliac Disease« (28. Juli 2017) 391(10115) *The Lancet* 70–81.

Lebwohl, B. et al. »Long term gluten consumption in adults without celiac disease and risk of coronary heart disease: Prospective cohort study« (2. Mai 2017) *BMJ* 357. – »Die Verbreitung glutenfreier Ernährung unter Menschen, die nicht an Zöliakie leiden, sollte nicht gefördert werden.«

Lis, D. et al. »Exploring the popularity, experiences, and beliefs surrounding gluten-free diets in nonceliac athletes« (Feb. 2015) 25(1) *International Journal of Sport*

Nutrition and Exercise Metabolism 37–45.

Lis, D. et al. »No effects of a short-term gluten-free diet on performance in non-celiac athletes« (Dez. 2015) 47(12) *Medicine & Science in Sports & Exercise* 2563–2570.

McFadden, B. »›Gluten-free water‹ shows absurdity of trend in labeling what's absent« (28. Aug. 2017) The Conversation.

Meeting News, »Most who avoid gluten lack symptoms of intolerance, sensitivity« (5. Juni 2018) Healio.

Niland, B. et al. »Health benefits and adverse effects of a gluten-free diet in non-celiac disease patients« (Feb. 2018) 14(2) *Gastroenterology & Hepatology*. – »Glutenvermeidung könnte bei Patienten ohne nachgewiesene Glutenunverträglichkeit mit negativen Effekten verbunden sein.«

Okada, E. M. »Justification effects on consumer choice of hedonic and utilitarian goods« (Feb. 2005) 42(1) *Journal of Marketing Research* 43–53.

Prada, M. et al. »The impact of a gluten-free claim on the perceived healthfulness, calories, level of processing and expected taste of food products« (Apr. 2019) 73 *Food Quality and Preference*. – »Glutenfreie Produkte wurden als gesünder wahrgenommen.«

Saplakoglu, Y. »Keto, Mediterranean or vegan: Which diet is best for the heart?« (12. Nov. 2018) Live Science.

Servick, K. »What's really behind ›gluten sensitivity‹?« (23. Mai 2018) *Science*.

Stevens, L. »Gluten-free and regular foods: A cost comparison« (Aug. 2008) 69(3) *Canadian Journal of Dietetic Practice and Research* 147–150. – »Glutenfreie Produkte waren durchschnittlich 242 Prozent teurer als herkömmliche Produkte.«

SCHIMPFEN

Bogart, N. »1 in 4 young people regret posts on social media« (29. Juli 2013) Global News.

Bushman, B. J. »Does venting anger feed or extinguish the flame? Catharsis, rumination, distraction, anger, and aggressive responding« (2002) 28(6) *Personality and Social Psychology Bulletin*, 724–731. – »Nichts zu unternehmen war effektiver, als seinem Ärger Luft zu verschaffen. Diese Ergebnisse sprechen eindeutig gegen die Katharsis-Theorie.«

Chapman, B. P. et al. »Emotion suppression and mortality risk over a 12-year follow-up« (6. Aug. 2013) 75(4) *Journal of Psychosomatic Research* 381–385. – »Die Unterdrückung von Gefühlen erhöht möglicherweise das Risiko für einen früheren Tod, auch durch Krebs.« Kleine Korrelationsstudie.

Courter, B. »Studies show confession numbers are falling, but it's still considered important« (30. Juni 2014) *Times Free Press*. – »Beichten ist oft eine kathartische Erfahrung.«

Davidson, K. W. et al. »Anger expression and risk of coronary heart disease: Evidence from the Nova Scotia Health Survey« (Feb. 2010) 159(2) *American Heart Journal* 199–206.

Fan, R. et al. »Anger is more influential than joy: Sentiment correlation in Weibo« (15. Okt. 2014) 9 *PLoS ONE*. – »Wir stellen fest, dass die Gefühlskorrelation bei Zorn signifikant höher ist als bei Freude.«

Frey, S. et al. »The rippling dynamics of valenced messages in naturalistic youth chat« (Aug. 2019) 51(4) *Behavior Research Methods*.

Heikkilä, K. et al. »Work stress and risk of cancer: Meta-analysis of 5700 incident cancer events in 116 000 European men and women« (7. Feb. 2013) 346 *BMJ*. – »Arbeitsbedingter Stress, gemessen und definiert als Arbeitsbelastung, ist als Ausgangsbasis wahrscheinlich kein wichtiger Risikofaktor für kolorektalen, Lungen-, Brust- oder Prostatakrebs.«

Kye, S. Y. et al. »Perceptions of cancer risk and cause of cancer risk in Korean adults« (Apr. 2015) 47(2) *Cancer Research and Treatment* 158–165. – »Das größte empfundene Krebsrisiko war Stress.«

Leung, F. H. et al. »Bless me, for I have sinned … Behaviour change and the confessional« (Jan. 2009) 55(1) *Canadian Family Physician* 17–18. – »Die kathartische Natur des Beichtens ist offenkundig, da muss man gar nicht weiter in die Theologie dahinter einsteigen.«

Martin, R. C. »Three facts about venting online« (1. Aug. 2014) *Psychology Today*. – »46 Prozent der Twitter-Nutzer geben an, sie würden oft tweeten, um Ärger rauszulassen oder zu verarbeiten.«

Martin, R. C. et al. »Anger on the Internet: The perceived value of rant-sites« (Feb. 2013) 16(2) *Cyberpsychology, Behavior, and Social Networking*. – Bei den meisten Teilnehmern ging das Lesen und Schreiben wütender Posts mit einer Verschlechterung der Stimmung einher.

Mostofsky, E. et al. »Outbursts of anger as a trigger of acute cardiovascular events: A systematic review and meta-analysis« (1. Juni 2014) 35(21) *European Heart Journal* 1404–1410. – »Unmittelbar nach Wutausbrüchen besteht ein höheres Risiko kardiovaskulärer Vorfälle.«

Mostofsky, E. et al. »Relation of outbursts of anger and risk of acute myocardial infarction« (1. Aug. 2013) 112(3) *American Journal of Cardiology* 343–348. – »Das

Risiko eines Herzinfarkts war nach Wutausbrüchen mehr als doppelt so hoch wie normalerweise, und größere Wut war mit größeren relativen Risiken assoziiert.«

Neil, S. P. »More than half of Americans have social media regrets« (6. Dez. 2017) HuffPost. – Zusammenfassung einer Studie von YouGov Omnibus, der zufolge 57 Prozent der Menschen schon einmal einen ihrer Posts bedauerten.

»Psychological stress and cancer« (10. Dez. 2012) National Cancer Institute.

Shahab, L. et al. »Prevalence of beliefs about actual and mythical causes of cancer and their association with socio-demographic and health-related characteristics: Findings from a cross-sectional survey in England« (26. Apr. 2018) 103 *European Journal of Cancer*. – 43 Prozent glauben irrigerweise, Stress könne Krebs verursachen.

»Stress« (11. Mai 2018) Cancer Research UK. – »Die meisten wissenschaftlichen Studien zeigten, dass Stress das Krebsrisiko nicht erhöht.«

EINEN DANKESBRIEF SCHREIBEN

Algoe, S. B. »Putting the ›you‹ in ›thank you‹: Examining other-praising behavior as the active relational ingredient in expressed gratitude« (7. Juni 2016) 7(7) *Social Psychology and Personality Science*, 658–666.

Kumar, A. et al. »Undervaluing gratitude: Expressers misunderstand the consequences of showing appreciation« (27. Juni 2018) 29(9) *Psychological Science* 1–13.

HINSTELLEN

Adams, J. et al. »Why are some population interventions for diet and obesity more equitable and effective than others? The role of individual agency« (5. Apr. 2016) 13(4) *PLoS Medicine*. – »Regierungen in aller Welt neigen zu Bevölkerungs-Interventionen, die dem Einzelnen einen erheblichen Einsatz abverlangt, damit sie wirken.«

Atkins, J. D. »Inactivity induces resistance to the metabolic benefits following acute exercise« (1. Apr. 2019) 126(4) *Journal of Applied Physiology*. – »Diese Daten zeigen, dass körperliche Inaktivität (etwa 13,5 Stunden Sitzen und weniger als 4.000 Schritte täglich) einen Zustand erzeugt, in dem Menschen ›resistent‹ gegen die metabolischen Verbesserungen werden, die typischerweise mit einem Schub aerober Anstrengung (z.B. Krafttraining) einhergehen.«

Baker, R. et al. »A detailed description of the short-term musculoskeletal and cognitive effects of prolonged standing for office computer work« (7. Feb. 2018) 61(7) *Ergonomics* 877–890. – »Die beobachteten Veränderungen zeigen, dass man aufpassen muss, wenn man das Sitzen im Büro durch Stehen ersetzt. In einem Laborversuch, bei dem Probanden zwei Stunden standen, kam es zu erhöhtem körperlichen Unwohlsein (in allen Körperbereichen), einer verlangsamten Reaktionszeit, einem schlechteren geistigen Zustand, während die kreative Problemlösungsfähigkeit sich verbesserte. Langes Stehen ist also mit Problemen verbunden.«

Betts, J. et al. »The energy cost of sitting versus standing naturally in man« (Apr. 2019) 51(4) *Medicine & Science in Sports & Exercise.* – »Interventionen, die langes Sitzen verhindern sollen, verleiten typischerweise zu 30 bis 120 Minuten längerem Stehen (statt zum Gehen [Bewegung]); die hier verzeichnete 12-prozentige Differenz zwischen Sitzen und Stehen stellt also keine effektive Strategie im Kampf gegen Adipositas (d. h. für Gewichtsverlust) dar.«

Buckley, J. P. et al. »The sedentary office: An expert statement on the growing case for change towards better health and productivity« (2015) 49(21) *British Journal of Sports Medicine.*

Chau, J. Y. et al. »Overselling sit-stand desks: News coverage of workplace sitting guidelines« (Dez. 2018) 33(12) *Health Communication* 1475–1481.

Cheval, B. et al. »Avoiding sedentary behaviors requires more cortical resources than avoiding physical activity: An EEG study« (Okt. 2018) 119 *Neuropsychologia* 68–80. – »Zusätzliche Gehirn-Ressourcen werden benötigt, um der allgemeinen Neigung zu widerstehen, sich hinzusetzen.«

Duvivier, B. et al. »Reducing sitting time versus adding exercise: Differential effects on biomarkers of endothelial dysfunction and metabolic risk« (5. Juni 2018) 8(1) *Scientific Reports.* – Die Studie stellte fest, dass Sitzen nicht toll ist für den Stoffwechsel. »Leichte körperliche Aktivität und mäßige bis sportliche körperliche Aktivität hatten unterschiedliche Auswirkungen auf Risikomarker für die kardio-metabolische Gesundheit, was darauf hinweist, dass es nötig ist, sich sowohl strukturierte Bewegung zu verschaffen, als auch jeden Tag weniger zu sitzen.«

Edwardson, C. L. et al. »Effectiveness of the Stand More AT (SMArT) Work intervention: Cluster randomised controlled trial« (8. Aug. 2018) 363 *BMJ.*

Gray, C. »Reducing sedentary behaviour in the workplace« (2018) 363 *BMJ.* – »Es bleibt fraglich, inwieweit sich die Interventionen von SMArT Work auf Gebiete außerhalb des Nationalen Gesundheitssystems übertragen lassen.«

Hanna, F. et al. »The relationship between sedentary behavior, back pain, and psychosocial correlates among university employees« (9. Apr. 2019) 7 *Frontiers in Public Health*. – Diese Ergebnisse lassen vermuten, dass sitzend Beschäftigte erhöhten beruflichen Gefahren ausgesetzt sind, etwa denen, Rückenschmerzen und psychische Probleme zu bekommen.«

Júdice, P. B. et al. »What is the metabolic and energy cost of sitting, standing and sit/stand transitions?« (Feb. 2016) 116(2) *European Journal of Applied Physiology* 263–273.

»Key Statistics for Colorectal Cancer« (24. Jan. 2019) American Cancer Society. – »Insgesamt liegt das Risiko, im Lauf des Lebens kolorektalen Krebs zu bekommen, bei etwa 1 zu 22 (4,49%) für Männer und 1 zu 24 (4,15%) für Frauen.«

MacEwen, B. T. et al. »Sit-stand desks to reduce workplace sitting time in office workers with abdominal obesity: A randomized controlled trial« (Sept. 2017) 14(9) *Journal of Physical Activity and Health* 710–715. – »Sitz-Stehtische waren in einer Risikopopulation effektiv darin, die sitzend verbrachte Zeit am Arbeitsplatz zu verringern, ohne das Sitzverhalten oder die körperliche Aktivität außerhalb des Büros zu verändern. Diese Änderungen reichten allerdings nicht aus, die Marker kardiometabolischen Risikos in dieser Population zu verbessern.«

Mansoubi, M. et al. »Using sit-to-stand workstations in offices: Is there a compensation effect?« (Apr. 2016) 48(4) *Medicine & Science in Sports & Exercise* 720–725. – »Diese Veränderungen wurden ausgeglichen durch reduzierte Aktivität und längeres Sitzen außerhalb der Bürostunden.«

Mantzari, E. et al. »Impact of sit-stand desks at work on energy expenditure, sitting time and cardio-metabolic risk factors: Multiphase feasibility study with randomised controlled component« (März 2019) 13 *Preventive Medicine Reports*. – »Der Gesamteffekt der Sitz-Stehtische auf die sitzend verbrachte Zeit ist unsicher […], erste Hinweise deuten darauf, dass die Tische durchaus das Potenzial haben, die sitzend verbrachte Zeit zu verringern, allerdings besteht die Sorge, dass sie nach der Arbeit den Energieaufwand verringern und die sitzend verbrachte Zeit verlängern könnten.«

Patel, A. V. et al. »Prolonged leisure time spent sitting in relation to cause-specific mortality in a large US cohort« (1. Okt. 2018) 187(10) *American Journal of Epidemiology*. – Die Studie fand heraus, dass längeres Sitzen mit einer höheren Mortalität aufgrund einer ganzen Reihe von Ursachen einherging, darunter Krebs und Herzerkrankungen.

»The Price of Inactivity« (2015) American Heart Association.

Riotta, C. »Standing at work is just as unhealthy as smoking cigarettes daily, study says« (9. Sept. 2017) Newsweek.

Shrestha, N. et al. »Workplace interventions (methods) for reducing time spent sitting at work« (20. Juni 2018) Cochrane Library. – »Momentan gibt es nur schwache Belege dafür, dass Sitz-Stehtische kurz- oder mittelfristig die am Arbeitsplatz sitzend verbrachte Zeit verringern könnten. Für eine langfristige Verbesserung aber gibt es keine Belege.«

Smith, P. et al. »The relationship between occupational standing and sitting and incident heart disease over a 12-year period in Ontario, Canada« (1. Jan. 2018) 187(1) *American Journal of Epidemiology* 27–33. – Studie an mehr als 7.000 Angestellten, der zufolge Berufe, bei denen man vornehmlich stand, mit einem etwa doppelt so hohen Risiko für Herzerkrankungen assoziiert waren wie Berufe, bei denen man hauptsächlich saß.«

Snowbeck, C. »Standing desks have become an important workplace benefit« (15. Sept. 2017) *Waterloo Region Record*. – »Stehtische erwiesen sich einem Bericht der Society for Human Resource Management als die Mitarbeitervergünstigung mit den größten Wachstumsraten in den USA.«

Stamatakis, E. et al. »Sitting behaviour is not associated with incident diabetes over 13 years: The Whitehall II cohort study« (Mai 2017) 51(10) *British Journal of Sports Medicine* 818–823. – »Wir fanden über 13 Jahre hinweg nur wenige Hinweise auf einen Zusammenhang zwischen Sitzdauer und der Inzidenz von Diabetes in dieser beruflichen Kohorte öffentlicher Bediensteter.«

Vallance, J. K. et al. »Evaluating the evidence on sitting, smoking, and health: Is sitting really the new smoking?« (Nov. 2018) 108(11) *American Journal of Public Health* 1478–1482.

Ward, R. »Sitting may be bad but it's still better than smoking. Alberta researcher says« (1. Okt. 2018) CBC News.

Wilcken, H. »Is sitting the new smoking, or isn't it?« (25. Sept. 2017) 37 *Medical Journal of Australia*.

Yang, L. »Trends in sedentary behavior among the US population, 2001–2016« (30. Apr. 2019) 321(16) *JAMA*. – »Die geschätzte Prävalenz des täglich mindestens zweistündigen sitzenden Betrachtens von Fernsehen oder Videos war 2015–2016 hoch (zwischen 59% und 65%); die geschätzte Prävalenz der mindestens einstündigen Computernutzung außerhalb der Schule wuchs zwischen 2001 und 2016.«

NOCH EINEN KAFFEE?

Haber, N. et al. »Causal language and strength of inference in academic and media articles shared in social media (CLAIMS): A systematic review« (30 Mai 2018) 13(5) *PLoS ONE*. – »Wir stellen bei den Studien, die in den sozialen Medien am meisten geteilt werden, eine große Diskrepanz fest zwischen der Eindeutigkeit von Formulierungen gegenüber den Adressaten von Forschungsergebnissen und der tatsächlichen Stärke der kausalen Inferenz.«

Loftfield, E. et al. »Association of coffee drinking with mortality by genetic variation in caffeine metabolism findings from the UK biobank« (2. Juli 2018) 178(8) *JAMA*. – »Diese Studie liefert weitere Belege, dass Kaffeetrinken [auch bei Menschen, die acht Tassen täglich und mehr trinken] Teil einer gesunden Ernährung sein kann. Das sollte alle Kaffeetrinker beruhigen.«

Nagler, R. H. »Adverse outcomes associated with media exposure to contradictory nutrition messages« (2014) 19(1) *Journal of Health Communication* 24–40. – »Die Wahrnehmung widersprüchlicher Aussagen zu den gesundheitlichen Vorteilen und Risiken von beispielsweise Wein-, Fisch- und Kaffeekonsum ist assoziiert mit Verwirrung darüber, welche Lebensmittel man nun konsumieren soll, und der Überzeugung, die Nahrungsmittelwissenschaft ändere ständig ihre Meinung. Es gibt Hinweise darauf, dass diese Überzeugungen wiederum dazu führen könnten, dass Menschen Ernährungs- und Gesundheitsempfehlungen allgemein misstrauen.«

Rettner, R. »Here's how much caffeine you need, and when, for peak alertness« (6. Juni 2018) Live Science.

Selvaraj, S. et al. »Media coverage of medical journals: Do the best articles make the news?« (17. Jan. 2014) 9(1) *PLoS ONE*. – »Zeitungen neigten eher als einflussreiche Fachzeitschriften dazu, über beobachtende Studien zu berichten als über randomisierte kontrollierte Versuche. Außerdem berichten Medien oft über Arbeiten minderer Qualität. Zeitungen schreiben vorzugsweise über medizinische Forschung mit schwächerer Methodologie.«

Victory, J. »A venti-sized serving of misinformation in news stories on latest coffee study« (3. Juli 2018) HealthNewsReview.

Vital-Lopez, F. G. et al. »Caffeine dosing strategies to optimize alertness during sleep loss« (28. Mai 2018) 27(5) *Journal of Sleep Research*. – Forschung des US-Verteidigungsministeriums dazu, wann man Kaffee trinken soll.

Wang, M. et al. »Reporting of limitations of observational research« (8. Juni 2015) 175(9) *JAMA International Medicine* 1571–1572. – »Über die Einschränkungen beobachtender Forschung, die in wichtigen Fachzeitschriften veröffentlicht wird, verlieren Medienberichte nur selten ein Wort.«

SEIFE

Bannan, E: A. et al. »The inability of soap bars to transmit bacteria« (Juni 1965) 55(6) *American Journal of Public Health and the Nation's Health* 915–922.

Burton, M. et al. »The effect of handwashing with water or soap on bacterial contamination of hands« (Jan. 2011) 8(1) *International Journal of Environmental Research and Public Health* 97–104. – »Händewaschen mit nicht-antibakterieller Seife entfernt Bakterien potenziell fäkalen Ursprungs besser von den Händen als Waschen ohne Seife.«

Centers for Disease Control and Prevention, »When & how to use hand sanitizer« (17. Sept. 2019).

Centers for Disease Control and Prevention, »When & how to wash your hands« (18. Sept. 2019).

Food and Drug Administration, »Antibacterial soap? You can skip it, use plain soap and water« (16. Mai 2019). – »Wenn Sie diese Produkte verwenden, weil Sie glauben, das schütze Sie besser als Seife und Wasser, liegen Sie falsch.«

Food and Drug Administration, »FDA issues final rule on safety and effectiveness of antibacterial soaps« (2. Sept. 2016).

Heinze, J. E. et al. »Washing with contaminated bar soap is unlikely to transfer bacteria« (Aug. 1988) 101(1) *Epidemiology & Infection* 135–142. – »Diese Ergebnisse zeigen, dass nur ein geringes Risiko besteht, wenn man sich regelmäßig die Hände mit bereits benutzter Seife wäscht, und sprechen dafür, sich oft mit Seife und Wasser die Hände zu waschen, um die Weiterverbreitung von Krankheiten zu vermeiden.« Diese Studie wurde zwar von der Seifenindustrie finanziert, doch die Daten wurden nie widerlegt.

Luby, S. P. et al. »Effect of intensive handwashing promotion on childhood diarrhea in high-risk communities in Pakistan: A randomized controlled trial« (2. Juni 2004) 291(21) *JAMA* 2547–2554. – Verstärktes Händewaschen im Haushalt verringerte die Inzidenz von Diarrhö bei Kindern mit einem hohen Risiko, an Diarrhö zu sterben.«

Pickering, A. J. et al. »Efficacy of waterless hand hygiene compared with handwashing with soap: A field study in Dar es Salaam, Tanzania« (Feb. 2010) 82(2) *Tanzania American Journal of Tropical Medicine and Hygiene* 270–278. – »Die Verwendung von Handdesinfektionsmittel verringerte die Zahl fäkaler Streptokokken signifikant besser als Händewaschen.«

Ruffins, E. »Recycling hotel soap to save lives« (16. Juni 2011) CNN. – Bericht über Derreck Kayongo.

Zapka, C. A. et al. »Bacterial hand contamination and transfer after use of contaminated bulk-soap-refillable dispensers« (Mai 2011) 77(9) *Applied and Environmental Microbiology* 2898–2904. – Das Waschen mit kontaminierter Seife aus Seifenspendern kann die Zahl opportunistischer Pathogene auf den Händen erhöhen.«

WASSER TRINKEN

»Bottled water contains more bacteria than tap water« (25. Mai 2010) *Telegraph*.

Clark, W. F. et al. »Effect of coaching to increase water intake on kidney function decline in adults with chronic kidney disease« (8. Mai 2018) 319(18) *JAMA* 1870–1879.

Fenton, T. et al. »Systematic review of the association between dietary acid load, alkaline water and cancer« (Juni 2016) 6(6) *BMJ Open*.

Piantadosi, C. »›Oxygenated‹ water and athletic performance« (Sept. 2006) 40(9) *British Journal of Sports Medicine* 740–741.

Rosinger, A. et al. »Association of caloric intake from sugar-sweetened beverages with water intake among US children and young adults in the 2011–2016 National Health and Nutrition Examination Survey« (1. Juni 2019) 173(6) *JAMA Pediatrics*.

Schwarcz, J. »Alkaline water nonsense« (20. März 2017) McGill Office for Science and Society.

»Taste test: Is bottled water better than tap?« (22. März 2012) CTV Atlantic.

Williams-Grut, O. »People prefer tap water over ›premium‹ £1.49 Fiji Water in a blind taste test« (14. Mai 2017) Business Insider.

MEETING

Allen, J. A. et al. »Let's get this meeting started: Meeting lateness and actual meeting outcomes« (24. März 2018) 39(8) *Journal of Organizational Behavior* 1008–1021.

Association for Psychological Sciences, »There's a Better Way to Brainstorm« (15. März 2016).

Bernstein, E. S. et al. »The impact of the ›open‹ workspace on human collaboration« (2. Juli 2018) 373(1753) *Philosophical Transactions of the Royal Society*. – 70-prozentige Abnahme der Interaktionen von Angesicht zu Angesicht.

Brown, V. R. et al. »Making group brainstorming more effective: Recommendations from an associative memory perspective« (1. Dez. 2002) 11(6) *Current Directions in Psychological Science*. – »Ein Berg an Literatur über das Brainstorming in Gruppen stellt fest, dass es weniger effektiv ist als individuelles Brainstorming.«

Carey, B. »Can big science be too big?« (13. Feb. 2019) *New York Times*.

Chamorro-Premuzic, T. »Why group brainstorming is a waste of time« (25. März 2015) *Harvard Business Review*. – »Letztlich wird weiter gebrainstormt, weil es sich intuitiv richtig anfühlt, das zu tun.«

Derdowski, L. A. »Here's why you dread brainstorming at work« (14. Nov. 2018) Medical Xpress. – »Soziale Prozesse in Arbeitsgruppen können Mitglieder effektiv davon abhalten, den erwünschten Zustand kreativer Synergie zu erreichen. Offenkundig zerstört die Gruppendynamik genau jenen Vorteil, den sie erzeugen soll.«

Furnham, A. »The brainstorming myth« (6. Jan. 2003) 11(4) *Business Strategy Review* 21–28. – »Die Forschung zeigt eindeutig, dass Brainstorming-Gruppen weniger und schlechtere Ideen ausbrüten, als wenn die Teilnehmer einzeln daran arbeiten würden.«

Greenwood, V. »Is conference room air making you dumber?« (6. Mai 2019) *New York Times*.

Kauffield, S. et al. »Meetings matter: Effects of team meetings on team and organizational success« (Apr. 2012) 43(2) *Small Group Research* 130–158.

Khazanchi, S. et al. »A spatial model of work relationships: The relationship-building and relationship-straining effects of workspace design« (11. Okt. 2018) 43(4) *Academy of Management Review*.

Lehrer, J. »Brainstorming: An idea past its prime« (19. Apr. 2012) *Washington Post*. – »Jahrzehntelange Forschung hat wiederholt gezeigt, dass Brainstorming-Gruppen viel weniger Ideen entwickeln als die gleiche Anzahl Menschen, die alleine nachdenken und hinterher ihre Ideen zusammenlegen.«

Lehrer, J. »Groupthink« (30. Jan. 2012) *New Yorker*. – Geht dem Brainstorming-Mythos nach.

Microsoft, »Survey finds workers average only three productive days per week« (15. März 2005). – Weltweit »verbringen Menschen 5,6 Stunden pro Woche in Meetings; 69 Prozent halten Meetings für unproduktiv (USA: 5,5 Stunden, 71 Prozent halten Meetings für unproduktiv).«

Perlow, L. A. et al. »Stop the Meeting Madness« (Juli–Aug. 2017) *Harvard Business Review*.

Rogelberg, S. G. et al. »The science and fiction of meetings« (Dez. 2007) 48(2) *MIT Sloan Management Review*. – »Konservativ geschätzt, verbringt der durchschnittliche Angestellte etwa sechs Stunden wöchentlich in angesetzten Meetings.«

Romano, N. C. et al. »Meeting analysis: Findings from research and practice« (Feb. 2001) *Proceedings of the 34th Hawaii International Conference on System Sciences*. – »Selbsteinschätzungen zur Produktivität von Meetings durch Manager verschiedenster Unternehmensbereiche reichen von 33 Prozent bis 47 Prozent.«

Thompson, D. »Study: Nobody is paying attention on your conference call« (14. Aug. 2014) *Atlantic*. – Fasst die Daten zusammen, wonach niemand bei Meetings aufpasst.

Tonietto, G. N. et al. »When an hour feels shorter: Future boundary tasks alter consumption by contracting time« (19. Mai 2018) 45(5) *Journal of Consumer Research*. – Die Studie zeigte, dass ein anstehendes Meeting uns unproduktiver macht und uns das Gefühl gibt, die Zeit vergehe schneller.

Ward, T. »Walking meetings? Proceed with caution« (13. März 2017) *Psychology Today*. – Schöne Übersicht über die bisherigen – durchwachsenen – Ergebnisse.

Yoerger, M. et al. »The impact of premeeting talk on group performance« (2018) 49 *Small Group Research* 226–258.

EIN POWER-NAP

Bonnar, D. et al. »Sleep interventions designed to improve athletic performance and recovery: A systematic review of current approaches« (März 2018) 48(3) *Sports Medicine* 683–703.

Brooks, A. et al. »A brief afternoon nap following nocturnal sleep restriction: Which nap duration is most recuperative?« (Juni 2006) 29(6) *Sleep*. – »Der 10-Minuten-Nap war von den untersuchten Schlafdauern insgesamt der effektivste.«

Chen, G. C. et al. »Daytime napping and risk of type 2 diabetes: A meta-analysis of prospective studies« (Sept. 2018) 22(3) *Sleep and Breathing*. – »Diese Metaanalyse lässt vermuten, dass Mittagschläfchen mit einem erhöhten Risiko für Typ-2-Diabetes assoziiert ist.« Aufgrund der geringen Anzahl guter Studien sollten »unsere Ergebnisse aber mit großer Vorsicht betrachtet werden«.

Cheungpasitporn, W. et al. »The effects of napping on the risk of hypertension: A systematic review and meta-analysis« (Nov. 2016) 9(4) *Journal of Evidence-Based Medicine*. – »Unsere Metadatenanalyse zeigt einen signifikanten Zusammenhang zwischen Mittagschläfchen und Bluthochdruck.«

DeMers, J. »Will you actually be more productive if you take a nap every day?« (5. Juni 2017) *Entrepreneur.* – Beispiel für einen Artikel, der sich auf eine Pilotstudie bezieht, ohne zu vermerken, dass sie sehr klein war.

Fan, F. et al. »Daytime napping and cognition in older adults« (27. Apr. 2018) 41(1) *Sleep.* – »Ein Nap von gewisser Länge bzw. Regelmäßigkeit könnte die kognitiven Funktionen schützen. Insgesamt zeigten Mittagschlaf-Interventionen günstige kognitive Effekte.«

Goldman, S. E. et al. »Association between nighttime sleep and napping in older adults« (Mai 2008) 31(5) *Sleep* 733–740. – »Fragmentierterer Schlaf stand in Zusammenhang mit einer größeren Wahrscheinlichkeit, einen Mittagschlaf zu halten, aber nicht mit der Dauer des Mittagschlafs.«

Goldschmied, J. G. et al. »Napping to modulate frustration and impulsivity: A pilot study« (12. Juni 2015) 86 *Personality and Individual Differences* 164–167. – Pilotstudie zur Erkundung der Frage, ob Naps Frust etc. abbauen.

Guo, V. Y. et al. »The association between daytime napping and risk of diabetes: A systematic review and meta-analysis of observational studies.« (18. Jan. 2017) 37 *Sleep Medicine* 105–112. – »Lange Mittagschläfchen von mehr als einer Stunde Dauer standen in Zusammenhang mit einem erhöhten Risiko für die Prävalenz und Inzidenz von Diabetes mellitus. Weitere Studien sind erforderlich, um diese Ergebnisse zu bestätigen.«

Heffron, T. M. »Insomnia Awareness Day facts and stats« (10. März 2014).

Hilditch, C. J. et al. »A 30-minute, but not a 10-minute nighttime nap is associated with sleep inertia« (1. März 2016) 39(3) *Sleep* 675–685.

Hublin, C. et al. »Napping and the risk of type 2 diabetes: A population-based prospective study« (Jan. 2016) 17 *Sleep Medicine* 144–148.

Makino, S. et al. »Association between nighttime sleep duration, midday naps, and glycemic levels in Japanese patients with type 2 diabetes« (Apr. 2018) 44 *Sleep Medicine* 4–11. – »Schlechter Schlaf und Schlafmangel könnte die glykämische Kontrolle bei Typ-2-Diabetes verschlechtern. Mittagschläfchen könnten den negativen Effekt kurzen Nachtschlafs auf die glykämische Kontrolle mildern.«

Mantua, J. et al. »Exploring the nap paradox: Are mid-day sleep bouts a friend or foe?« (Sept. 2017) 37 *Sleep Medicine* 88–97. – »In älteren Populationen ergab sich – im Gegensatz zu den offenkundigen Vorteilen eines Mittagschläfchens –, dass exzessives Schlafen tagsüber mit negativen Folgen einherging.«

McVeigh, T. »Insomnia: Britons' health ›at risk‹ as 50% fail to get enough sleep« (13. Nov. 2011) *Guardian.*

Milner, C. E. et al. »Benefits of napping in healthy adults: Impact of nap length, time of day, age, and experience with napping« (Juni 2009) 18(2) *Journal of Sleep Research* 272–281. – Übersicht über Variablen, die beeinflussen, ob ein Mittagschläfchen hilfreich ist. »Die existierende Literatur zeigt, dass bestimmte Variablen wie Zeitpunkt und Dauer des Schläfchens, Alter und Erfahrung mit Mittagschläfchen wichtige Einflussgrößen auf den Nutzen von Nickerchen sind.«

Mitler, M. M. et al. »Catastrophes, sleep, and public policy: Consensus report« (Feb. 1988) 11(1) *Sleep* 100–109. – Vermerkt, dass Industrieunfälle mit Übermüdung in Zusammenhang stehen, etwa in Tschernobyl oder bei der Challenger-Katastrophe.

National Sleep Foundation, »Napping«– »Wenn du Probleme mit dem Nachtschlaf hast, machen Mittagschläfchen die Sache nur schlimmer.«

National Sleep Foundation, »The relationship between sleep and industrial accidents.«

»One in four Americans develop insomnia each year: 75 percent of those with insomnia recover« (5. Juni 2018) ScienceDaily.

Owens, J. F. et al. »Napping, nighttime sleep, and cardiovascular risk factors in midlife adults« (15. Aug. 2010) 6(4) *Journal of Clinical Sleep Medicine* 330–335. – »Mittagschläfchen stehen bei afro-amerikanischen Männern und Frauen mittleren Alters mit einem kürzeren Nachtschlaf in Zusammenhang und bei allen Männern und Frauen mittleren Alters mit verringerter Schlafeffizienz; […] einem erhöhten BMI und vermehrter Stammfettsucht.«

Petit, E. et al. »A 20-min nap in athletes changes subsequent sleep architecture but does not alter physical performances after normal sleep or 5-h phase-advance conditions« (Feb. 2014) 114(2) *European Journal of Applied Physiology* 305–315. – »Der Mittagschlaf ergab keinen verlässlichen Vorteil für die kurzfristige Leistung von Athleten, die zur Ortszeit trainierten oder nach einem simulierten Jetlag.«

Rosekind, M. R. et al. »The cost of poor sleep: Workplace productivity loss and associated costs« (Jan. 2010) 52(1) *Journal of Occupational and Environmental Medicine* 91–98. – »Schlafstörungen tragen zu verringerter Arbeitsproduktivität bei und kosten Firmen viel Geld.«

Samuels, C. et al. »Sleep as a recovery tool for athletes« (17. Nov. 2014) British Journal of Sports Medicine Blog.

Sleep Health Foundation, »Insomnia« (2011) http://sleephealthfoundation.org.au/pdfs/Insomnia.pdf – »Etwa einer von drei Menschen hat zumindest leichte Schlafschwierigkeiten.«

Tietzel, A. J. et al. »The short-term benefits of brief and long naps following nocturnal sleep restriction« (1. Mai 2001) 24(3) *Sleep*. – »Da die verzögerten Vorteile des 30-Minuten-Naps möglicherweise von Schlaftrunkenheit verursacht wurden, sollten längere Testperioden nach dem Nap untersucht werden. Allerdings sehen wir, dass der schädliche Effekt von Schlafmangel schnell und signifikant abgemildert wurde, zumindest in der Stunde nach einem zehnminütigen Nap.«

Wannamethee, S. G. et al. »Self-reported sleep duration, napping, and incident heart failure: Prospective associations in the British Regional Heart Study« (Sept. 2016) 64(9) *Journal of the American Geriatrics Study* 1845–1850. – »Bei älteren Männern standen – nach eigener Aussage – mehr als einstündige Mittagschläfchen mit einem höheren Risiko für Herzversagen in Verbindung.«

Watson, A. M. »Sleep and athletic performance« (Nov. – Dez. 2017) 16(6) *Current Sports Medicine Reports* 413–418. – »Die Rolle von Mittagschläfchen ist unklar.«

Weir, K. »The science of naps« (Juli–Aug. 2016) 47(7) *American Psychological Association Monitor on Psychology*.

Yamada, T. et al. »Daytime napping and the risk of cardiovascular disease and all-cause mortality: A prospective study and dose-response meta-analysis« (1. Dez. 2015) 38(12) *Sleep* 1945–1953. – »Die Metaanalyse zeigte einen signifikanten J-förmigen Dosis-Wirkungs-Zusammenhang zwischen der Dauer des Mittagschlafs und kardiovaskulären Erkrankungen.«

Yamada, T. et al. »J-curve relation between daytime nap duration and type 2 diabetes or metabolic syndrome: A dose-response meta-analysis« (2. Dez. 2016) 6 *Scientific Reports*. – »Eine Metaanalyse von Dosis und Wirkung zeigte einen J-förmigen Zusammenhang zwischen Dauer des Mittagschläfchens und dem Risiko für Diabetes oder metabolisches Syndrom. Schläfchen bis 40 Minuten hatten keine Auswirkungen, darüber hinaus steigt das Risiko steil an. Insgesamt steht längeres Schlafen tagsüber mit einem erhöhten Risiko für Stoffwechselerkrankungen in Verbindung. Weitere Untersuchungen sind nötig, um die Vorteile kurzer Schläfchen zu bestätigen.«

DIE FÜNF-SEKUNDEN-REGEL

Aston University, »Researchers prove the five-second rule is real« (10. März 2014). – »87 Prozent der Befragten gaben an, sie würden auf den Boden gefallenes Essen noch verzehren bzw. hätten das schon gemacht. 81 Prozent der Frauen, die auf den Boden gefallene Lebensmittel noch essen würden, würden dabei der Fünf-Sekunden-Regel folgen.« Das ist ein Bericht über eine der wenigen einschlägigen Studien, die aber, wie im Paper auch vermerkt, »noch nicht von unabhängigen

Experten begutachtet wurde«.

Beaulieu, M. »The ›5-second rule‹ has been officially sanctioned by a germ scientist« (15. März 2017) CBC Life. – »Bei einer Umfrage unter mehr als 2.000 hungrigen Menschen gestanden beeindruckende 79 Prozent, sie hätten schon Lebensmittel gegessen, die auf den Boden gefallen waren.«

Discovery Channel, »5-second rule with food on floor« – Beschreibung der MythBusters-Sendung zu diesem Thema.

Midkiff, S. »The percentage of people who apply the five-second rule might upset your stomach« (13. Dez. 2017) Refinery29.

Miranda, R. C. et al. »Longer contact times increase cross-contamination of Enterobacter aerogenes from surfaces to food« (2. Sept. 2016) 82(21) *Applied and Environmental Microbiology.* – Eine der wenigen rigoros durchgeführten Studien.

Sidder, A. »What does science say about the five-second rule? It's complicated« (13. Sept. 2016) Smithsonian. – »Die Fünf-Sekunden-Regel ist eine signifikante Vereinfachung dessen, was wirklich passiert, wenn Bakterien auf Lebensmittel übertragen werden«, sagte [Donald] Schaffner. »Bakterien können sofort kontaminieren.«

University of Illinois at Urbana-Champaign, »If you drop it, should you eat it? Scientists weigh in on the 5-second rule« (2. Sept. 2003). – Bericht über die nicht veröffentlichte Studie der Oberstufenschülerin Jillian Clarke.

E-MAILS

Ariely, D. »How many of our emails should we know about the moment someone decides to email us?« (23. Feb. 2017) Dan Ariely. – »205 Milliarden. So viele E-Mails haben wir 2015 verschickt und empfangen, und geschätzt wächst diese Zahl bis 2019 auf 246 Milliarden […] Wie sich zeigte, müssen nur sehr wenige – gerade einmal zwölf Prozent – dieser E-Mails innerhalb von fünf Minuten nach dem Abschicken gelesen werden.«

Barley, S. R. et al. »E-mail as a source and symbol of stress« (Juli–Aug. 2011) 22(4) *Organization Science* 887–906. – »Je mehr Zeit Menschen damit verbrachten, ihre E-Mails zu bearbeiten, desto stärker war ihr Gefühl, überlastet zu sein, und je mehr E-Mails sie bearbeiteten, desto eher fühlten sie sich ihrem Job gewachsen.«

Beck, J. »How it became normal to ignore texts and emails« (11. Jan. 2018) *Atlantic.*

Becker, W. J. et al. »Killing me softly: Electronic communications monitoring and employee and spouse well-being« (9. Juli 2018) 2018(1) *Academy of Management*

Proceedings. – »Negative Auswirkungen von [E-Mail-]Erwartungen auf Gesundheit und Beziehungen entstanden durch negativen Affekt. Dazu gehörten Crossover-Effekte von Erwartungen zur elektronischen Kommunikation auf die Gesundheit des Partners und dessen Zufriedenheit in der Beziehung.«

Burnett, J. »Study: The average worker's inbox contains 199 unread emails« (2. Okt. 2017) Ladders. – Berichtet, dass 94 Prozent der Arbeitnehmer »sich bei der Arbeitsorganisation auf E-Mails stützen«.

Burnett, J. »24% of Americans think reaching ›inbox-zero‹ is an impossibility« (23. Aug. 2018) Ladders.

»Carleton study finds people spending a third of job time on email« (20. Apr. 2017) Carleton Newsroom.

Clark, D. »Why email is so stressful, even though it's not actually that time-consuming« (9. Apr. 2018) *Harvard Business Review.*

Collins, N. »Email ›raises stress levels‹« (4. Juni 2013) *Telegraph.* – Bericht über eine Studie, der zufolge E-Mails den Blutdruck erhöhen. Der Stresslevel »erreichte seinen Höhepunkt zu den Tageszeiten, zu denen die Posteingänge am vollsten waren«.

Counts, V. »De-clutter your inbox: Transform your perspective to see email as a tool« (28. Sept. 2017) *Proceedings of the Human Factors and Ergonomics Society Annual Meeting.* – Die Studie schlägt vor, nur wenige Unterordner anzulegen, das sei der beste Ansatz.

Dewey, C. »How many hours of your life have you wasted on work email? Try our depressing calculator« (3. Okt. 2016) *Washington Post.* – »Durchschnittlich verbringen wir 4,1 Stunden täglich damit, unsere beruflichen E-Mails zu checken.« Der Artikel erwähnt auch, dass 79 Prozent der Menschen im Urlaub ihre Mails checken.

Jackson, T. et al. »Case study: Evaluating the effect of email interruptions within the workplace« (Jan. 2002) *Conference on empirical assessment in software engineering* 3–7. – »70 Prozent aller E-Mails wurden innerhalb von sechs Sekunden nach ihrem Eingang geöffnet, auf volle 85 Prozent reagierten die Empfänger innerhalb von zwei Minuten.«

Jerejian, A. C. M. et al. »The contribution of email volume, email management strategies and propensity to worry in predicting email stress among academics« (Mai 2013) 29(3) *Computers in Human Behavior* 991–996. – Das E-Mail-Volumen war ein Prädiktor für Stress und »E-Mail-Management half nicht, den Zusammenhang zwischen E-Mail-Volumen und Stress aufzubrechen«.

Kelleher, D. »Survey: 81% of U.S. employees check their work mail outside work hours« (20. Mai 2013) TechTalk. – 32 Prozent antworten innerhalb von 15 Minuten und weitere 23 Prozent innerhalb von 30 Minuten.

Kim, J. et al. »Technology supported behavior restriction for mitigating self-interruptions in multi-device environments« (11. Sept. 2017) 1(3) *Proceedings of the ACM on Interactive, Mobile, Wearable and Ubiquitous Technologies*. – »Das Stressniveau in der Experimentalgruppe war niedriger, trotz der Einschränkung, dass sie viele Geräte nicht benutzen durfte.«

Kooti, F. et al. »Evolution of conversations in the age of email overload« (2. Apr. 2015) *Proceedings of the 24th International Conference on World Wide Web*. – Studie an mehr als zwei Millionen E-Mail-Nutzern, die ergab: »Nutzer steigerten ihre Aktivität, sobald sie mehr E-Mails empfingen, aber nicht stark genug, um den größeren Andrang zu bewältigen. Was bedeutet, dass die Nutzer stärker überlastet wurden, auf einen geringeren Anteil eingehender Mails reagierten und kürzer antworteten. Trotzdem blieb ihre Reaktionsfähigkeit intakt, bisweilen antworteten sie sogar schneller.«

Kushlev, K. et al. »Checking email less frequently reduces stress« (1. Feb. 2015) 43 *Computers in Human Behavior* 220–228.

MacKay, J. »Productivity in 2017: What we learned from analyzing 225 million hours of work time« (Jan. 2018) RescueTime.

Mark, G. et al. »Email duration, batching and self-interruption: Patterns of email use on productivity and stress« (7. Mai 2016) *Proceedings of the 2016 CHI Conference on Human Factors in Computing Systems* 1717–1728. – »Das Bündeln von E-Mails steht in Zusammenhang mit höher eingeschätzter Produktivität bei längerer E-Mail-Dauer, doch entgegen weitverbreiteten Behauptungen fanden wir keine Belege dafür, dass das Bündeln von E-Mails das Stressniveau senkt.«

Mark, G. J. et al. »A pace not dictated by electrons: An empirical study of work without email« (Mai 2012) *Proceedings of the Special Interest Group on Computer-Human Interaction*. – »Ohne E-Mail machten die Menschen weniger Multitasking und konzentrierten sich länger auf ihre Aufgaben, was sich an einer geringeren Wechselfrequenz zwischen Bildschirmfenstern zeigte und einer längeren Zeitspanne, die an einem Bildschirmfenster gearbeitet wurde. Darüber hinaus maßen wir den Stress direkt mit tragbaren Herzfrequenzmessgeräten und stellten fest, dass der Stress, gemessen in Schwankungen der Herzfrequenz, ohne E-Mails geringer war.«

Marulanda-Carter, L. et al. »Effects of e-mail addiction and interruptions on employees« (März 2012) 14(1) *Journal of Systems and Information Technology* 82–94. – »E-Mail-Unterbrechungen haben einen negativen Zeiteffekt auf Angestellte und zeigen, dass die Menschen sich unterbrechen lassen und danach Zeit brauchen, wieder in ihre Aufgabe zu finden. Eine typische Aufgabe dauert ein Drittel länger, wenn man dabei von E-Mails unterbrochen wird.«

Neporent, L. »Most emails answered in just two minutes, study finds« (13. Apr. 2015) ABC News. – Fast 90 Prozent der Nutzer beantworteten E-Mails innerhalb eines Tages, etwa die Hälfte antwortete innerhalb von 47 Minuten. Die üblichste Reaktionszeit lag bei gerade einmal zwei Minuten.

O'Donnell, B. »Most U.S. workplaces still use ›old-school‹ tech like email and phone calls to communicate« (22 Feb. 2017) Recode.

Park, Y. et al. »The long arm of email incivility: Transmitted stress to the partner and partner work withdrawal« (8. Mai 2018) 39(10) *Journal of Organizational Behaviour*.

Patrick, V. M. et al. »How to say ›no‹: Conviction and identity attributions in persuasive refusal« (Dez. 2012) 29(4) *International Journal of Research in Marketing* 390–394.

Patrick, V. M. et al. »›I don't‹ versus ›I can't‹: When empowered refusal motivates goal-directed behavior« (1. Aug. 2012) 39(2) *Journal of Consumer Research* 371–381.

Pavlus, J. »How email became the most reviled communication experience ever« (15. Juni 2015) Fast Company.

Pielot, M. et al. »Productive, anxious, lonely: 24 hours without push notifications« (4. Sept. 2017) *Proceedings of the 19th International Conference on Human-Computer Interaction with Mobile Devices and Services*. – »Die Belege deuten darauf hin, dass Benachrichtigungen uns vor ein Dilemma stellen: Ohne sie fühlten die Teilnehmer sich weniger abgelenkt und produktiver. Aber sie konnten ihrem Gefühl nach auch nicht so schnell reagieren, wie das von ihnen erwartet wurde, was einige nervös machte. Außerdem fühlten sie sich abgeschnittener von ihrer sozialen Gruppe.«

Reeder, B. »The best times to send email for replies (backed by data)« Yesware. – »Die Lese- und Antwortraten waren an Wochenenden am höchsten, wenn im Eingangsfach nur wenig Konkurrenz herrschte.«

Russell, E. »Strategies for effectively managing email at work« (Sept. 2017). – Die Übersicht kommt zu dem Schluss, es sei ein Mythos, dass man seine Mails nur ein paar Mal täglich checken soll. Doch »durch das Abschalten der Benachrichtigungsfunktion und die bewusste Planung, E-Mails in regelmäßigen Intervallen zu checken und zu beantworten, fühlten die Menschen sich, wie die Forschung ergab, selbstbestimmter und weniger überlastet.«

Staley, O. »Inbox Zero is a waste of time. This is how a world-class behavioral econo-

mist tames his email« (22. März 2017) Quartz. – Dan Ariely: »Obsessives Sortieren und Löschen von E-Mails ist ›strukturiertes Vor-sich-Herschieben‹.«
Stich, J. F. et al. »E-mail load, workload stress and desired e-mail load: A cybernetic approach« (2019) Information Technology & People. – »Stärkerer E-Mail-Eingang ist verbunden mit größerem Stress durch Arbeitsbelastung.«
Tanase, L. »Email is still your customers' preferred communication tool« (Juni 2018) Entrepreneur.
»Third of Brits are so stressed they have checked work emails in middle of night, study finds« (16. Mai 2018) *Independent*.
Troy, D. »The truth about email: What's a normal inbox?« (5. Apr. 2013) Pando. – »Die von uns untersuchten Eingangsfächer enthielten durchschnittlich 8.024 Nachrichten.«
»The ultimate list of marketing statistics for 2018« (2018) HubSpot. – »86 Prozent aller Werktätigen verwenden am liebsten E-Mail zur geschäftlichen Kommunikation.«

HÄNDESCHÜTTELN

Bernieri, F. J. et al. »The influence of handshakes on first impression accuracy« (Apr. 2011) 6(2) *Social Influence* 78–87.
Bishai, D. et al. »Quantifying school officials' exposure to bacterial pathogens at graduation ceremonies using repeated observational measures« (2011) 27(3) *Journal of School Nursing* 219–224. – »Wir ermittelten das Risiko der Übertragung eines neuen Bakteriums in einer Stichprobe von 5.209 Handschlägen. Dabei ergab sich eine Schätzung von 0,019 pathogenen Keimen, die pro Handschlag übertragen werden.«
Boshell, P. »How many hands will you shake in your lifetime?« (9. Juni 2015) Deb.
Dahl, E. »Cruise tap versus handshake: Using common sense to reduce hand contamination and germ transmission on cruise ships« (2016) 67(4) *International Maritime Health* 181–184.
Dolcos, S. et al. »The power of a handshake: Neural correlates of evaluative judgments in observed social interactions« (Dez. 2012) 24(12) *Journal of Cognitive Neuroscience* 2292–2305.
Firth, J. et al. »Grip strength is associated with cognitive performance in schizophrenia and the general population: A UK Biobank study of 476559 participants« (6. Juni 2018) 44(4) *Schizophrenia Bulletin* 728–736.
Frumin, I. et al. »A social chemosignaling function for human handshaking« (3. März

2015) 4 eLife.

Ghareeb, P. A. et al. »Reducing pathogen transmission in a hospital setting. Handshake versus fist bump: A pilot study« (Dez. 2013) 85(4) *Journal of Hospital Infection* 321–323. – »Die Einführung des Faustgrußes im Gesundheitswesen könnte die Übertragung von Bakterien durch medizinisches Personal weiter vermindern.«

»Handshake makes for better deals in business« (3. Aug. 2018) *Berkeley News*. – Zitat von Juliana Schroeder: Der Handschlag »verändert nicht nur die Art, wie du die andere Person wahrnimmst, sondern auch den ganzen Kontext der Situation«.

LeWine, H. »Fist bump better than handshake for cleanliness« (Juli 2014) Harvard Health.

Mela, S. et al. »The fist bump: A more hygienic alternative to the handshake« (28. Juli 2014) 42(8) *American Journal of Infection Control* 916–917. – »Die Einführung des Faustgrußes zur Begrüßung könnte die Übertragung von ansteckenden Krankheiten zwischen Individuen erheblich vermindern.«

Parga, J. J. et al. »Handshake-free zone in a neonatal intensive care unit: Initial feasibility study« (1. Juli 2017) 45(7) *American Journal of Infection Control* 787–792.

Schroeder, J. et al. »Handshaking promotes deal-making by signaling cooperative intent« (Mai 2019) 116(5) *Journal of Personality and Social Psychology*.

Sklansky, M. et al. »Banning the handshake from the health care setting« (25. Juni 2014) 311(24) *JAMA* 2477–2478.

Wooller, S. »People with a strong handshake are more intelligent: Study« (23. Apr. 2018) *New York Post*.

UMARMUNGEN

Cohen, S. et al. »Does hugging provide stress-buffering social support? A study of susceptibility to upper respiratory infection and illness« (19. Dez. 2015) 26(2) *Psychological Science* 135–147. – »Umarmungen könnten effektiv soziale Unterstützung signalisieren.«

Forsell, L. M. et al. »Meanings of hugging: From greeting behavior to touching implications« (Jan. 2012) 1 *Comprehensive Psychology*.

Murphy, M. L. M. et al. »Receiving a hug is associated with the attenuation of negative mood that occurs on days with interpersonal conflict« (3. Okt. 2018) 13(10) *PLoS ONE*.

Robinson, K. J. et al. »When in doubt, reach out: Touch is a covert but effective mode of soliciting and providing social support« (12. Mai 2015) 6(7) *Social Psy-*

chological and Personality Science 831–839.

Shiomi, M. et al. »A hug from a robot encourages prosocial behaviour« (2017) *26th Institute of Electrical and Electronics Engineers International Symposium on Robot and Interactive Communication* 418–423. – »Unser Experiment mit 38 Probanden zeigte, dass diejenigen, die von einem Roboter umarmt wurden, mehr Geld spendeten als diejenigen, die nur einen Roboter umarmten.«

Suvilehto, J. et al. »Topography of social touching depends on emotional bonds between humans« (26. Okt. 2015) 112(45) *Proceedings of the National Academy of Sciences*. – »Diese Körperregionen bildeten beziehungsspezifische Landkarten, deren Gesamtfläche direkt mit der Stärke der emotionalen Bindung zwischen dem Probanden und der berührenden Person korrelierte. Die kulturellen Einflüsse waren gering.«

TORSCHLUSSPANIK!

Amabile, T. M. et al. »Time pressure and creativity in organizations: A longitudinal field study« (Apr. 2002) *Harvard Business School Working Papers* No. 01-073. – »Zeitdruck war ein zuverlässiger Prädiktor für schlechtere kreative kognitive Verarbeitung am betreffenden Tag, am Folgetag, am übernächsten Tag und über längere Zeiträume hinweg.«

American Association for the Advancement of Science, »Research shows that busy people make healthier choices« (18. Sept. 2018) EurekAlert. – »Wenn wir uns als vielbeschäftigt empfinden, stärkt das unser Selbstwertgefühl, was dann den Ausschlag gibt für die gesündere Wahl«, erklärte Amitava Chattopadhyay, Marketingprofessor bei INSEAD.

Bellezza, S. et al. »Conspicuous consumption of time: When busyness and lack of leisure time become a status symbol« (26. Dez. 2017) 44(1) *Journal of Consumer Research* 118–138.

Bicknell, J. »Money doesn't buy happiness – But time just might do it« (18. Juni 2018) Nautilus.

Burkeman, O. »Why you feel busy all the time (when you're actually not)« (12. Sept. 2016) BBC News.

»The case for a 4-day workweek?« (4. Sept. 2018) Workforce Institute at Kronos Incorporated and Future Workplace. – Umfrage unter 3.000 Beschäftigten. »Fast die Hälfte aller Arbeitnehmer weltweit könnte ihre Arbeit in fünf Stunden täglich oder weniger erledigen.«

Cha, Y. et al. »Overwork and the slow convergence in the gender gap in wages« (8. Apr. 2014) 79(3) *American Sociological Review*. – »Weil ein größerer Anteil an Männern übermäßig viel arbeitete, führten diese Veränderungen zu einem relativen Anstieg männlicher Einkommen verglichen mit denjenigen der Frauen. Allein das vergrößerte die Verdienstschere zwischen Männern und Frauen geschätzt um zehn Prozent.«

Chattopadhyay, A. et al. »Feel busy all the time? There's an upside to that« (6. Juni 2018) *Harvard Business Review*.

Collingwood, J. »Hofstadter's Law and realistic planning« (8. Okt. 2018) PsychCentral.

Curtin, M. »In an 8-Hour Day, the Average Worker Is Productive for This Many Hours« (21. July 2016) Inc. – »Der durchschnittliche Arbeitnehmer ist nur zwei Stunden und 53 Minuten am Tag produktiv.«

Deloitte, »Meet the MilleXZials: Generational Lines Blur as Media Consumption for Gen X, Millennials and Gen Z Converge« (20. März 2018).

Dotti Sani, G. M. et al. »Educational gradients in parents' child-care time across countries, 1965–2012« (Apr. 2016) 78(4) *Journal of Marriage and Family*. – »Generell widmeten sich besser ausgebildete Mütter und Väter jeden Tag länger ihren Kindern als schlechter ausgebildete Eltern.«

Ebrahimi, M. et al. »To thrive or to suffer at the hand of busyness: How lay theories of busyness influence psychological empowerment and volunteering« (2017) 45 *Advances in Consumer Research* 79–84.

Etkin, J. et al. »Pressed for time? Goal conflict shapes how time is perceived, spent, and valued« (1. Juni 2015) 52(3) *Journal of Marketing Research* 394–406. – »Verbraucher zu ermutigen, langsam und tief zu atmen oder ihre Angst als Aufregung anzusehen, kann die schädlichen Effekte des Zielkonflikts signifikant verringern.«

Festini, S. B. et al. »The busier the better: Greater busyness is associated with better cognition« (17. Mai 2016) 8 *Frontiers in Aging Neuroscience*. – »Diese Daten sind zwar nur korrelationaler Natur, dennoch zeigen sie, dass ein beschäftigtes Leben mit besserer Kognition einhergeht.«

Havas Group, »The modern nomad: Connect me if you can« (9. Sept. 2015). – Umfrage unter 10.131 Männern und Frauen in 28 Ländern. »42 Prozent räumen ein, sie würden sich gelegentlich als geschäftiger hinstellen, als sie tatsächlich sind. 6 von 10 Befragten glaubten, dass andere Menschen ihre Geschäftigkeit übertrieben.«

Keinan, A. et al. »The symbolic value of time« (Apr. 2019) 26 *Current Opinion in Psychology* 58–61. – »Lange Arbeitszeiten und fehlende Freizeit sind zum Statussymbol geworden.«

Kim, J. C. et al. »When busy is less indulging: Impact of busy mindset on self-control behaviors« (Feb. 2019) 45(5) *Journal of Consumer Research*. – »Eine geschäftige Einstellung ist ein Prädiktor für die Fähigkeit von Menschen, Selbstkontrolle auszuüben.«

Knecht, M. et al. »Going beyond work and family: A longitudinal study on the role of leisure in the work-life interplay« (4. März 2016) 37(7) *Journal of Organizational Behaviour*.

Levine, R. »Time use, happiness and implications for social policy: A report to the United Nations« (2013) 6(2) *Insights*. – »Schnellere Orte waren wirtschaftlich gesünder, ihre Einwohner zeigten sich tendenziell zufriedener mit ihrem Leben.«

Livingston, G. et al. »7 facts about U.S. moms« (2018) Pew Research Center. – »1965 kümmerten sich Frauen 10 Stunden wöchentlich um die Kinder. 2016 war diese Zahl auf 14 angestiegen.«

Locker, M. »Survey: Americans would pay $2,700 for an extra hour a day« (30. Okt. 2014) *Time*. Siehe auch: BusinessWire, »Time is money: Cracking the code for balanced living.«

MacKay, J. »Productivity in 2017: What we learned from analyzing 225 million hours of work time« (Jan. 2018) RescueTime. – »Uns bleiben nur 12,5 Stunden wöchentlich für produktive Arbeit.«

Mark, G. et al. »No task left behind? Examining the nature of fragmented work« (2005) *Proceedings of the 2005 CHI Conference on Human Factors in Computing Systems*. – Multitasking kann »zu Stress führen, die verschiedenen Aufgaben im Auge zu behalten«.

Miller, C. »Women did everything right. Then work got greedy.« (26. Apr. 2019) *New York Times*. – »Heute verdienen Menschen, die 50 Stunden die Woche arbeiten, bis zu acht Prozent mehr als diejenigen, die 35 bis 49 Stunden arbeiten.«

Mogilner, C. »It's time for happiness« (19. Juli 2019) 26 *Current Opinion in Psychology* 80–84.

Newby-Clark, I. R. et al. »People focus on optimistic scenarios and disregard pessimistic scenarios while predicting task completion times« (Sept. 2000) 6(3) *Journal of Experimental Psychology* 171–182.

Oswald, A. J. et al. »Happiness and productivity« (7. Aug. 2015) 33(4) *Journal of Labor Economics*. – In einer experimentellen Studie, für die Arbeiter gezielt glücklich gemacht wurden, ergab sich eine »um 12 Prozent gesteigerte Produktivität«. Generell »ist geringere Zufriedenheit systematisch verbunden mit geringerer

Produktivität«.

Pearson, H. »The lab that knows where your time really goes« (21. Okt. 2015) 526(7574) *Nature*. – »Menschen, die schätzen, sie würden beispielsweise 75 Stunden die Woche arbeiten, überschätzen ihre Arbeitszeit um bis zu 50 Prozent. Angehörige gewisser Berufe, etwa Lehrer, Anwälte und Polizisten überschätzten ihre Arbeitszeit um mehr als 20 Prozent.«

Roser, M. »Working hours« (2019) Our World in Data.

Rudd, J. »Long working days can cause heart problems, study says« (14. Jul 2017) *Guardian*.

Rudd, M. »Expand your breath, expand your time: Slow controlled breathing boosts time affluence« (2014) 42 *Advances in Consumer Research* 163–167.

Rudd, M. »Feeling short on time: Trends, consequences, and possible remedies« (Apr. 2019) 26 *Current Opinion in Psychology* 5–10. – Exzellente Übersicht über das Zeitnot-Problem. »Unzählige Befragungen ergaben in letzter Zeit, dass fast zwei Drittel aller Amerikaner angeben, sie fühlten sich immer oder gelegentlich gehetzt. Die Hälfte gibt an, sie hätte nie das Gefühl, Zeit übrig zu haben.«

Shepperd, J. A. et al. »A primer on unrealistic optimism« (Juni 2015) 24(3) *Current Directions in Psychological Science* 232–237. – »Menschen sind generell recht unrealistisch in ihren Schätzungen, wie lang es dauern wird, eine Aufgabe zu erfüllen; eine Fehleinschätzung, die unter dem Namen ›Planungsfehlschluss‹ läuft.«

Swant, M. »We're not nearly as busy as we pretend to be, according to a new study« (10. Sept. 2015) *Adweek*. – 42 Prozent geben zu, sie würden überschätzen, wie beschäftigt sie sind.

Weller, C. »Forget the 9 to 5 – research suggests there's a case for the 3-hour workday« (26. Sept. 2017) Business Insider.

Wepfer, A. G. et al. »Work-life boundaries and well-being: Does work-to-life integration impair well-being through lack of recovery?« (Dez. 2018) 33(6) *Journal of Business and Psychology*. – »Beschäftigte mit einer starken Integration von Berufs- und Privatleben berichteten von weniger Aktivitäten zur Erholung, waren entsprechend erschöpfter und empfanden Arbeit und Privatleben als schlechter ausgewogen.«

Whillans, A. V. et al. »Buying time promotes happiness« (2017) *Proceedings of the National Academy of Sciences*. – »Berufstätige Erwachsene berichten von größeren Glücksgefühlen nach Ausgaben, mit denen sie Zeit sparten, als nach Ausgaben für materielle Güter.« Dieses Ergebnis zeigt eine bisher unergründete Route vom Wohlstand zum Wohlbefinden auf: Geld ausgeben, um Freizeit zu erkaufen.

»Why is everyone so busy?« (20. Dez. 2014) *Economist*. – »Das Problem besteht weni-

ger darin, wie viel Zeit Menschen haben, als darin, wie sie es empfinden.«
Wilcox, K. et al. »How being busy can increase motivation and reduce task completion time« (März 2016) 110(3) *Journal of Personality and Social Psychology* 371–384. – Der Studie zufolge beenden Menschen, die sich schwer beschäftigt fühlen, eher ihre Aufgaben und brauchen weniger Zeit dafür, wahrscheinlich weil sie sich motiviert fühlen, ihre Zeit effizient zu nutzen.
Yang, A. X. et al. »Idleness versus busyness« (Apr. 2019) 26 *Current Opinion in Psychology* 15–18. – »Menschen verfolgen Ziele, um beschäftigt zu sein.«

TEIL III: SPÄTNACHMITTAG UND ABEND

SPORT

Alizadeh, Z. et al. »Comparison between the effect of 6 weeks of morning or evening aerobic exercise on appetite and anthropometric indices: A randomized controlled trial« (Juni 2017) 7(3) *Clinical Obesity* 157–165. – »Es scheint, als könnte moderater bis anstrengender aerober Sport am Morgen bei inaktiven übergewichtigen Frauen als effektiver betrachtet werden als abendlicher Sport, was die Appetitkontrolle betrifft, die Kalorienaufnahme und den Gewichtsverlust.«
Blackwell, D. et al. »State variation in meeting the 2008 federal guidelines for both aerobic and muscle-strengthening activities« (Juni 2018) 112 *National Health Statistics Reports*. – »22,9 Prozent der amerikanischen Erwachsenen zwischen 18 und 64 erfüllten die Richtlinien für aeroben Sport und Muskeltraining.«
Brooker, P. »The feasibility and acceptability of morning versus evening exercise for overweight and obese adults: A randomized controlled trial« (11. Jan. 2019) 14 *Contemporary Clinical Trials Communications*.
Burman, M. et al. »Does nighttime exercise really disturb sleep? Results from the 2013 National Sleep Foundation Sleep in America Poll« (Juli 2014) 15(7) *Sleep Medicine*. – »Abendlicher Sport stand nicht in Zusammenhang mit schlechterem Schlaf. Dieses Ergebnis trägt zum wachsenden Berg an Belegen dafür bei, dass Empfehlungen zur Schlafhygiene nicht von abendlichem Sport abhalten sollten.«
Carlson, L. »Influence of exercise time of day on salivary melatonin responses« (1. März 2019) 14(3) *Human Kinetics Journal*. – »Bei Schlafproblemen sollte man vielleicht besser morgens als abends trainieren.«

Cell Press, »Two studies explore whether time of day can affect the body's response to exercise« (18 Apr. 2019) Medical Xpress. – »Abendlicher Sport scheint produktiver zu sein.«

Chtourou, H. et al. »The effect of training at the same time of day and tapering period on the diurnal variation of short exercise performances« (März 2012) 26(3) *Journal of Strength & Conditioning Research* 697–708.

Colley, R. et al. »Comparison of self-reported and accelerometer-measured physical activity in Canadian adults« (19. Dez. 2018) 29(12) *Statistics Canada Health Reports*. – »Im Durchschnitt berichteten erwachsene Kanadier mehr körperliche Aktivitäten, als sie einem Beschleunigungsmesser zufolge absolvierten (49 Minuten bzw. 23 Minuten am Tag).«

Colley, R. et al. »Physical activity of Canadian children and youth, 2007 to 2015« (18. Okt. 2017) 28(10) *Statistics Canada Health Reports*. – »Daten der aktuellsten Umfragen zu Gesundheitsmaßnahmen zufolge brachten es nur 7 Prozent der Kinder auf mindestens 60 Minuten gemäßigter bis anstrengender Bewegung an mindestens 6 von 7 Tagen.«

Gordon, B. et al. »Afternoon but not morning exercise lowers blood glucose concentrations« (Jan. 2017) 20 *Journal of Science and Medicine in Sport*.

Larsen, P. et al. »Evening high-intensity interval exercise does not disrupt sleep or alter energy intake despite changes in acylated ghrelin in middle-aged men« (29. März 2019) 104(6) *Experimental Physiology*. – »Intervalltraining kann auch am frühen Abend betrieben werden, ohne dass der Schlaf darunter leiden würde.«

Statistics Canada, »Ten years of measuring physical activity – What have we learned?« (24. Nov. 2017).

Stutz, J. et al. »Effects of evening exercise on sleep in healthy participants: A systematic review and meta-analysis« (Feb. 2019) 49(2) *Sports Medicine*. – »Insgesamt bestätigen die hier untersuchten Studien die Hypothese nicht, dass abendlicher Sport den Schlaf stören könnte, eher im Gegenteil.«

Vitale, J. et al. »Sleep quality and high intensity interval training at two different times of day: A crossover study on the influence of the chronotype in male collegiate soccer players« (2017) 34(2) *Chronobiology International*.

Yamanaka, Y. et al. »Morning and evening physical exercise differentially regulate the autonomic nervous system during nocturnal sleep in humans« (1. Nov. 2015) 309(9) *American Journal of Physiology – Regulatory, Integrative and Comparative Physiology*.

Youngstedt, S. et al. »Human circadian phase – response curves for exercise« (Apr. 2019) 597(8) *Journal of Physiology*.

ZEIT MIT DEN KINDERN VERBRINGEN

Archer, C. et al. »Mother, baby and Facebook makes three: Does social media provide social support for new mothers?« (27. Juni 2018) 168(1) *Media International Australia*.

Blakemore, E. »It doesn't matter how much time parents spend with their kids« (30. März 2015) Smithsonian.

Borelli, J. L. et al. »Bringing work home: Gender and parenting correlates of work-family guilt among parents of toddlers« (17. März 2017) 26 *Journal of Child and Family Studies* 1734–1745. – »Mütter berichteten von signifikant höheren Schuldgefühlen, dass ihre Arbeit mit ihren Familienpflichten kollidierte, als Väter.«

Chae, I. »›Am I a better mother than you?‹ Media and 21st-century motherhood in the context of the social comparison theory« (1. Juni 2015) 42(4) *Communication Research* 503–525.

Coyne, S. M. et al. »›Do you dare to compare?› Associations between maternal social comparisons on social networking sites and parenting, mental health, and romantic relationship outcomes« (Mai 2017) 70(C) *Computers in Human Behavior* 335–340. – »Die Ergebnisse zeigen, dass das Anstellen sozialer Vergleiche auf sozialen Medien die Erziehung beeinflusste (in Form einer stärkeren Überlastung in der Elternrolle, geringerer wahrgenommener Kompetenz in Sachen Erziehung und geringerer wahrgenommener sozialer Unterstützung).«

Dotti Sani, G. M. et al. »Educational gradients in parents' child-care time across countries, 1965–2012« (19. Apr. 2016) 78(4) *Journal of Marriage and the Family*. – »Sowohl für Mütter als auch für Väter zeigten die Ergebnisse erhebliche Unterschiede je nach Bildungsstand und überall eine Steigerung der mit den Kindern verbrachten Zeit.«

Farm Rich, »The ›guilty truth‹ – New research reveals top reasons for parental guilt« (13. Sept. 2017) PR Newswire. – »Die letzte landesweite Befragung von 2.000 Eltern mit schulpflichtigen Kindern, in Auftrag gegeben von Farm Rich, ergab, dass amerikanische Eltern durchschnittlich 23-mal pro Woche einen Anfall von Schuldgefühlen hatten.«

Fomby, P. et al. »Mothers' time, the parenting package, and links to healthy child development« (26. Juli 2017) 80(1) *Journal of Marriage and Family*.

Gervis, Z. »Most parents think they're not making enough family memories« (15. März 2018) *New York Post*.

Hernández-Alava, M. et al. »Children's development and parental input: Evidence from the UK millennium cohort study« (Apr. 2017) 54(2) *Demography* 485–511.

Hsin, A. et al. »When does time matter? Maternal employment, children's time with parents, and child development« (Okt. 2014) 51(5) *Demography* 1867–1894. – »Durchschnittlich wirkt sich die Berufstätigkeit von Müttern nicht auf die Zeit für Aktivitäten aus, die die kindliche Entwicklung fördern, sie verringert aber die Zeit für Aktivitäten, die der kindlichen Entwicklung schaden könnten.«

Hubert, S. et al. »Parental burnout: When exhausted mothers open up« (26. Juni 2018) 9 *Frontiers in Psychology*.

Kremer-Sadlik, T. et al. »Everyday moments: Finding ›quality time‹ in American working families« (2007) 16(2–3) *Time and Society*. – »Auch alltägliche Aktivitäten (wie Hausarbeit oder Erledigungen) können Qualitätsmomente in Familien darstellen, ungeplante, unstrukturierte Gelegenheiten für soziale Interaktionen, die ebenso gut der Beziehungsbildung dienen, die sich Eltern von ›Qualitätszeit‹ erhoffen.«

Logan, J. et al. »When children are not read to at home: The million word gap« (Juni 2019) 40(5) *Journal of Developmental and Behavioral Pediatrics*. – »Liest man einem Kind täglich nur ein Bilderbuch vor, hört es auf diese Weise 78.000 Wörter im Jahr.«

McGinn, K. et al. »Learning from Mum: Cross-national evidence linking maternal employment and adult children's outcomes« (30. Apr. 2018) 33(3) *Work, Employment and Society*.

Mikel, B. »Harvard study: Kids of working moms grow up just as happy as stay-at-home moms« (21. Juli 2018) Inc.

Milkie, M. A. et al. »Does the amount of time mothers spend with children or adolescents matter?« (Apr. 2015) 77(2) *Journal of Marriage and Family*. – »In Kindheit und Jugend spielte die Dauer mütterlicher Zuwendung keine Rolle für das Verhalten, die Gefühle oder die schulischen Leistungen des Nachwuchses, während der soziale Status eine wichtige Rolle spielte.«

Milkie, M: A. et al. »Time deficits with children: The link to parents' mental and physical health« (9. Mai 2018) *Society and Mental Health*. – »Es ist nicht ganz klar, was nach Ansicht berufstätiger Eltern überhaupt fehlt, was die Zeit angeht. Ironischerweise empfinden viele Eltern ein Zeitdefizit, was sie betroffen macht, obwohl sie verglichen mit früheren Generationen viel Zeit mit ihren Kindern verbringen.«

Milkie, M. A. et al. »What kind of war? ›Mommy Wars‹ discourse in U.S. and Canadian news, 1989–2013« (2016) 86(1) *Sociological Inquiry* 51–78.

Miller, C. C. »Mounting evidence of advantages for children of working mothers« (15. Mai 2015) *New York Times*.

Opondo, C. et al. »Father involvement in early child-rearing and behavioural outcomes in their pre-adolescent children: Evidence from the ALSPAC UK birth cohort« (22. Nov. 2016) 6(11) *BMJ Open*. – »Wie frisch gebackene Väter sich als Eltern sehen und sich an ihre Rolle anpassen, steht mit den Verhaltensergebnissen der Kinder in Zusammenhang, nicht die schiere Quantität der direkten Betreuung.«

»Parents now spend twice as much time with their children as 50 years ago« (27. Nov. 2017) *Economist*.

Roskam, I. et al. »Exhausted parents: Development and preliminary validation of the parental burnout inventory« (9. Feb. 2017) 8 *Frontiers in Psychology*.

Schulte, B. »Does parent time matter for kids? Your questions answered« (1. Apr. 2015) *Washington Post*.

Thompson, K. »How social media is making parenting more competitive than ever« (6. Mai 2016) *Toronto Star*.

Thomsen, M. K. »Parental time investments in children: Evidence from Denmark« (27. Feb. 2015) 58(3) *Acta Sociologica* 249. – »Anfangs fand die Studie einen positiven und signifikanten Zusammenhang zwischen der elterlichen Betreuung und den Leistungen der Kinder in der Schule.«

»Today's parents spend more time with their kids than moms and dads did 50 years ago« (28. Sept. 2016) UCI News.

Varathan, P. »Modern parents spend more time with their kids than their parents spent with them« (30. Nov. 2017) Quartz.

Wolfers, J. »Yes, your time as a parent does make a difference« (1. Apr. 2015) *New York Times*.

SMARTPHONE CHECKEN

Allred, R. J. et al. »The ›mere presence‹ hypothesis: Investigating the nonverbal effects of cell-phone presence on conversation satisfaction« (2017) 68(1) *Communication Studies* 22–36. – »Während die schiere Anwesenheit eines Handys die Zufriedenheit mit der Unterhaltung nicht beeinflusste, beeinflusste die Erinnerung der Teilnehmer, dass ein Handy sichtbar war, ihre nachträgliche Zufriedenheit mit dem Gespräch signifikant negativ.«

Chotpitayasunondh, V. et al. »The effects of ›phubbing‹ on social interaction« (25.

März 2018) *Journal of Applied Social Psychology* 48(6).

Crowley, J. P. et al. »Replication of the mere presence hypothesis: The effects of cell phones on face-to-face conversations« (14. Mai 2018) 69(3) *Communication Studies* 283–293.

Davey, S. et al. »Predictors and consequences of ›phubbing‹ among adolescents and youth in India: An impact evaluation study« (Jan.–Apr. 2018) 25(1) *Journal of Family and Community Medicine* 35–42. – »Phubbing hatte signifikante Folgen für ihre soziale Gesundheit, ihre Beziehungen und ihre Selbstentfaltung; außerdem stand es in signifikantem Zusammenhang mit Depression und Kummer.«

Duke, K. »Cognitive costs of the mere presence of smartphones« (18. Aug. 2017) Nature/NPJ Science of Learning. – »Die Studenten schnitten bei den kognitiven Aufgaben am schlechtesten ab, wenn ihre Handys auf dem Tisch vor ihnen lagen, und am besten, wenn sich ihre Telefone in einem anderen Raum befanden.«

Dwyer, R. J. et al. »Smartphone use undermines enjoyment of face-to-face social interactions« (Sept. 2018) 78 *Journal of Experimental Social Psychology* 233–239. – »In der realen Umgebung eines Cafés stellten wir fest, dass Menschen eine Mahlzeit mit ihren Freunden weniger genossen, wenn Telefone sichtbar waren, als wenn die Telefone weggesteckt waren. Sie fühlten sich in Anwesenheit der Handys stärker abgelenkt. Das hatte negative Folgen für ihr allgemeineres subjektives Erleben (z. B. mehr angespannte Erregung und mehr Langeweile).«

Ha, T. H. »The beginning of silent reading changed Westerners' interior life« (19. Nov. 2017) Quartz.

Han, S. et al. »Understanding nomophobia: Structural equation modeling and semantic network analysis of smartphone separation anxiety« (Juli 2017) 20(7) *Cyberpsychology, Behavior, and Social Networking*. – »Wenn Nutzer Smartphones als Erweiterung ihres Ichs betrachten, wachsen sie ihnen mit größerer Wahrscheinlichkeit ans Herz, was wiederum zu Nomophobie führt, wodurch die Neigung, nach dem Telefon zu greifen, noch verstärkt wird.«

Hunter, J. F. et al. »The use of smartphones as a digital security blanket: The influence of phone use and availability on psychological and physiological responses to social exclusion« (Mai 2018) 80(4) *Psychosomatic Medicine* 345–352. – »Die schiere Gegenwart eines Handys kann als Puffer vor einer negativen Erfahrung und den Effekten sozialer Ausgrenzung dienen.«

Kushlev, K. et al. »Smartphones distract parents from cultivating feelings of connection when spending time with their children« (10. Apr. 2018) 36(6) *Journal of Social and Personal Relationships*.

Kushlev, K. et al. »Smartphones reduce smiles between strangers« (2019) 91 *Compu-

ters in Human Behavior 12–16. – »Fremde lächelten einander weniger an, wenn sie in einem Wartezimmer ihr Handy hatten […] Diese Ergebnisse beruhen auf objektiven, codierten Verhaltensmessungen, nicht auf subjektiven Aussagen, und zeigen deutlich, dass eine ständige Verbundenheit mit der digitalen Welt möglicherweise wichtiges Annäherungsverhalten untergräbt.«

Lin, H. L. »How your cell phone hurts your relationships« (4. Sept. 2012) *Scientific American*.

Misra, S. et al. »The iPhone effect: The quality of in-person social interactions in the presence of mobile devices« (2016) 48(2) *Environment and Behavior*. – »Menschen, die sich in Abwesenheit von Mobilgeräten unterhielten, berichteten von höheren Leveln empathischen Mitgefühls.«

»1 in 10 of us check our smartphones during sex – seriously« (13. Mai 2016) *Telegraph*. – Bericht über eine Studie, der zufolge 95 Prozent in sozialen Situationen das Smartphone benutzen.

Przybylski, A. K. et al. »Can you connect with me now? How the presence of mobile communication technology influences face-to-face conversation quality« (19. Juli 2012) 30(3) *Journal of Social and Personal Relationships*. – »Die Anwesenheit von Handys kann menschliche Beziehungen beeinträchtigen, ein Effekt, der am klarsten zutage tritt, wenn Individuen persönlich bedeutsame Themen besprechen.«

Roberts, J. A. et al. »My life has become a major distraction from my cell phone: Partner phubbing and relationship satisfaction among romantic partners« (Jan. 2016) 54 *Computers in Human Behavior* 134–141.

Tams, S. et al. »Smartphone withdrawal creates stress: A moderated mediation model of nomophobia, social threat, and phone withdrawal context« (Apr. 2018) 81 *Computers in Human Behavior*. – »Der vorgeschlagene indirekte Effekt ist nur unter situativer Sicherheit und Kontrollierbarkeit nicht signifikant, wenn die Menschen wissen, wie lange sie ihr Handy nicht benutzen können, und wenn sie Kontrolle über die Situation haben.«

Ward, A. F. et al. »Brain drain: The mere presence of one's own smartphone reduces available cognitive capacity« (Apr. 2017) 2(2) *Journal of the Association for Consumer Research*. – »Selbst wenn es Menschen gelingt, dauerhaft aufmerksam zu bleiben – also der Versuchung widerstehen, ihr Handy zu checken –, verringert doch die schiere Präsenz der Geräte die verfügbare kognitive Kapazität.«

Wilmer, H. H. et al. »Smartphones and cognition: A review of research exploring the links between mobile technology habits and cognitive functioning« (25. Apr. 2017) 8 *Frontiers in Psychology*. – »Noch gibt es nur wenig empirische Forschung zu den kognitiven Folgen der Smartphone-Technologie.«

ABENDESSEN

Danesi, G. »Pleasures and stress of eating alone and eating together among French and German young adults« (2012) School for Advanced Studies in the Social Sciences. – Eine Studie über die Haltung junger deutscher und französischer Erwachsener zum Allein-Essen.

Dwyer, L. et al. »Promoting family meals: A review of existing interventions and opportunities for future research« (22. Juni 2015) 6 *Adolescent Health, Medicine and Therapeutics* 115–131. – Eine Analyse verschiedener Strategien, um die Häufigkeit gemeinsamer Mahlzeiten zu erhöhen.

Ewa, J. »Class and eating: Family meals in Britain« (1. Sept. 2017) 116 *Appetite* 527–535.

The Family Dinner Project, »Benefits of family dinners« – Nützliche Empfehlungen aus einem Projekt zur Förderung gemeinsamer Mahlzeiten.

Fishel, A. »Science says: Eat with your kids« (9. Jan. 2015) The Conversation. – Hilfreiche Zusammenfassung der Daten.

Ghobadi, S. et al. »Association of eating while television viewing and overweight/obesity among children and adolescents: A systematic review and meta-analysis of observational studies« (März 2018) 19(3) *Obesity Reviews*. – »Essen während des Fernsehens könnte in Kindheit und Jugend ein Risiko für Übergewicht oder Adipositas darstellen.«

Gillman, M. et al. »Family dinner and diet quality among older children and adolescents« (2000) 9(3) *Archives of Family Medicine* 235–240. – »Gemeinsame Familienabendessen waren assoziiert mit ernährungstechnisch gesunden Essgewohnheiten, dem Konsum von mehr Obst und Gemüse, weniger Frittiertem und weniger Limonaden, weniger Transfetten, einer geringeren glykämischen Last, mehr Ballaststoffen und Mikronährstoffen im Essen, ohne nennenswerte Unterschiede bei rotem Fleisch und Snacks.«

Hammons, A. J. et al. »Is frequency of shared family meals related to the nutritional health of children and adolescents?« (Juni 2011) 127(6) *Pediatrics* 1565–1574. – »Kinder und Heranwachsende, die mindestens dreimal wöchentlich gemeinsam mit ihren Familien zu Abend essen, befinden sich mit höherer Wahrscheinlichkeit im Normalgewichtsbereich und haben gesündere Ernährungs- und Essgewohnheiten als diejenigen, die seltener als dreimal wöchentlich mit ihren Familien essen. Außerdem leiden sie auch mit geringerer Wahrscheinlichkeit an

Essstörungen.«

Harbec, M. J. et al. »Associations between early family meal environment quality and later well-being in school-age children« (Feb.–März 2018) 39(2) *Journal of Developmental & Behavioral Pediatrics* 136–143.

Harrison, M. E. et al. »Systematic review of the effects of family meal frequency on psychosocial outcomes in youth« (Feb. 2015) 61(2) *Canadian Family Physician* 96–106. – »Diese systematische Übersicht stützt die Ansicht, dass regelmäßige Familienmahlzeiten gefördert werden sollten. Medizinisches Personal sollte Familien die Vorteile gemeinsamer Mahlzeiten nahebringen.«

Kwon, A. et al. »Eating alone and metabolic syndrome: A population-based Korean National Health and Nutrition Examination Survey 2013–2014« (März–Apr. 2018) 12(2) *Obesity Research & Clinical Practice* 146–157. – »Alleine zu essen, könnte ein Risikofaktor für ein metabolisches Syndrom sein.«

Litterbach, E. »Family meals with young children: An online study of family mealtime characteristics, among Australian families with children aged six months to six years« (24. Jan. 2017) 17 BioMed Central Public Health.

Livingstone, M. et al. »Portion size and obesity« (3. Nov. 2014) 5(6) *Advances in Nutrition* 829–834.

Mills, S. et al. »Frequency of eating home cooked meals and potential benefits for diet and health: Cross-sectional analysis of a population-based cohort study« (17. Aug. 2017) 14(1) *International Journal of Behavioral Nutrition and Physical Activity* – »Die häufigere Einnahme zu Hause gekochter Mahlzeiten korrelierte mit einer besseren Ernährung und weniger Adipositas.«

Robinson, E. et al. »Portion size and later food intake: Evidence on the ›normalizing‹ effect of reducing food portion sizes« (1. Apr. 2018) 107(4) *American Journal of Clinical Nutrition* 640–646.

Takeda, W. et al. »Spatial, temporal, and health associations of eating alone: A cross-cultural analysis of young adults in urban Australia and Japan« (2017) 118 *Appetite* 149–160. – Interessante Studie, die den kulturellen Assoziationen des Alleine-Essens nachging. Manche Australier etwa assoziierten es mit gesünderer Ernährung.

Tani, Y. et al. »Combined effects of eating alone and living alone on unhealthy dietary behaviors, obesity and underweight in older Japanese adults« (Dez. 2015) 95 *Appetite* 1–8. – »Allein zu essen stand bei älteren Männern und Frauen mit ungesunden Ernährungsgewohnheiten in Zusammenhang.«

Utter, J. et al. »Feasibility of a family meal intervention to address nutritional well-being, emotional wellbeing and food insecurity of families with adolescents«

(Juli – Aug. 2018) 50(7) *Journal of Nutrition Education and Behavior.* – »Familien mit Essensplänen, Rezepten und Zutaten zu versorgen, ist eine akzeptable Möglichkeit, familiäre Mahlzeiten zu verbessern.«

Vik, F. N. et al. »Associations between eating meals, watching TV while eating meals and weight status among children, ages 10–12 years in eight European countries: The ENERGY cross-sectional study« (13. Mai 2013) 10 *International Journal of Behavioral Nutrition and Physical Activity.*

Walton, K. et al. »Exploring the role of family functioning in the association between frequency of family dinners and dietary intake among adolescents and young adults« (2. Nov. 2018) 1(7) JAMA Network Open. – »Häufigere Familienabendessen korrelieren bei Jugendlichen mit gesunder Ernährung, unabhängig davon, ob ihre Familie dysfunktional ist oder nicht. Gemeinsame Mahlzeiten könnten ein angemessenes Interventionsziel sein, um die Ernährung von Jugendlichen zu verbessern.«

Wolfson, J. A. et al. »Is cooking at home associated with better diet quality or weight-loss intention?« (Juni 2015) 18(8) *Public Health Nutrition* 1397–1406. – »Selbst gekochte, zu Hause eingenommene Mahlzeiten stehen in Zusammenhang mit einer gesünderen Ernährung, unabhängig davon, ob man versucht abzunehmen.«

Ziauddeen, N. et al. »Eating at food outlets and leisure places and ›on the go‹ is associated with less-healthy food choices than eating at home and in school in children« (1. Juni 2018) 107(6) *American Journal of Clinical Nutrition* 992–1003. – »Häusliche und Schulmahlzeiten stehen in Verbindung mit besseren Ernährungsentscheidungen, während andere Orte mit schlechten Ernährungsentscheidungen verbunden sind.«

WEIN

Almenberg, J. et al. »When does the price affect the taste? Results from a wine experiment« (Jan. 2011) 6(1) *Journal of Wine Economics* 111–121. – »Nennt man vor einer Probe einen hohen Preis, führt das zu erheblich besseren Bewertungen.«

Berns, G. S. »Price, placebo, and the brain« (1. Nov. 2005) 42(4) *Journal of Marketing Research.* – »Durch wiederholte Darstellungen neigen Konsumenten dazu, teurere Dinge mit höherer Qualität und besseren Dienstleistungen zu assoziieren; entsprechend versprechen sie sich einen höheren Nutzen davon.«

Bohannon, J. et al. »Can people distinguish pâté from dog food?« (Apr. 2009) *Ameri-*

can Association of Wine Economists Working Papers 36. – »Die Probanden erkannten das Hundefutter nur mit solcher Wahrscheinlichkeit, als wenn sie zufällig geraten hätten.«

Centers for Disease Control and Prevention, »Moderate drinking« (18. Okt. 2016).

Danner, L. et al. »Context and wine quality effects on consumers' mood, emotions, liking and willingness to pay for Australian Shiraz wines« (Nov. 2016) 89(1) *Food Research International* 254–265. – Der Kontext spielt für das Geschmacksempfinden eine Rolle.

Danner, L. et al. »›I like the sound of that!‹ Wine descriptions influence consumers' expectations, liking, emotions and willingness to pay for Australian white wines« (Sept. 2017) 99(1) *Food Research International* 263–274. – »Ausführliche Informationen führten zu den besten Bewertungen, der höchsten Zahlungsbereitschaft, zu positiven Gefühlen [...] und zu einer erheblichen Zunahme der Zahlungsbereitschaft nach dem Probieren.«

Doucleff, M. »Drinking with your eyes: How wine labels trick us into buying« (11. Okt. 2013) NPR.

Enax, L. et al. »Marketing placebo effects – From behavioral effects to behavior change?« (Nov. 2015) 13(1) *Journal of Agricultural & Food Industrial Organization* 15–31.

Goldstein, R. et al. »Do more expensive wines taste better? Evidence from a large sample of blind tastings« (Frühling 2008) 3(1) *Journal of Wine Economics*. – »In einer großen Stichprobe mit Blindverkostung stellten wir fest, dass die Korrelation zwischen Preis und Gesamtbewertung gering und leicht negativ ist. Laien schmecken teurere Weine etwas weniger als günstigere.«

Haseeb, S. et al. »Wine and cardiovascular health: A comprehensive review« (10. Okt. 2017) 136(15) *Circulation*. – »Obwohl es extensive epidemiologische Daten für dieses Trinkmuster gibt [leichter bis gemäßigter Konsum], wurde bisher kein Konsens erreicht.«

Hodgson, R. T. »An examination of judge reliability at a major U.S. wine competition« (Winter 2008) 3(2) *Journal of Wine Economics* 105–113.

Lee, W. F. et al. »Effect of extrinsic cues on willingness to pay [WTP] of wine« (5. Nov. 2018) 120(11) *British Food Journal*.

McLaughlin, R. et al. »Putting coffee to the test: Does pricier java really taste better?« (5. Feb. 2018) CTV News Vancouver.

Morrot, G. et al. »The color of odors« (Nov. 2001) 79(2) *Brain and Language*. – Bei dieser berühmt gewordenen Studie konnten Experten Weiß- und Rotwein nicht unterscheiden.

Parr, W. V. »Demystifying wine tasting: Cognitive psychology's contribution« (Okt. 2019) 124 *Food Research International.*

Piqueras-Fiszman, B. et al. »Sensory expectations based on product-extrinsic food cues: An interdisciplinary review of the empirical evidence and theoretical accounts« (2015) 40(A) *Food Quality and Preference* 165–179.

Plassmann, H. et al. »Marketing actions can modulate neural representations of experienced pleasantness« (Jan. 2008) 105(3) *Proceedings of the National Academy of Sciences.* – »Ein erhöhter Preis bei einem Wein führt zu verstärkten subjektiven Angaben, der Geschmack sei gut. Auch die vom Blutsauerstoff abhängige Aktivität im medialen orbitofrontalen Kortex stieg.«

Pomeroy, R. »The legendary study that embarrassed wine experts across the globe« (18. Aug. 2014) RealClearScience.

Sample, I. »Expensive wine and cheap plonk taste the same to most people« (14. Apr. 2011) *Guardian.* – Bericht über die Studie, bei der herauskam, dass Menschen nicht verlässlich zwischen billigem und teurem Wein unterscheiden konnten. »Sie schmeckten den Unterschied einfach nicht […] Wenn man weiß, welches der teure Wein ist, kann man sich einreden, man würde den Unterschied erkennen, aber den meisten Menschen gelingt das schlicht nicht.«

Schmidt, L. »How context alters value: The brain's valuation and affective regulation system link price cues to experienced taste pleasantness« (14. Aug. 2017) 7 *Scientific Reports.*

Shiv, B. et al. »Placebo effects of marketing actions: Consumer may get what they pay for« (Nov. 2005) 42(4) *Journal of Marketing Research.* – »Verbraucher, die ein Produkt zu einem herabgesetzten Preis gekauft haben (z. B. einen Energydrink, der den Geist aufputschen soll), ziehen möglicherweise einen geringeren echten Nutzen aus dem Konsum des Produkts.«

Siegrist, M. et al. »Expectations influence sensory experience in a wine tasting« (Juni 2009) 52(3) *Appetite* 762. – »Lagen die Informationen vor der Probe vor, führten negative Informationen zu schlechteren Bewertungen als bei der Gruppe, die positive Informationen erhielt.«

Stanley, T. L. »Payless opened a fake luxury store, ›Palessi‹, to see how much people would pay for $20 shoes« (28. Nov. 2018) *Adweek.*

Swerdloff, A. »The majority of people might just genuinely prefer cheap coffee« (26. Aug. 2016) Vice.

University of Bonn, »Why expensive wine appears to taste better« (14. Aug. 2017) Phys.org.

Wang, Q. et al. »Assessing the influence of music on wine perception among wine professionals« (März 2018) 6(2) *Food Science & Nutrition* 295–301.

Wang, QJ. et al. »Does blind wine tasting work? Investigating the impact of training on blind tasting accuracy and wine preference« (2018) Science & Wine.

Wood, A. et al. »Risk thresholds for alcohol consumption: Combined analysis of individual-participant data for 599 912 current drinkers in 83 prospective studies« (14. Apr. 2018) 391(10129) *The Lancet*.

World Health Organization, »Alcohol« (21 Sept. 2018).

Zeidler, M. »Like the label? You'll probably like the wine, says UBC researcher« (17. März 2019) CBC News.

ABSPÜLEN

Carlson, D. L. et al. »The gendered division of housework and couples' sexual relationships: A reexamination« (25. Mai 2016) 78(4) *Journal of Marriage and Family*.

Carlson, D. L. et al. »Sharing's more fun for everyone? Gender attitudes, sexual self-efficacy, and sexual frequency« (Aug. 2018) 81(3) *Journal of Marriage and Family*.

Carlson, D. L. et al. »Stalled for whom? Change in the division of particular housework tasks and their consequences for middle- to low-income couples« (6. Apr. 2018) 4 *Socius: Sociological Research for a Dynamic World* 1–17. – »Die Aufteilung des Abspülens ist von allen Haushaltstätigkeiten die folgenreichste für die Qualität der Beziehung, vor allem aus weiblicher Perspektive.«

Council on Contemporary Families, »Not all housework is created equal: Particular housework tasks and couples' relationship quality« (3. Apr. 2018).

Johnson, M. D. et al. »Skip the dishes? Not so fast! Sex and housework revisited« (März 2016) 30(2) *Journal of Family Psychology*. – »Diese Studie liefert robuste Gegenargumente zu aktuellen Ergebnissen, wonach die Mithilfe von Männern im Haushalt dem Sexleben des Paars schaden könnte.«

TOILETTENSITZ WIEDER HERUNTERKLAPPEN ODER NICHT?

Case, M. A. »Why not abolish the laws of urinary segregation?« in Molotch, H. et al. (eds) *Toilet: Public Restrooms and the Politics of Sharing* (New York University Press, 2010).

Choi, J. P. »Up or down? A male economist's manifesto on the toilet seat etiquette«

(Nov. 2002) *Michigan State University Working Papers*.
General, R. »33% of Japanese men in survey prefer sitting down while peeing« (11. Sept. 2018) NextShark.
Moss, G. »7 reasons dudes should be the ones to put the toilet seat back down – Every. Single. Time.« (20. März 2015) Bustle.
Nonaka, R. »44% of men pee at home while sitting down, survey reveals« (Dez. 2017) *Asahi Shimbun*.
Siddiqi, H. »The social norm of leaving the toilet seat down: A game theoretic analysis« (29. Mai 2007) Science Creative Quarterly.
Stamp, J. »From turrets to toilets: A partial history of the throne room« (20. Juni 2014) Smithsonian.
Wells, J. »Should men put the toilet seat down when they're finished?« (11. Okt. 2015) *Telegraph*.

10.000 SCHRITTE?

Cox, D. »Watch your step: Why the 10,000 daily goal is built on bad science« (3. Sept. 2018) *Guardian*.
Cummins, E. »24/7 fitness trackers won't solve all your problems – and they might make you imagine new ones« (4. März 2019) Popular Science.
Duke University, »Why counting your steps could make you unhappier« (21. Dez. 2015) Fuqua School of Business.
Etkins, J. »The hidden cost of personal quantification« (Apr. 2016) 42(6) *Journal of Consumer Research*. – Aktivitätstracking könnte den Spaß am Sport trüben.
Feehan, L. et al. »Accuracy of Fitbit devices: Systematic review and narrative syntheses of quantitative data« (9. Aug. 2018) 6(8) *JMIR Health*. – »Außer zum Zählen von Schritten bei Erwachsenen ohne Bewegungseinschränkungen sollten Fitbit-Geräte nur sehr zurückhaltend eingesetzt werden; für Forschungszwecke oder zur Unterstützung ärztlicher Therapieentscheidungen liefern die Geräte offenbar in zu vielen Situationen ungenaue Ergebnisse.«
Finkelstein, E. »Effectiveness of activity trackers with and without incentives to increase physical activity (TRIPPA): A randomised controlled trial« (1. Dez. 2016) 4(12) *The Lancet Diabetes & Endocrinology*. – »Wir fanden keine Belege für gesundheitliche Verbesserungen, ob mit oder ohne Anreize. Das nährt die Zweifel an der Eignung dieser Geräte für die Förderung der Gesundheit.«
»Fitness trackers ›overestimate‹ calorie burning« (28. Jan. 2019) BBC News.
Heathman, A. »Your fitness tracker is probably overestimating the calories you're

burning« (28. Jan. 2019) *Evening Standard.*

Jakicic, J. et al. »Effect of wearable technology combined with a lifestyle intervention on long-term weight loss« (20. Sept. 2016) 316(11) *JAMA.* – »Geräte, die die körperliche Aktivität messen und darüber Feedback geben, wirken möglicherweise nicht besser als Standardmethoden, über Verhaltensänderungen Gewichtsverluste zu erzielen.«

James, T. et al. »Using organismic integration theory to explore the associations between users' exercise motivations and fitness technology feature set use« (März 2019) 43(1) *MIS Quarterly.* – »Die Funktionen moderner Fitnesstechnologien zur sozialen Interaktion und zum Informationsmanagement könnten die Gesundheit der Nutzer verbessern helfen, allerdings nur in den Untergruppen der selbstbestimmteren und der unmotivierten Sportler.«

Kerner, C. »The motivational impact of wearable healthy lifestyle technologies: A self-determination perspective on Fitbits with adolescents« (12. Apr. 2017) 48(5) *American Journal of Health Education.* – »Die Ergebnisse lassen vermuten, dass Lifestyle-Technik, die fitter machen soll, sich negativ auf die Motivation auswirken könnte.«

Thosar, S. et al. »Self-regulated use of a wearable activity sensor is not associated with improvements in physical activity, cardiometabolic risk or subjective health status« (Sept. 2018) 52(18) *British Journal of Sports Medicine.* – Der Studie zufolge sank die körperliche Aktivität mit der Nutzung sogar, allerdings glaubten die Teilnehmer, sie würden aktiver.

BINGEWATCHING

Ahmed, A. A. M. »New era of TV-watching behavior: Binge watching and its psychological effects« (Jan. 2017) 8(2) *Media Watch* 192–207.

American Academy of Sleep Medicine, »Sleep or Netflix? You can have both when you binge-watch responsibly« (30. Mai 2017).

Cakebread, C. »Here are all the reasons why Americans say they binge-watch TV shows« (15. Sept. 2017) Business Insider.

Chambliss, C. et al. »Distracted by binge-watching: Sources of academic and social disruption in students« (2017) 3(1) *Atlantic Research Centre Journal of Pediatrics.* – »Eine Mehrheit der Studenten (64%) berichtete von exzessivem Bingewatching von Netflix oder anderen Nicht-Sport-Kanälen.«

De Feijter, D. et al. »Confessions of a ›guilty‹ couch potato understanding and using context to optimize binge-watching behaviour« (17. Juni 2016) *Proceedings of the ACM International Conference on Interactive Experiences for TV and Online Video.* – »Eine Vor-Ort-Untersuchung niederländischer Bingewatcher (über ihre Smartphones) sollte Kontext-Faktoren ermitteln, die mit Bingewatching und Wohlbefinden zusammenhingen. Die Ergebnisse zeigen, dass Bingewatching eine einsame Aktivität ist, die in einem online sozial aktivem Kontext auftritt.«

Deloitte, »Meet the MilleXZials: Generational Lines Blur as Media Consumption for Gen X, Millennials and Gen Z Converge« (20. März 2018).

Devasagayam, R. »Media bingeing: A qualitative study of psychological influences« (März 2014) *Proceedings of the Marketing Management Association Annual Conference.* – »Die Ergebnisse deuten auf die Bildung einseitiger, unbewusster Bindungen zwischen Zuschauern und Figuren. Wir halten diese Bindung für einen der Hauptfaktoren, die Bingewatching-Verhalten beeinflussen.«

Exelman, L. et al. »Binge viewing, sleep, and the role of pre-sleep arousal« (15. Aug. 2017) 13(8) *Journal of Clinical Sleep Medicine* 1001–1008. – »Höhere Bingewatching-Frequenz korrelierte mit geringerer Schlafqualität, erhöhter Müdigkeit und mehr Symptomen von Schlaflosigkeit, während normales Fernsehen das nicht tat.«

Fine, D. »Fear not, technology isn't actually making us dumber« (21. Dez. 2016) *Sydney Morning Herald.* – Enthält den Kommentar von Conrad Gessner.

Flayelle, M. et al. »Time for a plot twist: Beyond confirmatory approaches to bingewatching research« (Jan. 2019) 8(3) P*sychology of Popular Media Culture.* – Dieser Artikel bietet eine gute Übersicht über die Literatur, insbesondere, was mögliche Schäden anbetrifft. Er vermerkt, dass »Bingewatching ein zu wenig untersuchtes Phänomen ist, trotz seiner weiten Verbreitung in der heutigen Gesellschaft.«

Flayelle, M. et al. »Toward a qualitative understanding of binge-watching behaviors: A focus group approach« (1. Dez. 2017) 6(4) *Journal of Behavioral Addictions* 457–471. – »Zweifellos erfüllt das Ansehen von Fernsehserien, wie jedes Hobby und jede Freizeitaktivität, das Bedürfnis nach Unterhaltung.«

Grace, M. et al. »Television viewing time and inflammatory-related mortality« (Okt. 2017) 49(10) *Medicine & Science in Sports & Exercise* 2040–2047. – »Vor Korrektur um die körperliche Aktivität in der Freizeit korrelierte die vor dem Fernseher verbrachte Zeit mit einem erhöhten Risiko entzündungsbedingter Mortalität.«

Horvath, J. C. et al. »The impact of binge watching on memory and perceived comprehension.« (4. Sept. 2017) 22(9) First Monday. – »Diese Erinnerungen [an Serien] verblassen schneller als solche, die nach dem täglichen bzw. wöchentlichen Ansehen einer Folge gebildet wurden. Darüber hinaus berichteten die Teilnehmer der Bingewatching-Gruppe von signifikant weniger Freude an der Serie als die Teilnehmer, die eine Folge pro Tag bzw. pro Woche sahen.«

Kubota, Y. et al. »TV viewing and incident venous thromboembolism: The Atherosclerotic Risk in Communities Study« (Apr. 2018) 45(4) *Journal of Thrombosis and Thrombolysis* 353–359. – »Höhere Fernseh-Frequenz war unabhängig assoziiert mit erhöhtem Risiko für venöse Thromboembolien, teilweise vermittelt durch Adipositas. Die Erreichung des empfohlenen Aktivitätsniveaus eliminierte dieses erhöhte Thromboserisiko nicht, das mit häufigem Fernsehen einherging. Zur Thromboseprävention könnte also ein reduzierter Fernsehkonsum sowie verstärkte körperliche Aktivität und eine Kontrolle des Körpergewichts nützlich sein.«

Morris, C. »Depression, disease and no sex are some dangers of binge watching« (26. Aug. 2016) Consumer News and Business Channel.

Netflix, »Ready, set, binge: More than 8 million viewers ›binge race‹ their favorite series« (17. Okt. 2017). – »Insgesamt haben bereits 8,4 Millionen Nutzer während ihres Netflix-Abos schon an einem Binge Race teilgenommen.«

Olson, S. »Binge watching TV linked to higher rates of depression and anxiety« (8. Nov. 2015) Medical Daily. – Bericht über eine Studie, der zufolge Teilnehmer »schon nach zweistündigem Fernsehen über stärkere Depressionen und Ängste klagen als diejenigen, die kürzer fernsahen«.

Page, D. »What happens to your brain when you binge-watch a TV series« (4. Nov. 2017).

Patient.info, »Over 50% of Brits suffer from post binge-watching blues, Patient. info reports« (28. Feb. 2018) PR Newswire. – »Mehr als die Hälfte der 2.000 Teilnehmer räumte ein, nach dem Ende von Fernsehserien seelisch gelitten zu haben.«

Rigby, J. M. et al. »›I can watch what I want‹: A diary study of on-demand and cross-device viewing« (26.–28. Juni 2018) *Proceedings of the ACM International Conference on Interactive Experiences for TV and Online Video*. – »Die abendliche Primetime blieb die beliebteste Zeit für das Betrachten von On-demand-Inhalten.« »Insgesamt sahen die Menschen in 135 Fällen (75,8%) allein.«

Rodriguez, A. »The average young American binge-watches TV for five hours straight« (23. März 2017) Quartz.

Spangler, T. »Binge nation: 70% of Americans engage in marathon TV viewing« (16. März 2016) *Variety*.

Spruance, L. A. et al. »Are you still watching?: Correlations between binge TV watching, diet and physical activity« (14. Juli 2017) *Journal of Obesity & Weight Management.*

Sung, Y. H. et al. »A bad habit for your health? An exploration of psychological factors for binge watching behavior« (21. Mai 2015) *65th Annual Conference of the International Communication Association.*

Sung, Y. H. et al. »Why Do We Indulge? Exploring Motivations for Binge Watching« (12. Juli 2018) 62(3) *Journal of Broadcasting & Electronic Media* 408. – »Bei denjenigen, die nicht viel bingewatchen, ist nur das Unterhaltungsmotiv ein signifikanter Prädiktor für Bingewatching.«

Tuck, »Streaming content and sleep – 2018 study« (2. Aug. 2018). – »Fast die Hälfte aller Erwachsenen (45%) haben sich im vergangenen Jahr mindestens eine Nacht um die Ohren geschlagen, um eine Serie zu schauen.«

Walton-Pattison, E. et al. »›Just one more episode‹: Frequency and theoretical correlates of television binge watching« (2018) 23(1) *Journal of Health Psychology.*

HAARE WASCHEN

»ASA finds TRESemme Naturals ads misleading« (5. Jul 2011) Cosmetic Business.

Brueck, H. »How often you actually need to shower, according to science« (1. Feb. 2019) MSN.

»Claims in shampoo ad ›misleading‹« (11. Mai 2005) BBC News.

Cruz, C. F. et al. »Human hair and the impact of cosmetic procedures: A review on cleansing and shape-modulating cosmetics« (Juli 2016) 3(3) *Cosmetics.*

Dawber, R. »Hair: Its structure and response to cosmetic reparation« (1996) 14(1) *Clinics in Dermatology* 105–112.

De Blasio, B. et al. »From cradle to cane: The cost of being a female consumer« (Dez. 2015) NYC Department of Consumer Affairs.

Draelos, Z. D. »Essentials of hair care often neglected: Hair cleansing« (2010) 2(1) *International Journal of Trichology* 24–29. – »Technisch gesehen ist es unnötig, täglich Shampoo zu verwenden, außer bei hoher Talgabsonderung. Tatsächlich schadet Shampoonieren dem Haarschaft mehr, als dass es ihm nützt.«

Elgart, O. »Revealed: How shampoo ads have us all fooled« (6. Apr. 2018) *New Zealand Herald.* – »69 Prozent der Kunden wissen, dass die Werbung für Haarpflegeprodukte lügt.«

»Facial moisturizers more expensive for women than for men« (1. Mai 2019) United Press International. – »Durchschnittlich kosteten Produkte mit weiblicher Zielgruppe 3,09 Dollar mehr pro Unze als diejenigen mit männlicher Zielgruppe.«

Gray, J. »Hair care and hair care products« (März–Apr. 2001) 19(2) *Clinics in Dermatology* 227–236.

Haskin, A. et al. »Breaking the cycle of hair breakage: Pearls for the management of acquired trichorrhexis nodosa« (Juni 2017) 28(4) *Journal of Dermatological Treatment* 322–326.

Kenneth, J. A. »Rolling back the ›pink tax‹: Dim prospects for eliminating gender-based price discrimination in the sale of consumer goods and services« (2018) 54(2) *California Western Law Review*. – »Wie die Forschung überdeutlich gezeigt hat, ist geschlechtsspezifische Preisdifferenzierung – auch bekannt als ›pink tax‹ – eine Realität, die sich nicht anders erklären lässt als durch Diskriminierung allein aufgrund des Geschlechts.«

Khazan, O. »How often people in various countries shower« (17. Feb. 2015) *Atlantic*.

Morales, T. »Are expensive shampoos better?« (11. Apr. 2005) CBS News. – »Es gibt absolut keinen Unterschied zwischen teuren und billigen Produkten, das sage ich ohne jede Einschränkung.«

Schlossberg, M. »30 items that prove women pay more than men for the same products« (16. Juli 2016) Business Insider.

Shaw, H. »›Pink tax‹ has women paying 43% more for their toiletries than men« (25. Apr. 2016) *Financial Post*.

Trüeb, R. M. »Shampoos: Ingredients, efficacy and adverse effects« (Mai 2007) 5(5) *Journal der Deutschen Dermatologischen Gesellschaft* 356–365.

Waters, L. »Does the price of your shampoo affect how clean your hair is? Here's the science« (23. Jan. 2017) The Conversation.

ZAHNSEIDE BENUTZEN

American Academy of Periodontology, »More than a quarter of U.S. adults are dishonest with dentists about how often they floss their teeth« (23. Juni 2015). – »27 Prozent der Menschen gaben zu, sie würden in Sachen Zahnseide ihren Zahnarzt belügen. 36 Prozent sagten, sie hassten die Benutzung von Zahnseide so sehr, dass sie lieber die Toilette putzen würden. Manche würden sich sogar lieber anhören, wie Nägel über eine Tafel kratzen.«

American Dental Association, »The medical benefit of daily flossing called into question« (2. Aug. 2016). – »Obwohl der durchschnittliche Nutzen gering ist und die Qualität der Belege sehr schwach (was bedeutet, dass der wahre Nutzen höher oder niedriger liegen könnte), mag angesichts des Umstands, dass geschätzt die Hälfte aller Amerikaner unter Parodontose leidet, selbst ein kleiner Nutzen noch hilfreich sein.«

American Dental Association, »New survey highlights ›unusual‹ flossing habits« (20. Okt. 2017). – »Nur 16 Prozent aller Amerikaner gaben an, täglich Zahnseide zu benutzen. 44 Prozent der Befragten gaben zu, sie hätten ihren Zahnarzt schon belogen, wie oft sie Zahnseide benutzten.«

Cepeda, M. S. et al. »Association of flossing/inter-dental cleaning and periodontitis in adults« (Sept. 2017) 44(9) *Journal of Clinical Periodontology* 866–871. – Diese Studie, die keine Kausalität feststellen konnte, ergab, dass »die Benutzung von Zahnseide mit einer leicht geringeren Prävalenz von Paradontitis einherging [...] Eine Benutzung 2- bis 4-mal die Woche könnte ebenso nützlich sein wie häufigeres Benutzen.«

De Oliveira, K. M. H. et al. »Dental flossing and proximal caries in the primary dentition: A systematic review« (2017) 15(5) *Oral Health and Preventive Dentistry* 427–434. – »Es gibt nur eine Studie in der aktuellen Literatur, die Belege für einen Zusammenhang zwischen der Verwendung von Zahnseide und der Verringerung von Approximalkaries bei Milchzähnen erkennt.«

»Dentists – Canada market research report« (Aug. 2018) IBIS World. – »In den fünf Jahren vor 2019 erlebten Zahnärzte in Kanada ein Umsatzwachstum aufgrund einer Steigerung der Nutzung von Zahndienstleistungen und erhöhten Ausgaben dafür.«

Donn, J. »Medical benefits of dental floss unproven« (2. Aug. 2016) Associated Press. – »In einem Brief an AP räumte die Regierung ein, dass die Effektivität der Verwendung von Zahnseide nie so erforscht wurde, wie erforderlich gewesen wäre.«

Fleming, E. B. et al. »Prevalence of daily flossing among adults by selected risk factors for periodontal disease – United States, 2011–2014« (Aug. 2018) 89(8) *Journal of Periodontology* 933–939. – »Zahnseide wurde eher von Frauen und von Menschen mit höherem Einkommen täglich verwendet.« Außerdem verwenden 42,2 Prozent der Tabakkonsumenten nie Zahnseide, bei den Nicht-Konsumenten von Tabak liegt der Anteil bei 29,8 Prozent.

Gumpert, K. »One-fourth of Americans lie to dentists about flossing« (Juli 2015) *Scientific American*. – »Einer Harris-Poll-Umfrage zufolge ist das Benutzen von Zahnseide in manchen Fällen weniger erfreulich als das Geräusch von über eine Tafel kratzenden Nägeln oder von in einem Bus oder Flugzeug brüllenden Kleinkindern.«

Hamilton, K. et al. »Dental flossing and automaticity: A longitudinal moderated mediation analysis« (Juni 2018) 23(5) *Psychology, Health & Medicine* 619–627.

Hujoel, P. P. et al. »Dental flossing and interproximal caries: A systematic review«

(Apr. 2006) 85(4) *Journal of Dental Research* 298–305. – »Professioneller Einsatz von Zahnseide an Schultagen über 1,7 Jahre vorwiegend an Milchzähnen stand in Zusammenhang mit einem 40 Prozent geringerem Kariesrisiko.«

Hujoel, P. P. et al. »Personal oral hygiene and dental caries: A systematic review of randomised controlled trials« (Dez. 2018) 35(4) *Gerodontology* 282–289. – »Jede persönliche Zahnpflegemaßnahme ohne Fluoride zeigte keinerlei Nutzen, was die Reduktion der Inzidenz von Karies angeht.«

Jupes, O. »Dentists have stopped being strung along by the great flossing yarn. About time« (3. Aug. 2016) *Guardian*.

Kassebaum, N. J. et al. »Global burden of untreated caries: A systematic review and metaregression« (Mai 2015) 94(5) *Journal of Dental Research* 650–658. – »Die globale, altersabhängige Prävalenz von Karies blieb zwischen 1990 und 2010 unverändert.«

Knapton, S. »Flossing teeth does little good, investigation finds as US removes recommendation from health advice« (2. Aug. 2016) *Telegraph*.

Kuru, B. E. et al. »Role of the mechanical interdental plaque control in the management of periodontal health: How many options do we have?« in *Gingival Disease – A Comprehensive and Professional Approach for Treatment and Prevention* (5. Nov. 2018). – »Nach aktuellem Stand der Literatur spricht leider nichts für eine routinemäßige, tägliche Verwendung von Zahnseide.«

Lee, J. H. et al. »Association of toothbrushing and proximal cleaning with periodontal health among Korean adults: Results from Korea National Health and Nutrition Examination Survey in year 2010 and 2012« (März 2018) 45(3) *Journal of Periodontology* 322–335.

Marchesan, J. T. et al. »Interdental cleaning is associated with decreased oral disease prevalence« (Juli 2018) 97(7) *Journal of Dental Research*. – Gefunden wurde ein Zusammenhang zwischen der Reinigung der Zahnzwischenräume und der Mundgesundheit, doch es handelt sich nur um eine Korrelation.

Mazhari, F. et al. »The effect of toothbrushing and flossing sequence on interdental plaque reduction and fluoride retention: A randomized controlled clinical trial« (Jul 2018) 89(7) *Journal of Periodontology*. – »Die Benutzung von Zahnseide vor dem Zähneputzen ist vorzuziehen, weil damit die Plaque zwischen den Zähnen besser entfernt wird und die Fluoridkonzentration in der Plaque zwischen den Zähnen steigt.«

Niederman, R. »Psychological approaches may improve oral hygiene behaviour« (25. Juni 2007) 8(2) *Journal of Evidence-Based Dental Practice* 39–40.

Ontario Dental Association, »Your oral health« (2017). – »In unserer Praxis sehen wir Tag für Tag den Beweis [, dass der Einsatz von Zahnseide hilft]. Wir sehen eine geringere Inzidenz von Karies und gesünderes Zahnfleisch bei Patienten, die Zahnseide oder andere Methoden zur Entfernung von Speiseresten und Plaque zwischen den Zähnen benutzen.«

Ritchey, G. »May the Floss be with you?« (6. Nov. 2015) Science Based Medicine.

Sälzer, S. et al. »Efficacy of inter-dental mechanical plaque control in managing gingivitis – a meta-review« (Apr. 2015) 42 *Journal of Clinical Periodontology*. – »Die Mehrzahl der verfügbaren Studien kann nicht zeigen, dass die Verwendung von Zahnseide generell effektiv bei der Entfernung von Plaque ist.«

Sambunjak, D. et al. »Flossing for the management of periodontal diseases and dental caries in adults« (7. Dez. 2011) 12(12) Cochrane Library. – »Es gibt gewisse Hinweise aus zwölf Studien darauf, dass Zahnseide in Verbindung mit Zähneputzen im Vergleich mit Zähneputzen allein für eine verringerte Gingivitis sorgt. Es gibt schwache, sehr unzuverlässige Belege aus zehn Studien, dass Zahnseide plus Zähneputzen mit einer geringfügigen Verminderung von Plaque nach einem Zeitraum von einem und drei Monaten in Zusammenhang stehen könnte. Keine Studie konnte die Effektivität von Zahnseide plus Zähneputzen auf die Kariesvorsorge nachweisen.« (Bemerkung: Diese Übersicht wurde im April 2019 aktualisiert, die Schlussfolgerungen bleiben in etwa die gleichen. Siehe auch Worthington H. et al. »Home use of interdental cleaning devices, in addition to toothbrushing, for preventing and controlling periodontal diseases and dental caries« (2019) 4 Cochrane Database of Systematic Reviews. – »Insgesamt waren die Belege schwacher bis sehr schwacher Natur, und die Effektgrößen sind möglicherweise klinisch unerheblich.«)

Vernon, L. T. et al. »In defense of flossing: Can we agree it's premature to claim flossing is ineffective to prevent dental caries?« (Juni 2017) 17(2) *Journal of Evidence-Based Dental Practice* 71–75.

Wilder, R. S. et al. »Improving periodontal outcomes: Merging clinical and behavioral science« (Juni 2016) 71(1) *Periodontology* 2000 65–81. – Schöne Literaturübersicht.

SEX

Anderson, R. M. »Positive sexuality and its impact on overall well-being« (Feb. 2013) 56(2) Bundesgesundheitsblatt – Gesundheitsforschung – Gesundheitsschutz. – »Sexuelle Gesundheit, körperliche Gesundheit, geistige Gesundheit und das allgemeine Wohlbefinden korrelieren alle positiv mit sexueller Zufriedenheit, sexueller Selbstachtung und sexuellem Genuss.«

Loewenstein, G. et al. »Does increased sexual frequency enhance happiness?« (Aug. 2015) 116 *Journal of Economic Behavior & Organization*. – »Gesteigerte Frequenz führt nicht zu gesteigerter Zufriedenheit, vielleicht weil sie zu einem verringerten Wunsch und damit zu geringerer Freude am Sex führt.«

Muise, A. et al. »Sexual frequency predicts greater well-being, but more is not always better« (Nov. 2015) 7(4) *Social Psychology and Personality Science*. – »Für Menschen in Beziehungen ist die sexuelle Frequenz nicht länger signifikant mit dem Wohlbefinden korreliert, sobald die Häufigkeit über einmal pro Woche hinausgeht.«

Smith, A. et al. »Sexual and relationship satisfaction among heterosexual men and women: The importance of desired frequency of sex« (2011) 37(2) *Journal of Sex and Marital Therapy*. – »Nur 46 Prozent der Männer und 58 Prozent der Frauen waren zufrieden mit der aktuellen Häufigkeit ihres Geschlechtsverkehrs.«

Strapagiel, L. »People think everyone is having a lot of sex, but a survey shows that's not the case« (9. Aug. 2018) BuzzFeed. – »Männer schätzten, Frauen hätten [innerhalb der letzten vier Wochen] 23-mal Sex gehabt, doch die tatsächliche Zahl lag bei durchschnittlich fünf- bis sechsmal.«

Wadsworth, T. »Sex and the pursuit of happiness: How other people's sex lives are related to our sense of well-being« (März 2014) 116(1) *Social Indicators Research*. – »Der Gesamtprozess, nach dem Sex mit Zufriedenheit assoziiert wird, ist eng mit unserer Wahrnehmung des Sexlebens der anderen verknüpft.«

KUSCHELN

Muise, A. et al. »Post sex affectionate exchanges promote sexual and relationship satisfaction« (Okt. 2014) 43(7) *Archives of Sexual Behavior* 1391–1402. – »Die Phase nach dem Sex ist eine kritische Zeit für die Förderung von Zufriedenheit in intimen Bindungen.«

SCHLAFEN

Baron, K. G. et al. »Orthosomnia: Are some patients taking the quantified self too far?« (15. Feb. 2017) 13(12) *Journal of Clinical Sleep Medicine* 351–354. – »Den meisten Konsumenten ist nicht bewusst, dass der versprochene Nutzen dieser Geräte, den Schlaf zu vermessen und zu verbessern, wissenschaftlich oft nicht belegt ist.«

Copland, S. »The many reasons that people are having less sex« (9. Mai 2017) BBC News.

Department of Health and Human Services, »Your guide to healthy sleep« (Sept. 2011).

Division of Sleep Medicine at Harvard Medical School, »Consequences of Insufficient Sleep« Healthy Sleep. – »Daten aus drei großen epidemiologischen Querschnittsstudien zeigen, dass eine Schlafdauer von maximal fünf Stunden pro Nacht das allgemeine Mortalitätsrisiko um etwa 15 Prozent erhöhte.«

Duncan, M. J. et al. »Greater bed- and wake-time variability is associated with less healthy lifestyle behaviors: A cross-sectional study« (Feb. 2016) 24(1) *Journal of Public Health* 31–40. – »Schlafenszeiten, die um mehr als 30 Minuten schwankten, standen in Zusammenhang mit schlechterer Ernährung, höherem Alkoholkonsum, längerem Sitzen, häufigerem Schlafmangel und einem allgemein ungesünderen Muster an Lebensgewohnheiten.«

Feehan, L. M. et al. »Accuracy of Fitbit devices: Systematic review and narrative syntheses of quantitative data« (9. Aug. 2018) 6(8) *JMIR mHealth and uHhealth*.

Gervis, Z. »Phones turn bedrooms into a no-sex zone« (15. Aug. 2018) *New York Post*.

Grandner, M. A. et al. »Mortality associated with short sleep duration: The evidence, the possible mechanisms, and the future« (Juni 2010) 14(3) *Sleep Medicine Reviews* 191–203.

Hakim, M. et al. »Comparison of the Fitbit® Charge and polysomnography [PSG] for measuring sleep quality in children with sleep disordered breathing« (7. Nov. 2018) *Minerva Pediatrica*. – »Die laufende Prospektivstudie bestätigt, dass das Fitbit® Charge die Schlafdauer von Kindern mit obstruktiver Schlafapnoe bzw. schlafbezogenen Atmungsstörungen überschätzt, verglichen mit einem PSG [im Schlaflabor], und die tragbaren Aktivitäts-Tracker die Validität der Schlafüberwachung bei dieser Patientengruppe beschränken.«

Hughes, N. et al. »Sleeping with the frenemy: How restricting ›bedroom use‹ of smartphones impacts happiness and wellbeing« (Aug. 2018) 85 *Computers in Human Behavior*.

Knapton, S. »Britons are having less sex, and Game of Thrones could be to blame« (5. Juni 2016) *Telegraph*.

Ko, P. R. et al. »Consumer sleep technologies: A review of the landscape« (15. Dez. 2015) 11(12) *Journal of Clinical Sleep Medicine* 1455–1461.

Lawrenson, J. et al. »The effect of blue-light blocking spectacle lenses on visual performance, macular health and the sleep-wake cycle: A systematic review of the literature« (Nov. 2017) 37(6) *Ophthalmic and Physiological Optics*. – »Wir stellen einen Mangel an guten Belegen fest, dass Blaulicht-blockierende Brillengläser für die allgemeine Öffentlichkeit Sehkraft oder Schlafqualität verbessern könnten.«

Lee, J. M. »Comparison of wearable trackers' ability to estimate sleep« (15. Juni 2018) 15(6) *International Journal of Environmental Research and Public Health*.

Liang, Z. et al. »Validity of consumer activity wristbands and wearable EEG for measuring overall sleep parameters and sleep structure in free-living conditions« (Juni 2018) 2(1–2) *Journal of Healthcare Informatics Research* 152–178.

Lichstein, K. L. »Insomnia identity« (Okt. 2017) 97 *Behaviour Research and Therapy* 230–241.

Lorman, S. »Simply thinking you have insomnia might cause health problems« (24 Nov. 2017) CNN.

Mansukhani, M. P. et al. »Apps and fitness trackers that measure sleep: Are they useful?« (Juni 2017) 84(6) *Cleveland Clinic Journal of Medicine*. – »Im Allgemeinen haben diese Geräte erhebliche Defizite und einen beschränkten Nutzen, da sie noch nicht in klinischen Versuchen gründlich evaluiert wurden.«

Meltzer, L. J. et al. »Comparison of a commercial accelerometer with polysomnography and actigraphy in children and adolescents« (1. Aug. 2015) *Sleep* 38(8) 1323–1330. – Kommerzielle Geräte haben »ein erhebliches Risiko, die Ergebnisse unter anderem zu Schlafdauer und Schlafeffizienz entweder zu unter- oder zu überschätzen«.

Morley, J. et al. »Digitalisation, energy and data demand: The impact of Internet traffic on overall and peak electricity consumption« (Apr. 2018) 38 *Energy Research & Social Science* 128–137. – »Die Spitzenzeiten in der Datennutzung liegen offenbar am späten Abend, was die Nutzung von Online-Unterhaltungsangeboten widerspiegelt.«

Mortazavi, S. et al. »Blocking short-wavelength component of the visible light emitted by smartphones' screens improves human sleep quality« (1. Dez. 2018) 8(4) *Journal of Biomedical Physics and Engineering*. – Kleine Studie, der zufolge Blaulicht möglicherweise die Ausschüttung von Melatonin stärker unterdrückt als längerwelliges Licht im sichtbaren Teil des Spektrums.

National Health Service, »How to get to sleep« (14. Juli 2016).

Palavets, T. et al. »Blue-blocking filters and digital eyestrain« (Jan. 2019) 96(1) *Optometry and Vision Science*. – »Ein Filter, der 99 Prozent des emittierten Blaulichts abfing, verringerte DES-Symptome nicht wirkungsvoller als ein äquiluminanter ND-Filter.«

Paterson, J. L. et al. »Sleep schedule regularity is associated with sleep duration in older Australian adults« (9. Okt. 2018) 41(2) *Clinical Gerontologist*. – »Die Regelmäßigkeit der Schlafenszeiten könnte mit der Schlafdauer korrelieren.«

Perez Algorta, G. et al. »Blue blocking glasses worn at night in first year higher education students with sleep complaints: A feasibility study« (1. Nov. 2018) 4 Pilot and Feasibility Studies.

Phillips, A. et al. »Irregular sleep/wake patterns are associated with poorer academic performance and delayed circadian and sleep/wake timing« (12. Juni 2017) 7 Scientific Reports. – »Irreguläre Schlaf und Lichteinwirkungsmuster bei Studenten sind assoziiert mit verzögerten zirkadianen Rhythmen und schlechteren Studienleistungen.«

Price, C. »Putting down your phone may help you live longer« (24. Apr. 2019) *New York Times*. – »Die Nutzung unseres Handys lässt das Niveau des Stresshormons Cortisol ansteigen, was unsere langfristige Gesundheit bedrohen könnte.«

Robbins, R. »Sleep myths: An expert-led study to identify false beliefs about sleep that impinge upon population sleep health practices« (17. Apr. 2019) 5(4) *Sleep Health*.

Schecter, A. et al. »Blocking nocturnal blue light for insomnia: A randomized controlled trial« (Jan. 2018) 96 *Journal of Psychiatric Research*. – Das Filtern »verbesserte den Schlaf von Menschen mit Symptomen der Schlaflosigkeit« leicht.

Stillman, J. »Science has identified a new sleep disorder caused by sleep trackers« (4. Apr. 2018) Inc.

Tanier, M. »Next big thing: Sleep science is becoming the NFL's secret weapon« (5. Okt. 2016) Bleacher Report.

Van der Lely, S. et al. »Blue blocker glasses as a countermeasure for alerting effects of evening light-emitting diode screen exposure in male teenagers« (Jan. 2015) 56(1) *Journal of Adolescent Health*. – »Blaulichtfilter könnten bei Heranwachsenden die anregenden Effekte der Betrachtung von LED-Bildschirmen mildern und so die negativen Effekte moderner Beleuchtung auf die zirkadiane Physiologie am Abend verringern.«

Xie, J. et al. »Evaluating the validity of current mainstream wearable devices in fitness tracking under various physical activities: Comparative study« (12. Apr. 2018) 6(4) *JMIR mHealth and uHealth*. – »Fitness-Tracker verschiedener Marken unterscheiden sich in den Messergebnissen für Indikatoren und werden alle durch den Aktivitätsstatus beeinflusst, was bedeutet, dass die Hersteller der Tracker ihre Algorithmen für die verschiedenen Aktivitätszustände verbessern müssen.«

Younes, M. »Technology of sleep monitoring ... Consumer beware!« (27. Juni 2017)

BioMed Central Network. – »Die Geräte überschätzen die Schlafzeit und registrieren zwei Drittel der Wachzeit nicht […] Es gibt keine überzeugenden Belege für die Behauptung, diese Geräte könnten leichten von tiefem Schlaf unterscheiden oder REM-Schlaf von Nicht-REM-Schlaf.«

DIE JETZT-ENTSPANN-DICH-MAL-REGELN

Broniatowski, D. A. et al. »Weaponized health communication: Twitter bots and Russian trolls amplify the vaccine debate« (Okt. 2018) 108(10) *American Journal of Public Health*. – »Während Bots, die Malware und unaufgefordert Inhalte verbreiten, Anti-Impf-Parolen verkündeten, säten russische Trolle Streit.«

Diresta, R. »The complexity of simply searching for medical advice« (3. Juli 2018) *Wired*.

Edelman Trust Barometer, »Global Report« (2018).

Gallup, »Confidence in institutions« (2018).

Ghenai, A. »Health misinformation in search and social media« (2.–5. Juli 2017) *Proceedings of Digital Humanities Conference*. – »Durch die Ergebnisse von Suchmaschinen könnten Menschen zu Schaden kommen.«

Holone, H. »The filter bubble and its effect on online personal health information« (Juni 2016) 57(3) *Croatian Medicine Journal* 298–301. – »Die Algorithmen, die uns beim Finden relevanter Informationen helfen, bringen uns auch näher an das alles verschlingende schwarze Loch der Information, das uns zu schlechten Entscheidungen für unsere Gesundheit verleiten kann.«

Kahan, D. M. »Why smart people are vulnerable to putting tribe before truth« (3. Dez. 2018) *Scientific American*.

Kelly, J. et al. »This is what filter bubbles actually look like« (22. Aug. 2018) *MIT Technology Review*.

Kiss, S. J. et al. »Balanced journalism amplifies minority positions: A case study of the newspaper coverage of a fluoridation plebiscite« (2018) 43(4) *Canadian Journal of Communication* 633–645.

Knight Foundation, »American views: Trust, media and democracy« (16. Jan. 2018).

McNeil Jr., D. G. »Russian trolls used vaccine debate to sow discord, study finds« (23. Aug. 2018) *New York Times*.

Nicas, J. »Google has picked an answer for you – Too bad it's often wrong« (16. Nov. 2017) *Wall Street Journal*.

Ortega, J. L. »The presence of academic journals on Twitter and its relationship with dissemination (tweets) and research impact (citations)« (20 Nov. 2017) 69(6) *Aslib Journal of Information Management* 674–687.

Russell, FM. »The new gatekeepers: An institutional-level view of Silicon Valley and the disruption of journalism« (2019) 20(5) *Journalism Studies* 631–648.

Scullin, M. et al. »The effects of bedtime writing on difficulty falling asleep: A polysomnographic study comparing to-do lists and completed activity lists« (Jan. 2018) 147(1) *Journal of Experimental Psychology* 139–146. – »Um das Einschlafen zu erleichtern, sollten Individuen beim Zubettgehen besser fünf Minuten lang eine ganz spezifische To-do-Liste erstellen, als ausführlich über erlebte Dinge Tagebuch zu führen.«

Vosoughi, S. et al. »The spread of true and false news online« (9. März 2018) 359 *Science* 1146–1151. – Forschung zu den sozialen Medien ergab, dass Unwahrheiten »sich signifikant weiter, schneller, tiefer und breiter verbreiteten als die Wahrheit«, vermutlich, weil Lügen schlicht interessanter sind als die Wahrheit.

Welbers, K. et al. »Social media gatekeeping: An analysis of the gatekeeping influence of newspapers' public Facebook« (11. Juni 2018) 20 *New Media and Society* 4728–4747.

256 Seiten
16,99 € (D) | 17,50 € (A)
ISBN 978-3-7474-0043-2

Alexandra Reinwarth
Glaub nicht alles, was du denkst
Wie du deine Denkfehler entlarvst und endlich freie Entscheidungen triffst

Alexandra Reinwarth trifft ihre Entscheidungen rational. Also einigermaßen. Das dachte sie zumindest, bis sie sich intensiver mit der Frage beschäftigte, ob das 17. Paar schwarze Schuhe im Schrank wirklich nötig war. Jetzt weiß sie: Der Verstand hat nichts zu melden. Regelmäßig wird man von anerzogenen Denkfehlern in die Irre geführt.

Scharfsinnig und witzig zeigt Alexandra Reinwarth, wie man diesen Fehlern auf die Spur kommt und endlich kluge Entscheidungen trifft. Eine unerlässliche Hilfe für alle, die sich wundern, warum sie gute Vorsätze nie einhalten, tolle Ideen nicht umsetzen und dauernd Dinge kaufen, die sie niemals brauchen werden.

224 Seiten
14,99 € (D) | 15,50 € (A)
ISBN 978-3-86882-942-6

Joe Navarro
Sehen, was andere denken
Der praktische Guide, mit dem Sie jeden durchschauen

Nur einmal kurz die Haare hinter das Ohr streichen – eine kleine alltägliche Geste, die doch so viel aussagt. Bestseller-Autor Joe Navarro beschreibt in diesem kompakten Körpersprache-Guide zu seinem Erfolgsbuch Menschen lesen kleine Veränderungen der Mimik und Gestik und erklärt anschaulich und leicht verständlich, was sie bedeuten. Egal, ob beim Gespräch mit dem Chef, einem Date oder einem Disput mit Freunden: Dieses Buch hilft dabei, jeden zu durchschauen und die wirklichen Absichten zu verstehen.